"十二五"普通高等教育本科国家级规划教材

教育部高等学校交通工程教学指导分委员会推荐教材

Transportation Planning

交通规划

（第3版）

王　炜　陈学武　等　编著

人民交通出版社

北京

内 容 提 要

本书为"十二五"普通高等教育本科国家级规划教材、教育部高等学校交通工程教学指导分委员会推荐教材。全书共分12章，主要内容包括交通规划概论、交通规划数据获取与分析、交通需求预测、道路交通网络分析、城市综合交通体系规划、城市道路网规划、城市公共交通规划、城市停车设施规划、城市交通管理规划、区域综合交通体系规划、交通规划的综合评价方法、交通规划分析软件。

本书是交通工程专业本科生的必修专业课教材，也可作为其他相近专业的交通规划课程教材，亦可供交通规划领域的从业者参考使用。

本书配有视频、动画、教学案例等资源，读者可扫描封面二维码获取。

图书在版编目(CIP)数据

交通规划 / 王炜等编著. — 3版. — 北京：人民交通出版社股份有限公司，2024.6
ISBN 978-7-114-19525-9

Ⅰ.①交… Ⅱ.①王… Ⅲ.①交通规划—高等学校—教材 Ⅳ.①U491.1

中国国家版本馆 CIP 数据核字(2024)第 089230 号

"十二五"普通高等教育本科国家级规划教材
教育部高等学校交通工程教学指导分委员会推荐教材
Jiaotong Guihua

书　　名：	交通规划（第3版）
著 作 者：	王　炜　陈学武　等
责任编辑：	李　晴
责任校对：	孙国靖　卢　弦
责任印制：	刘高彤
出版发行：	人民交通出版社
地　　址：	(100011)北京市朝阳区安定门外外馆斜街3号
网　　址：	http://www.ccpcl.com.cn
销售电话：	(010)59757973
总 经 销：	人民交通出版社发行部
经　　销：	各地新华书店
印　　刷：	北京市密东印刷有限公司
开　　本：	787×1092　1/16
印　　张：	22.5
字　　数：	562千
版　　次：	2007年8月　第1版
	2017年1月　第2版
	2024年6月　第3版
印　　次：	2024年6月　第3版　第1次印刷　总第21次印刷
书　　号：	ISBN 978-7-114-19525-9
定　　价：	55.00元

(有印刷、装订质量问题的图书，由本社负责调换)

前言

改革开放以来,随着我国城镇化进程不断加快,我国现代交通体系经历了网络化建设、现代化管理、智能化服务等多个发展阶段,交通方式也经历了自行车主导、机非混行、机动车主导的巨大变革,城市交通及区域运输基础设施得到了飞速发展,交通一体化进程正在加速。我国用40多年的时间走完了发达国家100多年的发展历程,发展速度之快、面临问题之复杂、技术难度之大,在国际上绝无仅有。

交通规划是贯穿于现代交通体系网络化建设、现代化管理、智能化服务等发展阶段的基础分析技术。在网络化建设阶段,交通规划服务于交通基础设施的大规模建设,其目的是建设高效、经济的交通基础设施网络;在现代化管理阶段,交通规划服务于交通基础设施的运维管理,其目的是保障已经建成的交通基础设施网络安全、高效运行;在智能化服务阶段,交通规划服务于客货运输的智能化需求,特别是城市交通的"出行即服务"(Mobility as a Service,MaaS)以及区域综合交通的"一站式""一票制"服务。

交通规划是交通工程专业人员的主要专业技能培养内容之一。自国内高校开设交通工程专业以来,交通规划课程始终是该专业的一门主干课程。它是交通工程、宏观经济、应用数学、系统工程等多学科知识的交叉与融合,是一个理论性、实践性很强的教学研究领域。

经过30余年的理论研究和工程实践,我国的交通规划在理论和方法方面都有了很大的发展。同时,随着社会经济和科学技术的不断进步,面对不断出现的新问题,交通规划的理念、方法、技术也在不断更新。因此,本着理论与实践相结合的原则,本教材在总结国内外交通规划理论研究和工程实践成果的基础上,系统阐述了交通规划的基本概念和基本理论、方法,同时及时反映了国内外最新科研成果和交通规划实践经验。

交通规划课程是交通工程专业本科生的必修专业课,也是该专业重要的专业特色课程。通过本课程的学习,学生应做到:

(1)掌握交通规划中的数据采集、交通需求预测、交通网络分析、交通规划方案设计及交通规划方案评价的基本原理与方法,具有针对具体规划城市或规划区域的特点进行交通规划设计的能力;

(2)初步具备交通规划方案设计、优化及决策的能力;

(3)培养创新意识,树立正确的交通规划设计思想;

(4)具备应用规范、图册及交通规划软件的能力;

(5)具备多渠道获取交通规划研究信息的能力,了解交通规划的最新发展趋势。

本教材内容共分两大部分:一是交通规划理论与技术基础,包括面向交通规划的交通调查与分析、交通需求分析、交通网络分析、交通规划的综合评价方法与交通规划分析软件;二是各专项规划的基本理论、方法。基于我国的行业划分及交通工程专业特点,交通工程专业的学习重点是城市交通工程技术。因此,本教材重点介绍城市交通系统规划。教材内容以服务于城市交通系统的网络化建设为主,兼顾城市交通系统的现代化管理与智能化服务。全书共分十二章,具体的学习内容与布局如下:

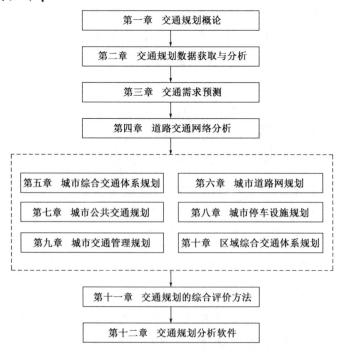

与本教材的第2版相比,第3版增加了我国城市建设与交通发展的新概念与新趋势。例如,第一章增加了国土空间规划、国家综合立体交通网规划的新概念,第二章增加了信息技术在交通调查中的应用,第三章增加了基于活动的交通需求预测方法,第四章增加了交通网络分析新方法,第五章到第九章结合《城市综合交通体系规划标准》(GB/T 51328—2018)对主要内容进行了更新,第十章调整为区域综合交通体系规划,第十一章和第十二章增加了交通规划评价指标及常用分析软件。

本教材由王炜、陈学武等编著。编写分工如下:

第一章　王炜、周文竹;
第二章　陆建、陈茜;
第三章　邵春福、杨敏、鲍琼;
第四章　王炜、魏雪延、陆建;
第五章　过秀成、陈学武;
第六章　过秀成、季彦婕;
第七章　陈学武;
第八章　韩艳、关宏志、过秀成、季彦婕;
第九章　王炜、陆建、赵德;
第十章　杨敏、华雪东、程龙、李鹏林、朱苍晖;
第十一章　陈学武、陈思远;
第十二章　王炜、赵德、陈茜、鲍琼、金坤等。

本书的编写得到了高等学校交通运输类专业教学指导委员会交通工程教学指导分委员会的大力支持,有关专家为此付出了大量辛勤的劳动,在此一并表示诚挚的谢意!同时,本教材在编写过程中参考了国内外大量书籍、文献,在此谨向文献作者表示崇高的敬意和衷心的感谢!限于水平,书中难免有不足之处,敬请广大读者给予批评指正,特此致谢!

编著者
2024年2月
于南京九龙湖

目录

第一章　交通规划概论 … 1
- 第一节　交通规划的定义、分类与层次划分 … 1
- 第二节　交通规划的上位规划与协同关系 … 4
- 第三节　交通规划的目的与任务 … 6
- 第四节　交通规划的总体设计 … 8
- 第五节　交通强国战略对交通规划的新要求 … 13

第二章　交通规划数据获取与分析 … 18
- 第一节　概述 … 18
- 第二节　社会经济及土地利用基础资料调查 … 20
- 第三节　起讫点调查 … 23
- 第四节　交通量与交通设施调查 … 37
- 第五节　道路交通管理调查 … 40
- 第六节　大数据环境下的交通调查技术应用 … 40
- 第七节　交通规划数据库 … 52

第三章　交通需求预测 … 53
- 第一节　概述 … 53
- 第二节　交通生成预测 … 55
- 第三节　交通分布预测 … 69
- 第四节　交通方式划分 … 82
- 第五节　基于活动的交通需求预测 … 89

第四章　道路交通网络分析 … 99
- 第一节　概述 … 99
- 第二节　交通网络的计算机表示方法 … 100
- 第三节　交通阻抗分析方法 … 103
- 第四节　交通网络交通分配方法 … 108

第五章　城市综合交通体系规划 ······ 130
- 第一节　概述 ······ 130
- 第二节　城市交通发展战略规划 ······ 133
- 第三节　城市交通系统规划 ······ 141
- 第四节　城市交通近期治理规划 ······ 149

第六章　城市道路网规划 ······ 153
- 第一节　概述 ······ 153
- 第二节　城市道路网布局规划 ······ 156
- 第三节　各级城市道路规划 ······ 161
- 第四节　城市道路交叉口规划 ······ 167
- 第五节　城市道路横断面规划 ······ 170
- 第六节　城市道路网规划方案评价 ······ 175

第七章　城市公共交通规划 ······ 181
- 第一节　城市公共交通规划的目标与任务 ······ 181
- 第二节　城市公共交通发展模式与体系构成 ······ 183
- 第三节　城市轨道交通规划 ······ 188
- 第四节　城市地面公交系统规划 ······ 191
- 第五节　城市公共交通一体化 ······ 203

第八章　城市停车设施规划 ······ 207
- 第一节　概述 ······ 207
- 第二节　停车发展策略及需求预测 ······ 211
- 第三节　停车布局规划 ······ 218
- 第四节　停车场规划方案评价 ······ 237

第九章　城市交通管理规划 ······ 241
- 第一节　概述 ······ 241
- 第二节　城市交通需求管理与规划方案设计 ······ 244
- 第三节　城市交通系统管理与规划方案设计 ······ 249
- 第四节　城市交通安全管理与实施计划编制 ······ 256
- 第五节　城市交通管理规划方案评估技术 ······ 260
- 第六节　城市道路交通管理保障体系设计 ······ 264

第十章　区域综合交通体系规划 ······ 267
- 第一节　综合交通体系的构建 ······ 267
- 第二节　综合交通网络规划 ······ 270
- 第三节　综合交通枢纽规划 ······ 278
- 第四节　综合交通规划分析平台 ······ 289

第十一章　交通规划的综合评价方法 ······ 292
- 第一节　评价在交通规划中的地位与作用 ······ 292
- 第二节　综合评价工作流程 ······ 293
- 第三节　交通规划评价目标体系与评价指标 ······ 295

| 第四节 | 交通规划方案的综合评价方法 | 304 |

第十二章 交通规划分析软件 ··· 312
 第一节 交通规划软件与 TranStar ··· 312
 第二节 TranStar 基础数据库构建与方案设计 ··· 317
 第三节 TranStar(城市交通版)分析模块 ··· 323
 第四节 TranStar(综合交通版)简介 ··· 339

参考文献 ··· 343

第一章
交通规划概论

第一节 交通规划的定义、分类与层次划分

一、交通规划的定义

所谓交通规划,是指根据特定交通系统的现状与特征,用科学的方法预测交通系统交通需求的发展趋势,分析交通需求发展对交通系统交通供给的要求,确定特定时期交通供给的建设任务、建设规模及交通系统的管理模式、控制方法,以达到交通系统交通需求与交通供给之间的平衡,实现交通系统安全、高效、节能、环保的目的。

二、交通规划的分类与层次划分

根据交通规划涉及的交通系统性质及行业特征,往往可将交通规划分为两大类型:区域交通规划与城市交通规划。

1. 区域交通规划

区域交通规划(或称区域综合交通规划)是指五大运输方式的发展规划,包括公路交通系统规划、铁路交通系统规划、航空交通系统规划、水路交通系统规划、管道交通系统规划,以及

实现五大运输方式互联互通的综合交通枢纽规划等。除了五大运输方式的发展规划外，往往还需要进行五大运输方式发展规划下的各种专项规划。

区域交通规划的上位规划是国土空间总体规划。

国土空间总体规划是以法律形式执行的强制性规划，必须经过所在地（省、市、县等）的人民代表大会审议通过，县级以上国土空间总体规划必须报请国务院批准才能实施。区域交通规划是国土空间总体规划在交通运输领域的深化（即专业规划或专项规划），必须以国土空间总体规划为前提。

区域交通规划（或区域综合交通体系规划）一般按以下方法划分层次：

★公路交通系统规划
　　□公路网络系统规划
　　　　◇高速公路网络规划（省域及以上）
　　　　◇公路主骨架网络规划（地市域及以上）
　　　　◇县乡公路网络规划
　　　　◇农村公路网络规划
　　　　◇专用公路网络规划（战备公路、旅游公路、林业公路等）
　　□公路枢纽规划
　　□物流运输规划
★铁路交通系统规划
　　□区域铁路网络规划
　　□高速铁路网络规划
　　□城际铁路网络规划
　　□专用铁路网络规划
　　□铁路场站规划
　　□铁路场站运输组织规划
★水路交通系统规划
　　□内河航道网络规划
　　□远洋航线网络规划
　　□港口码头发展规划
★航空交通系统规划
　　□航空线路网络规划
　　□机场布局发展规划
★管道交通系统规划
★综合交通枢纽规划

其中，区域交通规划（或区域综合交通体系规划）为专业规划，★为专项规划，□、◇为专题或主题规划。

根据我国行业划分现状，区域交通规划中的专项规划往往是由对口行业相关部门来进行的。例如，交通运输部负责公路、铁路、水路交通系统的规划；中国民用航空局负责航空交通系统规划；目前我国的管道交通系统主要运输石油、天然气、煤炭等能源，管道系统规划也由相应的管理部门负责。

区域交通规划的层次划分是相对的,取决于规划区域的规模与行业特征。例如,对于公路交通系统规划,一般来说,县乡域只需要进行公路交通系统规划或进一步深化该规划中的县乡公路网络规划、农村公路网络规划。地市域需要进行公路交通系统规划及深化该规划的公路主骨架网络规划,特别重要的地市在条件允许时可进一步进行高速公路网络规划、公路枢纽规划及物流规划。省域及以上区域应进行公路交通系统规划及各专题或主题规划。

2. 城市交通规划

城市交通规划(或称城市总体交通规划)一般指城市综合交通系统规划,重点是道路交通系统规划。

城市交通规划的上位规划是城市总体规划(2019年国家实施"多规合一"改革后,城市总体规划被归入"市级国土空间总体规划")。

城市总体规划是以法律形式执行的强制性规划,《中华人民共和国城乡规划法》规定,城市总体规划必须经过所在城市的人民代表大会审议通过,特大城市、大中城市的总体规划必须报请国务院批准才能实施。城市交通规划是城市总体规划在城市交通领域的深化(即专业规划或专项规划),必须以城市总体规划为前提。城市交通规划(或城市综合交通规划、城市总体交通规划)一般按以下方法划分层次:

★城市道路交通系统规划
　□城市道路网络系统规划
　　◇城市快速道路系统规划
　　◇城市环路系统规划
　　◇城市主干道路网络规划
　　◇城市慢行交通系统规划
　□城市停车场系统规划
★城市公共客运交通系统规划
　□城市常规公交系统规划
　□城市轨道交通系统规划
　□城市快速公交(BRT)系统规划
　□城市出租车交通系统规划
★城市交通管理规划
　□城市交通需求管理规划
　□城市交通系统管理规划
　□城市交通运行组织规划
★城市物流系统规划
★城市智能交通系统规划

其中,城市交通规划(或城市综合交通规划、城市总体交通规划)为专业规划,★为专项规划,□、◇为专题或主题规划。

城市交通规划是城市总体规划中的专业(或专项)规划。一般来说,小城市只需要进行城市综合交通规划(或城市总体交通规划),其他专项规划全部包含在该规划中;中等城市也只需要进行城市综合交通规划(或城市总体交通规划),在条件允许时可进行若干专项规划;大城市一般需要进行城市综合交通规划及各专项规划,在条件允许时可进行深化专项规划的各专题或主题规划；特大城市应进行各项专业规划、专项规划及专题或主题规划。

城市交通规划的层次划分也是相对的，取决于城市的规模、性质及城市所处的发展阶段。有些特色城市，可以根据自身特点进行相应的特色交通规划，如旅游城市可以进行旅游交通规划等。

第二节　交通规划的上位规划与协同关系

一、城市总体规划与交通规划

自 2007 年 10 月 28 日第十届全国人民代表大会常务委员会第三十次会议通过《中华人民共和国城乡规划法》（以下简称《城乡规划法》）以来，我国构建了包括城镇体系规划、城市（镇）总体规划、乡规划和村庄规划以及含控制性详细规划和修建性详细规划等详细规划的城乡规划体系，有力推动了我国的城镇化进程。

同时，随着机动化水平不断提高，城市交通发展模式也面临着较大变革。为此，《城乡规划法》明确指出，总体规划的内容应当包括"综合交通体系"。2010 年住房和城乡建设部发布的《城市综合交通体系规划编制办法》，要求"城市综合交通体系规划应当与城市总体规划同步编制，相互反馈与协调"。由此可见，城市交通规划的目标定位、内容体例和技术方法也处于持续不断的探索和调整中。

2019 年 4 月 23 日第十三届全国人民代表大会常务委员会第十次会议通过修改《城乡规划法》的决定，修改后的《城乡规划法》提出城市总体规划包括城市的发展布局、功能分区、用地布局、综合交通体系及各类专项规划等，再次明确城市交通规划的上位规划是城市总体规划。

二、国土空间规划与交通规划

1. 交通规划在国土空间规划编制体系中的地位与作用

2019 年 5 月，中共中央、国务院《关于建立国土空间规划体系并监督实施的若干意见》（以下简称《意见》）明确提出建立国土空间规划体系并监督实施，将主体功能区规划、土地利用规划、城乡规划等空间规划融合为统一的国土空间规划，实现"多规合一"。自此，以往各类空间规划"分治"的冲突局面得到了缓解。国土空间规划纲领性文件的颁布，标志着我国的空间发展和空间治理方式全面进入了生态文明"新时代"。

国土空间规划的体系重构为"五级三类四体系"的编制体系（图 1-1）。"五级"即全国国土空间规划、省级国土空间规划、市级国土空间总体规划、县级国土空间总体规划、乡镇级国土空间总体规划五级，是从纵向对应我国的行政管理体系。"三类"即总体规划、详细规划和相关专项规划三种规划类型。其中，总体规划是对乡镇及以上级别一定行政区域范围内国土空间保护、开发、利用、修复作出的总体部署与统筹安排，强调规划的综合性。详细规划一般是在市县以下级别组织编制，是对具体地块用途和开发建设强度等作出的实施性安排，强调规划的实施性，包括城镇开发边界内的控制性详细规划和城镇开发边界外的村庄规划。相关专项规划是指在特定区域（流域）、特定领域，为体现特定功能，对空间开发保护利用作出的专门安排，强调专门性，一般由自然资源部门或者相关部门来组织编制。"四体系"指从规划运行方面来看,可以把国土空间规划体系分为四个子体系。按照规划流程可以分成规划运行的编制审批体系、实施监督体系、法规政策体系和技术标准体系,四个子体系共同构成国土空间规划体系。

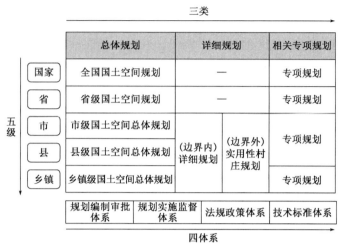

图1-1 国土空间规划体系的基本框架

国土空间规划体系分为总体规划、详细规划和专项规划,而交通规划是专项规划的一部分(图1-2)。按照《意见》要求,相关专项规划要遵循国土空间总体规划的部署,不得违背总体规划强制性内容,其主要内容要纳入详细规划。因此,综合交通体系的建设极大地影响着区域自然资源的保护、开发与建设,也是城市空间发展的重要保障和依托。推进综合交通规划与国土空间总体规划协同编制,是支撑与促进国土空间开发、保护与建设的重要内容。

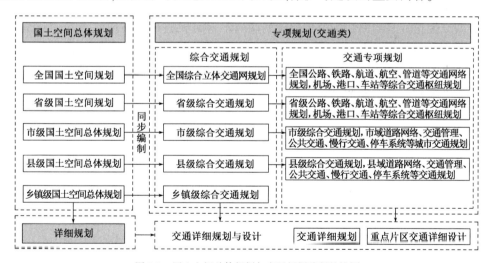

图1-2 国土空间总体规划与交通规划编制的协同

2. 国土空间总体规划与交通规划的协同

(1) 规划协同的先导性支撑

规划协同的先导性支撑指的是在进行国土空间总体规划之前,首先应该就总体空间布局和交通出行需求的关联性展开研究。例如,在国土空间总体规划中对职住空间布局与通勤出行需求特征进行关联性分析研判,对城市活动集聚区域与出行需求分布进行关联性分析,为后续国土空间总体规划用地布局和交通系统的结构性方案制订提供依据。

(2) 规划思路的协同

在新时代国土空间规划体系下,国土空间总体规划和交通规划思路的协同体现在生态保护、集约用地以及信息平台三方面。首先是生态保护思路的协同。国土空间规划转型背景下的综合交通规划应积极贯彻落实国家生态文明建设要求,同时从过去的"供给平衡"向供给侧结构性改革转变,处理好人与自然和谐共生的问题。其次是集约用地思路的协同。新时代国土空间规划背景下的综合交通规划主要强调通过交通对用地、产业、枢纽等内容进行调节,目的是在支持精明增长的同时约束城市无序扩张,促进国土空间集约化发展。最后是信息平台的协同。做好智慧城市信息平台与综合交通信息平台等的横向联通与数据共享,推动统一平台的建设,是协同编制面临的重要任务。

(3) 规划内容的协同

在规划内容上,应做好网络布局、开发时序、管控落实等多方面的规划协同。

首先是空间布局与网络体系协同。例如,在区域尺度上,区域城镇体系结构与区域交通网络一体化协同研究要点在于通过研究区域交通网络与城镇体系的发展趋势,研究城市在区域交通网络与城市群格局中的地位,进而制定区域交通战略及其与之匹配的城镇空间格局。在城市尺度上,则要研究交通网络体系与城镇空间结构的耦合关系,强化以公共交通支撑城市发展,确定与城市空间结构相匹配的公交网络结构。

其次是城市开发时序与交通基础设施规划时序的协同。在国土空间总体规划和交通规划中,应注重空间要素与交通网络体系开发时序的协同,明确交通基础设施重大工程及建设时序,从时间维度统筹交通基础设施与周边区域的统一规划、综合开发。

最后是管控指标的协同。在国土空间总体规划中,管控指标按性质分为约束性指标、建议性指标和预期性指标。约束性指标是在规划期内不得突破或必须实现的指标,与综合交通规划相关的约束性指标包括中心城区道路网密度、中心城区公园绿地广场步行5min覆盖率;建议性指标是可根据地方实际情况选取的指标,如中心城区轨道交通站点800m半径服务覆盖率、都市圈1h通勤人口覆盖率;预期性指标是规划期内努力实现或不突破的指标,如中心城区公共服务设施15min步行可达覆盖率、中心城区公共交通占全方式出行比例、中心城区工作日平均通勤时间。在交通规划中,应对照上位层级和相应层级的国土空间总体规划进行管控指标的协同。

第三节　交通规划的目的与任务

一、交通规划的目的与要求

交通规划是交通运输系统建设与管理科学化的重要环节,是国土空间总体规划的重要组成部分。交通规划是制订交通运输系统建设计划、选择建设项目、制定管理策略的主要依据,是确保交通运输系统建设合理布局、有序协调发展、防止建设决策、建设布局随意、盲目的重要手段。

交通规划必须坚决贯彻党和国家确定的战略方针和目标,促进国民经济持续、稳定、协调发展,使交通系统发展布局服从社会经济发展的总战略、总目标,服从生产力分布的大格局,正确处理地区间、各种运输方式(交通方式)间交通网络的衔接,使交通系统规划寓于社会经济发展之中,寓于综合交通运输体系建设之中。同时,必须坚持实事求是,注重科学,讲求经济效益,从国情、从本地区(本城市)特点出发,既要有长远战略思想,又要从实际出发作好安排。要严格执行国家颁布的有关法规、制度,严格执行交通系统工程建设的技术规范、技术标准。

二、交通规划的任务与内容

交通规划的主要任务是:通过深入的调查、必要的勘测、科学的定量分析,在剖析、评价现有交通系统状况,揭示其内在矛盾的基础上,根据客货流分布特点、发展态势及交通量、运输量的生成变化特征,提出规划期交通系统发展的总目标和总体布局,确定不同类型交通基础设施的性质、功能及建设规模,拟定主要路线(如城市道路、公共交通线路、公路、铁路、航线、航道、管道)的走向、主要控制点及交通枢纽,优化交通网络结构与等级配置,制定分期实施的建设序列,提出实现规划目标的政策与措施,科学地预测发展需求,优化交通网络布局,制定交通管理策略,确保规划期交通系统中交通需求与交通供给之间的平衡,满足社会经济发展对交通系统的要求。

交通规划有多种类型与层次,不同的交通规划有不同的规划内容与深度要求,但无论是哪一类交通规划,其主体内容一般应包括以下几个方面:

①交通现状调查。
②交通问题诊断。
③交通需求发展预测。
④交通规划方案设计与优化。
⑤交通规划方案综合评价。
⑥交通规划方案的分期实施计划编制。
⑦交通规划的滚动。

交通规划的执行过程如图 1-3 所示。

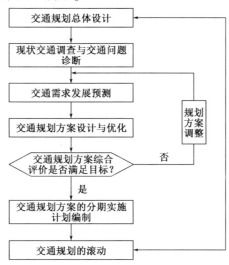

图 1-3 交通规划的执行过程框图

第四节　交通规划的总体设计

无论是区域交通系统规划还是城市交通系统规划，其编制工作都是一个相当复杂的系统工程。一般在规划编制工作开始前，要对整个规划过程进行总体设计。总体设计包括落实任务、建立组织机构、确定规划的指导思想、规划目标及规划原则、确定规划期限、规划范围及主要的规划指标，提出规划成果的预期要求（包括规划的深度），等等。

一、交通规划任务的落实及组织机构的建立

区域交通规划一般分多个层次，按国家、省（自治区、直辖市）、地（市）、县行政区划，由各级交通运输行业主管部门负责交通规划的编制。

以公路交通系统规划的编制为例，国家级公路交通系统的规划由交通运输部负责组织编制，省级公路交通系统的规划由各省（自治区、直辖市）交通厅（局）负责组织编制，县级公路交通系统规划由地（市）交通局负责组织编制。部门专用公路网络（如农场、牧场、林场、矿山、油田的专用路网，国防、边防公路，旅游公路等）的规划由专用部门负责组织编制，并纳入各地区的规划。

编制不同层次的区域交通网络规划时，下一层次的交通网应服从上一层次的交通网布局。跨行政区划的交通网络，需在上一级交通主管部门指导协调下布局，避免交通网络规划出现不协调现象（如断头路）。

城市交通系统的各项规划根据城市的发展需要而定。2019年修正的《中华人民共和国城乡规划法》规定，建制市必须制定城市总体规划（即城市区域的国土空间总体规划），城市总体规划中必须包含城市综合交通体系规划。一般城市把交通系统规划作为城市总体规划中的一个专项规划来进行，但大多数大城市及特大城市会根据城市交通的发展需要进行全面的城市交通总体规划，包含多项城市交通专项规划、专题规划。进入21世纪，在全国范围内开展的全国城市道路交通管理"畅通工程"（由国务院批准，公安部/住房城乡建设部负责实施）要求，参加"畅通工程"建设的所有城市，必须进行城市交通总体规划、城市公共交通规划及城市交通管理规划。城市交通规划一般由城市规划管理部门或者城市交通管理部门负责组织编制。

在进行交通规划时，各级交通运输管理部门（或规划部门）应设置交通规划专门机构，以确保规划质量和规划工作不间断地深入开展，规划技术力量不足的交通运输管理部门（或规划部门）也可将规划编制工作委托给具有相应设计资质的交通规划设计单位或具有相应研究水平的高等院校、科研院所进行。

由于交通规划涉及范围广、技术要求高、社会影响大，在规划编制过程中一般要成立三个机构：规划领导小组、规划办公室、规划编制课题组。

二、交通规划指导思想与规划原则的确定

1. 交通规划指导思想

交通规划的指导思想因交通规划类型、层次及规划区域不同而不同，没有统一的标准，应

结合当地实际情况制定。但一般来说,在制定交通规划的指导思想时,应考虑以下要求。

(1)要有战略高度

交通规划必须从战略的高度出发,考虑比较广阔的地域和比较长久的时间,考虑城市或区域的性质、功能、结构、布局、地理和历史特点,以及在国民经济中的政治、经济、文化、科技、军事、运输等方面的地位和作用,使交通规划有广泛的适应性、长久的连续性,能很好地适应未来、为现代化服务。

(2)要有全局观点

交通系统是一个复杂的系统,交通规划必须从全局、整体出发,将交通系统视为一个相互联系的有机整体,进行全面的综合分析,从整体上、系统上进行宏观把握。局部应服从全局、个别应服从整体、治标应服从治本、眼前应服从长远、子系统应服从主系统,只有重视全局、整体和大系统的要求,使系统整体上合理、经济、最优,才能提高交通规划的综合效益和整体质量。

(3)体现可持续发展理念

交通系统消耗大量的土地资源与能源,同时影响环境。交通规划应尽量节约宝贵的土地资源,优先发展低能耗、低污染的交通方式,促进交通系统的可持续发展。

(4)符合经济发展要求

交通系统直接为社会、经济、人民生活服务,交通系统的质量影响社会、经济的发展,同时,交通系统的发展又依赖于社会、经济的发展。因此,交通规划应充分考虑交通与社会、经济、人民生活水平的协调关系,发挥交通对社会经济发展的支撑作用。

在制定一个城市或区域的交通规划指导思想时应充分考虑上述要求。例如,上世纪末的绍兴市交通布局为"走廊式交通",主要承担杭州与宁波之间在绍兴市域的过境交通,在进行《绍兴市市域综合交通网络规划(1995年)》编制时,制定的规划指导思想为:"以服从国家及浙江省综合运输主干线规划布局为前提,以绍兴市社会经济发展战略及国土规划为依据,以系统工程方法及综合运输规划方法为理论指导,以充分发挥绍兴市公路、水路、铁路的综合运输优势为目标,立足于绍兴市的社会经济特色及交通运输特点,将绍兴市综合运输系统作为一个与社会、经济密切相关的有机整体,对其进行全面、综合、系统的研究,并进行科学的规划,为绍兴市综合交通系统的近期建设及远期发展提供科学依据,实现绍兴市交通布局由'走廊式交通'向'枢纽式交通'的根本转变,形成'东西贯通、南北敞开'的交通新格局,重点建设北面连接嘉兴市的钱塘江大桥及南面连接温州市、金华市的高速公路,为加速绍兴市社会经济发展服务。"该方案实施十多年后,绍兴市交通布局实现了由"走廊式交通"向"枢纽式交通"的根本转变,有力促进了绍兴市社会经济发展。

2. 交通规划原则

交通规划原则也因规划类型、规划区域的不同而不同,但一般来说,在进行交通规划时,以下原则必须遵循。

(1)交通系统建设服务于经济发展原则

交通系统发展布局必须服从社会经济发展的总战略、总目标,服从生产力分布的大格局。交通系统建设必须与所在区域或城市的社会经济发展的各阶段目标相协调,并为当地社会经济发展服务。

(2)综合运输协调发展原则

在区域交通系统中进行某一交通运输方式网络的规划时,必须综合考虑其所在区域的铁路、公路、水路、航空、管道五大运输方式的优势与特点,宜陆则陆、宜水则水,形成优势互补、协调发展的综合运输网络。在城市交通系统规划中进行某一专项交通规划时,必须综合考虑地面公交、轨道交通、慢行交通、私人小汽车、出租车等出行方式的优势与特点,从而形成优势互补、协调发展的城市综合交通系统。

(3) 局部服从整体原则

某一层次的交通规划必须服从上一层次交通系统总体布局的要求。例如,在区域交通系统规划中,省域公路网规划必须以国家干线网规划为前提,市域公路网规划必须以国家干线网、省域干线网规划为前提。在城市交通系统规划中,某一交通方式的规划必须服从综合交通规划,道路网络规划及停车场布局规划必须以综合交通规划为前提,等等。

(4) 近期与远期相结合原则

交通系统建设是一个长期发展的过程,一个合理的交通系统建设规划应包括远期发展战略规划、中期网络建设规划、近期项目建设计划三个层次,并满足"近期宜细、中期有准备、远期有设想"的要求。交通系统建设的长期性决定了交通系统规划必须具有"规划滚动"的可操作性,规划的滚动以规划的近远期结合为前提。

(5) 需要和可能相结合原则

交通系统建设规划既要考虑社会经济发展对交通运输的要求,尽可能建设与社会经济发展相协调的交通网络,促进社会经济的发展,又要充分考虑人力、物力、财力等建设条件,实事求是地进行交通网络的规划、布局及安排实施计划。

(6) 理论与实践相结合原则

交通系统规划是一个相当复杂的系统工程问题,必须利用系统工程的理论方法对交通系统从系统相互协调关系上进行分析、预测、规划及评价,才能获得总体效益最佳的交通系统规划布局及建设方案。交通系统规划若脱离工程实际,就会变成"纸上谈兵",失去实际意义。

三、交通规划期限及影响范围的确定

1. 交通规划期限

交通规划一般分近期、中期、远期三个阶段,近期以距基准年 1～5 年为宜,最长不超过 10 年;中期以距基准年 5～15 年为宜,最长不超过 20 年;远期距基准年 15～30 年为宜,最长不超过 50 年。例如,《山东省 30 年公路网规划(1993—2020)》基准年为 1993 年,近期为 1993—2000 年,中期为 2000—2010 年,远期为 2010—2020 年。又如,《苏州市城市综合交通规划(2001 年)》基准年为 2000 年,近期为 2000—2005 年,中远期为 2006—2020 年,远期为 2030 年。

由于交通基础设施的建设过程与使用过程都相对较长,一般来说,交通基础设施的建设规划(如公路交通规划、城市道路网络规划等)的规划期限应相对长一些,而交通基础设施的管理规划(如城市交通管理规划、城市智能交通系统规划等)的规划期限可相对短一些。

2. 交通规划影响范围

交通规划影响范围的确定及交通小区的划分是开展交通规划实质性工作的第一步。

交通规划影响区分直接规划区及间接影响区。直接规划区为规划网络的所在行政区划,间接影响区为与规划区相邻的区域及与规划区有交通往来的区域。在交通规划的交通调查、

交通发展预测及综合评价中,分析模型的建立均以"交通小区"为基本分析单元,因此交通小区的划分非常重要。

在进行区域交通规划时,一般按以下方法确定规划范围与分区。

(1)国家级交通网规划

直接规划区:以地区级行政区划为单位,一个地区为一个交通小区,全国约350个地区(或地级市),即约350个交通小区。

间接影响区:以周边国家为单位,一个国家为一个交通小区。

(2)省域级交通网规划

直接规划区:以县为单位,大中城市内以区为单位,一个县(区)为一个交通小区。

间接影响区:周边省份以省区为交通小区,非周边省份以大片区为交通小区。

(3)市域级交通网规划

直接规划区:以乡镇为单位,城市内以街道为单位,一个乡镇(街道)为一个交通小区。

间接影响区:周边以县为交通小区,非周边以地区、省区、大片区为交通小区。

(4)县域级交通网规划

直接规划区:以主要经济区(如重要矿场、开发区、工厂、一个村或几个村)为单位,城区内以街道为单位划分交通小区。

间接影响区:同前。

在进行城市交通规划时,一般按交通小区面积为 $1\sim2km^2$ 或具有 $1\sim2$ 万人口进行分区。进行城市交通系统的各专项、专题规划时,原则上各专项、专题规划的交通小区划分应与城市综合交通规划时的交通小区划分一致,以便于各规划之间的交通信息与基础数据的互通及规划方案的对比分析。

随着计算技术的迅猛发展,交通规划分析软件的功能也越来越强。为了使交通规划方案的仿真分析结果更精准,对一些重要的交通规划,在进行交通小区划分时,往往在上述小区划分的基础上再进一步细分,把交通小区的数量增加到上千个甚至数千个。

四、交通规划的分析平台设计

交通系统是一个极其复杂的大系统,交通系统规划涉及很多部门,各交通规划之间的关系错综复杂。对于某一个具体的交通规划,既要考虑该交通规划与上一级规划的衔接,也要考虑与同一级其他规划的协调。例如,城市道路交通网络规划的编制,既要考虑与上一级规划(城市国土空间总体规划)的衔接,也要考虑与同一级其他规划(如土地开发与人口分布、地面公交网络、轨道交通网络、交通运行组织、交通系统管控、交通发展政策等)之间的协调。

要实现交通规划的上下级规划衔接、同一级不同规划之间的协调,必须建立一个交通规划分析平台,针对不同的交通规划,用统一的基础数据、统一的分析模型、统一的系统软件,在同一个综合交通规划分析平台上进行规划编制,以实现不同交通规划之间的衔接与协调。城市交通系统规划分析平台如图1-4所示。

在同一个交通规划分析平台上编制各类交通规划,不仅能实现各交通规划之间的无缝衔接,还能实现整个交通体系的一体化融合、高质量发展。

交通规划分析平台一般由基础数据库、分析模型库、系统软件库、场景预案库四个部分组成。

图1-4 城市交通系统规划分析平台示意图

1. 基础数据库

交通系统本身就是一个大数据源,交通领域的数据规模空前庞大,对海量交通数据的挖掘、融合、应用已成为交通领域发展的重要方向。

交通系统规划分析平台中应用的交通大数据主要包括静态基础数据库(交通网络结构与几何信息、土地利用与人口分布等数据)、动态出行数据库(各类交通方式/出行方式的出行信息/运输信息等数据)、实时流量数据库(交通网络交通量/运输量、交通节点/交通枢纽交通量/运输量等数据)三大类。

目前,我国交通领域的大数据碎片化严重,相关部门交通数据库各自独立、共享程度低等现象非常突出,大数据的价值未能被充分挖掘和利用。在交通系统规划分析平台的基础数据库构建中,应重点发展上述三大类交通数据库的快速获取与融合技术。

2. 分析模型库

在当前的交通规划领域,交通规划方案的论证分析仍以传统的交通分析模型为基础,如传统的"四阶段"模型。互联网、大数据、人工智能、新一代移动通信、虚拟仿真等前沿技术为交通分析技术的发展带来了新机遇,海量且多元化的交通大数据对交通分析模型的架构产生了重大影响,模型分析功能与分析精度有了巨大的提升空间。因此,基于新一轮革命性技术的交通规划模型体系重构势在必行。

例如,在城市交通领域,交通大数据克服了传统居民出行抽样调查及道路交通流量调查的局限性,可以揭示新型城镇化背景下城市交通系统的演化规律与供需平衡机理。基于大数据的新一代城市交通规划模型体系应包括:交通需求生成分析模型、交通需求分布-方式组合分析模型、交通效用函数模型、交通网络运行分析模型、多模式交通网络交通分配模型、公共交通网络分析模型、交通管理控制影响分析模型、交通政策法规影响分析模型、城市交通系统居民出行效率/网络运行效率/社会经济效益评估模型、城市交通能源消耗/碳排放评估模型等。

3. 系统软件库

交通系统通常是由数百万人、数十万辆车辆在超级大型交通网络上的出行行为所组成的复杂系统,开展交通规划必须依托强大的交通分析软件工具。

为满足对具有中国特色的交通系统的规划建设、运行管理、环境保护、安全保障、政策制定等方案进行交通分析的业务需求,东南大学王炜教授团队汇集30多年来在交通领域的研究成果,组织开发了我国第一款完全自主的交通规划平台软件——"交运之星-TranStar"。该软件功能涵盖城市交通领域(城市土地开发、交通设施建设、交通运行管控、公共交通运营、交通政策制定等)及区域交通领域(公路网、铁路网、航空运输、水路运输、管道运输等)的交通规划方案设计与交通分析,目前在国内广泛应用。

4.场景预案库

场景预案库是面向交通系统各类应用场景的交通规划方案模板集。场景预案库根据交通规划相关应用部门的业务需求而设计,包括面向城市交通规划、区域交通规划、综合交通规划的应用场景。

①城市交通规划跨部门预案设计:涵盖城市布局土地开发、交通设施优化建设、交通系统管理控制、公共交通运行管理、交通政策法规制定等业务需求,并实现城市交通规划的跨部门协作。

②区域交通规划跨行业预案设计:涵盖公路交通规划、铁路交通规划、水运交通规划、航空运输规划、管道运输规划等业务需求,并实现区域交通规划的跨行业协作。

③综合交通规划跨领域预案设计:涵盖基于综合交通枢纽规划的城市交通、区域交通的一体化融合等业务需求,实现综合立体交通体系的最优化布局、高质量发展。

第五节　交通强国战略对交通规划的新要求

一、《交通强国建设纲要》解读

我国的综合交通基础设施建设经过40多年的快速发展,取得了举世瞩目的成绩,我国已经成为名副其实的交通大国。截至2023年底,我国已经建成世界一流的交通基础设施,包括:

①高速公路通车里程超过17万km,世界第一。
②高速铁路通车里程突破4万km,世界第一。
③城市轨道交通营运总里程突破1万km,世界第一。
④千米级大型桥梁数量,世界第一。
⑤全球十大集装箱港口中国占七个,世界第一。

但我国仍然不是交通强国,世界一流的交通基础设施并没有产生世界一流的综合交通运输效能,我国综合交通体系还存在很多问题,如:

①综合交通网络衔接不畅、运输结构不合理。
②综合交通系统运输效率较低、运输成本较高、服务水平较低。
③城市道路交通拥堵严重。
④交通系统能耗较大,环境污染较严重。
⑤交通安全形势严峻,道路交通伤亡人数居高不下。
⑥区域发展不平衡,城乡差距较大。

为了解决这些问题,2017年党的十九大提出了交通强国国家发展战略。2019年9月,中共中央、国务院印发《交通强国建设纲要》。有专家把《交通强国建设纲要》解读为"一、二、三、四、五、九"。

一个目标：建成人民满意、保障有力、世界前列的综合交通体系。

两个阶段：2035年基本建成交通强国，本世纪中叶全面建成交通强国。

三个转变：追求速度规模→注重质量效益、各交通方式独立发展→一体化融合发展、传统要素驱动→创新要素驱动。

四个一流：打造一流设施、一流技术、一流管理、一流服务。

五大特征：具备安全、便捷、高效、绿色、经济五大高质量特征。

九大任务：基础设施、交通装备、运输服务、科技创新、安全保障、绿色低碳、开放合作、人才队伍、治理体系。

《交通强国建设纲要》的核心是通过"三个转变"（推动交通发展由追求速度规模向更加注重质量效益转变，由各种交通方式相对独立发展向更加注重一体化融合发展转变，由依靠传统要素驱动向更加注重创新驱动转变。），打造"四个一流"（一流设施、一流技术、一流管理、一流服务），实现具有"五大特征"（安全、便捷、高效、绿色、经济）的综合交通体系高质量发展目标。

《交通强国建设纲要》的实施，无论是推动"三个转变"，还是打造"四个一流"，以及实现具有"五大特征"的综合交通体系高质量发展，每一个环节都离不开交通规划技术的支撑。

二、《国家综合立体交通网规划纲要》解读

为了更好地落实交通强国发展战略，2021年2月，中共中央、国务院印发《国家综合立体交通网规划纲要》，提出了"最优化布局、一体化融合、高质量发展"的综合交通体系新模式。

1. 指导思想

以习近平新时代中国特色社会主义思想为指导，深入贯彻党的十九大和十九届二中、三中、四中、五中全会精神，统筹推进"五位一体"总体布局，协调推进"四个全面"战略布局，坚持稳中求进工作总基调，立足新发展阶段，贯彻新发展理念，构建新发展格局，以推动高质量发展为主题，以深化供给侧结构性改革为主线，以改革创新为根本动力，以满足人民日益增长的美好生活需要为根本目的，统筹发展和安全，充分发挥中央和地方积极性，更加注重质量效益、一体化融合、创新驱动，打造一流设施、技术、管理、服务，构建便捷顺畅、经济高效、绿色集约、智能先进、安全可靠的现代化高质量国家综合立体交通网，加快建设交通强国，为全面建设社会主义现代化国家当好先行者。

2. 工作原则

(1) 服务大局、服务人民

立足全面建设社会主义现代化国家大局，坚持适度超前，推进交通与国土空间开发保护、产业发展、新型城镇化协调发展，促进军民融合发展，有效支撑国家重大战略。立足扩大内需战略基点，拓展投资空间，有效促进国民经济良性循环。坚持以人民为中心，建设人民满意交通，不断增强人民群众的获得感、幸福感、安全感。

(2) 立足国情、改革开放

准确把握新发展阶段要求和资源禀赋、气候特征，加强资源节约集约利用，探索中国特色交通运输现代化发展模式和路径。充分发挥市场在资源配置中的决定性作用，更好地发挥政府作用，深化交通运输体系改革，破除制约高质量发展的体制机制障碍，构建统一开放、竞争有

序的交通运输市场。服务"一带一路"建设,加强国际互联互通,深化交通运输开放合作,提高全球运输网络和物流供应链体系安全性、开放性、可靠性。

(3)优化结构、统筹融合

坚持系统观念,加强前瞻性思考、全局性谋划、战略性布局、整体性推进。加强规划统筹,优化网络布局,创新运输组织,调整运输结构,实现供给和需求更高水平的动态平衡。推动融合发展,加强交通运输资源整合和集约利用,促进交通运输与相关产业深度融合。强化衔接联通,提升设施网络化和运输服务一体化水平,提升综合交通运输整体效率。

(4)创新智慧、安全绿色

坚持创新核心地位,注重科技赋能,促进交通运输提效能、扩功能、增动能。推进交通基础设施数字化、网联化,提升交通运输智慧发展水平。统筹发展和安全,加强交通运输安全与应急保障能力建设。加快推进绿色低碳发展,交通领域二氧化碳排放尽早达峰,降低污染物及温室气体排放强度,注重生态环境保护修复,促进交通与自然和谐发展。

3. 发展目标

到2035年,基本建成便捷顺畅、经济高效、绿色集约、智能先进、安全可靠的现代化高质量国家综合立体交通网,实现国际国内互联互通、全国主要城市立体畅达、县级节点有效覆盖,有力支撑"全国123出行交通圈"(都市区1小时通勤、城市群2小时通达、全国主要城市3小时覆盖)和"全球123快货物流圈"(国内1天送达、周边国家2天送达、全球主要城市3天送达)。交通基础设施质量、智能化与绿色化水平居世界前列。交通运输全面适应人民日益增长的美好生活需要,有力保障国家安全,支撑我国基本实现社会主义现代化。

4. 建设任务

《国家综合立体交通网规划纲要》提出了实现规划目标的3大方向、12项建设任务。

(1)最优化布局:优化国家综合立体交通布局

①构建完善的国家综合立体交通网。

②加快建设高效率国家综合立体交通网主骨架。

③建设多层级一体化国家综合交通枢纽系统。

④完善面向全球的运输网络。

(2)一体化融合:推进综合交通统筹融合发展

①推进各种运输方式统筹融合发展。

②推进交通设施网与运输服务网、信息网、能源网融合发展。

③推进区域交通运输协调发展。

④推进交通与相关产业融合发展。

(3)高质量发展:推进综合交通高质量发展

①推进安全发展。

②推进智慧发展。

③推进绿色发展和人文建设。

④提升治理能力。

《国家综合立体交通网规划纲要》是我国第一个由党中央、国务院以文件形式发布的交通运输规划纲要,是指导未来一个时期内我国交通运输行业发展的"总规划"。

三、"国家综合立体交通网主骨架"布局方案解读

与《国家综合立体交通网规划纲要》相呼应,国家制定了"国家综合立体交通网主骨架"布局方案。

"国家综合立体交通网主骨架"布局方案将重点区域按照交通运输需求量级划分为极、组群、组团三类,如图1-5所示。

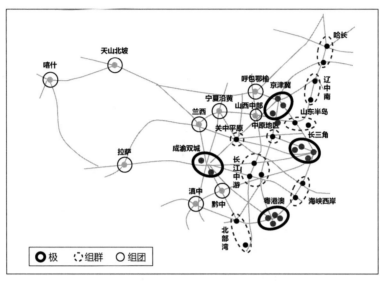

图1-5 "四极、八组群、九组团"示意图

四极:京津冀、长三角、粤港澳大湾区、成渝双城经济圈。

八组群:长江中游、山东半岛、海峡西岸、中原地区、哈长、辽中南、北部湾和关中平原。

九组团:呼包鄂榆、黔中、滇中、山西中部、天山北坡、兰西、宁夏沿黄、拉萨和喀什。

对应"四极、八组群、九组团"空间布局,"国家综合立体交通网主骨架"布局方案包括六条主轴、七个走廊、八条通道,如图1-6所示。

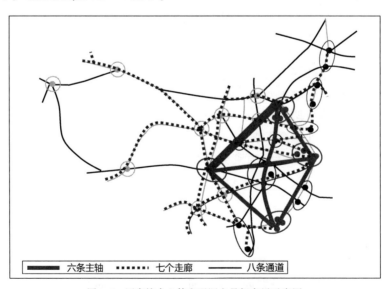

图1-6 国家综合立体交通网主骨架布局示意图

六条主轴。加强京津冀、长三角、粤港澳大湾区、成渝地区双城经济圈四极之间的联系,建设综合性、多通道、立体化、大容量、快速化的交通主轴。拓展四极辐射空间和交通资源配置能力,打造我国综合立体交通协同发展和国内国际交通衔接转换的关键平台,充分发挥促进全国区域发展南北互动、东西交融的重要作用。

七个走廊。强化京津冀、长三角、粤港澳大湾区、成渝地区双城经济圈四极的辐射作用,加强极与组群和组团之间联系,建设京哈、京藏、大陆桥、西部陆海、沪昆、成渝昆、广昆等多方式、多通道、便捷化的交通走廊,优化完善多中心、网络化的主骨架结构。

八条通道。强化主轴与走廊之间的衔接协调,加强组群与组团之间、组团与组团之间联系,加强资源产业集聚地、重要口岸的连接覆盖,建设绥满、京延、沿边、福银、二湛、川藏、湘桂、厦蓉等交通通道,促进内外连通、通边达海,扩大中西部和东北地区交通网络覆盖。

解读两个纲要和"国家综合立体交通网主骨架"布局方案可以发现,我国正在统筹规划、加快建设"三张交通网":

一是发达的快速网,包括高速铁路、高速公路、民用航空,重点突出品质高、速度快等特点。

二是完善的干线网,主要由普速铁路、普通国道、航道,以及油气管线组成,具有运行效率高、服务能力强等特点,可实现人流、货流、物流快速有效输送。

三是广泛的基础网,主要由普通省道、农村公路、支线铁路、支线航道、通用航空组成,覆盖空间大、通达程度深、惠及面比较广。

建设"三张交通网",将充分发挥各种交通方式的比较优势,形成以铁路网为骨干、公路网为主体、交通枢纽为核心,多种运输方式协同的综合立体交通网络体系。

【复习思考题】

1. 简述交通规划的定义、分类及层次划分。
2. 结合案例,分析交通规划的指导思想、基本原则、主体内容和基本工作流程。
3. 交通系统规划分析平台有哪些组成部分?
4. 《交通强国建设纲要》的内涵及意义有哪些?
5. "国家综合立体交通网主骨架"布局方案包括哪些内容?

第二章
交通规划数据获取与分析

第一节 概 述

资料采集与数据分析在交通规划中占有重要的地位。对交通系统及其相关系统进行调查，了解交通系统当前存在的问题，掌握交通系统中各种交通现象的发生及发展规律，为交通规划提供可靠的依据，是进行合理交通规划的基本前提和重要环节。在交通规划的各个阶段，都需要与该阶段相对应的来自实际系统的各种基础数据，以帮助建立模型或检验理论推导的正确性。

城市或区域交通的发展变化不仅与其自身的发展变化有关，而且受到土地利用、社会经济发展变化的极大影响。交通规划要适应未来交通的发展，就必须对交通系统现状以及影响交通发展变化的相关因素进行调查分析。因此，交通规划所面临的资料采集与数据分析工作是多样的和庞大的，这一部分工作在交通规划的研究过程中占有相当大的比重。进行合理且有效的资料收集与数据分析，是交通规划的重要课题之一。

一、面向交通规划的资料采集内容

交通规划可分为城市综合交通规划和区域综合交通规划两大类，两者的调查内容有所不同,但具体的调查内容都可以划分为基础资料、交通需求、交通设施、交通现状等四大项。城市综合交通规划的调查内容如图 2-1 所示,区域综合交通规划的调查内容如图 2-2 所示。

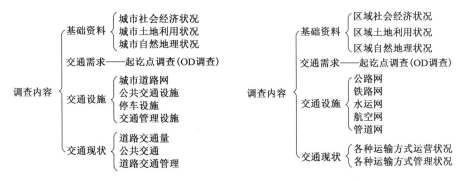

图 2-1　城市综合交通规划调查内容　　图 2-2　区域综合交通规划调查内容

二、交通区划分

1. 交通区划分的目的

进行交通规划时需要全面了解交通源以及交通源之间的交通流,但交通源一般是大量的,不可能对每个交通源进行单独研究。因此在交通规划研究过程中,需要将交通源合并成若干小区,这些小区称为交通区。交通区划分是否适当直接影响交通调查、分析、预测的工作量及精度。

划分交通区的主要目的是:将交通需求的产生、吸引与一定区域的社会经济指标联系起来;将交通需求在空间上的流动用交通区之间的交通分布图表现出来;便于用交通分配理论模拟道路网上的交通流。

2. 交通区划分的原则

交通区划分首先应确定需要进行划分的区域。划分交通区的区域除应包括规划区域外,还应包括与规划区域有较大交通联系的区域,以及有较大过境交通经过规划区域的其他区域。在城市道路交通规划中,因为大城市有较强的辐射功能,所以交通区划分的区域除了自身外,还应考虑其辐射范围;对于中小城市,交通区划分的区域应包括有较多过境交通经过城市的区域。在区域综合交通规划中,交通区划分的区域除了自身外,还应包括与其相邻的地区,以及与其联系密切的区域。

进行交通规划时,交通区划分的多少、大小,应视研究目的和交通复杂程度而定。一般来说,城市交通规划中划分的交通区较小,区域交通规划中划分的交通区较大;规划区域内划分的交通区较小,规划区域外划分的交通区较大;有直接影响的区域划分的交通区较小,有间接影响的区域划分的交通区较大;交通矛盾突出的区域划分的交通区较小,反之较大。

为了便于采集基础资料,交通区的划分一般不应打破行政区划。当交通区划分区域内有河流、铁路等天然或人工分隔时,一般应将其作为交通区的边界。交通区内的用地性质、交通特点等应尽量一致。表 2-1 为美国 74 个城市进行交通规划时的交通区划分情况。

美国城市交通区划分　　　　　表 2-1

调查区域人口（万）	交通区面积(km²)		交通区人口	
	范围	平均值	范围	平均值
<7.5	0.28~5.25	1.38	120~2700	872
7.5~15	0.60~8.48	2.77	357~1692	954
16~30	0.60~10.03	3.30	545~2400	1296
31~100	2.03~25.68	5.55	1316~7175	2828
>100	1.45~33.32	7.83	2214~24659	7339

我国现已进行道路交通规划的城市,市内交通区一般人口为1~2万,面积为1~2km²。

对于区域综合交通规划,规划区域内的交通区划分主要根据行政区划和交通地位进行。例如,进行省一级的交通规划时,交通区一般以县(县级市)或城区为单位;进行地市级或县级综合交通规划时,一般以乡或镇为单位划分交通区。规划区域外的交通区根据对规划区域的交通影响大小进行划分。

第二节　社会经济及土地利用基础资料调查

城市社会经济及土地利用基础资料调查服务于城市道路交通规划。城市社会经济及土地利用基础资料调查主要包括城市社会经济基础资料调查、城市土地利用基础资料调查和城市自然情况调查等内容。

区域社会经济基础资料调查服务于区域综合交通规划。区域社会经济基础资料调查主要包括国家有关政策方针调查、资源环境调查、社会经济调查等。

本节分别介绍面向城市道路交通规划的城市社会经济及土地利用基础资料调查内容和面向区域综合交通规划的区域社会经济基础资料调查内容。

一、城市社会经济及土地利用基础资料调查

1. 城市社会经济基础资料调查

社会经济状况对交通有直接影响,一定的社会经济状况对应一定的交通状况。对未来城市社会经济状况进行预测,建立交通与社会经济的关系,需要历史及现状的社会经济基础资料。

城市社会经济基础资料调查需收集以下资料。

(1) 城市人口资料

城市人口总量及各交通区人口分布,城市人口年龄结构、性别结构、职业结构、出生率、死亡率、机械增长率等。

(2) 国民经济指标

生产总值、各行业产值、产业结构、人均收入等。

(3) 运输量

客货运输量、周转量、综合运输方式比例等。

(4) 交通工具

各种交通工具拥有量。

为了分析、预测未来的城市社会经济发展变化情况,调查中应包括历史及现状的资料。城市社会经济基础资料一般可从统计、计划、交通等政府机构获得。

2. 城市土地利用基础资料调查

城市土地利用与交通有密切的关系,不同性质的土地(如居住、商业、工业用地等)有不同的交通特征。交通与土地利用的关系是交通需求预测的基础。

城市土地利用基础资料包括城市和各分区现状用地状况、规划的土地开发计划。

(1) 土地利用性质与面积

各交通区主要土地利用类别的土地面积,如工业、商业、居住、科教文卫用地等土地利用类别的面积,一般应根据现行的《城市用地分类与规划建设用地标准》(GB 50137—2011)中规定的8大类城市用地性质分别进行调查,见表2-2。

城市建设用地分类与代号 表2-2

城市用地分类	居住用地	公共管理与公共服务用地	商业服务业设施用地	工业用地	物流仓储用地	道路与交通设施用地	公用设施用地	绿地与广场用地
代号	R	A	B	M	W	S	U	G

(2) 就业岗位数

全部交通区或典型交通区的就业岗位数。

(3) 就学岗位数

全部交通区或典型交通区的就学岗位数。

城市土地利用基础资料一般可从规划、建设、土地管理等政府机构获得。近年来利用卫星遥感数据、兴趣点数据等进行用地特征辅助分析的技术也得到了应用。

3. 城市自然情况调查

城市自然情况调查内容包括气候、地形、地质、自然资源、旅游资源等。

城市地形、地质等对交通系统布局有很大影响,地形、气候等对交通方式也有一定影响。例如,山区城市的道路网布局结构多是自由式的,自行车交通方式也较少;气候条件较差的城市一般自行车交通方式也较少。

规划区域的自然资源和旅游资源对该地区的交通出行量有很大的影响。例如,矿产资源丰富的地区矿产运输量多,旅游资源丰富的地区客运量多。资源调查应充分反映不同地区的特点,重点放在影响地区专业化方向和产业结构特点的自然资源上。自然资源调查应重点掌握资源的储量、分布、开发条件以及已经明确的开发计划等。旅游资源调查应重点掌握旅游风景名胜、文物古迹的位置、等级、开发状况以及开发计划等。

城市自然情况可以从相应的政府部门获取。气候、地形、地质等情况基本上是长期稳定的;而自然资源和旅游资源可能会随时间而变化,如自然资源会随开采而减少或因新的勘探发现而增多,因此对这两类资源应分年度列出数据。

二、区域社会经济基础资料调查

1. 国家有关政策方针调查

国家有关政策方针信息的调查通常包括以下内容:
(1)国家经济建设、国防建设的方针政策。
(2)有关的人口政策、用地政策、资源政策、环保政策及交通运输政策等。
(3)国防建设的需要,要求路线方案的走向。
(4)现行的各种运输设施工程技术标准、规范、定额、指标及基本建设法规等。
(5)当地政府及交通部门对各种运输方式的需求及改建方案的建议。

2. 上位规划调查

国家、省(自治区、直辖市)正式批准的相关上位规划包括以下内容:
(1)相关区域的社会经济发展规划。
(2)资源报告、国土开发规划。
(3)综合运输网规划及有关行业发展规划等。

3. 资源环境调查

资源环境调查的主要内容包括:
(1)矿藏分布、蕴藏量、质量特征(如煤炭品种、石油的含硫含蜡量、金属矿石的品种等)。
(2)主要工矿布局、产品产量、当地销量、外销量、库存量和所需原料、材料、燃料的数量。
(3)各种运输方式建设所需的人力、物力现状及主要材料单价。
(4)现有综合运输行业建设人才的概况。
(5)环境保护、森林保护、水土保护、野生动植物保护及文物保护的等级和范围。

4. 区域社会经济调查

区域社会经济调查的主要内容包括:
(1)规划区域内各分区域的总人口、各产业人口、总面积、耕地面积、国内生产总值、主要产品产值、人均收入等。
(2)规划区域的经济结构、产业结构、产业政策、城镇建制及其发展方向。
(3)重大经济布局的调整和安排,新建、扩建、改建的大型工矿企业项目。
(4)主要产品(如煤炭、石油、金属矿石、钢铁、矿建材料、水泥、木材、非金属矿石、化肥及农药、盐、粮食、日用工业品)及其他产品的产量。
(5)五大运输方式历年完成的客货运输量及所占比重。
(6)运输工具的保有量。

对于大多数区域社会经济指标,要求具有一定长度的时间序列数据作为预测和规划的基础。数据来源应该以国家、省、地区的统计资料为主,必要时做专项调查加以补充。

第三节 起讫点调查

一、概念

起讫点调查,又称 OD(Origin-Destination)调查,其中 O 表示出发地(Origin),D 表示目的地(Destination),是为了全面了解交通的源和流,以及交通源流的发生规律,对人、车、货的移动,从出发到终止过程的全面情况,以及有关的人、车、货的基本情况所进行的调查。

起讫点调查是交通规划研究过程中最基础的调查,其结果对交通系统的分析诊断、交通需求预测有重要的影响,在交通规划中有极为重要的地位。

二、常用术语

1. 出行

出行指人、车、货为完成某一目的(如上班、上学、购物等)从起点到讫点的全过程。出行"起点"指一次出行的出发地点,即 O 点;出行"讫点"指一次出行的目的地,即 D 点。

出行有以下基本属性:每次出行有起、讫两个端点;每次出行有一定的目的;每次出行采用一种或几种交通方式;每次出行必须通过有路名的道路或街巷;步行单程时间 5min 以上或自行车出行单程距离 400m 以上。

起讫点都在调查区域内的出行称为境内出行;起讫点都在调查区域外的出行称为过境出行。起讫点都在同一交通区的出行称为区内出行;起讫点分别位于不同交通区的出行称为区间出行。

2. 小区形心

小区形心指交通区出行端点(发生或吸引)密度分布的重心位置,即交通区交通出行的中心点,而不是该交通区的几何中心。

3. 期望线

期望线又称愿望线,为连接各交通区重心的直线,是交通区之间的最短出行距离,因为反映人们期望的最短距离而得名,其宽度表示交通区之间出行的次数。由期望线组成的期望线图,又称 OD 图,如图 2-3 所示。

4. 主流倾向线

主流倾向线又称综合期望线,是将若干条流向相近的期望线合并汇总而成的,目的是简化期望线图,突出交通的主要流向。

5. 分隔核查线

分隔核查线是为校核 OD 调查成果精度而在调查区内部按天然或人工障碍设定的调查线,可设一条或多条。分隔核查线将调查区划分为几个部分,用以实测穿越核查线的各条道路断面上的交通量,如图 2-4 所示。

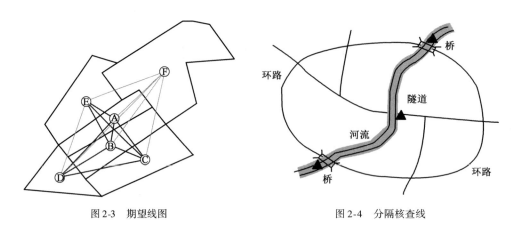

图 2-3　期望线图

图 2-4　分隔核查线

6. 境界线

境界线是包围全部调查区域的一条假想线,境界线上出入口应尽量少,以减少调查工作量。

7. OD 表

OD 表是表示各交通区之间出行量的表格。当交通区之间的出行只需要考察量时,用表示双向之和的三角形 OD 表(图 2-5),当交通区之间的出行不仅需要考察量而且需要考察方向时,用表示双向的矩形 OD 表(图 2-6)。

小区号	1	2	3	Σ
1	30	60	40	130
2	—	80	100	180
3	—	—	50	50
Σ	—	—	—	360

1	2	3	…	n	$T_i=\sum_j t_{ij}$
t_{11}	t_{12}	t_{13}	…	t_{1n}	T_1
	t_{22}	t_{23}	…	t_{2n}	T_2
		t_{33}	…	t_{3n}	T_3
			⋮	⋮	⋮
				t_{nn}	T_n
					$T=\sum T_i$

图 2-5　三角形 OD 表

讫点 / 起点	1	2	3	Σ
1	10	30	20	60
2	34	40	50	124
3	18	54	26	98
Σ	62	124	96	282

j / i	1	2	3	…	n	$P_i=\sum_j t_{ij}$
1	t_{11}	t_{12}	t_{13}	…	t_{1n}	P_1
2	t_{21}	t_{22}	t_{23}	…	t_{2n}	P_2
3	t_{31}	t_{32}	t_{33}	…	t_{3n}	P_3
⋮	⋮	⋮	⋮	⋮	⋮	⋮
n	t_{n1}	t_{n2}	t_{n3}	…	t_{nn}	P_n
$A_j=\sum_i t_{ij}$	A_1	A_2	A_3	…	A_n	$T=\sum P_i=\sum A_j$

图 2-6　矩形 OD 表

三、OD 调查项目与调查步骤

1. 城市交通规划 OD 调查项目

城市交通的基本组成单元是人流和货流,在此基础上产生交通流。城市交通还包括内部交通、对外交通、过境交通三种性质和特点有所差异的组成部分,特别是交通方式特点差异明显。同时,不同种类的交通互相交叉,因此,应进行合理组织。

城市道路交通规划OD调查可按境界线内OD调查和境界线OD调查两类进行。

(1)境界线内OD调查

境界线内OD调查是对不通过境界线道路的出行OD所作的调查。境界线内OD调查包括客流OD调查、货流OD调查、机动车出行OD调查三类。

①客流OD调查。客流OD调查包括居民出行OD调查、流动人口出行OD调查、交通枢纽客流OD调查三个项目。

居民出行OD是指调查区域内居民在调查区内的出行OD。流动人口出行OD是指调查区域内流动人口在调查区内的出行OD。交通枢纽客流OD是指调查区域内铁路客站、客运码头、民航机场等交通枢纽运送的旅客,使用相应运输方式的对外、过境出行OD。

②货流OD调查。货流OD调查包括境内货流OD调查及交通枢纽货流OD调查。

境内货流OD是指起讫点均在调查区范围内的货流OD。交通枢纽货流OD是指调查区域内铁路货站(场)、货运码头、民航机场等交通枢纽运送的货物,使用相应运输方式的对外、过境出行OD。

③机动车出行OD调查。机动车出行OD调查包括公交车出行OD调查和境内其他机动车境内出行OD调查两个项目。境内其他机动车境内出行OD是指调查区内除公交车外的其他机动车在调查区内部的出行OD。

公交车出行有其固定的线路和时间,因此公交车出行有其特殊性,一般单独调查。

(2)境界线OD调查

境界线OD调查是对通过境界线道路的车辆出行OD所作的调查。

2. 区域综合交通规划OD调查项目

以区域公路网规划为例,OD调查的具体内容主要包括机动车出行OD调查、交通枢纽货流OD调查和交通枢纽客流OD调查。

其中交通枢纽客、货流OD调查是指对在境界线内或虽在境界线外但对规划区域道路运输有较大影响的铁路站(场)、水运码头、民航机场等交通枢纽运送的旅客、货物使用相应运输方式的出行OD进行的调查。机动车出行OD调查是指对境界线内道路的机动车出行OD进行的调查,是区域公路交通规划OD调查的主要内容。

机动车出行OD信息采集地点的选择,对信息采集数据和今后的分析预测都将产生重大影响,它是OD信息采集工作的关键之一。选定的地点,应以能够全面掌握项目直接影响区与间接影响区之间、直接影响区各小区之间以及小区内部等各主要线路交通情况为基本原则。

(1)与规划公路平行或竞争的路线,应是主要考虑设点的路线。

(2)与规划公路交叉的主要路线,应考虑设点。

(3)应尽量避免市内交通的影响,设点应稍远离城镇。

(4)应选择路基较宽、线形较直(视距250m以上)的路段设点,上行与下行调查处(指同一调查点)之间应留有不少于150m的距离。

(5)在不影响调查目的的前提下,应适当结合调整经费和调查人员的数量来考虑设点的多少,应避免设置作用重复的点。

(6)为核实日常交通量观测值和掌握昼夜交通量之比率,在有典型代表性的路段上,可同时设置几个12h和24h交通量的观测点。

总之,对OD信息采集的选点必须慎重。设点太多,会使信息采集费用增加;设点太少,会导致信息采集结果失真。在正式进行信息采集之前,信息采集人员应亲赴现场查看,落实具体采集地点,以确保信息采集资料不失真。

类似地,在开展区域综合交通规划 OD 调查时,除了调查单一方式的客货运 OD 信息,还应重点调查各种运输方式的转换枢纽,获得联程出行的客流完整 OD 和多式联运的货物 OD 信息,为综合运输提供真实有效的信息支撑。

上述城市或区域交通 OD 调查的项目,可根据规划城市或区域的具体情况作适当的取舍、增补或合并,以便既能反映规划城市或区域的交通流状况,又能把调查工作量减到最少。对规划城市或区域交通影响大、构成比例大的组成部分重点调查,对影响较小、构成比例较小的组成部分则进行较为粗略的调查或合并在其他调查项目中。

3. OD 调查步骤

一般的 OD 调查主要步骤包括组织调查机构、调查准备、确定抽样率及抽样方法、调查人员培训、制订调查计划、典型试验、实地调查等。

(1)组织调查机构。OD 调查是一项涉及面广、工作量很大的工作,需要设立一个专门的机构,统一负责指挥、协调工作。

(2)调查准备。设计、印刷调查表格,表格设计的原则是既要满足调查的要求,又要简明扼要,使被调查者容易填写或回答。结构合理,尽量为以后的统计分析工作减少工作量。

(3)确定抽样率及抽样方法。对各项 OD 调查进行分析,确定抽样率和抽样方法。

(4)调查人员培训。调查质量很大程度上取决于调查人员,尤其是当采用访问调查方法时,调查人员的责任心将直接影响调查的效果。因此,调查人员要具有高度的责任感,具有一定的文化程度、身体健康、熟悉人地等。在培训过程中要反复讲明调查的目的、要求与内容,要模拟实地调查时可能出现的各种情况,要强调培养耐心、热情与韧性。

(5)制订调查计划。调查计划应从实际出发,安排既要紧凑,又要留有一定的余地。

(6)典型试验。在调查工作全面开展之前,应先做小范围的典型试验,取得经验教训,进一步完善计划和方法,确保达到预期效果。典型试验还可与培训调查人员一起进行。

(7)实地调查。在实地调查的过程中,必须严格把关,及时抽查,以随时发现问题,保证调查的精度。

四、OD 调查的抽样率及抽样方法

1. 抽样率的确定

OD 调查抽样率的确定一般可采用两种方法:一是利用试调查或其他城市或区域已经拥有的 OD 调查资料,考虑调查对象的母体数量、调查统计分析的目标以及抽样的方法,用数理统计的原理,通过分析抽样的误差确定;二是参照国内外的经验确定。目前国内外进行 OD 调查时,抽样率的确定多采用第二种方法,而且抽样率相差较大。

由数理统计的原理,可得出如下抽样率计算公式:

$$\gamma = \frac{\lambda^2 \delta^2}{\Delta^2 N + \lambda^2 \delta^2} \tag{2-1}$$

式中:γ——抽样率;

λ——对于标准正态分布,一定置信度对应的双侧分位数,当置信度为 68.3% 时,$\lambda=1$,

当置信度为 75% 时,$\lambda = 1.15$,当置信度为 90% 时,$\lambda = 1.65$,当置信度为 95% 时,$\lambda = 1.96$;

δ^2——母体的方差,当样本数足够大时,可用样本的方差代替;

N——母体容量;

Δ——控制误差的控制指标的容许绝对误差,其与相对误差的关系为 $\Delta = EX$,E 为相对误差,X 为控制指标的样本均值。

采用不同的控制指标往往会得出不同的抽样率。例如,在居民出行 OD 调查中,控制指标多采用人均出行次数,用其他指标进行检验与调整,相对误差 E 一般取为不大于 20%,置信度一般取 95%,相应 $\lambda = 1.96$,此时 N 即城市人口数量。

方差 δ^2 一般可根据试调查或其他城市或区域已经拥有的 OD 调查资料统计确定。表 2-3 是美、日等国进行全面居民出行 OD 调查的抽样率建议标准。我国部分已进行居民出行 OD 调查的大中城市,抽样率大都为 3%~5%。

美、日等国居民出行 OD 调查抽样率 表 2-3

城市人口(万)	抽样率(%)	城市人口(万)	抽样率(%)	城市人口(万)	抽样率(%)
<5	20	15~30	10	50~100	5
5~15	12.5	30~50	6	>100	4

在我国现已进行机动车出行 OD 调查和城市货流 OD 调查的城市中,有的城市采用全样调查,有的城市则采用抽样调查。城市境界线机动车出行 OD 调查多采用全样本调查或大比例抽样调查。

交通枢纽客(货)流 OD 调查由于其总量不是太大,而且分布流向广,宜采用全样或大比例抽样调查。城市流动人口出行 OD 调查由于流动人口构成复杂、不同类别流动人口出行差异较大,对不同类别流动人口宜分别调查,并视其数量、对交通的影响程度采用不同的抽样率。对总数不是太大而对交通影响较大的流动人口类别,应采用大比例抽样或全样调查。

2. 抽样方法

OD 调查的抽样方法包括简单随机抽样、分层抽样、等距抽样、整群抽样等。

(1) 简单随机抽样

简单随机抽样是最基本的抽样方法,样本的提取随机确定。其抽样方法简单,误差分析也较容易,但需样本容量较大,适宜在各个体之间差异较小时采用。

(2) 分层抽样

分层抽样即将母体分为若干类型(层次),然后在各层次做随机抽样,而不是直接从母体中随机抽样。例如,以交通区的用地性质作为分层特征,将交通区分为若干层次,对用地性质相同的交通区做随机抽样。此法的优点在于通过分类,使各类个体之间的差异缩小,有利于抽出有代表性的样本,但抽样的过程较为复杂,误差分析也较为复杂。此法适用于母体复杂、个体之间差异较大、数量较多的情况。

分层抽样的方差计算公式为:

$$\delta^2 = \frac{\delta_1^2 N_1 + \delta_2^2 N_2 + \cdots + \delta_k^2 N_k}{N} \quad (2\text{-}2)$$

式中:δ_i^2——各分层的内部方差,$i = 1, 2, \cdots, k$;

N_i——各分层的个体总量,$i = 1,2,\cdots,k$;

δ^2、N——意义同式(2-1)。

(3)等距抽样

等距抽样即等间隔或等距离抽取样本。其优点是利于提高代表性,使母体各部分能均匀地被包括到样本中。等距抽样的方差通常用简单随机抽样的方差计算方法近似计算。

(4)整群抽样

整群抽样是从母体中成群成组地抽取样本。成群成组的样本可按以上三种方法中任何一种来抽取,在群内所有个体都要调查。该方法的优点是组织简单,缺点是样本代表性较差。

在进行OD抽样调查时,采用何种抽样方法应视调查的对象、调查的具体条件及各种方法的特点而定,各种方法也可组合使用。

我国现已进行的城市居民出行OD调查大多采用等距抽样方法,按户口排序号或门牌号每隔若干户抽一户进行调查。货物出行抽样调查则大多采用分层抽样,按行业或运量大小分类抽样。机动车出行、流动人口出行抽样调查则采用简单随机抽样或等距抽样较好。

五、城市居民出行 OD 调查

居民出行是构成城市交通的主要部分,因此对居民出行OD状况进行全面调查在城市交通规划中占有十分重要的地位。居民出行OD调查的内容包括居民的职业、年龄、性别、收入等基础情况,以及各次出行的起点、讫点、时间、距离、出行目的、所采用的交通工具等出行情况。典型的城市居民出行调查表见表2-4。

城市居民出行调查表 表2-4

居住地址			居委会					小区编码□□□□			
性别	男1 女0	职业	小学生 1	中学生 2	大中专学生 3	工人 4	服务人员 5	职员 6	个体劳动者 7	家务 8	其他 9
年龄	6~14 1		15~19 2	20~24 3	25~29 4	30~39 5		40~49 6	50~59 7	60及以上	
常用交通方式	步行 1	自行车 2	助力车 3	公交车 4	出租车 5	轻骑摩托 6	私家车 7	单位小车 8	单位大车 9	其他 10	家庭年收入 (万元)

居民一日出行情况																		
出行次序	出发时刻	出发地点	出行目的								出行方式							到达地点	到达时刻
			上班	上学	公务	购物	文娱体育	探亲访友	看病	回程	其他	步行	自行车	助力车	公交车	出租车	轻骑摩托	私家车	单位小车	单位大车	其他		
			1	2	3	4	5	6	7	8	9	1	2	3	4	5	6	7	8	9	10		
1																							
2																							
3																							
4																							

续上表

出行次序	出发时刻	出发地点	出行目的									出行方式										到达地点	到达时刻
			上班	上学	公务	购物	文娱体育	探亲访友	看病	回程	其他	步行	自行车	助力车	公交车	出租车	轻骑摩托	私家小车	单位小车	单位大车	其他		
			1	2	3	4	5	6	7	8	9	1	2	3	4	5	6	7	8	9	10		
5																								
6																								
7																								
8																								

进行城市居民出行调查常用的方法有家访调查、电话询问调查、工作出行调查、职工询问等。近年来移动终端出行调查、手机定位信息分析等技术手段越来越多地应用在 OD 调查中。有些方法适宜全面调查,有些方法则适用于对居民出行 OD 调查作某一方面的补充。如果只进行重点调查而不进行全面调查,则对重点调查的不足部分应作适当的补充调查。

1. 家访调查法

家访调查法是对居住在调查区的住户进行抽样家访,由调查人员当面了解该调查区住户中包括学龄儿童在内的全体成员全天出行情况。调查前应重视调查员的培训,并进行模拟表格填写训练。

调查前应进行广泛的舆论媒体宣传,力求做到家喻户晓、老少皆知,并依靠各级组织。家访调查能较全面、准确地获得城市居民出行 OD 信息,是常用的居民出行 OD 调查方法。

2. 电话询问法

与家访调查法类似,电话询问法是根据运营商提供的电话号码,随机抽取被调查者。此方法与家访调查法相比成本低,取样可较多,但其结果可能有倾向性。

3. 工作出行调查法

工作出行调查法是对调查区内的职工抽样进行居住地点(即 O 点)和工作地点(即 D 点)的调查,一般可以从工作单位的档案中得到所需数据。工作调查法虽然只能调查工作出行,但工作出行一般是形成交通高峰的主体,对城市客运交通有很大影响,因此,可用于对居民工作出行 OD 所进行的重点调查。

4. 职工询问法

职工询问法是将调查表分发给就业中心,如大型企事业单位的全部职工,要求当天填好并交回。要登记分发给各个单位的表格总数和每个单位的职工总人数,以便对每个单位的出行数据加以扩样。此法只能调查职工的出行 OD,可用于对职工的出行 OD 进行的重点调查。

5. 智能移动终端调查法

智能移动终端调查法是利用具有可视化、交互性特点的智能移动终端,如移动智能手机、笔记本电脑、掌上智能电脑(PAD)终端、可穿戴设备等,通过交通调查软件实现对被调查者的交通出行数据的精确收集,能够提高调查的精度、效率,具有较高的应用价值。

6. 基于手机定位信息的居民出行调查法

通过基站与手机通信的原理,可以获取城市居民手机即时的位置和时间信息,结合无线网络小区划分 GIS 基础数据,就可以得到基于交通分析小区划分的起点、终点以及时间信息。该方法可以获得较大样本的出行信息,近年来应用较为广泛。

六、流动人口出行 OD 调查

流动人口是城市总人口中特殊的组成部分,流动人口的出行规律,如出行次数、出行方式等与城市居民出行规律一般有较大的差异,要详细了解流动人口的出行状况,则需要对流动人口出行 OD 进行调查。

流动人口的组成十分复杂,按其在城市中停留的时间可分为常住、暂住、当日进出等。常住流动人口的出行特征与城市居民基本一致,可以采用居民出行调查方法。暂住和当日进出的流动人口出行目的主要有出差、旅游、探亲、看病、经商、转车等。暂住流动人口一般可采用与居民出行 OD 调查类似的家访调查、电话询问等方法,对当日进出的流动人口则可采用在城市的对外交通枢纽,如车站、码头等直接询问的方法等。与居民出行调查类似,利用手机使用中不断产生的位置和时间信息进行流动人口出行调查已经逐渐开展应用。

流动人口出行 OD 调查的内容包括流动人口的职业、年龄、性别、来本市的目的、停留时间等基础情况,以及各次出行的起点、讫点、时间、距离、出行目的、所采用的交通工具等出行情况。城市流动人口出行 OD 调查表与居民出行 OD 调查表相似,见表 2-5。

城市流动人口出行调查表

调查地点_____ 性别_____ 年龄_____ 职业_____ 表 2-5

拟在本市天数		来本市目的	出差	劳务	经商	旅游	探亲访友	看病	生活购物	其他
在本市居住地点			1	2	3	4	5	6	7	8

流动人口一日出行情况

出行次序	出发地点详细地址	出行目的							出行方式												到达地点详细地址
		公务出差	生活购物	旅游观光	文化娱乐	看病	探亲访友	回程	其他	公交车	单位车		出租车		轻骑摩托	自行车	助力车	三轮车	步行	其他	
											大客	小客	大客	小客							
		1	2	3	4	5	6	7	8	1	2	3	4	5	6	7	8	9	10	11	
1																						
2																						
3																						
4																						
5																						
6																						
7																						
8																						
9																						
10																						

七、机动车出行 OD 调查

城市机动车出行 OD 调查包括公交车出行 OD 调查及非公交车出行 OD 调查两类。

城市公交车出行 OD 调查的内容包括行车路线、行车次数、行车时间等,可直接由公交公司的行车记录查得。

城市境内除公交车外的其他机动车辆境内出行 OD 调查、区域机动车出行 OD 调查,以及城市境界线机动车出行 OD 调查的内容,包括车辆的种类、起讫地点、行车时间、距离、载客载货情况等。

除城市公交车外的其他机动车出行 OD 调查的方法主要有以下几种。

1. 发(收)表格法

将调查表格发给机动车驾驶人,由他们逐项填写。表中所用名词应尽量采用驾驶人熟悉的术语,选词应明确,最好不加说明便能看懂,必要时加以注释。

此法可用于城市境内其他机动车辆境内出行 OD 的全面调查,我国多采用此法。

2. 路边询问法

在道路上设调查站,让车辆停止,询问驾驶人,典型调查内容见表 2-6。由于调查过程中需要拦截车辆,对道路交通影响较大,因此需要交警协助,交通量较大时可采用抽样调查。

机动车出行 OD 路边询问调查表 表 2-6

调查点位置		地区(市)		调查点编号			
调查月、日		县		行车方向 1 2			
		乡镇		调查时间			
全部车辆(1)				小客/摩托/大客(2)		货车(3)	
车型	车辆所有者	起点	终点	额定车位数	实载人数	额定吨位数	实载吨位数	实载货类
1.小客(≤12座) 2.大客(>12座) 3.小货(≤2.5t) 4.中货(2.5~7.0t) 5.大货(>7.0t) 6.摩托车 7.拖拉机	1.交通运输部门 2.个体 3.社会车辆 车牌照号	省___ 地区(市)___ 县___ 乡镇___	省___ 地区(市)___ 县___ 乡镇___					1.煤炭 8.非金属矿石 2.石油 9.化肥农药 3.金属矿石 10.盐 4.钢铁 11.粮食 5.矿建材料 12.化工原料及制品 6.水泥 13.轻工、医药 7.木材 14.其他
车型	车辆所有者	起点	终点	额定车位数	实载人数	额定吨位数	实载吨位数	实载货类
1.小客(≤12座) 2.大客(>12座) 3.小货(≤2.5t) 4.中货(2.5~7.0t) 5.大货(>7.0t) 6.摩托车 7.拖拉机	1.交通运输部门 2.个体 3.社会车辆 车牌照号	省___ 地区(市)___ 县___ 乡镇___	省___ 地区(市)___ 县___ 乡镇___					1.煤炭 8.非金属矿石 2.石油 9.化肥农药 3.金属矿石 10.盐 4.钢铁 11.粮食 5.矿建材料 12.化工原料及制品 6.水泥 13.轻工、医药 7.木材 14.其他

此法可用于城市境内其他机动车辆境内出行 OD 的全面调查,特别适用于区域机动车出行 OD 调查,以及城市境界线机动车出行 OD 的全面调查。

3. 登记车辆牌照法

在道路网上设置若干调查站,由各调查站记下通过该站的全部车辆牌照的末尾几位数字(一般只记后 3~4 位数字)及通过时间,然后汇总各个调查站的记录进行核对,第一次记到牌照的地点便作为该车辆的起点,最后一次记到牌照的地点便作为该车辆的讫点。

此法不干扰交通,但比较粗略,也只能得到起讫点分布的资料,可用于城市境内其他机动车辆境内出行 OD 的部分资料调查。随着城市视频检测设备的布局完善,利用视频信息识别车牌信息的准确率不断提高,大大提升了该调查方法的效率。

八、货流 OD 调查

货运交通是城市交通的一大组成部分,在我国城市交通中占有较大的比重。因此,全面调查了解城市货流 OD 对进行城市交通规划有重要意义。

城市货流有许多特点,如货种多而杂,货流点和吸引点多且分布广,有的货物由运输部门承运,有的货物则靠各企事业单位或个人运输等。因此,在进行城市境内货流 OD 调查时,应充分考虑其复杂性,明确调查的对象和特点。境内货流 OD 调查的内容包括货物所属单位的属性、经济指标、职工人数、占地面积等基础资料,以及货流的起点、讫点、时间、货物种类、吨位等出行情况。表 2-7 和表 2-8 是进行货流 OD 调查的典型调查表。

市区货源调查表　　　　　　　　　　表 2-7

单位名称		主管部门		
单位地址		联系人		电话
占地面积(m^2)		职工人数(人)		主要经济指标(万元)
货物名称	运入量(t/年)	主要源地	运出量(t/年)	主要发达地
合计	总运入量(t)		总运出量(t)	

一周内城市货流调查表(运入)　　　　　　　　　　表 2-8

单位名称				主管部门				
单位地址				联系人		电话		天气
月 日 时	运输方式	额定吨位	货物名称	载货量(t)	周转量(t·km)	起讫点		
						起点	讫点	
合计								

调查一般可根据组织关系对货运单位分系统进行,即由各主管机构对所属单位自上而下地进行调查,以便组织和管理。调查通常可采用发放、回收表格,或由调查人员到各个单位进行直接询问的方法。

城市境内货流 OD 调查也可结合城市境内除公交车外的其他机动车辆境内出行 OD 调查进行,即通过后者载货情况的调查指标,反映一部分货流状况,不足部分再作适当的补充。

九、OD 调查资料的整理与分析

OD 调查资料一般是大量的,资料整理与分析的工作量十分巨大。许多工作需要借助计算机进行,其过程主要包括编码、输码、统计分析等。

1. OD 调查资料的整理

在资料整理过程中,首先要对调查表进行检查,对有明显错误的数据要进行核对、校正。其次是编码,即将调查表中的文字转变为数字,如交通区、出行起点、出行讫点等。应抽调熟悉城市地理并对调查项目充分理解的人员进行编码,对于大城市,应分别从城市的不同片区抽调人员并集中编码。在输码之前,应首先确定采用何种计算机语言,并设计好数据结构,设计的原则是既省内存,又方便统计。在对调查结果进行统计之前,应将抽样调查的数据乘以放大系数(除以抽样的比率),以扩大到全样。

2. OD 调查资料统计分析的基本内容

OD 调查资料统计分析的目标是为现状交通分析评价、交通预测模型标定、交通网络规划等提供基本参数和指标。其基本内容包括三个方面:一是出行特征统计分析;二是出行与其相关因素之间关系的统计分析;三是其他有关指标的统计分析。主要包括以下具体内容:

(1) 出行产生。出行总次数、出行产生率统计分析,以及出行产生率与其相关因素之间关系的统计分析。

(2) 出行分布。出行流量、流向统计分析。据此得出调查区域各种出行的主流方向、特征。

(3) 出行方式。出行的方式结构统计分析。据此得出调查区域各种出行对交通工具的选择状况、特点。出行方式统计分析也应包括对出行方式结构与其相关因素之间关系的研究分析。

(4) 出行时间、距离。对各种出行所耗费的时间、出行距离进行统计分析。

(5) 其他有关参数。包括对平均载客(货)量、平均额载、平均实载率等参数进行统计分析。

3. 城市交通 OD 调查资料的统计分析

(1) 居民出行 OD 调查

统计分析包括以下主要内容:

出行产生。统计在职业、年龄、不同性质的用地等各种相关因素的不同状况下,各种出行目的的城市居民在市内的出行产生量,根据统计的结果,分析这些相关因素对城市居民在市内的出行产生的影响等。

出行分布。统计境界线内各交通区之间总出行及分目的、分方式的居民出行 OD 量等。

出行方式。统计城市居民在市内出行的出行方式结构等。

出行时间及出行距离。统计城市居民在市内总出行和分方式出行的平均出行时间,及居民在境界线内各交通区之间各种出行方式的平均出行时间及出行距离等。

(2) 流动人口出行 OD 调查

出行产生。统计在职业、年龄、性别、来城市目的等各相关因素的不同状况下,各种出行目的的城市流动人口在市内的出行产生量。根据统计结果,分析这些因素对城市流动人口在市内出行产生的影响等。

出行分布。统计境界线内各交通区之间总的 OD 量以及分出行目的、出行方式的流动人口出行 OD 量等。

出行方式。统计城市流动人口在市内的出行方式结构等。

出行时间及出行距离。统计城市流动人口在市内总的和分出行方式的平均出行时间，以及流动人口在境界线内各交通区之间各种出行方式的平均出行时间及出行距离等。

(3)境内货流 OD 调查

统计分析包括以下主要内容：

货流产生。统计在单位属性、经济指标、职工人数、占地面积等各种相关因素的不同状况下，市内各种货物的产生量。根据统计结果，分析这些因素对市内货物产生的影响等。

货流分布。统计境界线内各交通区之间总的以及分货种的货流 OD 量等。

出行时间及出行距离。统计城市货物运输在市内的平均出行时间，以及统计货物在境界线内各交通区之间的平均出行时间及出行距离等。

(4)公交车出行 OD 调查

统计分析包括以下主要内容：

出行分布。统计各交通区之间公交车的出行 OD 量等。

平均速度。统计计算市内公交车在市内的平均区间速度等。区间速度可根据出行时间和公交线路的长度计算。

(5)境内其他机动车辆出行 OD 调查

统计分析包括以下主要内容：

出行分布。统计境界线内各交通区之间，各种机动车的出行 OD 量等。

平均速度。统计计算各种机动车在市内的平均区间速度等。区间速度可根据出行时间、出行距离计算。

平均载客(货)量。统计计算各种机动车在市内出行的平均载客(货)量、平均额载、平均实载率等参数。

(6)境界线机动车出行 OD 调查

统计分析包括以下主要内容：

出行分布。统计机动车所载旅客、各种货物，以及各种机动车的出行 OD 量等。

平均载客(货)量。统计计算各种机动车的平均载客(货)量、平均额载、平均实载率等。

出行时间与出行距离。统计机动车在各交通区之间的平均出行时间及出行距离等。

(7)交通枢纽客流 OD 调查

统计分析的主要内容包括各种运输方式的调查区对外、过境的旅客出行 OD 量，以及各种运输方式旅客出行起讫点一端或两端在调查区外的各交通区之间的平均出行时间及出行距离等。

(8)交通枢纽货流调查

统计分析的主要内容包括各种运输方式的调查区对外、过境的各类货物的出行 OD 量，以及各种运输方式货物出行起讫点一端或两端在调查区外的各交通区之间的平均出行时间及平均出行距离等。

将上述统计所得的居民境界线内出行 OD 量、流动人口境界线内出行 OD 量、境界线机动车所载旅客出行 OD 量、交通枢纽调查区对外及过境的旅客出行 OD 量汇总，即可得到包括城市市内、对外、过境的全面客流 OD 量。

将上述统计所得境界线内货流 OD 量、境界线机动车所载货流 OD 量、交通枢纽调查区对外、过境货流 OD 量汇总,便可得到包括城市市内、对外、过境的全面货流 OD 量。

综合境内其他机动车辆境界线内出行 OD 量、境界线机动车出行 OD 量,便可得到包括城市市内、对外、过境的全面机动车出行 OD 量。

4. 区域交通 OD 调查资料的统计分析

以区域公路交通 OD 调查为例,介绍调查资料的统计分析内容。

(1) 机动车出行 OD 调查

统计分析包括以下主要内容:

出行分布。统计各交通区之间,机动车所载旅客、各种货物以及各种机动车的出行 OD 量等。

平均载客(货)量。统计计算各种机动车平均载客(货)量、平均额载、平均实载率等。

出行时间与出行距离。统计机动车各交通区之间的平均出行时间及出行距离等。

(2) 交通枢纽客流 OD 调查

统计分析的主要内容包括各种运输方式旅客的出行 OD 量,以及各种运输方式旅客在各交通区之间的平均出行时间及出行距离等。

(3) 交通枢纽货流 OD 调查

统计分析的主要内容包括各种运输方式、各类货物的出行 OD 量,以及各种运输方式货物出行在各交通区之间的平均出行时间及平均出行距离等。

将上述统计所得的机动车出行所载旅客出行 OD 量、交通枢纽旅客出行 OD 量汇总,便可得到包括研究区域内、研究区域对外、过境的全面客流 OD 量。

汇总统计所得的机动车出行所载货物出行 OD 量、交通枢纽货物出行 OD 量便可得到包括区域内、区域对外、过境的全面货流 OD 量。

OD 调查的统计分析既与调查的项目有关,又与调查之后的交通预测、现状交通分析评价的方法等有密切的联系。因此,上述统计分析的内容应视具体情况作适当的取舍或增补。OD 调查的统计分析可借助图、表、曲线等各种方式,如前述 OD 表、OD 图等。

【例 2-1】 晋中市城市居民出行 OD 调查与分析。

为了配合山西省晋中市城区道路交通管理规划的工作,2014 年 5 月在晋中市榆次区开展了大规模的晋中市城区常住居民出行调查。为方便以家庭为单位开展调查工作,调查采用政府机关-街道办-居委会-居民的分层组织形式进行。居民出行调查采用家访调查法,采用等距抽样方式,共发放问卷 16000 份,回收有效问卷 13600 份,抽样率达到 3%。

对调查数据进行统计分析后,得到了晋中市城市居民出行规律。调查结果显示,晋中市城区常住居民的人均出行次数为 3.04 次/(人·d)。在城区居民出行方式结构中,步行、自行车和助力车所占比例最大,分别为 24.90%、25.70% 和 22.62%(表 2-9)。

城市居民出行方式结构(单位:%) 表 2-9

出行方式	步行	自行车	助力车	公交车	出租车	轻骑摩托	私家车	单位车	其他
比例	24.90	25.70	22.62	4.91	0.82	0.70	17.80	1.23	1.32

晋中市城区常住居民各种出行目的出行量占整个出行量的比例见表 2-10。可以看出,除回程外,上班出行比例最大,两者分别为 47.38%、26.33%,其次为以上学为目的的出行,比例为 13.39%。三种出行比例之和为 87.1%,显示生存出行比例偏高,回程比例大,出行效率低。

各出行目的的出行量比例（单位：%）　　表2-10

出行目的	上班	上学	公务	生活购物	文娱体育	回程	其他
出行量比例	26.33	13.39	0.46	4.95	3.28	47.38	4.21

从图2-7可以看出城区的居民出行有四个高峰期：第一个出行高峰时间为7:00—8:30，第二个出行高峰时间为11:30—13:00，第三个出行高峰时间为14:00—15:00，第四个出行高峰时间为17:30—19:30。这四个主要高峰期累计时间为6h，但其出行量却占了全天出行量的71.8%。

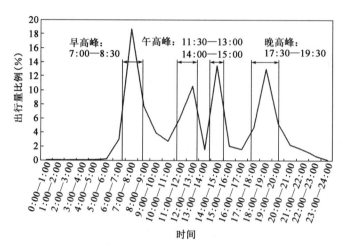

图2-7　各时段出行量比例分布趋势图

调查中获得了各出行方式的平均出行时耗，见表2-11。与其他出行方式相比，公交车的平均出行时耗最高，这也反映了公交分担率不足的原因之一。

各出行方式的平均出行时耗（单位：min）　　表2-11

出行方式	步行	自行车	助力车	公交车	出租车	轻骑摩托	私家车	公车	其他
平均耗时	17.46	18.71	21.92	27.14	24.53	25.92	26.37	26.91	26.66

【例2-2】　晋中市流动人口出行OD调查与分析。

2014年5月，调查人员对晋中市城区的流动人口进行了抽样调查。主要调查对象是晋中市榆次长途汽车站和榆次火车站的候车室等待乘客。调查得到流动人口平均日出行次数为2.44次/(人·d)。对于流动人口，调查统计了流动人口的来源地、来晋中的目的、抵达晋中时乘坐的交通工具、抵达时下车的地点等。

调查发现，晋中市城区的流动人口中，出行目的为生活购物最多，其次为看病就医，之后为劳务和经商，体现了晋中市城区与太原等相邻城市的密切联系交流、外来交通出行吸引量日益增加的现状。在流动人口的出行方式中，公交车所占比例最高，出租车次之，且高于城市居民的出行比例。公交、出租车等出行方式比例很高，反映出了流动人口没有自己的交通工具，主要依赖城市公共交通这一现状特征。

【例2-3】　晋中市出入口机动车OD调查与分析。

晋中市城区出入口机动车调查的目的是充分了解现状晋中城市主要出入口机动车流量的流量组成特性以及车流走向，为道路交通规划提供必要的分析依据。2014年5月，实施了晋中市城区出入口机动车OD调查。根据晋中市城区地理位置特征及周边城市对晋中市城区的影响,共设置了六个调查片区(图2-8),采用驾驶人OD调查的方式进行。

在晋中市城区的对外客运分布中,老城片区和蕴华西街片区是晋中市城区客车出行的最重要的发生吸引点,其次是中心片区。晋中市城区的客车交通吸引量和过境客车交通的比例相当。晋中市城区的货运对外交通流主要以市区与中区42(榆次区东北,寿阳县、盂县方向)、中区43(榆次区以东,平定县、昔阳县方向)、中区48(榆次区西北,太原市方向)的互通为主。过境的货运交通比例为41%左右,占了较大的比重。城区出入口OD期望线如图2-9所示。

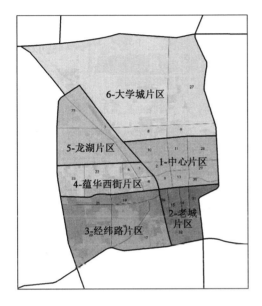 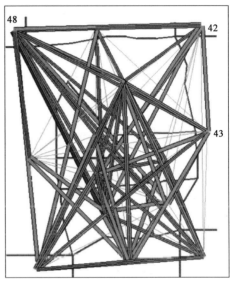

图2-8　6个调查片区　　　　　　图2-9　城区出入口OD期望线

第四节　交通量与交通设施调查

一、城市道路交通量调查内容

城市道路交通量资料是进行现状交通网络评价、交通阻抗函数标定以及未来路网方案确定的重要依据。交通量调查应以城市快速干道和主干道、次干道、主要交叉口、交通走廊、交通集中区域(如中心商业区等)为重点,调查机动车、非机动车的交通量。在主要的行人集中地,还应进行行人交通量调查。

1. 道路及交叉口机动车流量调查

道路机动车流量调查:应调查主要道路分车型、分时段交通量。重要路段连续调查24h,一般路段调查16h、12h或8h,调查时段应覆盖全天的高峰时段。

交叉口机动车流量调查:应调查主要交叉口分车型、分时段、分流向交通量。流量调查进行16h、14h、12h或8h,调查时段应覆盖全天的高峰时段。流向调查一般持续2个高峰小时。

2. 道路及交叉口非机动车流量

道路非机动车流量调查:应调查主要道路分时段交通量。重要路段调查24h,一般路段调查 16h、14h、12h 或 8h,调查时段应覆盖全天的高峰时段。

交叉口非机动车流量调查:应调查主要交叉口分时段、分流向流量。流量调查进行 16h、12h 或 8h,调查时段应覆盖全天的高峰时段。流向调查一般持续 2 个高峰小时。

3. 行人流量调查

主要行人聚集地区分时段、分流向的行人流量调查。调查时段应覆盖全天的高峰时段。

4. 公共交通系统调查

城市公共交通客流调查目的是了解公交线路(线网)上客流的时间与空间分布规律,包括城市公共汽(电)车客流调查和城市轨道交通客流调查等。

城市公共汽(电)车客流调查的内容包括公交核查线、客运走廊、线路、公交枢纽的客运量、上(下)客量、断面客流量、客流站间 OD、换乘量等。

城市轨道交通客流调查的内容包括线路、站点的进(出)站量、上(下)客量、断面客流量、客流 OD、换乘量等。

公共交通调查可采用人工调查和信息化数据应用技术相结合的方式。城市公共汽(电)车客流调查可采用人工观测和跟车法,有条件的城市可采用公交 IC 卡系统、公交车辆定位系统等信息化数据应用技术来采集数据。轨道交通客流调查可采用轨道交通自动售检票系统数据,有条件的可采用移动通信等信息化数据应用技术采集数据。

5. 核查线流量

核查线调查是以河流、丘陵、铁道等地形及地物边界线或其他人为设立的检查线为分界线,调查分界线两侧区域相互来往穿过检查线的交通量。这种调查一般目的是检验 OD 调查所得资料的可靠性。

二、城市道路交通量调查方法

城市道路交通量的采集方法经过了三个发展阶段:人工采集;机、电、声、磁、光等非人工采集;视频采集。

1. 人工采集

该方法需要调查人员在现场实施调查,一般情况下组织工作较为简单,调配人员和变动地点机动、灵活。使用的工具简单、调查表格填写方便。

采用人工采集方法进行长时间连续交通量调查时,劳动强度较大,调查数据的可靠性与现场调查人员的素质和观测持续时间有密切关系。调查前应做好准备工作,对调查人员进行业务培训,加强职业道德和组织纪律性的教育,在调查现场应进行试调查和巡回指导、检查。

2. 机、电、声、磁、光等非人工采集

机、电、声、磁、光等非人工采集方法一般采用机械接触、电磁波、超声波、激光等物理探测原理对道路交通量进行检测,能够大大降低所需要的调查人员数量和劳动强度,调查数据处理方便。调查时通常需要固定安装检测设备。但是目前这类调查设备对自行车交通量、行人交通量、交叉口内的转向交通流等数据难以采集。

3. 视频采集

视频交通量信息采集技术经过不断完善已经比较成熟,其具有调查范围覆盖广、精度较高、数据处理方便、图像资料可重复利用等优点,是良好的道路交通量信息调查方法。视频检测设备在城市道路中的广泛部署,可以大大节省调查人力、时间和费用,降低劳动强度。

三、城市道路交通基础设施调查

城市道路交通基础设施调查包括以下内容。

1. 城市道路基础设施调查

（1）道路路段

调查内容包括道路路段的等级,机动车道、非机动车道和人行道路面宽度,机非分隔方式,路面质量、长度、坡度等。

（2）道路交叉口

调查内容包括各交叉口类型、位置、控制（管制）方式等,停车场位置、形式、停车容量等。

2. 城市公共交通设施调查

城市公共交通设施调查内容包括公交线网总体布局情况、各线路站点设置情况、线路车辆配备情况、公交场站设置情况等。

3. 城市停车设施调查

按照服务对象、设置位置以及建造类型,可对停车场进行不同的分类。按停车场服务对象划分,可分为专用停车场、建筑物配建停车场和社会公共停车场三种;按停车场地位置分类,可分为路内停车场和路外停车场两种类型,其中路内停车场又包括路上停车场和路边停车场;按停车场建造类型分类,可分为地面停车场、地下停车库、立体机械式停车楼等三种类型。

城市停车设施调查主要收集停车场的名称、位置、类型、规模、收费标准、开放时间、周边路网情况、停车场进出口设置等信息。

4. 城市交通管理设施

城市交通管理设施调查内容包括城市道路交通管理设施投资水平、交通标线、交通标志、行人过街设施、平面交叉口渠化、信号控制等。

5. 城市对外交通枢纽调查

城市对外交通枢纽调查内容包括车站、码头等对外交通枢纽布局,各对外交通枢纽的容量、交通集散广场情况等。

四、区域基础设施及交通量调查

1. 区域交通基础设施调查

（1）公路网调查

公路路段调查内容包括公路的技术等级、行政等级、起讫点、路面宽度、路面质量、长度、坡度等。道路交叉口调查内容包括各交叉口类型、位置、控制（管制）方式等。相邻区域公路网调查内容包括相邻地区现状、规划的公路网布局以及各公路的等级等。

（2）铁路、航空、水运、管道等设施调查

调查内容主要包括规划区域以及区域对外铁路、航空、水运、管道等其他运输方式基础设施的状况。

2. 区域交通运输量调查

调查内容包括公路、铁路、航空、水运、管道等设施的 OD 分布、客货运量、运输工具数量、综合枢纽客货运转换量等。

第五节　道路交通管理调查

道路交通管理调查内容包括交通管理措施、交通安全状况、交通管理队伍建设、交通管理水平、交通秩序、道路交通运行状况等。

一、道路交通管理措施调查

道路交通管理措施调查内容主要包括城市道路管控措施及范围、机动车登记率与检验率、社会停车场利用水平、规范化停车、交通诱导、停车诱导、广告设置合理性等。

二、道路交通安全状况调查

道路交通安全状况调查内容主要包括交通事故发生率、交通事故死亡率、交通事故多发地点整治情况、交通安全宣传、交通法规建设状况等。

三、道路交通管理队伍建设调查

道路交通管理队伍建设调查内容主要包括交通管理队伍规模、知识水平、技术装备、管理制度等。

四、道路交通管理水平调查

道路交通管理水平调查内容主要包括交通管理设施与手段的现代化程度、交通管理信息系统建设水平、交通指挥中心建设水平等。

五、道路交通秩序调查

道路交通秩序调查内容主要包括机动车遵章情况、非机动车遵章情况、行人遵章情况、停车遵章情况等。

六、道路交通运行状况调查

道路交通运行状况调查内容主要包括道路车速、延误、交叉口阻塞状况等。

第六节　大数据环境下的交通调查技术应用

随着信息通信技术的迅猛发展,大数据已成为重要的发展方向和研究领域。大数据的应用不仅影响交通规划、管理的方式,也改变着人的活动与出行方式。大数据环境下,现代交通调查技术得到了广泛应用。与传统交通调查方式相比,现代交通调查技术具有更广的覆盖范围、更长的时间跨度和更高的灵活性,为交通规划提供了丰富的数据支撑。

目前,交通行业已成功应用的大数据类型有公交卡刷卡数据、基于位置服务(Location-Based Service,LBS)的数据、浮动车数据、视频数据、磁感线圈数据、移动通信信令数据等。一些探索性研究也将微博、大众点评等社交网络的签到数据及文字信息、共享出行数据、房价数据、兴趣点(Point of Interests,POI)数据用于交通分析,以期发掘更多的交通出行潜在规律及交通与社会经济、城市空间布局等其他关键因素的内部联系。

现代调查技术及分析方法在实际应用中的作用主要体现在两个方面:

(1)改进传统调查方法,采用新的技术手段获取数据。

传统的居民出行调查地址和交通小区编码方法已经转变为电子地图定位,甚至是手持电子地图直接定位,从而省去数据录入工作;手机调查虽然无法调查各种出行方式,但对于分析和判断人群在空间中的移动具有很大优势,其高采样率可以最大限度地降低扩样误差。

(2)采用新的数据采集手段,获得传统人工调查无法获取的海量数据。

线圈、牌照识别、高速公路收费车辆数据、IC卡等海量数据采集技术的应用,为车速、交通量、公交出行OD、车辆行驶OD与路径等交通特征分析提供了常态化数据,这是以往传统人工调查无法获得的。虽然这些数据从某些方面比较完整和准确地反映出交通特征,但即使将所有海量数据综合起来,也不能完整反映整个交通系统的特征。有些数据只能依靠传统的人工调查方法获得。因此,如何利用这些海量数据,对传统调查数据进行多元化的信息融合校核还需要积极探索。

结合交通规划相关的主要数据获取需求,本教材重点介绍目前应用比较广泛的几类现代调查与分析技术,包括基于兴趣点数据的交通调查与分析、基于智能移动终端的交通调查与分析、基于移动通信数据的交通调查与分析、基于浮动车技术的交通调查与分析、基于视频检测技术的交通调查与分析、基于公交IC卡数据的交通调查与分析等。

一、基于兴趣点数据的交通调查与分析

1. 基于兴趣点数据的交通调查方法概述

POI是基于位置服务的最核心数据,是地图上任何非物理意义的有意义的点,如住宅、商店、酒吧、医院、车站等,像城市、河流、山峰这些具有地理意义的点不属于POI。POI数据的优势在于:每个POI包含四方面信息,如名称、类别、经度、维度等,具备了跨行业、跨部门的整合数据优势;有广泛的应用场景、较强的计算和表达能力,可以用于分析计算,如导航定位、地理编码、周边搜索、热度分析、密度分析、选址决策分析等;也可以用于可视化展示,如灯光图、聚簇图等。因此,近年来POI数据越来越多地应用于城市交通规划领域。例如,可以通过调查某个区域内不同类型POI数量及分布模式,分析获得该区域的人口密度、用地性质、交通设施布局等信息,了解该区域的交通规划情况,为规划决策提供参考依据。

目前获取互联网电子地图POI数据的技术已经比较成熟,使用时需要注意POI数据的时效性、坐标系一致性。

2. POI数据分类

常用的POI数据总共有23大类,有金融保险服务、住宿服务、体育休闲服务、室内设施、商

务住宅、政府机构及社会团体、医疗保健服务等,而每个大类又包含若干中类。例如,商务住宅大类包含的中类有产业园区、住宅区、商务住宅相关、楼宇;金融保险服务大类包含的中类有保险公司、自动提款机、证券公司、财务公司、金融保险服务机构、银行和银行相关。每个中类又划分为若干小类,但由于小类的划分过于细致,一般应用中类的划分级别。

由于POI数据的种类繁多,不同的目标区域包含不同的POI类型,可以根据研究内容选取合适的POI数据。在交通规划相关分析中,在利用POI数据提取用地特征时,重点提取可以明显表征居民居住、工作和具有平峰吸引特性的数据类别。例如:具有通勤性质的工作类别包括公司企业大类、商务住宅大类中的产业园区和政府机构及社会团体大类中的政府机关等;具有居住性质的类别包括商务住宅大类中的住宅区中类,以及从商务住宅相关中类和商住两用楼宇小类中通过住宅关键词筛选出的数据点;具有强烈平峰吸引性质的类别包括购物服务大类的商场和商业街中类、医疗保健服务大类中的综合医院和三级甲等医院小类;等等。

POI数据是忽略实体对象的建筑面积,将其进行统一抽象形成的没有实际面积和实际体积的单纯地理点坐标,但是在实际的生产生活中,不同的实体对象之间的建筑面积存在着极其明显的差距。另外,公众认知度是城市居民大众对各类POI数据的显著性的认识,不同的POI类型拥有不同等级的公众认知程度,其对出行目的区域的划分也会产生非常重要的影响。因此,要根据研究内容对不同类型的POI进行分类赋权。

3. 基于POI数据的交通分析

POI数据很少单独使用,往往和信令数据、遥感数据、出租车订单数据、公交IC卡刷卡数据、共享单车租赁数据等多源数据,综合应用于土地利用特征提取、城市功能区识别、交通小区划分、可达性分析、客流特征分析等交通分析场景。

例如,图2-10给出了土地利用特征的一个分析实例。根据西安市主城区街道单元内不同城市兴趣点数据权重占比情况,确定每个划分单元的出行目的;结合网约车的订单数据,可以对比分析不同街区不同出行目的与出行量、出行时长和出行距离之间的关系。

图2-11展示了交通小区划分的一个分析实例。以北京市六环内部的区域作为研究区域,基于从多源城市大数据中挖掘多种街区聚合特征,从POI兴趣点数据中挖掘街区的土地利用特征,从公共交通智能卡数据、共享单车租赁数据和出租车与网约车出行数据中挖掘街区的时空出行特征,提出一种交通小区聚合算法,可以获得更合理的小区划分结果。

图2-10 用于出行目的分析的用地分类(西安)

图2-11 基于多源数据的小区划分(北京)

图2-12展示了城市功能区识别的一个分析实例。通过融合兰州市主城区遥感影像数据的自然特征和POI数据中的人文特征,识别建筑物轮廓和相关功能信息,对城市功能区进行划分并识别其功能类型。

图2-13展示了可达性分析的一个实例。使用郑州市通勤出行问卷调查数据、POI数据、互联网地图导航得到的通勤时间数据等,通过通勤成本法和就业可达性指数等对郑州市主城区职住关系状况进行测度,反映了郑州市居民职住关系的空间分异格局。

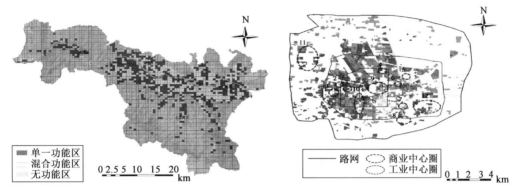

图2-12　城市功能区的识别分类(兰州)　　　图2-13　私家车、公交车就业可达性差值(郑州)

二、基于智能移动终端的交通调查与分析

1. 基于智能移动终端的交通调查方法概述

基于智能移动终端的交通调查方法主要是利用具有可视化、交互性特点的智能移动终端,如移动智能手机、笔记本电脑、掌上智能电脑(PAD)终端、车辆调度监控终端、可穿戴设备等,通过交通调查软件实现交通出行数据的精确收集。调查系统由两大部分组成,即手持客户端和后台服务器。客户端通过无线网络与后台服务器进行交互,接收到数据信息后,后台服务器进行数据保存以供实时查看及后期的数据分析处理。

智能移动终端目前的应用场景主要有两大类:一是能够辅助对交通量、交通密度和行车延误等交通参数的人工调查,并在调查完成后自动生成调查数据表格,通过互联网实现调查人员对数据的自动上传、汇总、整理与分析;二是基于智能移动终端中的卫星定位模块能够收集被调查人员的精确位置信息,从而获取出行的起终点、路径、时间等重要参数的精准信息,这些往往是传统的问卷调查难以获取的。

2. 道路交通参数调查系统设计

道路交通参数调查系统主要包括以下4部分:

(1)智能移动终端:用于运行交通参数人工调查软件。

(2)交通参数人工调查软件:用于记录与汇总交通参数数据,实现数据的自动汇总、整理、上传、共享以及获取调查人员位置信息,数据采集模块原理如图2-14所示。

(3)数据汇总与监控系统:用于对每一个调查人员采集的交通参数数据进行汇总、整理,以及进一步深入挖掘和分析,并利用调查人员的位置信息对其进行监控。

(4)Web服务器:用于智能移动终端和数据汇总与监控系统的数据交换。

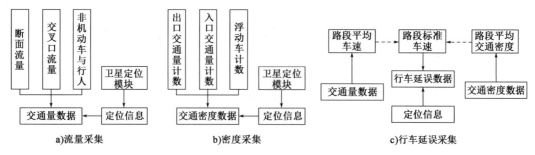

图 2-14 数据采集模块原理示意图

3. 居民出行调查软件设计

(1) 系统架构

居民出行调查软件系统应实现的基本功能包括:调查人员录入调查对象的家庭情况、个人基本情况、个人出行情况、个人出行意愿等文字信息,把录入的文字信息进行数字编码并通过移动网络发送至终端服务器汇总。系统中的主要模块包括初始化主界面、家庭特征信息输入模块、个人特征信息填写模块以及个人出行意愿填写模块。

(2) 地址信息与交通小区编号匹配技术

居民出行调查中的地址信息包括家庭地址、个人出行信息的出发地址和到达地址(OD)。为便于后期的数据统计分析,一般需要对地址信息与对应小区编号进行匹配。常用的匹配方法有精确匹配、模糊匹配和人工匹配3种。对于精确匹配失败的地址信息用模糊匹配方法进行匹配,对于精确匹配和模糊匹配均失败的地址信息,需要采用人工匹配。

(3) 交通小区边界的设定

在研究区域地图上添加交通小区划分层,实现地址输入和查询对应的交通小区编号。依据调查项目的需求,可添加多个图层,实现交通小区编号、小区边界的地图显示功能。

(4) 居民出行调查数据库设计

一般居民出行调查的内容包括家庭特征、个人特征、出行特征及出行意愿等类别的数据,各数据组间的一般结构关系如图 2-15 所示。

智能移动终端采集数据不仅可以应用于"四阶段"交通需求模型,也可以应用于非集计交通需求模型。例如,根据社会经济属性及蒙特卡洛法随机分配,构建各社会经济属性群体出行链分布等。

三、基于移动通信数据的交通调查与分析

1. 基于移动通信数据的交通调查方法概述

随着移动通信技术的普及,移动终端设备通过地点更新、切换,以及通话、短信等通信活动向移动基站发送设备的时间和位置信息,通过分析这些移动通信设备的时空信息,可以获取相应的交通出行信息。

移动通信数据在交通分析中具有无用户个体属性信息、数据获取成本低、覆盖率高、兼顾实时性和长期性等特点。表 2-12 对比了移动通信数据与其他调查方式所获数据的特点。

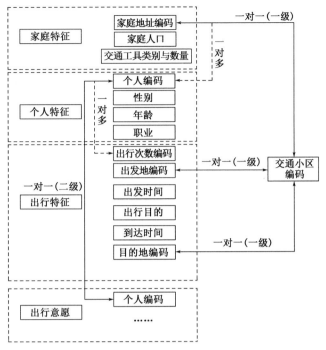

图 2-15 一般居民出行调查数据结构关系

移动通信数据与其他交通调查方式所获数据的对比							表 2-12
客流信息获取方式	技术推广范围	技术成熟程度	数据准确性	成本	抽样率	更新频率	被调查人员群体
问卷调查	大	高	中	高	极低	低	主要是常住居民
OD 反推	小	低	低	低	高	很高	无法区分
志愿者卫星定位轨迹	小	中	很高	很高	极低	低	取决于志愿者人群
IC 卡	大	高	高	低	高	高	特定出行方式人群
视频识别	断面	高	高	较高	高	高	无法区分
手机采集技术	大	逐步成熟	高	低	高	高	可以区分常住居民或流动性人员

由于蜂窝信号覆盖范围及信号强度的变化，可能存在同一用户的移动通信数据在相同时间出现在不同基站的情况，即产生"乒乓效应"，需要通过数据预处理最大限度地减小这些异常数据产生的影响，满足交通问题分析需求。

2. 基于移动通信数据的交通流特征提取方法

手机定位数据在交通运行状态检测方面的应用主要是实时人口流量监测和交通运行速度估计。

实时人口流量监测方法是通过在移动网络现网相应接口上安装信令采集设备，并将采集到的信令数据传送至专用服务器进行分析、处理，在对个人隐私信息加密处理后可以分析得到手机用户的空间移动、分布规律，进而得到与出行特征相关的重要信息。其实现难度较小，目前已有不少应用案例。

在交通运行速度估计方面的应用，通过计算手机在移动过程中从一个基站区域到另一个基站区域之间的切换时间、位置信息，可以大致获得其移动速度，这一方法在高速公路行驶速度估计方面有一定应用。在城市交通环境中,受限于大间隔、大离散性、不均匀的数据特征,缺乏有效的路径匹配方法,分析结果达不到理想应用效果,不能够进一步获得出行模式、流量预测等方面的可靠结果。因此,移动通信数据在交通运行状态监测方面的应用研究仍需进一步深入。

近年来大数据融合技术不断发展,能够进行多种数据源间的融合,包括手机网络、卫星定位浮动车、感应线圈、收费信息、社交网络数据等,为城市交通出行数据的获取、城市道路交通流量分析等,提供了更准确、更全面的信息。

3. 基于移动通信数据的出行 OD 矩阵提取方法

移动通信数据的原始数据是每分钟一张记录表,记录用户手机与通信网络的交互信息。利用数据库提取每个用户一天的位置变化信息,提取的用户轨迹信息的时间粒度是 1min。但由于用户并非每分钟都提交位置信息,所以需要填补空缺的位置信息。在此基础上分析基站逗留时长,确定逗留时长的阈值,如果在某一基站逗留时长大于逗留时长阈值,则认为该基站是用户的 O 或 D。经过扩样,就可以进行小区交通发生/吸引分析、小区间出行分布分析以及宏观交通态势分析。例如,可以通过分析城市市域范围内不同时刻各区域居民的集聚程度,获得区域人群移动的时空变化特征和演变规律,宏观把握城市交通出行的脉搏。

4. 基于移动通信数据的活动轨迹提取方法

将通信数据中一个用户的一系列位置点按时间顺序连成链路,可再现该用户的历史活动或移动时空序列。重复性历史轨迹在空间中的叠加分析可反映用户稳定的生活规律、行为特征及活动空间。对于群体特征分析而言,大量用户的通信数据集合可反映出一个区域内人们的活动模式和社会规律,如活动集聚地区、城市区域间的关联与联系强度等。

为了研究群体活动的时空分布模式,探讨群体活动模式的多样性,以及其在时空上的分异性,首先通过对原始数据的预处理和停留轨迹提取,构建一定的时空规则,实现对人类时空活动的精准识别,标记活动语义信息;随后对不同类型的活动时空特征进行分析。具体处理流程主要包括:①基于手机基站尺度的时空轨迹生成;②时空停留轨迹提取;③家庭-工作-社会活动识别;④群体活动时空特征分析。

四、基于浮动车技术的交通调查与分析

1. 基于浮动车技术的调查方法概述

浮动车数据(Floating Car Data,FCD)是指在行驶于交通流中的车辆上安装辅助仪器和其他远程传感设备,在不妨碍车辆本身运行的情况下实时采集道路交通流信息的移动采集技术。其核心是利用具有定位功能的浮动车辆(主要是城市出租车、公交车、长途汽车或货运车辆等)采集位置和时间信息,通过地图匹配技术,得到车辆在道路上的轨迹数据,从而获得道路交通流相关指标,描述道路交通运行状况。与传统的交通信息采集技术相比,浮动车技术具有覆盖范围广、可测不同参数、安装和维护成本低、受外界条件影响小等众多优势。

2. 浮动车位置数据预处理

由于数据误差的存在和实际分析的要求,位置数据中不可避免地存在数据质量问题,如存在坐标偏移、数据缺失、错误数据、无用数据等。在此基础上需要通过数据预处理工作,获得高质量的数据,以提高数据分析质量与计算效率。主要包括以下操作:①统一坐标参考系;②补充残缺数据;③修正错误数据;④剔除多余数据。

3. 浮动车位置数据处理

浮动车位置数据处理技术主要包括地图匹配算法和漂移数据识别算法。

地图匹配的基本思想是将定位装置获得的车辆定位轨迹与电子地图数据库中的道路信息进行比较,通过某种特定的算法确定出车辆最可能的行驶路段及车辆在此路段上最可能的位置。地图匹配是浮动车交通信息采集与处理过程中的关键技术环节,已经形成了几种成熟的地图匹配算法。例如,基于几何关系的地图匹配算法、基于拓扑结构的地图匹配算法、基于权重的地图匹配算法、基于模糊逻辑的地图匹配算法、基于D-S证据理论的地图匹配算法、基于概率论的地图匹配算法等。

车辆接收到的卫星信号很容易在城市高楼林立的复杂环境中受到高层建筑、树木、金属物体等反射物的干扰而产生杂波,降低定位精度,不可避免地发生数据的漂移现象,从而影响数据质量及数据分析结果。因此,漂移数据的识别和校正对于车辆轨迹的研究至关重要,通常采用几何方法加以识别。

4. 基于浮动车位置数据的道路交通运行评估

基于浮动车位置数据对城市道路交通运行状况开展分析,可以快速、准确地发现路网中的拥堵点段。在由数据处理得到的浮动车的行驶路段和具体位置信息的基础上,可以进一步估计和预测行程时间和平均车速。主要包括三个环节:①单辆浮动车的行程时间和行程车速估计;②统计路段的行程时间和平均运行车速;③路段行程时间和平均运行车速短期预测。浮动车实时系统算法流程如图2-16所示。

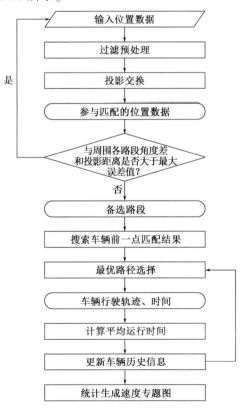

图 2-16 浮动车实时系统算法流程图

除此之外,还可以基于位置数据开展营运车辆的运行状态分析。例如,根据出租车位置数据,可以对出租车的运营时间、运行速度、运行线路、载客状态等进行分析,可以由载客起终点的时空分布规律,获得城市出租车的交通需求特征;根据公交车位置数据,可以对公交运行速度、载客量、运行瓶颈等特征进行分析。这些可以为城市交通规划方案、管理策略以及交通设计等提供丰富的数据支撑。

五、基于视频检测技术的交通调查与分析

1. 基于视频检测技术的调查方法概述

基于视频检测技术的交通调查是指综合利用图像处理、计算机处理、视觉技术、模式识别、信号处理及信息融合等技术分析并处理交通视频图像。通过对安装在道路上方的摄像机所拍摄的交通视频图像进行处理,可获得多种交通信息:①交通流运行参数,包括车辆速度、车流密度、车头时距、车头间距、交通流量、时间占有率;②车型信息,如车型的分类;③实时事件信息,如逆向行驶、照明变化(隧道)、散落物、排队、停车;④拥挤信息,如交通延误、拥挤自动检测算法得到的事件警告。

视频检测系统主要由摄像机、视频检测器主机、管理服务器、客户端等组成。视频检测系统工作原理是通过视频监控系统采集视频图像,并在视频图像范围内设置检测区,采用动态图像背景自适应技术、车辆图像动态跟踪技术等多项计算机视觉处理技术,辅以计算机模式识别原理,获得并统计交通信息。视频检测系统工作原理如图2-17所示。

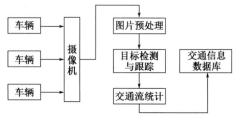

图2-17 视频检测系统工作原理

视频检测系统相对于其他检测系统,具有检测内容丰富、检测范围广、设置灵活、安装简便、维护方便等优点。但也存在一些不足之处,主要表现为检测效果受环境变化的影响,图像处理的精度和实时性较低,制约了该技术的实际应用。随着图像信号处理技术的发展,融合各种数据采集技术,采用严密的算法,提高系统的适应性和鲁棒性,获取更加完整、准确的交通信息,是视频检测技术未来的发展趋势。

2. 视频检测算法

(1)目标检测算法

基于视频检测的交通信息获取技术的关键在于有效且准确地检测和提取目标车辆。目标检测(Object Detection)的主要任务是从图像中定位感兴趣的目标,准确判断每个目标的具体类型,并给出每个目标的边界框。运动目标的有效检测及提取主要是指将图像序列中的变化区域通过一定的算法从背景中准确地提取出来,其已经成为计算机视觉、目标识别跟踪等领域的研究热点。

传统的目标检测方向倾向于选择统一的特征应用于多目标的分类与识别,其准确度往往无法满足实际需求,从而导致分类的错误率较高。为了提取更深层次的特征,基于深度学习的目标检测算法得到了广泛应用。相较于传统方法,该方法获取的图像特征更丰富,表达力更强。两类基于深度学习的目标检测算法得到了广泛应用:Two-stage目标检测方法和One-stage目标检测方法。其中,Two-stage目标检测方法准确率较高,但是速度较慢。

(2)视频跟踪算法

传统视频跟踪算法大多使用了如支持向量机(SVM)和 Boosting 等浅层模型,而浅层模型并不具备强大的特征表达能力,且靠人工进行特征提取,限制了算法性能和发展。利用深度学习的深层结构可以从大量数据中主动学习目标的特征,从而避免手工设计参数的漫长过程。常用的深度学习算法主要有堆叠自动编码器(Stacked Auto Encoder,SAE)视频跟踪算法、卷积神经网络(Convolutional Neural Network,CNN)视频跟踪算法等。

3.基于视频检测技术的交通分析

(1)基于视频检测技术的车流量统计方法

有两种方法可以实现车流量统计。

一是基于虚拟线圈的车流量统计方法。其原理与道路上常见的物理线圈检测原理类似,是通过处理连续视频图像帧,利用算法对线圈中变化的像素规律进行判断,从而实现对车流量的检测。

二是基于目标跟踪的车流量统计方法。其原理是对预处理后的连续视频图像帧中带有车辆目标属性的信息(如车辆大小、位置、形状等)进行分析,再对下一帧所有像素点进行匹配,以此找到含有上一帧车辆目标属性信息的像素点,在连续帧之间重复此步骤,从而实现对目标轨迹的跟踪,最后通过连续时间内轨迹变化的持续性来完成对运动目标的统计。

(2)基于视频检测技术的车速检测方法

基于视频检测技术的车速检测方法是在一系列车辆检测及跟踪算法的基础上发展而来的,大致可以分为两类:第一类主要是使车辆在交通道路上通过固定的位移,通过测量该段位移的实际时间来实现对车速的检测,如虚拟线圈车速检测法等;第二类主要是通过对固定时间的交通道路上目标行驶过的位移进行测量来实现对车速的检测,如特征匹配车速检测法、车牌定位车速检测法、运动矢量车速检测法等。

(3)基于视频检测技术的交通行为调查

视频检测技术由于在数据采集的过程中不会对观测对象造成影响或干扰交通运行,可获取自然驾驶数据,尤其是支持多车道交通状态获取,可捕捉道路上的车辆换道、跟驰的行车轨迹,成为交通行为研究主要的数据采集方法。在应用中应针对具体的研究内容,设计详细的视频数据采集方案,结合图像分析技术进行后续的运动状态提取与分析。

六、基于公交 IC 卡数据的交通调查与分析

1.基于公交 IC 卡数据的调查方法概述

城市公共交通系统安全、高效的运营,不仅取决于道路和车辆等设施条件,更依赖于先进的运营管理技术手段。深入挖掘公交运营数据有助于了解城市居民的公交出行特征,为科学的公交规划和运营决策提供有力支撑。传统的人工调查方法所得数据不能动态且持续地反映城市公交系统的实时变化特征及长期变化趋势。近年来,基于公交 IC 卡数据的公交调查与统计方法已普遍应用于城市公共交通系统运营管理、城市公交线网规划等方面。

城市公共交通的基础数据分为静态数据和动态数据两类。静态数据,即在一定时间内不发生变化或不需实时更新的数据,包括公交站点位置数据、各公交线路所经过的站点信息、站点间距、公交站点间运行时间、换乘站点位置信息、公交线路车辆配置信息、公交运营调度表

等。动态数据,即随着时间实时更新的数据,包括站点客流量、线路客流量、交通流量、车辆实时速度等。对公交 IC 卡数据进行分析时,需结合一定的公共交通静态和动态基础数据。表 2-13 列出了我国大部分城市的公交 IC 卡数据的主要字段信息。

我国大部分城市公交 IC 卡数据的主要字段信息　　　表 2-13

编号	名称	数据类型	示例
1	卡编号	整形	3209509884;678680139……
2	卡类型	字符型	老人卡、学生卡、成人卡……
3	卡余额	货币	30.00;31.40……
4	消费金额	货币	1.00;2:00……
5	消费日期	日期	2022-5-18……
6	消费时间	时间	09:05:46;16:42:33……
7	线路编号	字符型	IC 卡刷卡线路编号……
8	车辆编号	字符型	778;511……
9	单位编号	字符型	IC 卡所属单位
10	上车站点	字符型	上车站点名
11	下车站点	字符型	下车站点名

2. 公交 IC 卡数据预处理

公交 IC 卡数据的预处理主要是对公交系统数据库中的原始数据进行筛选和清理,消除冗余数据,保留合理、准确的数据,从而缩小数据范围,提高公交 IC 卡数据的质量。数据预处理包括数据清理、数据结构化、数据补齐等。在进行公交 IC 卡数据分析时,除了需要公交 IC 卡数据外,还需要辅以公交车的实时定位数据。

3. 公交 IC 卡数据分析流程

公交 IC 卡数据分析思路与方法多种多样,可根据不同的分析需求进行设计。常见的两类分析目的为:①面向公交规划的分析。重点关注公交出行时空分布特征,分析流程如图 2-18 所示;②面向公交运营的分析。重点关注某具体时间公交运营客流信息的时空变化,分析流程如图 2-19 所示。

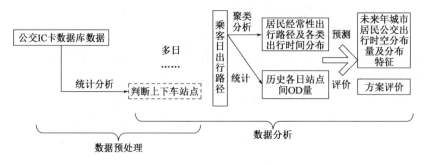

图 2-18　面向公交规划的公交 IC 卡数据分析流程

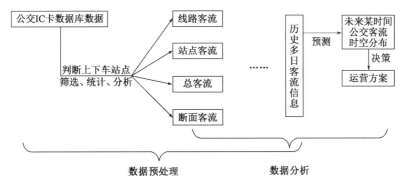

图 2-19 面向公交运营管理的公交 IC 卡数据分析流程

4. 公交 IC 卡数据分析关键技术

基于 IC 卡数据的公交出行分析,需要结合公交车卫星定位模块数据和站点位置信息推断乘客上车站点的信息。我国大部分城市采用一票制,即上车刷卡下车不刷卡,因此下车站点信息无法通过刷卡记录获得。因此,开展居民出行分析的关键是推断乘客上下车站点。

(1) 上车站点判断方法

①基于聚类分析和运营调度信息的上车点判断方法。首先,可以利用时间聚类方法将乘坐相同公交车乘客的刷卡记录聚合成一组。然后,通过与公交调度信息相匹配的数据,包括日期、时间、线路编号、车辆编号等,可以将公交线路运营调度数据中的站点信息、上下行等相关信息和 IC 卡刷卡数据中的卡号等信息对应起来,通过对应刷卡时间和到站时间,进行时间匹配,结合 IC 聚类分组结果,就可以较为准确地实现对刷卡乘客上车站点的判断。

②基于智能调度数据关联关系的上车点判断段方法。将公交 IC 卡数据与公交车卫星定位模块数据进行关联,筛选刷卡时公交车辆的可能坐标。在可能对应的备选公交车卫星定位模块数据中,进一步比较备选公交车的"瞬时车速"值,从而确定最接近刷卡时间的公交车卫星定位模块数据。再经过上下行方向确定、卫星定位坐标与站点坐标匹配等操作,获得乘客的上车站点信息。

(2) 下车站点判断方法

①基于乘客出行链的下车站点推断方法。将出行链划分为不同的类别,根据上次刷卡和下次刷卡之间的关系来判断可能属于哪一类出行链,从而推断下车站点。

②基于站点吸引点的下车站点推断方法。根据站点上车人数确定站点间的下车概率来计算下车人数。该方法不能准确掌握单个乘客的出行路径,但是由于其约束条件较少,运算简单,结果较为准确,常用于公交规划决策。

(3) 换乘识别分析

①仅使用乘客前后连续两次刷卡时间间隔判定换乘,操作简单,但识别结果粗糙。

②在前后两次刷卡固定时间间隔的基础上引入换乘时间间隔约束及空间距离约束,相较方法①稍微精细化。

③结合卫星定位数据,进一步细化时空约束,结合换乘时间间隔约束及空间距离约束,引入等待时间的时间约束和换乘距离的时空约束。该方法提升了准确度,但由于依赖时间约束,容易混淆长时间等待与短时活动的出行。

④结合下车时间和出行链细化时空约束。可借助地图搜索出行者的可能出行路线集,结合出行链识别隐藏在换乘中的短时活动,比仅从换乘转移过程进行识别更加精细准确。

第七节 交通规划数据库

上述各项调查完成后,对调查表格进行整理,并输入计算机。得到的信息资料的特点是数据量大、内容复杂、表现形式多样(数字、文字)、被不同用户多次调用。因此,建立交通规划数据库,对这些数据进行存储和加工十分重要。

交通规划数据库是用计算机处理、存储、查询有关道路交通信息的系统,其主要作用体现在以下几方面:

(1)对大量有关数据资料进行存储、检索、修改、删除、插入等。

(2)与其他应用程序一起,运用统计学和数学原理进行数据分析。

(3)与其他应用程序结合使用,用以制作数学模型,开展交通形态的研究。

图 2-20 为数据库建立的流程,其中,原始数据库为采集的原始数据,基础数据库为经过检错、排序等工作后的数据库,通过软件包的分析处理,形成了预测数据库,供预测模型调用。

交通规划数据库主要由城市(区域)社会经济信息数据库、道路交通量数据库、OD 调查信息数据库、交通基础设施数据库、道路交通管理信息数据库、道路交通环境数据库等组成。

由于交通规划中交通调查内容很多,可采取分期进行的方式,逐年补充、完善道路交通信息数据库。

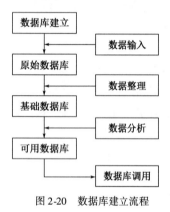

图 2-20 数据库建立流程

【复习思考题】

1. 简述交通区划分的基本原则。
2. 简述城市居民出行 OD 调查的步骤、内容与质量评判方法。
3. 试选择我国一中等城市(人口规模 50 万~100 万)进行交通区划分。
4. 试选择我国一大城市(人口规模 100 万以上)进行居民出行 OD 调查设计。
5. 选择某一种现代交通调查技术,简述其技术特征,以及可能应用的交通分析场景。

第三章
交通需求预测

第一节 概 述

交通需求预测是交通规划的核心内容之一。交通发展政策的制定、交通网络设计以及方案评价都与交通需求预测有密切的联系。本章节主要介绍传统交通需求预测的"四阶段"模式及基于活动的交通需求预测方法。

传统交通需求预测的"四阶段"模式是指在居民出行 OD 调查的基础上,开展现状居民出行模拟和未来居民出行预测。其内容包括交通的发生与吸引(第一阶段)、交通分布(第二阶段)、交通方式划分(第三阶段)和交通流分配(第四阶段)。因为从交通生成到交通流分配的过程有四个阶段,所以该预测法通常又被称为"四阶段预测法",过程示意图如图 3-1 所示。"四阶段预测法"是交通需求预测的经典方法,在实际工程项目中获得了广泛应用。本章介绍前三个阶段,对于第四阶段交通分配,由于其牵涉交通网络流内容较多,将在第四章交通网络分析中讲述。

20 世纪 50 年代,随着西方国家私人小汽车的发展和郊区化的扩张,需要新建大规模的道路网络来支撑这种发展。当时交通需求预测的根本目的是服务于新建道路网络的规划设计。1962 年,在美国芝加哥市交通规划研究中,"生成-分布-方式划分-分配"的预测方法被提出,标志着"四阶段"交通预测模型的形成。该模型将每个人的出行按交通小区进行统计分析,从而得到以交通小区为单位的集计模型。"四阶段法"由于其清晰的思路和模型结构、相对简单的数据收集和处理,在世界各地的交通规划中扮演着重要角色。20世纪70年代以来,"四阶段"理论体系逐渐趋于成熟。随着计算机技术的进步,国内外一大批优秀的计算机软件得以应用,具有代表性的有美国的 TRANPLAN、TransCAD、Cube,英国的 TRIPS、加拿大的 EMME 和我国东南大学交通学院自行研究开发的 TranStar 等。这些系统软件中交通需求预测的完成均基于"四阶段"模式。

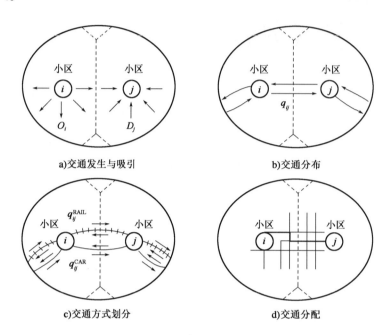

图 3-1 "四阶段预测法"示意图

q_{ij}-以小区 i 为起点、小区 j 为终点的交通量;O_i-小区 i 的发生交通量;D_j-小区 j 的吸引交通量;上标 RAIL、CAR-轨道交通、私人小汽车交通

20 世纪 60 年代末至 70 年代初,世界上一些较早实现工业化的发达国家,高速公路等大规模交通基础设施建设逐渐减少。政府决策者逐渐把目光转向高速公路等交通基础设施建设所带来的环境污染、交通拥挤和郊区化等问题,并努力通过制定公交优先、多方式联运、提倡使用非机动化交通方式和清洁动力的机动车、实施交通需求管理和土地利用管理等相关政策来解决这些问题。新交通政策的制定实施相对传统交通规划方案时长更短、成本更低,促使人们更多地关注能较好解释出行者个人或家庭交通决策行为的非集计分析模型。与此同时,研究者也开始探求理解个人或家庭活动和出行的根源,基于活动和基于出行链的出行需求预测方法也逐渐成为交通领域研究和探索的新方向。

基于活动的交通需求预测方法从交通产生的本源解释出行行为,该方法清楚地认识到交通出行源于人们不同类型活动参与的需要,并将出行行为是潜在的决策过程这一观点作为基础进行出行需求分析。基于活动的交通需求预测方法将人们的日活动计划作为基本分析单元来模拟个人的出行选择行为。个体日活动计划集聚,最终实现交通需求预测的目的。该方法是一类弥补传统方法缺乏行为理念的不足的新型交通需求预测模式。

第二节 交通生成预测

交通生成预测是交通需求四阶段预测方法的第一阶段,是交通需求分析工作中最基本的部分之一,目标是预测各交通小区的发生交通量(Trip Production)与吸引交通量(Trip Attraction)。出行的发生、吸引与土地利用性质和设施规模有着密切关系。发生与吸引交通量预测精度将直接影响后续各预测阶段乃至整个预测过程的精度。

图 3-2 表示的是交通小区 i 的发生和交通小区 j 的吸引交通量。O_i 表示小区 i 的发生交通量(由小区 i 出发到各小区的交通量之和),D_j 表示小区 j 的吸引交通量(小区 j 从各小区吸引的交通量之和)。

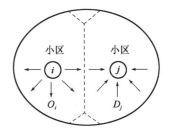

图 3-2 交通小区出行发生与吸引示意图

一、交通生成预测影响因素

1. 土地利用

交通与土地利用(Land Use)有着不可分割的互动关系,土地利用是影响出行产生的主要因素之一。《城市用地分类与规划建设用地标准》(GB 50137—2011)规定,城市土地利用分 8 大类,分别为:①居住用地;②公共管理与公共服务设施用地;③商业服务业设施用地;④工业用地;⑤物流仓储用地;⑥道路与交通设施用地;⑦公用设施用地;⑧绿地与广场用地。

居住用地是交通的主要发生源和居民出行的主要起讫点。该用地的发生与吸引交通量通常用居住面积、住户数、人口、住户平均人数等指标表示。与住宅用地相关的出行有通勤出行(上班、上学)、弹性出行(购物、娱乐、探亲访友等)和回程等。

公共管理与公共服务设施用地包括行政办公、文化设施、教育科研、体育、医疗卫生、社会福利设施、文物古迹、外事和宗教设施等。商业服务业设施用地包括商业设施和商务设施。这两大类用地是交通的主要发生源和吸引源,与之相关的出行主要有上班、休闲娱乐、公务和回程等,其发生和吸引交通量通常用办公面积、从业人口等指标表示。

工业用地是工作日上班交通的主要发生源。该用地的发生与吸引交通量通常用从业人口、产值等指标表示。与工业用地相关的出行有上班、公务和回程等。

物流仓储用地是货物的主要集散点,因此是货物交通的主要发生源。该用地发生与吸引交通量通常用仓库面积、货物吞吐量等指标表示。与仓储用地相关的出行有上班、公务和回程等。

土地利用与交通互为因果关系。人们出行活动的活跃(交通的发展)拉动土地利用的发展,相反,土地利用的发展(城市建设)又会诱发人们的出行。对于该方面的研究已经形成了新的研究领域,可以参考相关书籍。

2. 家庭规模和家庭成员的构成

家庭是人们出行的基础,上班、弹性出行(探亲访友、购物等)多以家庭为出发点。家庭规模和成员构成是影响家庭出行的主要因素。随着家庭规模的增大,人均出行次数减少,如购物可由一人完成。有老人和幼儿的家庭看病出行较多,年轻夫妇家庭的购物、娱乐和上班等出行较多。

3. 性别和年龄

由于性别和年龄的不同,人们的出行次数和内容也不相同。调查结果显示,男女出行次数差异不大,女性出行率略高于男性。2005年北京市第三次居民调查数据显示,北京中心城区男性和女性有出行人口的出行率分别为2.62次/d和2.65次/d;远郊区县男性和女性有出行人口的出行率分别为2.93次/d和3.04次/d。这主要是由女性在家庭中扮演的角色决定的。比如,家庭中大部分的生活性购物及小孩上下学接送活动通常由女性承担。但是若考虑无出行人口对平均出行率的影响,则发现男性的出行率略高于女性。其中北京中心城区男性和女性的出行率分别为2.57次/d和2.49次/d。表3-1为三个年份的男女出行率调查结果。

北京市不同性别居民出行率[单位:次/(人·d)] 表3-1

年份	1986年		2000年		2005年	
出行率	男	女	男	女	男	女
	1.62	1.26	2.83	2.80	2.57	2.49

调查结果还显示,不同年龄段居民的出行次数有较大差异。一般而言,受体力、工作性质等影响,26～45岁年龄段的居民出行次数较高,主要是因为这个年龄段的人群是社会的中坚力量,承担着家庭及社会的重任。14～25岁年龄段出行率最低,因为这个年龄段以学生为主体。随着国民健康水平的不断提高和人口老龄化的进展,高龄化出行率上升明显。图3-3所示为2005年北京市居民出行情况。

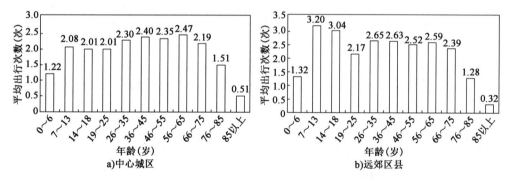

图3-3 不同年龄段有出行人口日均出行次数(2005年北京)

4. 汽车保有率

汽车保有率增加,人口出行次数增加,其原因有以下几点:

(1)出行需求高的人群购买车辆需求高,出行次数多。

(2)购买车辆以后更容易诱发出行。

通常,汽车保有率用汽车保有量或户均汽车保有量指标表示和评价。随着我国城镇居民生活水平的不断提高,汽车购买力的上升和汽车价格的不断下调,私人汽车保有量逐渐成为影响城市道路交通的主要因素之一。表3-2为2004年北京市居民出行抽样调查中,是否持有驾驶证和是否拥有车辆的统计结果。可以看出,持有驾驶证和拥有车辆的居民出行率均较高。

驾驶证和车辆持有与否的出行率情况(2004年北京)[单位:次/(人·d)]　　表3-2

是否拥有驾驶证	出行率	是否拥有车辆	出行率
是	2.49	是	2.45
否	2.28	否	2.30
平均	2.35	平均	2.35

5. 自由时间

这里将自由时间定义为从一天24h中,除去睡眠、饮食等生活必需时间和工作、学习等约束时间的剩余值。显然,自由时间增加后,用于出行的时间增加,购物、娱乐等弹性出行也会增加。研究表明,弹性出行次数与自由时间可以用以下线性方程表示,即:

$$T = at + b \tag{3-1}$$

式中:T——弹性出行次数;

t——自由时间;

a、b——系数和常数。

表3-3表示北京市近年居民出行调查各年龄段人群的出行情况。可以看出,60岁以上的人群由于大多已经退休,自由时间较多,仍然保持着较高的出行率。

北京不同年龄人群出行率变化[单位:次/(人·d)]　　表3-3

年龄组	2000年	2002年	2003年	2004年
6~12岁	2.97	2.52	2.11	2.26
13~18岁	2.58	2.33	2.15	2.07
19~25岁	2.52	2.44	2.24	2.15
26~35岁	2.90	2.53	2.43	2.36
36~45岁	2.96	2.76	2.59	2.41
46~55岁	3.05	3.00	2.39	2.41
56~60岁	2.97	3.15	2.40	2.73
61~70岁	2.60	3.27	2.39	2.42
71~80岁		3.02	2.03	2.41
80岁以上		2.70	2.00	2.17
总计	2.81	2.82	2.40	2.35

6. 职业和工种

职业和工种是造成出行量不同的主要原因之一,各国居民出行数据都表明这一点。专业驾驶人、推销员、采购员、业务员的平均出行多,工人、学生、教师、行政管理人员的平均出行少。此外,无固定职业居民的出行次数普遍高于有固定职业居民的出行次数,主要原因是其工作关系不稳定、生活来源变化较大。

图3-4所示为2005年北京市第三次居民出行调查不同职业人员日均出行次数调查结果。

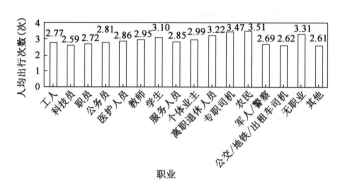

图 3-4　不同职业人员日平均出行次数(2005 年北京)

7. 外出率

外出率是工作中外出业务占总业务的比率。它因工种、年龄的不同而异。

8. 企业规模、性质

一般来说,企业规模大,业务处理量大,外出率高。

9. 家庭收入

家庭收入也是影响出行,尤其是影响弹性出行的主要因素之一。高收入家庭,汽车购买率高,购物、娱乐等需求也高,平均出行次数多。

10. 其他

天气、工作日、休息日和季节等也会影响居民出行。雨雪天出行不便,出行量小;周一至周五工作日出行量大且时间集中;周六、周日等休息日出行量小且分散;炎热的夏天和寒冷的冬天出行量小,春秋天气候宜人,出行量大。

二、交通发生与吸引交通量预测

出行可分为基于家的出行(Home-Based)和非基于家的出行(Non-Home-Based)。如按出行目的细分,又有上班、上学、弹性(购物、社交)、公务等出行之别。出行生成分为以机动车为基本单位的出行和以人为基本单位的出行。在大城市中,交通工具复杂,一般都以人的出行次数为单位,小城市交通工具较为简单,英、美等国家以小汽车为单位。车辆出行与人的出行之间可以互相换算。

出行生成包括出行产生与出行吸引。两者的影响因素不同,前者以社会经济特性为主,后者以土地利用的形态为主,因此有些方法需对出行产生和出行吸引分别进行预测,以确保精确度。图 3-5 列出了 OD 表中发生交通量、吸引交通量和交通生成量三者之间的关系。交通生成量通常作为总控制量,用来预测和校核各个交通小区的发生和吸引交通量。

交通发生与吸引交通量的预测方法主要有原单位法、增长率法、交叉分类法和函数法。

1. 原单位法

利用原单位法预测发生与吸引交通量,首先需要分别计算发生原单位和吸引原单位,然后根据发生原单位和吸引原单位与人口、面积等属性的乘积预测得到发生与吸引交通量的值,分别可用下式表示:

$$O_i = bx_i, D_j = cx_j \quad (3\text{-}2)$$

式中：i、j——交通小区；

x——常住人口、从业人口、土地利用类别、面积等属性变量；

b——某出行目的单位出行发生次数，次/（人·d）；

c——某出行目的单位出行吸引次数，次/（人·d）；

O_i——小区 i 的发生交通量；

D_j——小区 j 的吸引交通量。

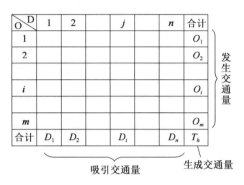

图 3-5　发生与吸引交通量、交通生成总量示意图

原单位求解通常有两种方法，一是用居住人口除以就业人口每人平均的交通生成量，推算个人原单位；二是以不同用途的土地面积或单位办公面积平均发生的交通量来预测面积原单位。不同方法选取的原单位指标也不同：

（1）根据人口属性，选取不同出行目的单位出行次数为原单位。

（2）根据土地利用或经济指标，选取单位用地面积或单位经济指标为原单位。

在居民出行预测中经常采用单位出行次数为原单位，预测未来的居民出行量，这种预测方法也称为单位出行次数预测法。单位出行次数为人均或家庭平均每天的出行次数，它由居民出行调查结果统计得出。因为人口单位出行次数比较稳定，所以人口单位出行次数预测法是进行生成交通量预测时最常用的方法之一。日本、美国多使用该方法。值得注意的是，不同出行目的可能有不同的单位出行次数。图 3-6 是某项目调查得到的不同出行目的人均出行原单位。

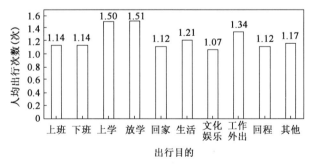

图 3-6　不同出行目的人均出行原单位

原单位法预测出行生成量除由人口属性按出行目的不同预测外，还可以以土地利用或经济指标为基准预测。从调查中得出单位用地面积或单位经济指标的发生与吸引交通量，根据规划期限内各交通小区的用地面积（人口量或经济指标等）进行交通生成预测。图 3-7 是

2005年北京市居民出行调查所得的不同住房类型人均出行次数。

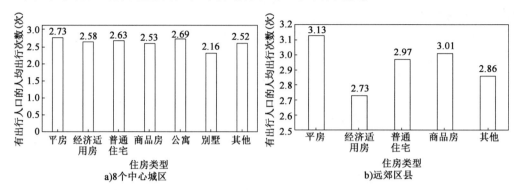

图 3-7 不同住房类型平均出行次数

根据交通调查可得到交通需求预测所需的原单位指标值,但像北京、上海、广州、南京等这样的大城市,大规模的居民调查几年甚至十几年才进行一次,小城市这方面的数据更加匮乏,这种情况容易造成预测所需数据的缺乏或陈旧。在数据资料不足时,可以采用下述简易方法对研究区域进行数据采集或标定。对于一个居住小区,可以在其出入口放置计数器或人工计数器,测出每天进出该区的车辆数或人数,然后除以其户数,就是每天产生的出行原单位。如果知道住户数或土地利用的建筑面积,将其与相应的原单位相乘并将分区所有的项目相加,则可求得该区总的出行生成量。

【例3-1】 图3-8是分为3个交通小区的某对象区域,表3-4是各小区现状出行发生与吸引交通量,假设常住人口原单位不变,采用原单位法预测将来的出行生成量。

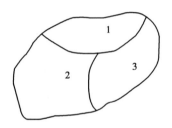

图 3-8 某对象区域小区划分示意图

各区现在的出行发生与吸引交通量(单位:万次/d)　　　　表3-4

O	D			合计	人口(万)(现在/将来)
	1	2	3		
1				28.0	11.0/15.0
2				51.0	20.0/36.0
3				26.0	10.0/14.0
合计	28.0	50.0	27.0	105.0	41.0/65.0

【解】 根据上表中的数据,可得:

现状出行生成量 $T = 28.0 + 51.0 + 26.0 = 28.0 + 27.0 + 50.0 = 105.0$(万次/d);

现状常住人口 $N = 11.0 + 20.0 + 10.0 = 41.0$(万);

将来常住人口 $M = 15.0 + 36.0 + 14.0 = 65.0$(万);

常住人口原单位 $T/N = 105.0/41.0 = 2.561$[次/(人·d)];

将来生成交通量 $X = M \cdot (T/N) = 65.0 \times 2.561 = 166.5$(万次/d)。

因为人们在对象区域内的出行不受区域内小区划分的影响,所以交通生成量的原单位与发生/吸引原单位比较,具有时序列稳定的特点。如上所述,将原单位视为不随时间变动的量,直接使用居民出行调查结果。然而,原单位因交通参与者的个人属性(年龄、性别、职业、汽车拥有与否等)不同而变动。

一般来说,在进行交通需求预测时,要求各小区的发生交通量之和与吸引交通量之和相等,并且各小区的发生交通量或吸引交通量之和均等于交通生成总量。如果它们之间不满足上述关系,则可以采用如下方法进行调整。

1) 总量控制法

在实际计算中,各交通小区推算量误差是不可避免的,从而造成其总和的误差量。为此,我们可以用区域交通生成总量对推算得到的各个小区的发生量进行校正。

假设交通生成总量 T 是由全人口 P 与生成原单位 p 得到的,则:

$$T = p \cdot P \tag{3-3}$$

如果交通生成总量 T 与总发生交通量 $O = \sum_{i=1}^{n} O_i$ 有明显误差,则可以将 O_i 修正为:

$$O'_i = \frac{T}{O} \cdot O_i \quad (i = 1, 2, \cdots, n) \tag{3-4}$$

为保证 T 与总吸引交通量 $D = \sum_{j=1}^{n} D_j$ 相等,使发生交通量之和、吸引交通量之和以及交通生成总量三者全部相等,需将 D_j 修正为:

$$D'_j = \frac{T}{D} \cdot D_j \quad (j = 1, 2, \cdots, n) \tag{3-5}$$

这种方法叫总量控制法。

2) 调整系数法

在出行生成阶段,要求所有小区出行发生总量等于出行吸引总量。当上述条件不满足时,一般认为所有小区出行发生总量($O = \sum_{i=1}^{n} O_i$)可信度高。从而,可将吸引总量乘以一个调整系数 f,这样可以确保出行吸引总量等于出行发生总量。

$$f = \frac{\sum_{i=1}^{n} O_i}{\sum_{j=1}^{n} D_j} \tag{3-6}$$

【例 3-2】 假设各小区发生与吸引原单位不变,试用【例 3-1】的数据求将来的发生与吸引交通量。

【解】 (1) 求现状发生与吸引原单位。

小区 1 发生原单位为 $28.0 \div 11.0 = 2.545$ [次/(人·d)]。

同理,可以计算其他交通小区原单位,结果见表 3-5。

现状各小区发生与吸引的原单位 [单位:次/(人·d)] 表 3-5

O	D			合计
	1	2	3	
1				2.545
2				2.550
3				2.600
合计	2.545	2.500	2.700	

(2) 计算各交通小区将来发生与吸引交通量。

小区 1 发生交通量为 $15.0 \times 2.545 = 38.175$(万次/d)。

同理,小区 2 和小区 3 的发生与吸引交通量计算结果见表 3-6。

各小区未来的出行发生与吸引交通量(单位:万次/d)　　　　表 3-6

O	D			合计
	1	2	3	
1				38.175
2				91.800
3				36.400
合计	38.175	90.000	37.800	

(3)调整计算。

各小区发生交通量之和不等于吸引交通量之和,所以,需要进行调整计算。调整的目标是使上述两者相等,即满足下式:

$$\sum_j D_j = \sum_i O_i$$

调整方法可以采用总量控制法,使各小区发生交通量之和等于吸引交通量之和,且都等于将来的交通生成总量 166.5 万次/d。根据总量控制法公式可推导得到:

$$O'_i = O_i \times \frac{T}{\sum_i O_i^N}, D'_j = D_j \times \frac{T}{\sum_j D_j^N}$$

按上式计算,调整后的结果见表 3-7:

各区未来的出行发生与吸引交通量(单位:万次/d)　　　　表 3-7

O	D			合计
	1	2	3	
1				38.204
2				91.869
3				36.427
合计	38.296	90.285	37.920	166.500

由表 3-7 可以看出,调整以后,各小区的发生与吸引交通量之和相等,均等于交通生成总量 166.5 万次/d。

如前所述,在进行交通需求预测时,要求发生交通量与吸引交通量相等。对于【例 3-2】调整后同一小区的发生与吸引交通量不相等的情况,还可以继续调整。调整方法是取同一小区发生与吸引交通量的平均值,这里省略此步骤。

用原单位法按不同出行目的分类预测时,以下方法比较实用:上班出行交通量使用常住人口;上学出行交通量使用常住人口;弹性出行交通量使用常住人口和就业人口;公务出行交通量使用就业人口;回程出行交通量用上班和上学交通量的返回乘以一个系数,该系数由居民出行调查数据统计得出,一般为接近于 1.0 的值。

2.增长率法

增长率法考虑了原单位随时间变动的情况,它是用其他指标的增长率乘以原单位求出将来交通生成量的方法。

$$O_i^N = F_i \cdot O_i \tag{3-7}$$

式中：F_i——发生与吸引交通量的增长率。例如，$F_i = \alpha_i \cdot \beta_i$，其中 $\alpha_i = \dfrac{\text{目标年度小区 } i \text{ 的预测人口}}{\text{基准年度小区 } i \text{ 的人口}}$，

$$\beta_i = \dfrac{\text{目标年度小区 } i \text{ 的人均车辆拥有率}}{\text{基准年度小区 } i \text{ 的人均车辆拥有率}}。$$

增长率法的特点是可以解决原单位法和函数法难以解决的问题，它通过设定交通小区的增长率，可以反映土地利用的变化所引起的人们的出行变化以及对象区域外的交通小区发生与吸引交通量的变化。对于前者，前面已经讲述；对于后者，由于原单位法和函数法都是基于实际调查数据的方法，而对象区域外的交通小区没有实际测量数据和预测目标年度的自变量数据，所以选用增长率法。增长率法可以预测对象区域外小区的将来交通量。例如，可以设定：

$$F_j = R_j \cdot R \tag{3-8}$$

式中：F_j——对象区域外交通小区 j 的发生、吸引交通量的增长率；

R_j——对象区域外交通小区 j 的常住人口的增长率；

R——对象区域内全体的常住人口的增长率。

【**例 3-3**】 设某区域现在共有 500 户家庭，其中 250 户每户拥有 1 辆小汽车，另外 250 户没有小汽车，有汽车家庭的出行生成原单位为 6.0 次/d，无汽车家庭为 2.5 次/d。假设未来所有家庭都有 1 辆小汽车，家庭收入和人口数不变，用增长率法求出规划年的出行发生量 T_i。

【**解**】 根据出行生成原单位，易得该区域现在出行量为：

$$T = 250 \times 2.5 + 250 \times 6 = 2125 (\text{次/d})$$

假设未来所有家庭都有 1 辆小汽车，家庭收入和人口数不变，则增长系数 F_i 为：

$$F_i = \dfrac{C_i^d}{C_i^c} = \dfrac{1.0}{0.5} = 2.0$$

式中：C_i^d——该区域未来的汽车保有率；

C_i^c——该地区现在的汽车保有率。

因此，得该区域未来出行量为 $T_i = 2 \times 2125 = 4250 (\text{次/d})$。

可见，增长系数法比较简单，是早期城市交通规划采用的方法之一。经验得出该方法计算的结果偏大，西方一些规划专家推荐用此方法预测研究区域外部的出行。

3. 交叉分类法

交叉分类（Cross-Classification or Category Analysis）用于出行生成预测，突出以家庭为基本单元，用将来的出行发生率求得将来的出行量。

20 世纪 70 年代后，出行生成分析产生了从应用交通分区统计资料的回归分析转移到个体（非集计）资料的交叉分类的趋势。交叉分类首先在美国的普吉湾（Puget Sound）区域交通调查中获得应用，是一个基于土地利用的出行生成模型。其基本思想是把家庭按类型分类，从而求得不同类型家庭的平均出行率。该研究认为小汽车拥有量、家庭规模和家庭收入是决定交通发生量的三个主要影响因素。因此，根据这些变量把家庭横向分类，并由家庭访问调查资料计算每一类的平均出行生成率，预测时以将来同类型家庭的预测值乘以相应的出行率。

（1）交叉分类法必须服从的假定

① 一定时期内出行率是稳定的。

②家庭规模的变化很小。

③收入与车辆拥有量总是增长的。

④每种类型的家庭数量,可用相应于该家庭收入、车辆拥有量和家庭结构等的资料所导出的数学分布方法来估计。

(2)构造交叉分类模型的步骤

①有关家庭的横向分类:澳大利亚根据其中西部的交通调查,规定家庭按大小、家庭收入各分为6类,按家庭拥有小汽车数分为3类。我国家庭电动车使用较广泛,可以考虑作为分类。上海曾以住宅类型、家庭人口及自行车拥有量作为分类项目来研究出行发生模型。

②把每个家庭定位到横向类别:就是对家庭访问调查资料进行分类,把每个家庭归入其所属类别。

③对家庭所分的每一类,计算其平均出行率。用调查的每类出行发生量除以每类的家庭总数,则可分别得出每类家庭的平均出行率。

④计算各分区的出行发生。用分区每一类的家庭数乘以该类的出行发生率,并将分区中所有类别的家庭加起来,得到出行总量。

$$\hat{P}_i = \sum_{c=1}^{n} \overline{Q}_c N_{ci} \tag{3-9}$$

式中:$\hat{P}_i$——i 区出行产生数的计算值;

$\overline{Q}_c$——c 类家庭的平均出行率;

N_{ci}——i 区内的 c 类家庭数。

20世纪60年代伦敦进行的交通规划,采用的就是交叉分类法,按照地理条件和家庭属性,分了108个类型。根据调查求得各类型的平均出行率。用这些平均出行率和各类型家庭数的将来预测值,分别按3种不同交通方式(驾车者、坐车者、利用公共交通系统者)和6个不同出行目的(上班、公务、上学、购物、社交活动、非基于家的出行)进行预测。

根据交叉分类法来预测居民出行生成的方法,在美国联邦公路管理局(FHWA)的出行预测模型中已被采用。该模型由连续的4个子模型组成,其应用程序可从美国交通运输部城市交通规划的计算机程序中查到。

对于交叉分类法而言,缺少说明变量在统计学意义上的检验方法是一个主要问题。当然,如何正确地预测108个类型的户数的将来值也是一个不可忽视的问题。

【例3-4】 假设规划调查区的土地利用特性见表3-8,以小区1为抽样点,在不同小汽车占有的情况下,上班出行1h的原单位计算见表3-9(假设以小区1的原单位代替整个调查区的原单位)。以小区1为抽样点,得到上班出行1h内,出行吸引量与职位数的关系见表3-10,计算出行的发生与吸引量。

规划区域的土地利用特征　　　　　　　表3-8

小区	发生特征(小汽车拥有户数)				吸引特征(职位数)	
	0	1	2	3	基础工业	服务行业
1	10	30	20	15	400	300
2	25	60	40	30	500	600
3	15	50	50	30	250	350

出行发生情况　　　　　　　　　　　　　　　　表 3-9

小汽车拥有(辆/户)	上班出行1h发生次数(次)	户数(户)	发生原单位(次/h)
0	55	10	55÷10=5.5
1	360	30	360÷30=12.0
2	310	20	310÷20=15.5
3	255	15	255÷15=17.0

出行吸引情况　　　　　　　　　　　　　　　　表 3-10

行业	上班出行1h吸引次数(次)	职位数(数)	吸引原单位 $\bar{Q}_c$
基础工业	900	400	900÷400=2.25
服务业	525	300	525÷300=1.75

【解】 由于出行生成量是土地利用、社会经济特征的函数，正确把握它们之间的关系，便可预测出行生成量。

以交叉分类法为例，首先假设小区 1 代表整个规划区域的平均出行水平，这样用表 3-9 中最后一列(不同类型家庭发生原单位值)乘以表 3-8 中与原单位值对应的家庭户数，就可以计算出各小区每类家庭的发生量。将发生量进行汇总，应用计算小区出行发生公式(3-3)可算出该规划调查区内各交通小区上班出行 1h 的发生量 O_i，计算结果见表 3-11。

出行发生量　　　　　　　　　　　　　　　　表 3-11

| 小区 | 发生特征(小汽车拥有辆数) | | | | 出行发生量 O_i |
| | 0 | 1 | 2 | 3 | |
	$\bar{Q}_c=5.5$	$\bar{Q}_c=12.0$	$\bar{Q}_c=15.5$	$\bar{Q}_c=17.0$	
1	55	360	310	255	980
2	137.5	720	620	510	1987.5
3	82.5	600	775	510	1967.5
合计	275	1680	1705	1275	4935

基于交叉分类的小区发生量计算过程：
$$O_1 = 55 + 360 + 310 + 255 = 980 (次/h)$$
$$O_2 = 25 \times 5.5 + 60 \times 12 + 40 \times 15.5 + 17 \times 30 = 137.5 + 720 + 620 + 510 = 1987.5 (次/h)$$
$$O_3 = 15 \times 5.5 + 50 \times 12 + 50 \times 15.5 + 30 \times 17 = 82.5 + 600 + 775 + 510 = 1967.5 (次/h)$$

同样的方法可以算出各交通小区的吸引交通量，如表 3-12 所示。

出行吸引量　　　　　　　　　　　　　　　　表 3-12

| 小区 | 吸引特征(职业数) | | 出行吸引量 D_j |
	基础工业($\bar{Q}_{c1}=2.25$)	服务业($\bar{Q}_{c2}=1.75$)	
1	400	300	1425
2	500	600	2175
3	250	350	1175
合计	1150	1250	4775

由于该区域的发生交通量和吸引交通量不相等，一般认为小区发生量更为可靠，因此根据式(3-6)采用调整系数法对吸引交通量进行调整。

$$f = \frac{\sum_{i=1}^{n} O_i}{\sum_{j=1}^{n} D_j} = \frac{4935}{4775} = 1.034$$

则调整后的出行吸引量(表3-13)为：

$$D'_1 = f \times D_1 = 1.034 \times 1425 = 1473$$
$$D'_2 = f \times D_2 = 1.034 \times 2175 = 2248$$
$$D'_3 = f \times D_3 = 1.034 \times 1175 = 1214$$

调查区域未来的出行发生与吸引交通量(单位：次/h)　　　　表3-13

O	D			合计
	1	2	3	
1				980
2				1987.5
3				1967.5
合计	1473	2248	1214	4935

(3)交叉分类的优缺点

优点：

①直观、容易了解。人们容易接受出行发生与住户特性关系的观念，不像回归分析必须了解相关性、参数值等因素。

②资料的有效利用。从现有OD调查中就可获得完整资料，即使没有也可通过小规模调查得到。

③容易检验与更新。出行发生率很容易通过小规模抽样调查与小区的特性分析来校核正确性。

④可以适用于各种研究范围。由于出行发生基于住户的特性，出行吸引基于土地利用特性。因此，其出行生成、吸引率可以用于各种范围研究，如区域规划、运输通道规划和新发展区规划。

缺点：

①每一横向分类的小格中，住户彼此之间的差异性被忽略。

②因各小格样本数不同，得到的出行率用于预测时，会失去其一致的精确性。

③同一类变量类别等级的确定是凭个人主观。

④当本方法用于预测时，每一小格规划年的资料预测将是一项繁杂工作。

综上所述，交叉分类法以估计给定出行目的每户家庭的出行产生量为基础，建立以家庭属性为变量的函数。并且突出家庭规模、收入、拥有小汽车数分类调查统计得出相应的出行产生率，由现状产生率得到现状出行量，由未来产生率得到未来出行量。

4.函数法

函数法是利用函数式预测将来不同出行目的的原单位的方法，是发生与吸引交通量预测中的常用方法之一。函数法中人们多采用多元回归分析法，所以有时被直接称为多元回归分

析法(Multiple Regression Analysis),其模型如下:

$$O_i^p = b_0^p + b_1^p x_{1i}^p + b_2^p x_{2i}^p + \cdots, D_j^p = c_0^p + c_1^p x_{1j}^p + c_2^p x_{2j}^p + \cdots \qquad (3-10)$$

式中:b、c——回归系数;

p——出行目的;

x——自变量,常取的变量有交通小区内平均收入、平均汽车保有率、家庭数、人口、就业人数、土地利用面积等。

使用多元回归分析法,一般先用实际调查数据和最小二乘法求出系数 b 和 c,然后将各交通小区预测目标年的自变量值代入上式,求出各交通小区的发生与吸引交通量。

假设已知下述关系式:

$$T_i = -0.59 X_{i1} + 0.74 X_{i2} + 0.88 X_{i3} - 0.39 X_{i4} + 112$$

式中:T_i——交通小区 i 的上下班的出行次数;

X_{i1}——交通小区 i 的家庭数;

X_{i2}——交通小区 i 的就业人口数;

X_{i3}——交通小区 i 的汽车保有量;

X_{i4}——交通小区 i 与市中心的距离。

由此则可根据 X_{i1}、X_{i2}、X_{i3}、X_{i4} 目标年度的预测值求得目标年度的 T_i。

选用多元回归分析法时,应该注意自变量之间的相互独立性。该方法不能表现因土地利用的变化带来的人们出行行为的变化以及由于交通条件的改善引起的人们出行能力的增强。

利用回归分析方法预测发生与吸引交通量在我国已经相当普及。回归预测的规范步骤可分为建立模型、检验模型和实施预测三个阶段。

(1)建立模型阶段

①整理必要的资料数据,资料应该全面、完整。

②确定因变量和自变量,尤其是自变量。采用定性和定量相结合的方式。

③根据数据作出散点图。直观分析其相关程度,如强弱、正负相关和非线性关系等。

④确定模型形式,即选择方程的线性、非线性等。

⑤求解回归系数,计算估计误差和相关系数。

(2)检验模型阶段

①初步经验检验,即考查模型是否符合基本常识和公认的理论,如交通量随经济发展反而下降等,对于此类情况必须检查原因。

②统计检验包括离散系数($V = S/Y^*$,标准差/因变量实际均值一般为 10% ~ 15%)、相关系数 R(一般 >0.7)等检验,以及 t 检验和 F 检验。这是从数理统计角度考察已有模型的特征值,并给出评价标准。

③判定预测效果。测定模型的预测功效,简易的方法是把非样本期内的因变量实际值与同期的预测值进行比较,如果误差不大,说明模型的预测功效良好,反之,则需重新修订模型。

(3)实际预测阶段

通过上述检验后,进入实际预测,提供有价值的信息。

多元回归分析法是在实际交通规划中使用比较广泛的一种方法,如在顺德城市交通规划中就针对现状居民出行量与土地利用的关系,建立了回归分析模型,并对未来年进行预测。顺德的日出行生成回归分析模型是以出行目的调查数据为准,在小区划分后,进行多元回归。经过多次分析和比较,得到各类别多元回归系数,见表3-14和表3-15。

交通发生量回归方程　　　　　表3-14

出行目的	比例(%)	相关系数 R^2	回归方程	人口	工业用地	仓储用地	商业金融用地(含体育用地)	文化娱乐用地	行政办公用地(含卫生用地)	市政公用设施	文教用地	交通运输用地
上班	35.87	0.933	$Y = 0.415 \times$ 人口 $+ 0.009 \times$ 仓储 $+ 0.002 \times$ 商业 $+ 0.001 \times$ 行政	√		√	√		√			
上学	3.85	0.689	$Y = 0.063 \times$ 人口 $+ 6 \times$ 工业用地密度 $+ 24.354 \times$ 仓储用地密度	√	√	√						
回家(包括回单位或学校)	44.41	0.878	$Y = 0.554 \times$ 人口 $+ 0.001 \times$ 工业 $+ 0.011 \times$ 商业 $+ 0.006 \times$ 行政 $+ 0.002 \times$ 交通	√	√		√		√			√
公务或业务	1.26	0.655	$Y = 0.010 \times$ 人口 $+ 1.487 \times$ 工业用地密度 $+ 3.962 \times$ 商业用地密度 $+ 32.838 \times$ 市政用地密度	√	√		√			√		
购物	6.90	0.817	$Y = 0.125 \times$ 人口 $+ 0.025 \times$ 文化娱乐	√				√				
娱乐	2.07	0.702	$Y = 0.028 \times$ 人口 $+ 0.001 \times$ 商业 $+ 0.005 \times$ 文化娱乐	√			√	√				
访友	1.30	0.671	$Y = 0.022 \times$ 人口	√								
其他(包括农务)	4.32	0.839	$Y = 0.058 \times$ 人口 $+ 0.001 \times$ 商业 $+ 0.007 \times$ 文化娱乐	√			√	√				

注:"√"表示对应的要素被作为自变量使用。

交通吸引量回归方程　　　　　表3-15

出行目的	比例(%)	相关系数 R^2	回归方程	人口	工业用地	仓储用地	商业金融用地(含体育用地)	文化娱乐用地	行政办公用地(含卫生用地)	市政公用设施	文教用地	交通运输用地
上班	35.87	0.873	$Y = 0.272 \times$ 人口 $+ 0.002 \times$ 工业 $+ 0.002 \times$ 商业 $+ 0.001 \times$ 行政 $+ 0.002 \times$ 交通	√	√		√		√			√
上学	3.85	0.679	$Y = 0.062 \times$ 人口 $+ 2.655 \times$ 工业用地密度 $+ 1.323 \times$ 商业用地密度 $+ 39.76 \times$ 文教用地	√	√		√				√	

续上表

出行目的	比例(%)	相关系数 R^2	回归方程	人口	工业用地	仓储用地	商业金融用地(含体育用地)	文化娱乐用地	行政办公用地(含卫生用地)	市政公用设施	文教用地	交通运输用地
回家(包括回单位或学校)	44.41	0.943	$Y = 0.704 \times 人口 + 0.007 \times 仓储 + 0.001 \times 商业 + 0.023 \times 文化娱乐 + 0.004 \times 行政$	√		√	√	√	√			
公务或业务	1.26	0.665	$Y = 0.009 \times 人口 + 0.85 \times 工业用地密度 + 6.965 \times 商业用地密度 + 5.539 \times 文化娱乐 + 36.514 \times 市政用地密度 + 4.726 \times 交通运输$	√	√		√	√		√		√
购物	6.90	0.733	$Y = 0.135 \times 人口 + 0.001 \times 商业$	√			√	√				
娱乐	2.07	0.742	$Y = 0.025 \times 人口 + 0.001 \times 商业 + 0.011 \times 文化娱乐$	√			√	√				
访友	1.30	0.607	$Y = 0.024 \times 人口$	√								
其他(包括农务)	4.32	0.854	$Y = 0.052 \times 人口 + 0.002 \times 商业 + 0.010 \times 文化娱乐$	√			√	√				

注:"√"表示对应的要素被作为自变量使用。

交通生成预测还有其他的方法,如弹性系数法、时间序列分析等,由于篇幅所限,本书不作重点讲述。随着交通研究的不断深入,新的分析模型和分析方法将不断产生。例如,基于出行链的交通需求研究为交通发生与吸引预测提供了新的思路,该方法已成为交通领域比较受关注的研究热点。

第三节 交通分布预测

交通分布预测是交通规划四阶段预测模型的第二步,是把各交通小区的发生与吸引量转换成小区之间的空间 OD 量(OD 矩阵)的过程。

图 3-9 为交通小区 i 和交通小区 j 之间交通分布的示意图。q_{ij} 表示由交通小区 i 到交通小区 j 的交通量,即分布交通量。q_{ji} 表示由交通小区 j 到交通小区 i 的交通量。

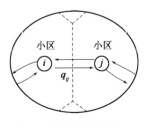

图 3-9 交通分布示意图

交通分布中最基本的概念之一是 OD 表,交通分布通常用一个二维矩阵表示。一个小区数为 n 的区域的 OD 表,一般表示形式见表3-16。

表3-16 OD 表

O	D						发生量
	1	2	⋯	j	⋯	n	
1	q_{11}	q_{12}	⋯	q_{1j}	⋯	q_{1n}	O_1
2	q_{21}	q_{22}	⋯	q_{2j}	⋯	q_{2n}	O_2
⋮	⋮	⋮	⋱	⋮		⋮	⋮
i	q_{i1}	q_{i2}		q_{ij}		q_{in}	O_i
⋮	⋮	⋮	⋮	⋮	⋱	⋮	⋮
n	q_{n1}	q_{n2}		q_{nj}		q_{nn}	O_n
吸引量	D_1	D_2	⋯	D_j	⋯	D_n	T

注:T 为研究对象区域的生成交通量。

对此 OD 表,下面各式所示守恒法则成立:

$$\sum_j q_{ij} = O_i, \quad \sum_i q_{ij} = D_j, \quad \sum_i \sum_j q_{ij} = \sum_i O_i = \sum_j D_j = T \tag{3-11}$$

交通分布预测要解决的问题是在目标年各交通小区的发生与吸引交通量一定的条件下,求出各交通小区之间将来的 OD 交通分布量。求得的 OD 交通量也是一个 2 维 OD 表,同样要满足式(3-11)的约束条件。交通分布预测是交通规划的主要步骤之一,是交通设施规划和交通政策立案不可缺少的资料。

交通分布预测的方法一般可以分为两类,一类是增长系数法,一类是综合法。前者假定将来 OD 交通量的分布形式和现有的 OD 表的分布形式相同,在此假定的基础上预测对象区域目标年的 OD 交通量,常用的方法包括常增长系数法、平均增长系数法、底特律(Detroit)法、福莱特(Fratar)法、佛尼斯(Furness)法等。后者从交通分布量的实际分析中,剖析 OD 交通量的分布规律,并将此规律用数学模型表现,然后用实测数据标定模型参数,最后用标定的模型预测交通分布量,其方法包括重力模型法、介入机会模型法、最大熵模型法等。由上述可知,增长系数法的应用前提是被预测区域有完整的现状 OD 表。对于综合法来说,如果模型已经标定完毕,则不需要现状 OD 表。当然,一般来说,模型参数的标定需要对象区域的实际数据,也就是说 OD 表还是需要的。然而,在这种情况下,即使没有完整的 OD 表也可以进行模型参数的标定。因此,同增长系数法相比,综合法的应用范围更广,但对于模型的标定有一定的难度,特别是介入机会模型和最大熵模型,在实际规划中不常使用。

一、增长系数法

在交通分布预测中,增长系数法的原理是,假设给定现状交通分布量,预测将来的交通分布量。

增长系数法的算法步骤如下:

步骤1,令计算次数 $m = 0$。

步骤2,给定现状 OD 表中 q_{ij}^m、O_i^m、D_j^m、T^m 及将来 OD 表中的 U_i、V_j、X。

步骤3,求出各小区的发生与吸引交通量的增长率 F_{Oi}^m、F_{Dj}^m。

$$F_{Oi}^m = \frac{U_i}{O_i^m} \tag{3-12}$$

$$F_{Dj}^m = \frac{V_j}{D_j^m} \tag{3-13}$$

步骤4，求第 $m+1$ 次交通分布量的近似值 q_{ij}^{m+1}。

$$q_{ij}^{m+1} = q_{ij}^m \cdot f(F_{Oi}^m, F_{Dj}^m) \tag{3-14}$$

步骤5，收敛判别。

$$O_i^{m+1} = \sum_j q_{ij}^{m+1} \tag{3-15}$$

$$D_j^{m+1} = \sum_i q_{ij}^{m+1} \tag{3-16}$$

$$1 - \varepsilon < F_{Oi}^{m+1} = \frac{U_i}{O_i^{m+1}} < 1 + \varepsilon \tag{3-17}$$

$$1 - \varepsilon < F_{Dj}^{m+1} = \frac{V_j}{D_j^{m+1}} < 1 + \varepsilon \tag{3-18}$$

式中：U_i——将来OD表中的发生交通量；

V_j——将来OD表中的吸引交通量；

F_{Oi}^m——i 小区的第 m 次计算发生增长系数；

F_{Dj}^m——j 小区的第 m 次计算吸引增长系数；

ε——任意给定的误差常数。

若式(3-17)和式(3-18)满足要求，则停止迭代；否则，令 $m = m+1$，返回步骤2继续迭代。

根据函数 $f(F_{Oi}^m, F_{Dj}^m)$ 的种类不同，增长系数法可以分为常增长系数法（Unique Growth Factor Method）、平均增长系数法（Average Growth Factor Method）、底特律法（Detroit Method）、福莱特法（Fratar Method）和佛尼斯法（Furness Method），下面分别讲述。

1. 常增长系数法

常增长系数法假定 q_{ij} 的增长仅与 i 小区的发生量增长率有关，或仅与 j 小区的吸引量增长率有关，或仅与生成量的增长率有关，是一个常量。

增长函数为：

$$f_{常}(F_{Oi}, F_{Dj}) = 常量 \tag{3-19}$$

该方法只考虑将来的发生量或吸引量当中的某一个量的增长率对增长函数的影响，忽视了其他变量对增长函数的影响。由于产生量与吸引量的不对称性，其预测精度不高，不需要迭代计算，是一种最简单的方法，有时不能保证交通分布的守恒约束条件。

2. 平均增长系数法

平均增长系数法假设 i、j 小区之间的交通分布量 q_{ij} 的增长系数是 i 小区出行发生量增长系数和 j 小区出行吸引量增长系数的平均值，即：

$$f_{平}(F_{Oi}^m, F_{Dj}^m) = \frac{1}{2}(F_{Oi}^m + F_{Dj}^m) \tag{3-20}$$

【例3-5】 试利用表3-17给出的现状交通分布量、表3-18给出的将来发生与吸引交通量和平均增长系数法，求解3个交通小区将来的交通分布量。设定收敛标准为 $\varepsilon = 3\%$。

现状 OD 表(单位:万次)　　　　　　　　　　　　　　　　　　表 3-17

O	D			合计
	1	2	3	
1	17.0	7.0	4.0	28.0
2	7.0	38.0	6.0	51.0
3	4.0	5.0	17.0	26.0
合计	28.0	50.0	27.0	105.0

将来的发生与吸引交通量　　　　　　　　　　　　　　　　　　表 3-18

O	D			合计
	1	2	3	
1				38.6
2				91.9
3				36.0
合计	39.3	90.3	36.9	166.5

【解】　(1)求发生交通量增长系数 F_{Oi}^0 和吸引交通量增长系数 F_{Dj}^0。

(2)第 1 次近似: $q_{ij}^1 = q_{ij}^0 \times (F_{Oi}^0 + F_{Dj}^0)/2$,计算后得到表 3-19。

第一次迭代计算 OD 表　　　　　　　　　　　　　　　　　　　表 3-19

O	D			合计
	1	2	3	
1	23.648	11.146	5.490	40.285
2	11.219	68.551	9.506	89.277
3	5.576	7.977	23.386	36.939
合计	40.444	87.674	38.382	166.500

(3)重新计算 F_{Oi}^1 和 F_{Dj}^1,并进行收敛判定。由于 F_{Oi}^1 和 F_{Dj}^1 部分系数大于 3% 的误差,因此需要重新进行迭代。

(4)第 2 次近似: $q_{ij}^2 = q_{ij}^1 \times (F_{Oi}^1 + F_{Dj}^1)/2$,计算后得到表 3-20。

第二次迭代计算 OD 表　　　　　　　　　　　　　　　　　　　表 3-20

O	D			合计
	1	2	3	
1	22.819	11.080	5.270	39.169
2	11.226	70.585	9.462	91.273
3	5.427	7.995	22.637	36.058
合计	39.471	89.660	37.369	166.500

(5)重新计算 F_{Oi}^2 和 F_{Dj}^2,并进行收敛判定。

F_{Oi}^2 和 F_{Dj}^2 的各项系数误差均小于 3%,因此不需要继续迭代。表 3-19 即平均增长系数法所求得的将来分布交通量。

该方法的优点是公式简明,易于计算;缺点是收敛慢,迭代次数多,计算精度低。

3. 底特律法

底特律法假设 i、j 小区间交通分布量 q_{ij} 的增长系数与 i 小区出行发生量和 j 小区出行吸

引量增长系数之积成正比,与全规划区出行生成总量的增长系数成反比,即:

$$f_D(F_{Oi}^m, F_{Dj}^m) = F_{Oi}^m \cdot F_{Dj}^m \cdot \frac{T^m}{X} \tag{3-21}$$

【例3-6】 试用底特律法求【例3-5】中的将来交通分布量。设定收敛标准为 $\varepsilon = 3\%$。

【解】 (1)求发生交通量增长系数 F_{Oi}^0 和吸引交通量增长系数 F_{Dj}^0。

(2)求交通生成总量增长系数的倒数:$G^0 = \frac{T^0}{X}$。

$$G^0 = \frac{T^0}{X} = \frac{105.0}{166.5} = 0.6306$$

(3)第1次近似:

$$q_{ij}^1 = q_{ij}^0 \cdot F_{Oi}^0 \cdot F_{Dj}^0 \cdot G^0$$

计算后得到表3-21。

第一次迭代计算 OD 表　　　　　　表3-21

O	D			合计
	1	2	3	
1	20.744	10.991	4.753	36.487
2	11.165	77.987	9.318	98.470
3	4.902	7.885	20.287	33.074
合计	36.811	96.862	34.358	168.031

(4)重新计算 F_{Oi}^1 和 F_{Dj}^1,并进行收敛判定,直至第3次近似。

(5)第3次近似:

$$q_{ij}^3 = q_{ij}^2 \cdot F_{Oi}^2 \cdot F_{Dj}^2 \cdot G^2$$

计算后得到表3-22。

第三次迭代计算 OD 表　　　　　　表3-22

O	D			合计
	1	2	3	
1	22.224	10.969	5.034	38.227
2	11.284	73.422	9.310	94.016
3	5.344	8.006	21.861	35.211
合计	38.852	92.397	36.205	167.454

(6)重新计算 F_{Oi}^3 和 F_{Dj}^3,并进行收敛判定。

F_{Oi}^3 和 F_{Dj}^3 各项系数误差均小于3%,因此不需要继续迭代。因此表3-22即底特律法所求将来分布交通量。

底特律法考虑将来年的出行分布不仅与出行的发生吸引增长率有关,还与出行生成总量的增长率有关,考虑的因素较平均增长系数方法全面,但同样存在收敛速度慢的问题,需要多次迭代才能求得将来年的分布交通量。

4.福莱特法

福莱特法假设 i、j 小区间分布交通量 q_{ij} 的增长系数不仅与 i 小区的发生增长系数和 j 小区的吸引增长系数有关,还与整个规划区域的其他交通小区的增长系数有关。

模型公式为:

$$\begin{cases} f_F(F_{Oi}^m, F_{Dj}^m) = F_{Oi}^m \cdot F_{Dj}^m \cdot \dfrac{L_i + L_j}{2} \\ L_i = \dfrac{O_i^m}{\sum_j q_{ij}^m \cdot F_{Dj}^m} \\ L_j = \dfrac{D_j^m}{\sum_i q_{ij}^m \cdot F_{Oi}^m} \end{cases} \qquad (3\text{-}22)$$

式中：L_i——i 小区的位置系数；

L_j——j 小区的位置系数。

【例 3-7】 试用福莱特方法求【例 3-5】中的将来交通分布量。设定收敛标准为 $\varepsilon = 3\%$。

【解】 (1) 求 F_{Oi}^0 和 F_{Dj}^0。

(2) 求 L_i 和 L_j。

$$L_{i1}^0 = \frac{O_1^0}{\sum_j q_{1j}^0 \cdot F_{Dj}^0} = \frac{28.0}{17.0 \times 1.4036 + 7.0 \times 1.8060 + 4.0 \times 1.3667} = 0.667$$

$$L_{i2}^0 = \frac{O_2^0}{\sum_j q_{2j}^0 \cdot F_{Dj}^0} = \frac{51.0}{7.0 \times 1.4036 + 38.0 \times 1.8060 + 6.0 \times 1.3667} = 0.589$$

$$L_{i3}^0 = \frac{O_3^0}{\sum_j q_{3j}^0 \cdot F_{Dj}^0} = \frac{26.0}{4.0 \times 1.4036 + 5.0 \times 1.8060 + 17.0 \times 1.3667} = 0.686$$

$$L_{j1}^0 = \frac{D_1^0}{\sum_i q_{i1}^0 \cdot F_{Oi}^0} = \frac{28.0}{17.0 \times 1.3786 + 7.0 \times 1.8020 + 4.0 \times 1.3846} = 0.673$$

$$L_{j2}^0 = \frac{D_2^0}{\sum_i q_{i2}^0 \cdot F_{Oi}^0} = \frac{50.0}{7.0 \times 1.3786 + 38.0 \times 1.8020 + 5.0 \times 1.3846} = 0.588$$

$$L_{j3}^0 = \frac{D_3^0}{\sum_i q_{i3}^0 \cdot F_{Oi}^0} = \frac{27.0}{4.0 \times 1.3786 + 6.0 \times 1.8020 + 17.0 \times 1.3846} = 0.677$$

(3) 求 $q_{ij}^1 = q_{ij}^0 \times F_{Oi}^0 \times F_{Dj}^0 \times \dfrac{L_i + L_j}{2}$，例如：

$q_{23}^1 = q_{23}^0 \times F_{O2}^0 \times F_{D3}^0 \times (L_{i2}^0 + L_{j3}^0)/2 = 6.0 \times 1.8020 \times 1.3667 \times (0.589 + 0.677) \div 2 = 9.353$

$q_{31}^1 = q_{31}^0 \times F_{O3}^0 \times F_{D1}^0 \times (L_{i3}^0 + L_{j1}^0)/2 = 4.0 \times 1.3846 \times 1.4036 \times (0.686 + 0.673) \div 2 = 5.282$

计算后得表 3-23。

第一次迭代计算 OD 表　　　　　　　　　　表 3-23

O	D			合计
	1	2	3	
1	22.039	10.936	5.064	38.039
2	11.171	72.777	9.353	93.301
3	5.282	7.964	21.923	35.169
合计	38.492	91.677	33.340	166.509

(4)重新计算 F_{Oi}^1 和 F_{Dj}^1,并进行收敛判别。

F_{Oi}^1 和 F_{Dj}^1 的误差均在3%之内,因此不需要继续迭代计算。表3-23即所求的最终分布交通量表。

可以看出,福莱特方法较平均增长系数法收敛速度快,在满足相同的精度的条件下迭代次数也少,因此在实际工作中广泛应用。但其计算过程较复杂,因此一般通过计算机编程计算,或通过专门的交通规划软件计算。

5. 佛尼斯法

佛尼斯法假设 i、j 小区间交通分布量 q_{ij} 的增长系数与 i 小区的发生增长系数和 j 小区的吸引增长系数都有关。

模型公式为:

$$f_{FN}^1(F_{Oi}^m, F_{Dj}^m) = F_{Oi}^m \quad (3-23)$$

$$f_{FN}^2(F_{Oi}^m, F_{Dj}^m) = F_{Dj}^m \quad (3-24)$$

此模型首先令吸引增长系数为1,求满足条件的发生增长系数,接着用调整后的矩阵重新求满足条件的吸引增长系数,完成一个循环迭代过程;然后重新计算发生增长系数,再用调整后的矩阵求吸引增长系数,经过多次循环,直到发生和吸引交通量增长系数满足设定的收敛标准为止。

【例3-8】 试用佛尼斯法求解【例3-5】中的将来交通分布量。设定收敛标准为 $\varepsilon = 3\%$。

【解】 (1)进行第一次迭代,令所有 $F_{Dj} = 1$,求满足约束条件的发生增长系数,计算后得到表3-24。

$$F_{O1} = \frac{U_1}{O_1} = \frac{38.6}{28.0} = 1.3786$$

$$F_{O2} = \frac{U_2}{O_2} = \frac{91.9}{51.0} = 1.8020$$

$$F_{O3} = \frac{U_3}{O_3} = \frac{36.0}{26.0} = 1.3846$$

由于不满足收敛判定标准,用原矩阵乘以发生增长系数,得到新的分布矩阵。

第一次迭代计算 OD 表　　　表3-24

O	D			合计
	1	2	3	
1	23.436	9.650	5.514	38.6
2	12.614	68.475	10.812	91.9
3	5.538	6.923	23.538	36.0
合计	41.588	85.048	39.865	166.5

(2)以表3-24为基础,进行第二次迭代,先求吸引增长系数。

$$F_{D1} = \frac{V_1}{D_1} = \frac{39.3}{41.588} = 0.9450$$

$$F_{D2} = \frac{V_2}{D_2} = \frac{90.3}{85.048} = 1.0618$$

$$F_{D3} = \frac{V_3}{D_3} = \frac{36.9}{39.865} = 0.9256$$

用表 3-24 所示交通分布量乘以吸引增长系数,得到新的交通分布量,见表 3-25。

第二次迭代计算中间 OD 表　　　　　　　　　　　表 3-25

O	D			合计
	1	2	3	
1	22.146	10.246	5.104	37.497
2	11.920	72.703	10.008	94.631
3	5.234	7.351	21.788	34.372
合计	39.3	90.3	36.9	166.5

由于不满足收敛判定标准,以表 3-25 为基础,继续进行迭代计算,直至第三次迭代,先乘以吸引增长系数,得到新的交通分布量,见表 3-26。

第三次迭代计算中间 OD 表　　　　　　　　　　　表 3-26

O	D			合计
	1	2	3	
1	22.480	10.719	5.130	38.330
2	11.414	71.756	9.489	92.660
3	5.405	7.824	22.280	35.510
合计	39.3	90.3	36.9	166.5

以表 3-26 为基础,求发生增长系数。

根据判定标准,第三次迭代过程中的发生增长系数与吸引增长系数均满足设定的收敛标准 3%,停止迭代,表 3-26 为所求将来交通分布量。

从上述计算过程可以看出,佛尼斯方法计算相对简单,收敛速度相对较快,也适合编程获得预测结果。

6. 增长系数法的特点

1)优点

(1)结构简单、实用,不需要交通小区之间的距离和时间。

(2)适用于小时交通量或日交通量等的预测,也可以获得各种交通日的 OD 交通量。

(3)对于变化较小的 OD 表预测非常有效。

(4)预测铁路车站间的 OD 分布非常有效。一般仅增加部分 OD 表,然后将增加的部分 OD 表加到现状 OD 表上,求将来 OD 表。

2)缺点

(1)必需有所有小区的 OD 交通量。

(2)对象地区发生如下大规模变化时,该方法不适用:

①将来的交通小区分区发生变化(有新开发区时)。

②交通小区之间的行驶时间发生变化。

③土地利用发生较大变化。

(3)交通小区之间的交通量值较小时,存在如下问题:

①若现状交通量为 0,将来预测值也为 0。

②对于可靠性较低的 OD 交通量,将来交通量预测误差将被扩大。

(4)因为预测结果因方法的不同而异,所以在选择计算方法时,需要先利用过去的 OD 表预测现状 OD 表,比较预测精度。

(5)将来交通量仅用一个增长系数表示缺乏合理性。

二、重力模型法

重力模型法(Gravity Model)是一种最常用的方法,它从牛顿的万有引力定律(两物体间的引力与两物体的质量之积成正比,而与它们之间距离的平方成反比)类推而成。

重力模型法预测出行分布考虑了两个交通小区的吸引强度和它们之间的阻力,认为两个交通小区的出行吸引与两个交通小区的出行发生量与吸引量成正比,而与交通小区之间的交通阻抗成反比。在用重力模型进行出行分布预测时,可采用以下几种模型。

1. 无约束重力模型

Casey 在 1955 年提出了如下重力模型,该模型也是最早出现的重力模型:

$$q_{ij} = \alpha \frac{P_i P_j}{d_{ij}^2} \tag{3-25}$$

式中:P_i、P_j——i 小区和 j 小区的人口;

d_{ij}——i、j 小区之间的距离;

α——系数。

此模型为无约束重力模型,模型本身不满足以下交通守恒约束条件中的任何一个:

$$\sum_j q_{ij} = \alpha P_i \sum_j P_j d_{ij}^{-2} = O_i \tag{3-26}$$

$$\sum_i q_{ij} = \alpha P_j \sum_i P_i d_{ij}^{-2} = D_j \tag{3-27}$$

由于该模型简单地模仿了牛顿的万有引力定律,后来对它进行了许多改进,包括用出行总数代替总人口数,将 d_{ij} 的幂扩展为参数 γ(其值一般为 0.6~3.5),更一般地,可以用出行费用函数 $f(c_{ij})$ 来表示。因此,重力模型可表示为:

$$q_{ij} = k O_i^\alpha D_j^\beta f(c_{ij}) \tag{3-28}$$

常见的交通阻抗函数有以下几种形式:

$$\text{幂函数} \quad f(c_{ij}) = c_{ij}^{-\gamma} \tag{3-29}$$

$$\text{指数函数} \quad f(c_{ij}) = e^{-c_{ij}} \tag{3-30}$$

$$\text{组合函数} \quad f(c_{ij}) = k \cdot c_{ij}^\gamma \cdot e^{-c_{ij}} \tag{3-31}$$

式中:k、γ——参数。

待定系数 k 和 γ 根据现状 OD 调查资料,利用最小二乘法确定。此时可将模型取对数,使之线性化来求得。

【例 3-9】 按【例 3-5】给出的现状 OD 表和将来发生与吸引交通量,以及表 3-27、表 3-28 给出的现状和将来行驶时间,试利用重力模型和平均增长系数法,求出将来 OD 表。设定收敛标准为 $\varepsilon = 1\%$。

现状行驶时间　　　　　　　　　表 3-27

c_{ij}	1	2	3
1	7.0	17.0	22.0
2	17.0	15.0	23.0
3	22.0	23.0	7.0

将来行驶时间　　　　　　　　　　　　　　　　　　　　　　　　　　　　　　表 3-28

c_{ij}	1	2	3
1	4.0	9.0	11.0
2	9.0	8.0	12.0
3	11.0	12.0	4.0

【解】 (1) 用下面的无约束重力模型：

$$q_{ij} = \alpha \frac{(O_i D_j)^\beta}{c_{ij}^\gamma} \tag{3-32}$$

两边取对数，得：

$$\ln(q_{ij}) = \ln\alpha + \beta\ln(O_i D_j) - \gamma\ln(c_{ij}) \tag{3-33}$$

式中：q_{ij}、$O_i D_j$、c_{ij}——已知常数；

α、β、γ——待标定参数。

令 $y = \ln(q_{ij})$，$a_0 = \ln\alpha$，$a_1 = \beta$，$a_2 = -\gamma$，$x_1 = \ln(O_i D_j)$，$x_2 = \ln(c_{ij})$，则公式转换为：

$$y = a_0 + a_1 x_1 + a_2 x_2 \tag{3-34}$$

此方程为二元线性回归方程，a_0、a_1、a_2 为待标定系数，通过现状 OD 表和现状行驶时间表获取 9 个样本数据，见表 3-29。

样本数据　　　　　　　　　　　　　　　　　　　　　　　　　　　　　　　　表 3-29

样本点	q_{ij}	O_i	D_j	$O_i D_j$	C_{ij}	y	x_1	x_2
$i=1, j=1$	17	28	28	784	7	2.8332	6.6644	1.9459
$i=1, j=2$	7	28	50	1400	17	1.9459	7.2442	2.8332
$i=1, j=3$	4	28	27	756	22	1.3863	6.6280	3.0910
$i=2, j=1$	7	51	28	1428	17	1.9459	7.2640	2.8332
$i=2, j=2$	38	51	50	2550	15	3.6376	7.8438	2.7081
$i=2, j=3$	6	51	27	1377	23	1.7918	7.2277	3.1355
$i=3, j=1$	4	26	28	728	22	1.3863	6.5903	3.0910
$i=3, j=2$	5	26	50	1300	23	1.6094	7.1701	3.1355
$i=3, j=3$	17	26	27	702	7	2.8332	6.5539	1.9459

采用最小二乘法对这 9 个样本数据进行标定，得出 $a_0 = -2.084$，$a_1 = 1.173$，$a_2 = -1.455$，则获得的二元线性回归方程为 $y = -2.084 + 1.173x_1 - 1.455x_2$。

通过 $a_0 = \ln\alpha$，$a_1 = \beta$，$a_2 = -\gamma$，可得 $\alpha = 0.124$，$\beta = 1.173$，$\gamma = 1.455$，即标定的重力模型为：

$$q_{ij} = 0.124 \times \frac{(O_i D_j)^{1.173}}{c_{ij}^{1.455}}$$

(2) 利用已标定重力模型求解分布交通量如下：

$$q_{11} = 0.124 \times (38.6 \times 39.3)^{1.173} \div 4.0^{1.455} = 88.862$$

$$q_{12} = 0.124 \times (38.6 \times 90.3)^{1.173} \div 9.0^{1.455} = 72.458$$

$$q_{13} = 0.124 \times (38.6 \times 36.9)^{1.173} \div 11.0^{1.455} = 18.940$$

$$q_{21} = 0.124 \times (91.9 \times 39.3)^{1.173} \div 9.0^{1.455} = 75.542$$
$$q_{22} = 0.124 \times (91.9 \times 90.3)^{1.173} \div 8.0^{1.455} = 237.912$$
$$q_{23} = 0.124 \times (91.9 \times 36.9)^{1.173} \div 12.0^{1.455} = 46.164$$
$$q_{31} = 0.124 \times (36.0 \times 39.3)^{1.173} \div 11.0^{1.455} = 18.791$$
$$q_{32} = 0.124 \times (36.0 \times 90.3)^{1.173} \div 12.0^{1.455} = 43.932$$
$$q_{33} = 0.124 \times (36.0 \times 36.9)^{1.173} \div 4.0^{1.455} = 76.048$$

计算后得表 3-30。

第一次计算得到的 OD 表　　表 3-30

O	D			合计
	1	2	3	
1	88.862	72.458	18.940	180.260
2	75.542	237.912	46.164	359.619
3	18.791	43.932	76.048	138.771
合计	183.195	354.302	141.152	678.650

(3) 重新计算 F_{Oi}^1 和 F_{Dj}^1。

(4) 通过无约束重力模型计算得到的 OD 表不满足出行分布的约束条件,因此还要用其他方法继续进行迭代。这里采用平均增长系数法进行迭代计算,计算结果见表 3-31。

用平均增长系数法第三次迭代计算 OD 表　　表 3-31

O	D			合计	增长系数
	1	2	3		
1	17.823	16.684	4.438	38.946	0.9911
2	17.127	62.318	12.291	91.736	1.0018
3	4.276	11.544	20.310	36.130	0.9964
合计	39.226	90.546	37.040	166.812	—
增长系数	1.0019	0.9973	0.9962	—	—

(5) 第三次迭代之后满足设定的收敛条件 $\varepsilon = 1\%$,停止迭代,第三次迭代计算后的 OD 表(表 3-31)为最终预测 OD 表。

2. 单约束重力模型

1) 乌尔希斯重力模型

此模型只满足出行发生约束重力模型公式,其表达式为:

$$q_{ij} = \frac{O_i D_j f(c_{ij})}{\sum_j D_j f(c_{ij})} \tag{3-35}$$

式中:$f(c_{ij})$——交通阻抗函数,常用形式为 $f(c_{ij}) = c_{ij}^{-\gamma}$;

γ——待定系数。

以 $f(c_{ij}) = c_{ij}^{-\gamma}$ 为例进行参数标定,待定系数 γ 根据现状 OD 调查资料拟合确定,一般可采用试算法等数值方式,以某一指标作为控制目标,通过用模型计算和实际调查所得指标的误差比较确定。其计算过程是:先假定一个 γ 值,将由现状 OD 统计资料所得的 O_i、D_j 及 c_{ij} 代入式

(3-32)中进行计算,所得出的计算交通分布称为 GM 分布。GM 分布的平均行程时间采用下式计算:

$$\overline{c}' = \frac{\sum_i \sum_j (q_{ij} c_{ij})}{\sum_i \sum_j q_{ij}} \quad (3\text{-}36)$$

GM 分布与现状分布的每次运行的平均行程时间之间的相对误差为 $|\overline{c}' - \overline{c}|/\overline{c}$。当交通按 GM 分布与按实际分布每次运行的平均相对误差不大于某一限定值(常用 3%)时,计算即可结束;当误差超过限定值时,需改动待定系数 γ 进行下一轮计算。调整方法为:如果 GM 分布的 $\overline{c}'$ 大于现状分布 $\overline{c}$,可增大 γ 值;反之,则减小 γ 值。

2)美国公路局重力模型(BPR 模型)

$$q_{ij} = \frac{O_i D_j f(c_{ij}) K_{ij}}{\sum_j D_j f(c_{ij}) K_{ij}} \quad (3\text{-}37)$$

式中:K_{ij}——调整系数。其计算公式为:

$$K_{ij} = \frac{(1 - Y_{ij}) \lambda_{ij}}{1 - Y_{ij} \lambda_{ij}} \quad (3\text{-}38)$$

式中:λ_{ij}——i 小区到 j 小区的实际交通分布量与计算交通分布量之比;

Y_{ij}——i 小区到 j 小区的实际分布交通量与 i 小区的出行发生量之比。

此模型与乌尔希斯模型相比,引进了交通调整系数 K_{ij}。计算时,用与乌尔希斯模型相同的方法试算出待定系数 γ,然后计算 q_{ij},最后计算 K_{ij}。

这两种模型均能满足出行产生约束条件,即 $O_i = \sum_j q_{ij}$,因此都称为单约束重力模型。

用上述两种重力模型进行交通分布预测时,首先是将预测的交通发生和吸引量以及将来的交通阻抗参数带入模型进行计算。通常计算出的交通吸引量与给定的交通吸引量并不相同,因此需要进行进一步迭代计算。

3. 双约束重力模型

同时满足守恒条件的 α 是不存在的,因此,将重力模型修改为如下形式:

$$\begin{cases} q_{ij} = a_i O_i b_j D_j f(c_{ij}) \\ a_i = \left[\sum_j b_j D_j f(c_{ij}) \right]^{-1} \\ b_j = \left[\sum_i a_i O_i f(c_{ij}) \right]^{-1} \end{cases} \quad (3\text{-}39)$$

此模型为双约束重力模型。

以幂指数交通阻抗函数 $f(c_{ij}) = c_{ij}^{-\gamma}$ 为例介绍其计算方法:

步骤 1,令 $m = 0$,m 为计算次数;

步骤 2,给出 γ(可以用最小二乘法求出);

步骤 3,令 $a_i^m = 1$,求出 b_j^m $\left(b_j^m = \dfrac{1}{\sum_i a_i^m O_i c_{ij}^{-\gamma}} \right)$;

步骤 4,求出 a_i^{m+1} $\left(a_i^{m+1} = \dfrac{1}{\sum_j b_j^m D_j c_{ij}^{-\gamma}} \right)$ 和 b_j^{m+1} $\left(b_j^{m+1} = \dfrac{1}{\sum_i a_i^{m+1} O_i c_{ij}^{-\gamma}} \right)$;

步骤 5,收敛判定,若式(3-40)满足,则结束计算;反之,令 $m + 1 = m$,返回步骤 2 重新计算。

$$1-\varepsilon < \frac{a_i^{m+1}}{a_i^m} < 1+\varepsilon, 1-\varepsilon < \frac{b_i^{m+1}}{b_i^m} < 1+\varepsilon \tag{3-40}$$

4.重力模型的特点

1)优点

(1)直观上容易理解。

(2)能考虑路网的变化和土地利用对人们的出行产生的影响。

(3)当特定交通小区之间的OD交通量为0时,也能预测。

(4)能比较敏感地反映交通小区之间行驶时间变化的情况。

2)缺点

(1)模型尽管能考虑到路网的变化和土地利用对出行的影响,但缺乏对人的出行行为的分析,跟实际情况相比存在一定的偏差。

(2)一般,人们的出行距离分布在全区域并非为定值,而重力模型将其视为定值。

(3)交通小区之间的行驶时间因交通方式和时间段的不同而异,而重力模型使用了同一时间。

(4)求交通小区内部交通量时,行驶时间难以给出。

(5)当交通小区之间的距离小时,有夸大预测结果的可能性。

(6)利用最小二乘法标定的重力模型计算出的交通分布量必须借助其他方法进行收敛计算。

三、随机概率模型

1.介入机会模型

介入机会模型(Intervening Opportunity Model)是由Schneider于1995年首次提出的,其基本的思路是从某交通小区发生的出行机会数与达到机会数成正比地按距离从近到远的顺序到达目的地。

各交通小区的通过、吸引概率如下:

出行机会通过j小区的概率为:

$$q_{j+1} = q_j(1 - ax_j) \tag{3-41}$$

式中:α——一次到达机会被吸引的概率;

x_j——j小区的到达机会数;

q_{j+1}——出行机会通过j小区的概率。

即j小区的通过概率等于通过$j-1$区的概率与不被j小区所吸引的概率之积,这时,到达j小区的机会数为:

$$S_i = \sum_{d=1}^{j-1} x_d \tag{3-42}$$

式中:S_j——从1小区开始通过的到达机会数累计值。

j小区的到达机会数与达到机会数累加的关系:

$$x_j = S_{j+1} - S_j \tag{3-43}$$

将式(3-43)代入式(3-41)得:

$$q_{i+1} = q_i[1 - \alpha(S_{j+1} - S_j)] \tag{3-44}$$

该模型的优缺点：
(1)优点：与重力模型相比，该模型更加现实地表现了出行者的交通行为。
(2)缺点：吸引概率的值只能在全区取一个定值，没有考虑区域的个性特征。

2. 最大熵法

最大熵模型(Entropy Model)也是随机概率模型之一。典型的最大熵模型有 Wilson 模型等。Wilson 模型是由 A. G. Wilson 提出的，其模型如下式所示：

$$E = \frac{T!}{\prod_i \prod_j q_{ij}!} \tag{3-45}$$

式中：T——对象地区的发生交通量，即 OD 交通量的组合数，由求 E 的最大得到。

Wilson 模型的约束条件为：

$$\sum_j q_{ij} = O_i \tag{3-46}$$

$$\sum_i q_{ij} = D_j \tag{3-47}$$

$$E = \frac{T!}{\prod_i \prod_j q_{ij}!} \prod_i \prod_j p_{ij}^{q_{ij}} \tag{3-48}$$

最大熵模型一般用对数拉格朗日方法求解：

$$\varphi = \ln E + \sum_i \lambda_i (O_i - \sum_j q_{ij}) + \sum_j \mu_j (D_j - \sum_i q_{ij}) + \gamma (C - \sum_i \sum_j c_{ij} q_{ij}) \tag{3-49}$$

式中：λ_i、μ_j、γ——拉格朗日系数；
c_{ij}——q_{ij} 的交通费用；
C——总交通费用。

Wilson 模型特点：
(1)能表现出出行者的微观行动。
(2)总交通费用是出行行为选择的结果，对其进行约束可能与现实存在脱离。
(3)各微观状态的概率相等，即各目的地的选择概率相等的假设没有考虑距离和行驶时间等因素。

第四节 交通方式划分

交通方式划分(Modal Split)是四阶段法的第三阶段。人们在日常生活中，经过各种交通方式的组合完成一天的工作和生活。因此各种交通方式之间有很强的相互关系，离开了对这种关系的讨论，交通规划就难以成立。所谓交通方式划分就是确定出行者出行时选择交通工具的比例，它以居民出行调查数据为基础，研究人们出行时的交通方式选择行为，建立模型，从而预测基础设施或交通服务水平等条件变化时交通方式选择的变化。

图 3-10 为具有铁路和道路两种交通方式时，轨道交通和小汽车交通方式划分示意图。图中，q_{ij}^{RAIL} 表示交通小区 i 和交通小区 j 之间轨道交通方式的选择交通量，q_{ij}^{CAR} 表示交通小区 i 和交通小区

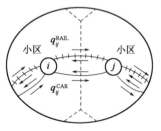

图 3-10 交通方式划分示意图

j 之间小汽车交通方式的选择交通量,它们之间满足 $q_{ij} = q_{ij}^{RAIL} + q_{ij}^{CAR}$。

交通方式划分模型的建模思路有两种:其一,假设历史变化情况将继续延续下去,研究交通需求的变化;其二,从城市规划角度,为了实现所期望的交通方式划分,研究如何改扩建各种交通设施,以及如何制定各种交通管理规则等引导人们的出行。新交通方式(新型道路运输工具、新型轨道交通等)的交通需求预测问题属于后者,其难点在于如何量化出行行为选择因素及其具体应用。

一、集计预测方法

根据方式选择的基本单位可以分为集计模型方法和非集计模型方法。前述的四阶段法,是以交通小区为单位将出行者的交通行为进行集体统计分析,按照出行发生和吸引、出行分布、交通方式划分和交通流分配四阶段,进行模型化预测,可以说是首先预测总出行数,然后将其按照交通小区之间、交通方式之间、路径之间,利用某种经验规则计算。因为该方法中用到的模型是将数据按照交通小区统计之后建立的预测模型,所以称为集计模型。交通方式集计预测方法主要有转移曲线法、重力模型转换模型、回归模型等。

1. 转移曲线法

转移曲线是根据大量的调查统计资料绘制的各种交通方式分担率与其影响因素之间的关系曲线。较为简单、直观的交通方式预测是用转移曲线诺模图。

通常以各交通方式的出行时间、出行费用等的比率或差值作为影响因素自变量。例如,图 3-11 表示日本广岛城市圈居民出行调查结果,将通勤交通按拥有私人小汽车家庭和不拥有私人小汽车家庭分类,利用时间比求出公共交通方式和私人小汽车交通方式的划分率曲线。上述结果表明,有无私人小汽车对公共交通方式和私人小汽车交通方式之间的划分率产生了明显的影响,而对轨道交通方式和公共汽(电)车交通方式之间的划分率无显著影响。

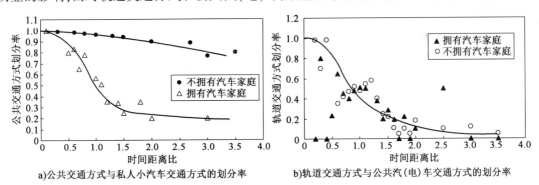

图 3-11 日本广岛都市圈居民出行方式调查划分率曲线

转移曲线法是国外广泛使用的交通方式分担率预测方法,在国外交通方式较为单一、影响因素相对较少的情况下,该方法使用简单、方便,应用效果较好。在我国交通方式众多、影响因素复杂的情况下,绘制出全面反映各交通方式之间转移关系的转移曲线,其工作量十分巨大,且资料收集较为困难。同时,由于它是根据现状调查资料绘出的,只能反映相关因素变化相对较小的情况,即超过现状调查所反映的范围不能较大。这使得该方法的应用受到一定限制。

2. 重力模型转换模型

如果将重力模型中表示各交通区间交通便利程度的交通阻抗转变为表示各交通区间各种交通方式便利程度的交通方式阻抗,则可得出如下形式的交通分布与方式组合重力模型:

$$T_{ijm} = P_i \frac{A_j \cdot I_{ijm}^{-b}}{\sum_j \sum_m A_j \cdot I_{ijm}^{-b}} \tag{3-50}$$

式中: T_{ijm} ——从交通区 i 到 j,第 m 种交通方式的交通量;

P_i ——交通区 i 的交通产生量;

A_j ——交通区 j 的交通吸引量;

I_{ijm} ——从交通区 i 到交通区 j,第 m 种交通方式阻抗;

b ——待定系数。

根据上式可得出如下形式的重力模型转换型交通方式预测模型:

$$\text{MS}_t = \frac{I_{ijt}^{-b}}{\sum_a I_{ija}^{-b}} \tag{3-51}$$

式中: MS_t —— t 种交通方式的分担率;

I_{ija} ——交通方式 a 的阻抗;

b ——待定系数。

重力模型考虑了交通方式阻抗,比较贴近实际交通状况,但是参数标定比较困难。

3. 回归模型

建立交通方式分担率与其相关因素间的回归方程,作为预测交通方式模型。交通方式预测的回归方法有时与交通生成预测的回归方法组合使用,直接得出各种交通方式的交通生成,这就是交通生成与方式的回归组合模型:

$$G_{im} = \alpha_{im} + \beta_{1m}X_1 + \beta_{2m}X_2 + \cdots + \beta_{nm}X_n \tag{3-52}$$

式中: G_{im} ——交通区 i、交通方式 m 的交通产生量;

$X_1、X_2\cdots X_n$ ——相关因素,如人口、土地使用、生活水平指标等;

$\alpha_{im}、\beta_{1m}、\beta_{2m}\cdots\beta_{nm}$ ——回归系数,根据现状调查资料,用最小二乘法确定。

这种模型较为粗略,同时它和转移曲线法一样需要大量的现状调查资料才能建立,并且模型的适用范围有限。

应用集计预测方法时,影响人们选择交通方式的外在因素主要包括交通政策、地理环境等;内在因素则主要包括出行时间、交通费用、舒适程度、生活水平等。因此,只要建立起交通方式选择与其内在因素之间的关系模型,分析外在因素对内在因素的影响,即可对交通方式进行预测。在这些因素中,交通时间、费用等均可直接定量,生活水平可采用人均国民收入等指标,但舒适程度、方便程度等则需设法用定量指标表示,其确定可采用专家评议或直接调查法。同时,各种交通方式的阻抗因素确定应考虑从交通起点到终点的整个交通过程,如城市公共交通方式的出行时间应考虑从起点交通区重心到公交车站的步行时间、乘车时间,以及从终点公交车站到终点交通区重心的步行时间等。

二、非集计预测方法

非集计分析(Disaggregate Analysis)是与集计分析(Aggregate Analysis)相对应而命名的,又

称非集计行为分析(Disaggregate Behavioral Analysis)或非集计选择分析(Disaggregate Choice Analysis)。非集计分析以调查获取的个人行动数据为依据进行建模。非集计分析重点预测出行者个人(或家庭)是否出行、出行目的地、采用何种交通方式、选择哪条路径等,以及如何从可能的被选方案集合中作出选择,最终将得到的个人选择结果加载到交通小区、交通方式、路径上进行交通需求预测。

集计分析方法与非集计分析方法在分析单位、模型预测、应用层面、政策体现、数据效率等方面均存在差异,见表3-32。

集计分析与非集计分析的区别 表3-32

比较项目	集计模型	非集计模型
调查单位	各次出行	各次出行
分析单位	交通小区	个人(家庭)
因变量	小区集计数据(连续量)	个人选择(离散量)
自变量	各小区数据	各个人数据
预测方法	回归分析等	极大似然估计
适用范围水平	预测小区	任意
政策的表现	小区代表值的变化	个人自变量值的变化
交通现象的描述	发生、吸引; 分布交通流; 交通方式划分; 交通分配	出行频率; 目的地选择; 交通方式选择; 路径选择
优点	易于宏观把握交通需求; 对计算机性能要求不高; 简单明了,便于说明; 阶段性模型结构	有明确的行为原理的假设; 可有效使用调查数据; 模型的普遍适用性较好; 自变量灵活多样,易于评价政策
缺点	行为原理假设不明确; 需要大规模调查数据; 模型的普遍适用性较差; 难以用于评价交通政策	模型结构复杂,模型估计困难
现状	唯一通用的预测体系	广泛用于交通方式分担模型

传统的集计方法,存在缺少明确的行为假说、模型的一致性差、预测所需调查样本多、处理样本时间长及模型的可转移性差等缺陷,其最根本的缺陷是模型系统无法在本质上反映个体出行行为。而非集计模型有明确的行为假说、模型的一致性好、模型标定所需调查样本少、模型有较好的时间和地区可转移性。概率模型是一种比较实用的非集计模型,本节重点讲述如何利用概率模型实现交通方式选择。

交通方式选择的本质是个人的离散选择行为,即个人倾向于从各种交通方式中选择"效用(Utility)"最大的一种。离散选择模型的函数形式有很多种,其中有效且被广泛应用的一种是多项Logit模型(Multinomial Logit,MNL)。

1) 随机效用

MNL模型认为个人的选择行为基于各种交通方式的随机效用。假设备选方案的随机效益函数$U(k)$(Random Utility Function)如下:

$$U(k) = V(k) + e(k) \tag{3-53}$$

式中：$V(k)$——方案 k 的固定效益；

$e(k)$——随机项。

固定效益可由行驶时间、费用等方案特性，以及年龄、职业等个人属性表示。假设 $e(k)$ 服从某种概率分布。由于随机效益是个人在选择时所具有的感觉上的评价值，有时也称为知觉效益。当随机效益 $U(k)$ 比其他任何方案都大时，方案 k 被选择，因此，方案 k 的选择概率 $p(k)$ 可由下式表示：

$$p(k) = [U(k) > U(j), \forall j(\neq k) \in K] \tag{3-54}$$

式中：K——方案集。

将式(3-53)代入式(3-54)，可得：

$$\begin{aligned} p(k) &= p[e(j) < V(k) - V(j) + e(k), \forall j(\neq k) \in K] \\ &= \int_{e(k)} F[V(k) - V(j) + e(k), \forall j(\neq k) \in K] f_k(x) \mathrm{d}x \end{aligned} \tag{3-55}$$

式中：$F(x)$——概率分布函数；

$f_k(x)$——概率变量 $x = e(k)$ 的概率密度函数。

上式的含义是：首先，假设 $e(k)$ 固定，求方案 j 相对应的 $e(j)$ 的同概率分布函数值；其次，$e(k)$ 概率变化时，与其概率密度相乘，再进行积分。

2）Logit 模型推演

Logit 模型假设效益函数的随机项 $e(k)$ 相互独立，且服从同一干贝尔（Gumbel）分布。用概率变量 x 表示 $e(k)$，θ 作为参数，随机项的分布函数可表示如下：

$$F_e(x) = \exp\{-\theta \exp(-x)\} \quad (\theta > 0, -\infty < x < \infty) \tag{3-56}$$

将上式代入式(3-55)，可推导出下式：

$$\begin{aligned} p(k) &= \int_{-\infty}^{\infty} \prod_{j \neq k} \exp\{-\theta \exp[-(V(k) - V(j) + x)]\} \theta \mathrm{e}^{-x} \exp(-\theta \mathrm{e}^{-x}) \mathrm{d}x \\ &= \int_{-\infty}^{\infty} \prod_{j} \exp\{-\theta \exp[-(V(k) - V(j) + x)]\} \theta \mathrm{e}^{-x} \mathrm{d}x \\ &= \int_{-\infty}^{\infty} \exp\{-\theta \mathrm{e}^{-x} \sum_{j} \exp[V(j) - V(k)]\} \theta \mathrm{e}^{-x} \mathrm{d}x \\ &= \frac{\mathrm{e}^{V(k)}}{\sum_{j} \mathrm{e}^{V(j)}} \end{aligned} \tag{3-57}$$

式(3-57)即 Logit 模型，适用性广泛。

【例 3-10】 两区域之间只有公共汽车和家用轿车出行，假设如下 Logit 模型适用，试用表 3-33 ~ 表 3-38 所示现状数据拟合参数，利用表 3-39 ~ 表 3-42 的将来数据，结合【例 3-5】中将来 OD 表计算结果，计算交通方式划分率和交通方式 OD 表。

$$p_{ij}^{\mathrm{BUS}} = \frac{\exp(V_{ij}^{\mathrm{BUS}})}{\exp(V_{ij}^{\mathrm{BUS}}) + \exp(V_{ij}^{\mathrm{CAR}})} \tag{3-58}$$

$$p_{ij}^{\mathrm{CAR}} = 1 - p_{ij}^{\mathrm{BUS}} \tag{3-59}$$

$$V_{ij}^{\mathrm{BUS}} = \alpha \cdot t_{ij}^{\mathrm{BUS}} + \beta \cdot c_{ij}^{\mathrm{BUS}} \tag{3-60}$$

$$V_{ij}^{\mathrm{CAR}} = \alpha \cdot t_{ij}^{\mathrm{CAR}} + \beta \cdot c_{ij}^{\mathrm{CAR}} + \gamma \tag{3-61}$$

式中：p_{ij}^{CAR}、p_{ij}^{BUS}——汽车和公共汽车的划分率；

t_{ij}^{CAR}、t_{ij}^{BUS}——汽车和公共汽车的行驶时间，min；

c_{ij}^{CAR}、c_{ij}^{BUS}——汽车和公共汽车的费用，元；

α、β、γ——未知常数。

公共汽车行驶时间（单位：min） 表3-33

t_{ij}^{BUS}	1	2	3
1	5	11	13
2	10	12	12
3	14	16	7

汽车行驶时间（单位：min） 表3-34

t_{ij}^{CAR}	1	2	3
1	3	8	10
2	8	7	11
3	10	11	3

公共汽车票价（单位：元） 表3-35

c_{ij}^{BUS}	1	2	3
1	1	1.5	2
2	1.5	1.5	3
3	2	3	1.5

汽车行驶费用（单位：元） 表3-36

c_{ij}^{CAR}	1	2	3
1	11	15	23
2	15	12	25
3	23	25	19

公共汽车划分率 表3-37

p_{ij}^{BUS}	1	2	3
1	0.273	0.265	0.253
2	0.282	0.248	0.255
3	0.239	0.192	0.244

汽车划分率 表3-38

p_{ij}^{CAR}	1	2	3
1	0.727	0.735	0.747
2	0.718	0.752	0.745
3	0.761	0.808	0.756

将来公共汽车行驶时间（单位：min） 表3-39

t_{ij}^{BUS}	1	2	3
1	5	11	12
2	10	11	13
3	12	13	5

将来汽车行驶时间（单位：min） 表3-40

t_{ij}^{CAR}	1	2	3
1	3	8	10
2	8	7	11
3	10	11	3

将来公共汽车票价（单位：元） 表3-41

c_{ij}^{BUS}	1	2	3
1	1	1.5	2
2	1.5	1.5	3
3	2	3	1.5

将来汽车行驶费用（单位：元） 表3-42

c_{ij}^{CAR}	1	2	3
1	16	26	33
2	26	22	35
3	33	35	24

【解】 在非集计分析中，为了预测交通参与者个人的行为选择，需要输入个人数据，即在进行交通需求预测时，需要对象区域的个人数据，但是利用抽样结果预测个人的将来值尚有困难，因此，对于非集计分析，从实用角度还需要模型的集计化处理。

（1）参数拟合

本例题为将Logit模型应用于个人交通方式选择，选择因素数据为集（统）计数据。这里，由式（3-58）~式（3-61）得出如下线性回归方程式：

$$\ln\left(\frac{p_{ij}^{\text{CAR}}}{p_{ij}^{\text{BUS}}}\right) = \alpha(t_{ij}^{\text{CAR}} - t_{ij}^{\text{BUS}}) + \beta(c_{ij}^{\text{CAR}} - c_{ij}^{\text{BUS}}) + \gamma$$

对上式代入表 3-33 ~ 表 3-38 中的数值并利用最小二乘法拟合参数 α、β、γ 值如下：

$$\alpha = -0.069(-3.570), \beta = 0.0162(2.974), \gamma = 0.607(5.448)$$

其中，括号内数值为 t 值，拟合相关系数为 0.89。

(2) 将来划分率和交通方式 OD 表

用上步拟合 Logit 模型和表 3-33 ~ 表 3-42 中的数据，分别计算公共汽车和汽车的效用，得表 3-43、表 3-44。例如：

$$V_{11}^{\text{BUS}} = \alpha \cdot t_{11}^{\text{BUS}} + \beta \cdot c_{11}^{\text{BUS}} = -0.069 \times 5.0 + 0.0162 \times 1 = -0.330$$

$$V_{11}^{\text{CAR}} = \alpha \cdot t_{11}^{\text{CAR}} + \beta \cdot c_{11}^{\text{CAR}} + \gamma = -0.069 \times 3.0 + 0.0162 \times 16 + 0.607 = 0.659$$

其余以此类推。

公共汽车效用　　　　表 3-43

V_{ij}^{BUS}	1	2	3
1	-0.330	-0.738	-0.800
2	-0.669	-0.738	-0.853
3	-0.800	-0.853	-0.322

汽车效用　　　　表 3-44

V_{ij}^{CAR}	1	2	3
1	0.659	0.474	0.449
2	0.474	0.479	0.412
3	0.449	0.412	0.788

将表 3-36 中的值分别代入式(3-60)，再利用式(3-61)可得表 3-45、表 3-46 所示交通方式划分率。

公共汽车划分率　　　　表 3-45

p_{ij}^{BUS}	1	2	3
1	0.271	0.229	0.223
2	0.242	0.228	0.220
3	0.223	0.220	0.248

汽车划分率　　　　表 3-46

p_{ij}^{CAR}	1	2	3
1	0.729	0.771	0.777
2	0.758	0.772	0.780
3	0.777	0.780	0.752

进而，将表 3-45、表 3-46 应用于【例 3-7】中的底特律法计算得到的将来 OD 表，分别得到两种交通方式的 OD 表(表 3-47、表 3-48)。

公共汽车的 OD 表　　　　表 3-47

q_{ij}^{BUS}	1	2	3	计
1	5.99	2.50	1.12	9.61
2	2.71	16.69	2.04	21.45
3	1.19	1.75	5.39	8.33
计	9.89	20.95	8.55	39.39

汽车的 OD 表　　　　表 3-48

q_{ij}^{CAR}	1	2	3	计
1	16.12	8.41	3.89	28.42
2	8.51	56.37	7.22	72.10
3	4.13	6.21	16.36	26.71
计	28.76	70.99	27.48	127.23

这里，我们进一步分析式(3-63)，并将其变形为：

$$V_{ij}^{\text{CAR}} = \beta\left(\frac{\alpha}{\beta} \cdot t_{ij}^{\text{CAR}} + c_{ij}^{\text{CAR}}\right) + \gamma$$

式中 α/β 代表时间价值(Time Value)，本例 $\alpha/\beta = -0.069 \div 0.0162 = -4$(元/min)；$\alpha/\beta \cdot t_{ij}^{\text{CAR}} + c_{ij}^{\text{CAR}}$ 为一般化交通费用(Generalized Transport Cost)；γ 为汽车魅力度。

通过本例题可以看出，我们利用交通方式划分从现状交通方式 OD 表获得了将来 OD 表，为交通流分配提供了基础数据。另外，本例题中直接给定了各自交通方式的现状 OD 表，然而,由居民出行调查得到的数据是以出行者个人为单位的,通常在进行交通调查结果的数据处理时,需要将出行者个人OD表换算为车辆OD表,即公共交通车辆OD表、出租车OD表和小客车OD表等。换算方法是用相应车辆的额定荷载乘以平均载荷率。

各种方法都有其特点和适用范围,在我国复杂的交通方式结构情况下,对不同特点的不同种类交通方式可采用不同的预测方法。从目前国内城市交通预测的实践来看,在居民出行方式划分预测中,一个普遍的趋势是定性分析和定量分析相结合,在宏观上依据未来国家经济政策、交通政策及相关城市的比较对未来城市交通结构作出估计,然后在此基础上进行微观预测。因为影响居民出行方式结构的因素很多,社会、经济、政策、城市布局、交通基础设施水平、地理环境及居民出行行为心理、生活水平等均从不同侧面影响居民出行方式结构,其演变规律很难用单一的数学模型或表达式来描述。尤其是在我国居民出行以非弹性出行占绝大部分,在居民出行方式可选择余地不大的情况下,传统单纯的转移曲线法或概率选择法等难于适用。所以在居民出行方式划分的预测中,一般采用这样的思路:宏观与微观相结合,宏观预测指导微观预测。

首先,在宏观上考虑该城市现状居民出行方式结构及其内在原因,定性分析城市未来布局、规模变化趋势,交通系统建设发展趋势,居民出行方式选择决策趋势,并与可比的有关城市进行比较,初步估计规划年城市交通结构可能的取值。

其次,在微观上根据城市居民出行调查资料统计计算出不同距离下各种交通方式分担率,然后,考虑各交通方式特点、优点、缺点、最佳服务距离、不同交通方式之间竞争转移的可能性以及居民出行选择行为心理等因素,对现状分担率进行修正,通过若干次试算,使城市总体交通结构分布值落在第一步所估计的可能取值范围之内。该方法以转移曲线为基础,但在应用上做了修改。

第五节　基于活动的交通需求预测

基于出行的传统交通需求预测模型是在大规模基础设施建设的背景之下发展起来的模型体系,其最终目标是评价设施是否能容纳未来的交通需求。而个人的交通需求是怎样发生的,其自身的社会经济状况怎样影响出行行为,在传统交通需求预测模型中则难以反映。基于活动的交通需求分析方法清楚地认识到交通出行源于人们不同类型活动参与的需要,并将出行行为是潜在的决策过程这一观点作为基础进行出行需求分析,是一类弥补传统方法缺乏行为理念的不足的新型交通需求预测模式。

一、基于活动的交通需求理论基础

1. 基于活动的相关概念

经过多年的研究和实际应用,基于活动的交通需求预测方法已经形成了独立的理论体系。为方便内容展开,本节将基本概念阐述如下。

(1)出行

出行是指个人有目的性地从一个地点(起点)到另一个地点(终点)的单向空间移动过程。出行的方向总是从发生端指向吸引端,表现为"单向运动"特性。出行者在每一次出行中通常都有明确的出行目的地,到达目的地后作第一次停留结束一次出行。

(2) 活动

活动是指个人在一个连续时间段内因为某种目的,采用一定的到达方式和优先权去某个地点实现此目的的过程,此过程包括时空的约束。活动可分为工作活动、购物活动、社交活动等。由于活动概念的引入,研究的对象不再是简单的出行,还包括个人和家庭的各类决策以及引起出行的原因等,研究范围得到了扩展。

(3) 出行链

出行链是指从某一地点做第一次出行开始,至最终回到该地点为出行结束的多次出行组成的活动链。例如,从家出发到工作单位,最后又回到家的一连串移动与停留,表明了居民活动的时空先后顺序。出行链有时也被称作往返行程。往返行程总是由某地点出发,经过一系列的出行后又回到此出发点。对于一个小区居民来说,由于参与多项活动的需要,一天中这种以家为起点,最终又回到家的出行链可能不止一个,因此有必要区分主要出行链和次要出行链。一般而言,可以依据时间分配最大原则将一天中参与的耗时最多的活动定义为主要活动,而将该活动所在的出行链定义为主要出行链,其他出行链定义为次要出行链。

(4) 驻停点

驻停点是指往返行程中各个出行的节点。主要驻停点是指出行者一次往返行程所有驻停点中最主要的出行目的地,如工作往返行程中的工作单位地点。

(5) 日活动计划

日活动计划指一个人一天中所有活动的序列,也称为日活动链。一条活动链可由多个往返行程组成。

2. 基于活动的行为理论基础

活动的参与源自个体在经济、心理和社会等方面的需求。基于活动的交通需求分析最根本的出发点是根据活动模式所决定的出行模式来分析交通需求。基于活动的行为理论基础要点如下:

(1) 活动参与是引起出行的内在原因

出行源于活动需求是整个活动理论的基础。人们在不同场所完成的工作、购物、社交,娱乐等活动是出行的内在原因。活动理论认为出行是一种派生需求,源于个体为了满足生存、社交等需求而参加分布在不同地点的活动的需要。人们通过出行才能实现活动地点的变换。

(2) 活动受时空制约和个体能力约束

活动理论认为人们生活在时空连续统一体中。人们只有通过消耗一定的时间和费用出行,才能在不同的时间到达不同的地点,去参加该地点的活动。连续的活动之间在时间和地点的选择上是相互影响的。活动还受限于个人能力制约、组合制约和权威制约。能力制约使个人在特定时刻、特定地点在一定时间内存在一定的可达时间和空间范围;组合制约使个人为了从事某项活动而必须同其他人经历同一路径的出行;权威制约指个人活动在特定时间或空间内受法律、习惯、社会规范等约束和限制。活动的时空制约和个体约束特性使特定目的出行必须通过特定的方式发生在特定的时间和地点。

(3) 家庭影响个人活动和出行决策

个体生活在家庭环境中,与其他家庭成员之间共享生活资源。个体的许多决策是以家庭为单元作出的。决策受到家庭其他成员的影响。家庭的类型、规模、收入及家庭成员的年龄、性别构成、就业状况等都影响到个体活动和出行的实施。

二、基于活动的交通需求模型构建

1. 活动出行模型框架设计

基于活动出行的日活动计划预测模型,也称为居民全日出行活动模型,是对每一个出行者进行建模分析,模拟并预测个人与出行有关的所有决策,由此组合成为该个体的日活动计划,个体日活动计划集聚最终实现交通需求预测的目的。

与日活动计划有关的决策项包括往返行程的次数、各行程的优先级与次序、每次行程的出行目的、出行方式、出行时间、路径、停驻点等。为建立一个实际可行的交通需求预测模型,通常需进行分层次、分类别的活动出行模型框架设计。制定模型的整体架构,确定其主要的核心功能是活动出行模型框架设计的第一步。下面将重点介绍日活动计划模型框架设计的主要流程。

日活动计划模型(图3-12)的参数包括城市属性、道路交通属性及个人与家庭属性等。

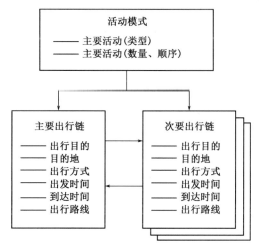

图 3-12 日活动计划整体模型

首先,将日活动计划模型进一步划分为活动计划、活动模式、出行链等。

然后,将出行链进一步细分为主要出行链和次要出行链。主要往返行程是个体一日所有往返行程中最重要的往返行程,往往是必需的活动,如工作、上学等出行活动。次要往返行程是指其他的出行,如购物、社交、娱乐、旅游等,这些活动的出行时间相对比较灵活。

最后,再将一个往返行程细分为多次出行与中途停驻点。每次出行是由出行目的、目的地、出行方式、出发时间、到达时间、出行路线等决策因素组成。由此,我们可以得到日活动计划的整体模型。

2. 日活动出行模型结构

日活动计划模型的构建可以采用多种方法完成,如计量经济学方法、基于规则的方法等。广泛使用有关非集计模型的理论基础来建立一个基于活动出行需求预测的多层模型结构,如图3-13所示。

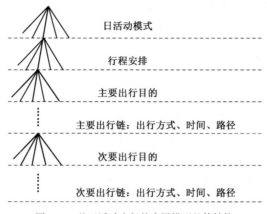

图 3-13 基于活动出行的多层模型整体结构

日活动计划模型构建的过程如下：

(1)根据调查数据(家庭及个人的生活方式等数据),模拟居民全天的活动安排。

(2)将一天 24 小时分为若干个时间段,确定一个时间步长进行分析。

(3)对活动调查获得的居民在各项活动(非弹性活动、弹性活动和居家活动)中出行情况的概率分布进行分析,并结合需要对该概率分布进行修正。

(4)利用修正后的概率对出行模式进行预测,包括出行活动的类型(目的)、出发时间、持续时间、出行方式、出行路径等。

(5)基于主要行程的预测结果,依次完成各次要行程的预测。

基于活动的交通需求预测方法,研究对象是居民完整的出行链,不再是单次的出行。因此,居民全日出行链(或居民全日出行序列)可以在时间和空间维度上得到反映,从而获得活动类型、地点、发生时间、持续时间以及交通模式等综合信息。

通过每个居民的个体属性和家庭社会属性,我们可以预测一个人的全日活动序列。按照同样的方法,我们可以对研究区域内的目标人群进行全日活动序列的预测,进而通过数据聚合得到不同交通小区之间的出行需求数据。由于活动模型能从交通产生的本源的角度解释出行行为,因此能更有效地理解和预测出行者对交通需求管理和其他交通政策的反应。

三、典型活动模型

基于活动的交通需求预测模型采用的方法主要可以分为三类:计量经济学方法、微观仿真方法及综合方法。

1. 计量经济学方法

计量经济学方法是以效用最大化理论为基础,通常由多个非集计模型组成,由模型得出所有决策结果产生的概率,由此说明出行者选择各选项的可能性。

常见的模型有 MNL(Multinomial Logit)模型、NL(Nested Logit)模型、HL(Hierarchical Logit)模型、MNP(Multinomial Probit)模型等。下面介绍两个代表性的计量经济学模型:Boston 模型和 Portland 模型。

(1)Boston 模型

该模型系统最为显著的特征是其定义的日活动计划模式,模型结构如图 3-14 所示。日活动计划模式可以分解为一系列的出行链,而这些出行链又可以通过日活动模式组织在一起。

日活动计划模式将一日的活动选择分为三个阶段:

①选择主要活动。

②选择主要活动的出行链类型,包含数量、目的和活动发生的顺序。

③选择次要出行链的数量和目的。对于每一个出行链,又对其活动目的地以及出行方式和出行时间段作出选择。

模型系统结构的设计分为五层:

①日活动模式。

②主要出行链发生的时间段。

③主要出行链目的地和出行方式选择。

④次要出行链发生的时间段。

⑤次要出行链目的地和出行方式选择。

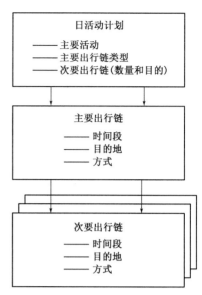

图 3-14 Boston 模型日活动计划模式

在整个模型系统中,下层是上层的条件概率,并通过总效用的自然对数影响上层。模型的标定从最下层开始,而预测则是由上层开始,NL 模型使分析系统成为一个能够相互反馈的整体。模型的输入数据为 Boston 地区居民出行调查数据和交通系统运行参数。居民出行调查涉及所有出行活动,包括出行活动的目的、地点、时间、费用以及到达活动地点所采用的交通方式。交通系统运行参数包括小区的土地利用、人口、就业岗位以及 OD 对之间的出行距离、时间和费用等。通过嵌套 logit 模型标定,得到各个阶段的模型参数,最终得到出行者的日活动计划。

(2)Portland 模型

Portland 模型是在 Boston 模型基础上进一步完善而成。模型结构仍采用嵌套的 logit 模型。与 Boston 模型相比,Portland 模型对次要出行链进行了更为详细的分析,将出行链模型分为基于家的出行链模型、基于工作的子出行链模型和中途停留点模型,最上层为活动模式模型。日活动计划的选择概率等于活动模式的选择概率与出行链的条件选择概率的乘积。

$P(计划) = P(活动模式) \cdot P(往返行程 | 活动模式)$

Portland 模型体系结构如图 3-15 所示。Portland 模型的应用基础是家庭调查数据,模型将 Portland 市区分为 1244 个交通小区。数据输入分为三个层次:家庭、小区和交通网络数据。模型结果输出为出行者的活动计划和活动模式,并可以将个人的活动模式按小区进行集计,产生按照出行方式、出行目的、出行时间或收入等级来进行分离的 OD 表。

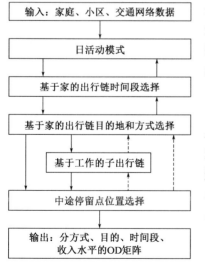

图 3-15 Portland 日活动计划模型系统

2. 微观仿真方法

上述 Boston 模型和 Portland 模型都属于基于计量经济学的优化模型,而微观仿真方法的目的是复制人的行为。与优化方法不同,微观仿真方法中不存在平衡状态,系统是随时间变化的。微观仿真方法的重点在于选择集(可行选项的集合)的生成过程。微观仿真方法的基本观点是模拟人的决策过程,假设活动计划是一个由一系列决策组成的过程,将每一个步骤都看作一次初步的计划,进而用顺序决策规则来预测人们的决策结果。另外,还可以通过限制决策范围、忽略活动和出行计划决策中次要的影响因素来简化模型。

下面将 AMOS 模型和 ALBATROSS 模型作为两种代表性的仿真模型进行介绍。

(1) AMOS 模型

RDC 公司从 1992 年起开始开发的 SAMS(Sequenced Activity-Mobility Simulator)是集土地利用、社会人口、活动出行行为、交通网络性能、空气质量等的模拟分析于一体的大型综合仿真系统,其核心是 AMOS,但整个系统的完全开发、验证和使用耗费了若干年的时间。1995 年,RDC 公司开发的 AMOS(Activity-based MOdeling System)在华盛顿地区投入使用,主要研究交通控制措施对人们出行的影响。

AMOS 属于一种转换模型,它需要输入一个较为详细的活动计划。模型主要模拟系统在原计划的基础上对各种变化产生的反应,用一个由神经网络模型和 MNL 模型组成的多项选择模型系统挑选出一个可行的调整计划。先由神经网络模型根据决策者特性为每一个选项预测出在政策调整时的一个输出信号,作为唯一的变量输入 MNL 模型,产生选择每一个调整选项的概率,然后用一个判断模型决定接受或拒绝这个调整计划。如果拒绝,就进行重复调查。如果没有找到,则程序返回选择另一个基本反应。具体过程如图 3-16 所示。

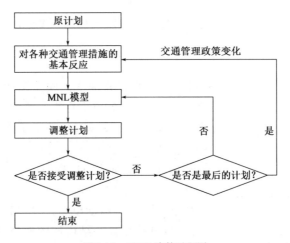

图 3-16 AMOS 决策过程图

AMOS 模型有两个优点:一是能根据特定政策的变化而转换模型;二是分三步决策协议。模型的主要缺点表现在:第一,每一次选择都要经过不断改进才能最终符合要求,过程较为烦琐;第二,反应模型需要验证,而所需性能数据不易得到;第三,模型不能进行长期预测;第四,需要由外在模型输入一个原计划。

(2) ALBATROSS 模型

2000 年,Arentze 等人开发的 ALBATROSS(A Learning-BAsed TRansportation-Oriented Simulation System)是多代理的、基于规则的活动模式预测系统,其结构组成如图 3-17 所示。

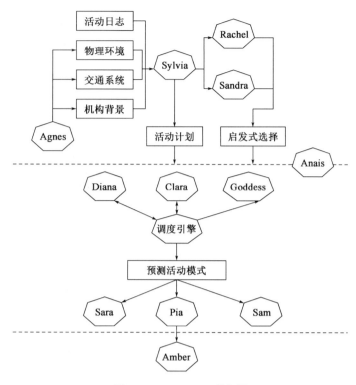

图 3-17　ALBATROSS 结构图

名为 Sylvia 的代理根据物理环境、交通系统、机构背景的信息对活动日志数据进行诊断，保证数据的一致性。代理 Rachel、Sandra 是系统的重要组成部分，负责由正确的数据推导选择启发式规则，模拟活动行为。代理 Rachel 使用增量学习算法，代理 Sandra 使用统计分析决策树算法 CHAID。Agnes 在校验模式下，主要用于推导选择启发式和评估模型性能；在微观仿真模式下，可以构建场景，生成合成人口。系统的核心是调度引擎，按照一定的步骤调整活动安排，每步决策中既考虑"过去"又考虑"将来"。在调整过程中代理 Anais、Diana、Clara、Goddess 用于确保活动日程内在一致。代理 Sam 用于计算和显示观察到的活动日程与系统产生的活动日程之间的相似性。代理 Sara 是活动模式报告器，用于显示完整的活动模式。代理 Pia 负责计算系统的各项性能指数，包括可达性指数、公平性指数和环境影响指数。代理 Amber 是场景评价者，计算评价矩阵，选择与目标最一致的场景。

ALBATROSS 利用了先进的基于代理的技术，结合多种数据挖掘算法，从活动日志经验数据获得选择启发式规则，在产生活动模式时考虑各个选择方面，将系列报告、性能评估、场景生成、评价工具等功能集于一体。但是需要外部提供详细的活动日志数据，而且对于模型的标定需要进行复杂的调查。

3. 综合方法

得克萨斯大学奥斯丁分校的研究人员开发了 CEMDAP(Comprehensive Econometric Micro-simulator for Daily Activity-travel Patterns)模型，该模型用计量经济学和微观仿真综合方法来研究出行者日活动-出行模式。该模型(图 3-18)综合考虑了影响活动和出行决策的空间、时间、家庭等因素。模型的整体结构包含两部分，即活动生成-分配模型(Generation-Allocation Model

System)和活动安排模型(Scheduling Model System)。

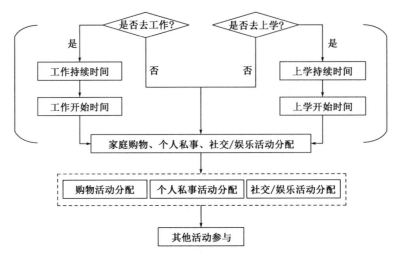

图3-18 活动生成-分配模型

活动生成-分配模型旨在分析由于个人和家庭的需求引起的个人活动参与。模型体系分为三部分：首先，模型进行生存型活动(如工作和上学)的决策，并进行持续时间和开始时间的选择；然后在家庭成员之间进行购物、个人私事、社交/娱乐活动的分配；最后是其他活动(如外出就餐、接送他人等)。

活动安排模型分为活动模式模型、出行链模型、中途停留模型三个层次。活动模式模型主要决定出行链的个数；出行链模型决定出行方式、停留次数和出行顺序；中途停留模型决定活动类型、两次相邻停留之间的出行时间、停留地点、活动持续时间等。

CEMDAP能够根据输入的土地利用、社会经济人口属性、活动属性和交通系统运行参数输出家庭成员的日活动计划。

【复习思考题】

1. 常用的交通生成预测方法有哪几种，各有什么特点？
2. 何谓总量控制，如何调整才能使OD表中的出行发生量与出行吸引量相等？
3. 交通发生与吸引的主要影响因素有哪些？
4. 何谓原单位法？在出行生成预测中应如何确定未来的原单位？如何利用附近城市的居民出行调查数据生成原单位？
5. 交叉分类法的分类依据和基本思想是什么？
6. 简述增长系数法和回归分析法在交通预测中的主要优缺点。
7. 用表3-49中的出行发出量O_i、出行吸引量D_j和常住人口(分男女性别)，计算将来的出行生成量、出行发生量及出行吸引量。

各小区的现状出行发生量、出行吸引量和常住人口　　　　　　　　　　　　　　　表3-49

小区	1	2	3
现状男性的出行发生量(万出行数/d)	15.0	27.0	14.0
现状女性的出行发生量(万出行数/d)	13.0	24.0	12.0
现状男性的出行吸引量(万出行数/d)	15.0	26.0	15.0
现状女性的出行吸引量(万出行数/d)	13.0	24.0	12.0
现状男性的常住人口(万)	5.6	10.2	5.0
现状女性的常住人口(万)	4.4	9.8	5.0
将来男性的常住人口(万)	7.9	18.1	7.2
将来女性的常住人口(万)	7.1	17.9	6.8
现状出行发生量(万出行数/d)	38.3	91.7	36.5
现状出行吸引量(万出行数/d)	38.3	90.2	38.0

8. 交通分布预测主要有哪些模型？它们都具有怎样的特点？

9. 交通分布预测在交通规划中的地位和作用如何？

10. 分别用平均增长系数法、底特律法、福莱特法和佛尼斯法，求表3-50的将来OD分布交通量(单位：万次)。设定收敛标准为 $\varepsilon = 3\%$。

现状 OD 表　　　　　　　　　　　　　　　表3-50

O	D			现状值	将来值
	1	2	3		
1	4	2	2	8	16
2	2	8	4	14	28
3	2	4	4	10	40
现状值	8	14	10	32	—
将来值	16	28	40	—	84

11. 增长系数法与重力模型法各有什么优缺点？

12. 简述重力模型的基本形式及其分类。

13. 简述重力模型的标定方法有哪些。

14. 已知现状OD交通量和将来小区间行驶时间，见表3-51和表3-52。用重力模型预测将来OD交通量，如果不满足精度要求，用福莱特法进行修正。设定收敛标准为 $\varepsilon = 1\%$。重力模型 $t_{ij} = k \dfrac{(O_i D_j)^\beta}{c_{ij}^{-\gamma}}$，其中设 $k = 0.183, \beta = 1.152, \gamma = 1.536$。

现状 OD 表将来各小区的预测值(单位：万次)　　　　　　　　　　　　表3-51

O	D			现状值	将来值
	1	2	3		
1	17.0	7.0	4.0	28.0	38.6
2	7.0	38.0	6.0	51.0	91.9
3	4.0	5.0	17.0	26.0	36.0

续上表

O	D			现状值	将来值
	1	2	3		
现状值	28.0	50.0	27.0	105.0	—
将来值	39.3	90.3	36.9	—	166.5

将来所需时间(单位:min)　　　　　　　　表 3-52

O	D		
	1	2	3
1	17.0	7.0	4.0
2	7.0	38.0	6.0
3	4.0	5.0	17.0

15. 详细计算【例 3-10】中 Logit 模型参数 α、β 和 γ 的值。

16. 已知 A 地到 B 地有公交和地铁两种运输方式,运输量为 1000 人,其固定效用函数分别为:$V(公交) = -0.08t - 0.004c$,$V(地铁) = -0.08t - 0.004c + 0.40$,其中 t 表示运行时间(min),c 表示票价(元),若地铁的运行时间是 10min,票价是 5 元,公交的运行时间是 30min,票价是 1 元,则公交和地铁的客运分担量分别是多少人? 如果计划将地铁的分担率确定为 87.70%,在其他条件不变的情况下,地铁票价如何调整?

17. 简述交通方式划分的集计模型和非集计模型的特点。

18. 简述基于活动的行为理论基础。

第四章
道路交通网络分析

第一节 概 述

　　道路交通系统是一个复杂的综合体,影响道路交通系统运行状态的因素有很多,主要包括交通需求、交通设施及交通管理措施等,而它们之间又是相互作用、相互影响的。无论是进行交通设施规划建设,还是制订交通管理控制措施,都必须从道路交通系统整体角度考察方案的可行性和最优化。因此,在交通规划和管理方案的制订过程中,技术人员需要解决的一个重要问题是预测交通规划和管理方案(如道路网络结构调整、现有道路等级提升、交通管理措施改变等)对道路网络交通流空间分布的影响。

　　目前的城市道路交通系统越来越复杂,即便是一个局部区域的道路交通设施的建设、交通管理措施的调整、交通运输组织的实施,或某块土地的开发,都会引起整个城市道路网络交通流的重新分布。这就要求我们在研究交通系统的规划、建设与管理方案时,不能只注意方案在空间上所涉及的范围,更应重视由于方案实施所带来的道路交通流的重新分布结果,即从整个城市交通网络的角度分析交通规划、建设与管理方案的效果。

　　这种交通网络分析的主要内容,是分析在特定的外部环境(道路基础设施、交通管理措施、交通控制方案等)下,道路交通流的分布情况,这是进行道路交通基础设施的规划、建设与管理方案制订的前提和基础。道路交通流分布是出行者对出行路径选择的结果,出行者对出行路径选择的分析主要是通过网络交通流交通分配来实现的。

网络交通流交通分配是交通规划的一个重要环节。所谓交通分配就是把各种出行方式的空间 OD 量分配到具体的交通网络上,模拟出行者对出行路径的选择。通过交通分配所得的路段、交叉口交通量信息是制订交通规划、建设与管理方案以及检验道路规划网络、管理方案是否合理的主要依据之一。

本章首先介绍交通网络的计算机表示方法,这是交通网络分析计算的前提;然后介绍交通阻抗分析方法,这是交通网络分析的基础。交通网络交通分配方法是本章介绍的主体内容。本章首先介绍交通分配理论概述,随后分别从交通分配的基础模型与算法、非均衡模型与算法、均衡模型与算法以及一体化交通分配方法四方面详细阐述。

第二节 交通网络的计算机表示方法

实际交通网络分析中的计算量很大,一般通过计算机实现。在处理交通网络时,首先必须把交通网络抽象化,即把交通网络抽象为点(交叉口)与边(路段)的集合,使计算机能够识别、存储与处理。

交通网络的计算机表示方法很多,常采用的有邻接矩阵、权矩阵、邻接目录表等方法。其中,邻接目录表最为有效。

一、道路网络信息化处理

道路网络信息化处理是将具体的城市道路交通网络(由道路路段和交叉口构成)抽象为便于计算机识别和处理的信息。

(1)道路路段可以抽象为七个等级:
①城市高架道(或隧道)。
②城市地面快速路。
③城市主干道。
④城市次干道。
⑤城市支路。
⑥郊区普通公路。
⑦郊区高速公路。
(2)交叉口可以抽象为六种类型:
①信号控制交叉口。
②无控制交叉口。
③环形交叉口。
④立体交叉口。
⑤交通渠化交叉口。
⑥优先控制交叉口。

二、邻接矩阵

邻接矩阵 L 是一个 n 阶方阵（n 是网络中节点的数量）。其中的元素 l_{ij} 表示交通网络中节点的邻接关系，定义为：

$$l_{ij} = \begin{cases} 1 & \text{（节点 } i \text{ 与节点 } j \text{ 有边相连）} \\ 0 & \text{（节点 } i \text{ 与节点 } j \text{ 无边相连）} \end{cases} \quad (4-1)$$

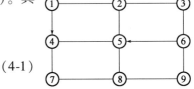

图 4-1　抽象的交通网络

图 4-1 中所示的交通网络的邻接矩阵见表 4-1。

图 4-1 对应的邻接矩阵　　　　　　　　　　表 4-1

i	j								
	1	2	3	4	5	6	7	8	9
1	0	1	0	1	0	0	0	0	0
2	1	0	1	0	1	0	0	0	0
3	0	1	0	0	0	1	0	0	0
4	0	0	0	0	1	0	1	0	0
5	0	1	0	1	0	0	0	1	0
6	0	0	1	0	1	0	0	0	1
7	0	0	0	1	0	0	0	1	0
8	0	0	0	0	1	0	1	0	1
9	0	0	0	0	0	1	0	1	0

图 4-1 中，(1,4) 是有向边，意味着是单行线路，因此邻接矩阵中 $l_{14}=1$，而 $l_{41}=0$。

三、邻接目录表

邻接矩阵中的大部分元素为 0，而且随着网络中节点的数量不断增加，0 元素的比例也随之上升。以图 4-1 对应的交通网络为例，相应的邻接矩阵中有 22 个元素为 1，59 个元素为 0，0 元素的比例为 72.8%；而一个 1000 节点的城市道路网对应的邻接矩阵中，只有约 400 个元素为 1，0 元素的比例高达 96%。可见，采用邻接矩阵的方法将浪费大量的计算机内存用于存储实际上无用的信息 0，大大降低了计算效率。

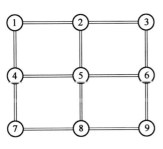

图 4-2　抽象的交通网络图

邻接目录表采用两组数表示网络的邻接关系，一组为一维数组 $R(i)$，表示与 i 节点相连接的边的条数；另一组为二维数组 $V(i,j)$，表示与 i 节点相连接的第 j 个节点的节点号。图 4-2 所示网络对应邻接目录表的 $R(i)$、$V(i,j)$ 两数组，见表 4-2。

图 4-2 对应的邻接目录表　　　　　　　　　　　　　　表 4-2

节点 i	$R(i)$	$V(i,j)$
1	2	2　4
2	3	1　3　5
3	2	2　6
4	3	1　5　7
5	4	2　4　6　8
6	3	3　5　9
7	2	4　8
8	3	5　7　9
9	2	6　8

根据这两组数组，计算机便能判别节点与节点之间的邻接关系，对交通网络进行各种计算。各连接边上的数量指标(如长度、宽度、等级等)，可按照邻接目录法的顺序依次录入计算机。可见，邻接目录表中存储的全部是有用信息，大大提高了计算机的处理效率。

四、权矩阵

邻接矩阵和邻接目录表都只能表示节点之间是否存在连接关系，无法表达相邻节点之间交通线路的阻抗(权重)。权矩阵用来表示相邻节点之间交通线路的阻抗(如节点之间的连接长度、行驶时间或行驶费用等)。

对于带阻抗的交通网络，可定义阻抗矩阵为：

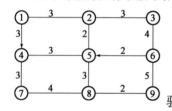

图 4-3　带阻抗的交通网络

$$d_{ij} = \begin{cases} 0 & (i = j) \\ \infty & (i,j \text{ 不相邻}) \\ \omega_{ij} & (i \text{ 与 } j \text{ 相邻}) \end{cases} \quad (4-2)$$

权矩阵中的"权"，可以是节点之间的连接长度、行驶时间或行驶费用等指标，根据实际需要而定。图 4-3 是带权交通网络，对应权矩阵见表 4-3。

图 4-3 对应的权矩阵　　　　　　　　　　　　　　表 4-3

i	\multicolumn{9}{c}{j}								
	1	2	3	4	5	6	7	8	9
1	0	3	∞	3	∞	∞	∞	∞	∞
2	3	0	3	∞	2	∞	∞	∞	∞
3	∞	3	0	∞	∞	4	∞	∞	∞
4	∞	∞	∞	0	3	∞	3	∞	∞
5	∞	2	∞	3	0	∞	∞	3	∞
6	∞	∞	4	∞	2	0	∞	∞	5
7	∞	∞	∞	3	∞	∞	0	4	∞
8	∞	∞	∞	∞	3	∞	4	0	2
9	∞	∞	∞	∞	∞	5	∞	2	0

对于交通网络来说,各种指标的权矩阵很多,根据这些权矩阵,计算机能判别节点之间的连接的数量关系。

第三节　交通阻抗分析方法

道路交通阻抗函数(简称路阻函数)是指路段行驶时间(交叉口延误)与路段(交叉口)交通负荷之间的函数关系,它是交通网络分析的基础。

一、路段路阻函数

1. 路段路阻函数常用模型

路段路阻函数有以下两种常用形式。

(1)美国联邦公路局路阻函数模型

$$t = t_0 \left[1 + \alpha \left(\frac{V}{C} \right)^\beta \right] \tag{4-3}$$

式中:t——两交叉口之间的路段行驶时间,min;

t_0——交通量为0时,两交叉口之间的路段行驶时间,min;

V——路段机动车交通量,辆/h;

C——路段实用通行能力,辆/h;

α、β——参数,建议取 $\alpha = 0.15, \beta = 4$。

该模型只考虑了机动车交通负荷的影响,使用比较方便,在国内广泛应用于公路交通网络或不受干扰的机动车快速路分析。但国内普通城市道路上,除了机动车的交通负荷外还有非机动车的交通负荷,因此该模型不适用于城市交通网络分析。

(2)回归路阻函数模型

不少学者针对我国城市交通的实际情况,试图用以下形式的线性或非线性回归关系作为城市道路的路阻函数:

$$t = t_0 \left[1 + k_1 \left(\frac{V_1}{C_1} \right)^{k_3} + k_2 \left(\frac{V_2}{C_2} \right)^{k_4} \right] \tag{4-4}$$

或

$$t = t_0 \left[1 + k_1 \left(\frac{V_1}{C_1} \right) + k_2 \left(\frac{V_2}{C_2} \right) \right] \tag{4-5}$$

式中:V_1、V_2——机动车、非机动车路段交通量,辆/h;

C_1、C_2——机动车、非机动车路段实用通行能力,辆/h;

k_1、k_2、k_3、k_4——回归参数。

参数 k_1、k_2、k_3、k_4 根据道路交通量、车速调查数据用最小二乘法确定,该路阻函数考虑了机动车交通负荷、非机动车交通负荷的影响,比较符合我国城市的实际情况。

2. 路段路阻函数理论模型

研究发现,道路上车流运行速度与交通负荷之间的关系有如图4-4所示模式,即速度-交通负荷关系模式分3种情况:自由车流、正常车流及饱和车流。

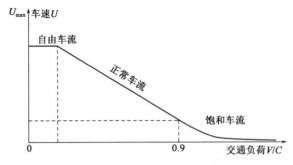

图 4-4 车流速度-交通负荷关系模型

当交通负荷很小时,车流以道路允许的最大速度行驶,此时车速与交通负荷无关;在交通负荷超过某个值后,车速基本上与交通负荷(V/C)呈线性相关关系,车速随着交通负荷的增加而线性下降;当交通负荷基本上接近饱和时,车速已经降至很低,车速与交通负荷(V/C)呈以横轴为渐进线的非线性关系。

在有基础调查资料的情况下,可以根据实测的路段交通量及车速数据标定上述 3 种情况下的车速–交通负荷关系模型,当无调查资料时,建议用以下模型作为路阻函数:

$$U = \begin{cases} U_0 \left(1 - 0.94 \dfrac{V}{C}\right) & \left(\dfrac{V}{C} \leqslant 0.9\right) \\ \dfrac{U_0}{7.4 \dfrac{V}{C}} & \left(\dfrac{V}{C} > 0.9\right) \end{cases} \tag{4-6}$$

式中:U_0——交通量为 0 时的行驶车速,km/h。

3. 零流车速的确定

交通量为 0 时的路段车速 U_0,可根据路段设计车速 v_0 进行自行车影响、车道宽度影响、交叉口影响修正得到,即:

$$U_0 = v_0 \cdot r_1 \cdot r_2 \cdot r_3 \tag{4-7}$$

式中:U_0——交通量为 0 时的路段车速;

v_0——路段设计车速;

r_1——自行车影响修正系数;

r_2——车道宽度影响修正系数;

r_3——交叉口影响修正系数。

当计算的零流车速 U_0 大于城市道路限制车速时,取城市道路限制车速作为零流车速。

(1)路段设计车速的确定

路段设计车速与道路等级有关。根据《城市综合交通体系规划标准》(GB/T 51328—2018)的建议值,路段设计车速与道路等级的关系见表 4-4。

设计车速与道路等级的关系　　表 4-4

道路等级	快速路		主干路			次干路	支路	
	Ⅰ级	Ⅱ级	Ⅰ级	Ⅱ级	Ⅲ级		Ⅰ级	Ⅱ级
设计车速(km/h)	80~100	60~80	60	50~60	40~50	30~50	20~30	—

(2) 自行车影响修正系数的确定

自行车对机动车的影响,应视有无分隔带(墩)及自行车道交通负荷的大小分三种情况考虑。

当机动车道与非机动车道之间设有分隔带(墩)时,路段上的自行车对机动车几乎没有影响,可以不考虑折减,取 $r_1 = 1$。

当机动车道与非机动车道之间没有分隔时,认为自行车对机动车的行驶有影响。如果自行车道负荷没有饱和,认为自行车基本上在非机动车道上行驶,对机动车的影响不大,建议取 $r_1 = 0.8$;如果自行车道负荷饱和,认为自行车将侵占机动车道进而影响机动车的正常行驶,其影响系数可根据被自行车侵占的机动车道宽度与单向机动车道宽度之比确定,当缺乏调查资料时,可以采用以下模型:

$$r_1 = 0.8 - \frac{\frac{Q_{\text{bic}}}{[Q_{\text{bic}}]} + 0.5 - W_2}{W_1} \tag{4-8}$$

式中:Q_{bic}——自行车交通量,辆/h;

$[Q_{\text{bic}}]$——每米宽自行车道的实用通行能力,辆/h;

W_1——单向机动车道宽度,m;

W_2——单向非机动车道宽度,m。

对于自行车道通行能力,在连续车流条件下(有分隔带),每米宽自行车道的理论通行能力为:

$$[Q_{\text{bic}}] = 2200 \text{ 辆/h}$$

无分隔带时,自行车道通行能力小于有分隔带的自行车道通行能力,可取有无分隔带的自行车道通行能力比为0.82,即无分隔带时,每米宽自行车道的通行能力为:

$$[Q_{\text{bic}}]' = 2200 \times 0.82 = 1800(\text{辆/h})$$

由于平面交叉口的影响,路段上一般只有50%的时间能有效通行,故每米宽自行车道的实用通行能力为:

$$[Q_{\text{bic}}] = 1800 \times 0.5 = 900(\text{辆/h})$$

(3) 车道宽度影响修正系数的确定

车道宽度对行车速度有很大的影响,城市道路设计中,取标准车道宽度为3.5m。当车道宽度大于该值时,有利于车辆行驶,车速略有提高;当车道宽度小于该值时,车辆行驶的自由度受到影响,车速降低。观测后发现,车道宽度不足对车速的影响远远大于宽度富余对车速的影响,如当车道宽度小于标准宽度1m(此时车道宽度2.5m)时,车速几乎下降至正常车速的一半;当车道宽度大于标准宽度2.5m(此时车道宽度6m,接近2条车道宽度)时,车速提高约30%,并且即使继续增加车道宽度,由于受到车辆本身性能的限制,车速不可能继续再提高。因此认为车道宽度与车速之间呈上缓下陡的曲线关系。根据国内的研究成果,车道宽度影响系数 r_2 可以用下式确定:

$$r_2 = \begin{cases} 50(W_0 - 1.5) \times 10^{-2} & (W_0 \leq 3.5) \\ \left(-54 + 188\frac{W_0}{3} - \frac{16W_0^2}{3}\right) \times 10^{-2} & (W_0 > 3.5) \end{cases} \tag{4-9}$$

式中:W_0——一条机动车道宽度,m。

当车道宽度为标准宽度 3.5m 时，$r_2 = 100\%$，车道宽度与影响系数之间的变化关系见表 4-5。

r_2-W_0 关系表　　　　表 4-5

W_0(m)	2.5	3.0	3.5	4.0	4.5	5.0	5.5	6.0
r_2(%)	50	75	100	111	120	126	129	130

(4) 交叉口影响修正系数的确定

交叉口影响修正系数，主要取决于交叉口控制方式及交叉口间距。根据已有的研究成果，交叉口间距从 200m 增大到 800m 时，车速及通行能力可以提高 80% 左右，并基本上呈线性关系。根据国内的研究成果，交叉口对路段车速及通行能力的影响修正系数可采用下式计算：

$$r_3 = \begin{cases} S_0 & (l \leq 200) \\ S_0(0.0013l + 0.73) & (l > 200) \end{cases} \quad (4\text{-}10)$$

式中：l——交叉口间距，m；

S_0——交叉口有效通行时间比，视路段起点交叉口控制方式而定，在信号交叉口即绿信比。

如果上式计算出 $r_3 > 1$，则取 $r_3 = 1$。

二、交叉口延误

1. 信号交叉口延误计算

信号交叉口延误，受信号周期的影响很大。对于已有的信号交叉口，可根据实际使用情况确定信号周期长度，对于规划的信号交叉口，采用最佳周期长度。

(1) 最佳周期的确定

最佳周期即车辆延误最小时对应的信号周期长度，由下式计算：

$$T_0 = \frac{1.5L + 5}{1 - Y} \quad (4\text{-}11)$$

式中：T_0——信号交叉口最佳周期；

Y——组成周期的全部信号相的 y 值之和，$Y = \Sigma y$（各相 y 之和）；

y——同相位所有进口道饱和度中的最大值，$y = \max\{$进口道交通量 Q/进口道通行能力 $S\}$；

L——每个周期的总损失时间，用下式计算：

$$L = \sum d_0 + \sum (I - A) \quad (4\text{-}12)$$

式中：d_0——车辆启动延误，一般取 2s；

I——绿灯间隔时间，可取 5s；

A——黄灯时间，可取 3s。

对于两相位信号交叉口，可取 $L = 2 \times 2 + 2 \times (5 - 3) = 8(s)$。

一般情况下，若上式计算的周期长度 T_0 大于 120s，则取 $T_0 = 120s$；若周期长度 T_0 小于 40s，则取 $T_0 = 40s$。

(2) 进口道通行能力的确定

一个进口道的理论通行能力为：

$$S_0 = \frac{3600}{\beta} \qquad (4\text{-}13)$$

式中:S_0——一个进口道的理论通行能力,辆/绿灯小时;

β——饱和车流车头时距。

交叉口进口道实用通行能力为:

$$S = S_0 \cdot n \cdot r_1 \cdot r_2 \qquad (4\text{-}14)$$

式中:n——进口道数量,条;

r_1——自行车影响修正系数,同前;

r_2——车道宽影响修正系数,同前。

(3)进口道延误的确定

当进口道饱和度较小时,各进口道上每辆车的平均延误可根据修正的韦伯斯特公式计算:

$$d(i,j) = 0.9 \left[\frac{T(1-\lambda)^2}{2(1-\lambda x)} + \frac{x^2}{2Q(1-x)} \right] \qquad (4\text{-}15)$$

式中:$d(i,j)$——在i交叉口与j交叉口相邻进口道上的车辆平均延误;

T——信号周期长度;

λ——进口道有效绿灯时间/周期长度;

Q——进口道交通量;

x——饱和度,$x = \frac{Q}{\lambda S}$。若已考虑绿信比,则取 $x = \frac{Q}{S}$。

当进口道饱和度较小时,韦伯斯特公式计算结果是比较合理的,但当进口道饱和度较大时,韦伯斯特公式计算结果偏大。美国《道路通行能力手册》建议采用下式计算进口道延误:

$$\begin{cases} d = d_1 + d_2 \\ d_1 = 0.38T\dfrac{(1-\lambda)^2}{1-\lambda x} \\ d_2 = 173 x^2 \left[(x-1) + \sqrt{(x-1)^2 + \dfrac{16x}{S}} \right] \end{cases} \qquad (4\text{-}16)$$

式中:d_1——均匀延误;

d_2——过饱和延误,即随机到达的增量延误以及由于周期失效引起的延误;

其他符号含义同前。

一般认为,韦伯斯特公式的适用范围为饱和度 $x = 0 \sim 0.67$;美国《道路通行能力手册》建议公式的适用范围为饱和度 $x = 0 \sim 1.2$。

2. 其他交叉口延误计算

目前国内外对于无控交叉口、环形交叉口的延误,一般采用唐纳(Tanner)提出的间隙理论分析,即认为主路车流(无控交叉口)或出环车流(环形交叉口)无任何延误($d(i,j) = 0$),支路车流(无控交叉口)或进环车流(环形交叉口)有较大延误,其延误按主路车流或出环车流出现可插车间隙的概率计算。用这种方式计算的延误与实际情况相差很大。实际上,在无控交叉口,往往很难区分主要车流与次要车流,即使有主次,假设主路车流无任何延误也是不合理的。环交延误的分析也是如此,并且一个交通网络往往含有几百个交叉口,在用于交通分配路权的交叉口延误分析中,若不同类型交叉口的延误分析采用不同的分析方法及不同的分析模型,则不同类型交叉口的延误可比性很差。例如,在交通负荷、几何要素相同的条件下,对不同类型交叉口的延误采用不同的方法计算,很可能会出现信号交叉口延误小于立体交叉口延误这种不合理的现象,造成路径选择不合理,影响分配精度。鉴于此,用于交通分配路权值的无控、环交、立交3类交叉口的延误,可根据交通量的大小与信号交叉口延误对比分析,以增加各类交叉口延误的可比性。因此,在交叉口进口道几何条件及交通负荷相同的情况下,可取各类交叉口的平均延误为信号交叉口平均延误的某一倍数,即:

$$\begin{cases} d(i,j)(无控) = K_1 d(i,j)(信号) \\ d(i,j)(环交) = K_2 d(i,j)(信号) \\ d(i,j)(立交) = K_3 d(i,j)(信号) \end{cases} \quad (4\text{-}17)$$

式中,参数 K_1、K_2、K_3 可根据高峰小时各类交叉口的实测延误确定。

按上述方法确定的交叉口延误,其绝对值可能会有一定的误差。但在交通分配中,延误或路权的绝对值并不重要,重要的是各出行路线的延误(或路权)的相对值,出行者按路权的相对大小选择出行路线。上述方法增加了各类交叉口延误的可比性,其相对值是比较可靠的。

三、路权的计算

交通分配中的路权(即两交叉口之间的出行时间)等于路段行驶时间与交叉口延误之和。

$$T(i,j) = t(i,j) + d(i,j) \quad (4\text{-}18)$$

式中:$T(i,j)$——路段$[i,j]$的路权;

$t(i,j)$——路段$[i,j]$的行驶时间;

$d(i,j)$——在i交叉口与j交叉口相邻进口道上的车辆平均延误。

第四节 交通网络交通分配方法

交通网络交通分配是通过模拟出行者对出行路径的选择行为,把各出行方式的出行需求通过分方式的 OD 矩阵分配到具体的交通网络上,以获得交通网络中相关路段与交叉口的交通量,作为交通网络规划与管理方案设计和评价的依据。

交通分配可以归纳为以下数学问题:已知交通网络结构、路段交通阻抗函数、交叉口延误模型等信息,求各路段及交叉口的交通阻抗值,依据交通阻抗将 OD 矩阵内各 OD 对的出行量加载到交通网络中,最终得到交通网络内各路段和交叉口的交通量。交通分配所需的交通网络通常以有向基本图形式表示,以便于计算机识别;各出行方式的 OD 矩阵可通过实际 OD 调查获得,或通过交通分布预测及出行方式划分来获得;交通阻抗多选用包含出行时间和出行费用的广义出行成本,还可以根据分析要求增加安全性、舒适性等因素;通常认为交通阻抗与所承载的交通量正相关。

一、交通网络交通分配理论概述

1. 静态交通分配与动态交通分配

交通网络交通分配理论通常包括静态交通分配(Static Traffic Assignment,STA)和动态交通分配(Dynamic Traffic Assignment,DTA)两大类型。静态交通分配是把确定的OD矩阵分配到交通网络上,即OD矩阵是已知的且不随时间变化,它反映的是交通网络长期稳定的均衡状态,主要在城市交通系统规划及管理的方案设计与评估中广泛应用;动态交通分配的特点是在分配过程中增加了时间变量,考虑了交通需求的时变性,即OD矩阵是随时间变化的,可以反映实时动态的交通流特征,主要服务于城市交通智能控制与实时诱导。

尽管DTA模型能反映实时变化的交通状况,但动态交通分配在实际应用中存在实时OD难以获取、模型约束条件苛刻、模型求解复杂等问题,且交通规划与管理领域采用的交通分配技术主要服务于交通网络规划、交通设施建设、交通运行组织、交通系统管理、交通政策制定等交通业务,这些交通业务对OD矩阵的实时性要求不高,常用分方式的全日OD矩阵或小时级OD矩阵,STA模型比较适合,除非特别注明,后续内容所提及的交通分配模型均为STA模型。

2. 均衡交通分配与非均衡交通分配

对于交通分配模型,国内外均进行过较多的研究,数学规划方法、图论方法以及计算机技术的发展,为交通分配模型的构建与应用打下了坚实的基础。国际上通常将交通分配模型分为均衡模型与非均衡模型两大类,并以Wardrop第一、第二原理为划分依据。

Wardrop第一原理认为,网络上的交通流以这样一种方式分布,就是所有使用的路线都比没有使用的路线费用小。Wardrop第二原理认为,车辆在网络上的分布,使得网络上所有车辆的总出行时间最小。

如果交通分配模型满足Wardrop第一、第二原理,则该模型为均衡交通分配模型。满足第一原理的模型称为用户均衡分配模型(User-Optimized Equilibrium),满足第二原理的模型称为系统最优分配模型(Syetem-Optimized Equilibrium)。这两种均衡分配模型都建立在出行者能够掌握精确的路径出行成本的基础上,这在现实生活中是很难实现的,出行者往往是基于对路径出行成本的估计值来选择最小出成本的路径,鉴于此,Daganzo和Sheffi将出行者在路径选择过程中对出行成本的估计值与实际值的误差看作随机变量,提出了更为一般的随机用户均衡状态(Stochastic User Equilibrium,SUE),当交通网络达到SUE状态时,同一OD对间所有被选择路径上出行者的估计出行成本相等且最小,考虑出行路径选择随机性的均衡交通分配模型称为随机用户均衡分配模型。如果交通分配模型不使用Wardrop原理,而是采用了模拟方法,则该模型为非均衡模型。

均衡模型一般可以归结为一个维数很大的凸规划问题或非线性规划问题。从理论上说,这类模型结构严谨、思路明确,比较适合于宏观研究。但是,由于维数太大、约束条件太多,这类模型的求解比较困难,尽管人们提出了一些近似方法,但计算仍很复杂,在实际工程中只能解决小型网络的交通分配问题。近十多年来,随着计算技术的快速发展,交通分析软件功能越来越强大,均衡模型也开始在超大规模交通网络的交通规划与管理中得到广泛应用。

非均衡交通分配模型最典型的形式是增量加载模型,它不以满足Wardrop第一、第二原理为条件进行建模,而是把OD矩阵分解成相同阶数的若干个OD分矩阵(每个OD量分解成若干部分),通过逐个加载OD分矩阵形成网络交通流。增量加载模型结构简单、求解方便,并且OD矩阵分解的个数越多,分配结果越接近均衡交通分配模型,适用于超大规模交通网络的交通分配。

3. 交通网络交通分配方法的族谱体系

针对不同的交通网络、不同的交通方式、不同的应用场景,交通网络交通分配的方法很多,模型繁杂、体系混乱且分析精度与响应时间差异很大,这给交通工程技术人员选择合适的交通分配模型带来了很大困难。东南大学交通规划团队通过对国际上常用的城市交通网络交通分配方法进行梳理、分析,对路径选择原则、拥堵效应处理和分配模型性质等要素进行组合、归纳,构建了覆盖大部分常用交通分配方法的族谱体系,见表4-6。

交通分配方法族谱体系 表4-6

模型性质	分配类型	单路径型交通分配	多路径型交通分配
基础分配模型	单次分配	最短路交通分配	多路径交通分配
非均衡分配模型	多次加载	最短路-增量加载交通分配	多路径-增量加载交通分配
均衡分配模型	均衡迭代	最短路-网络均衡交通分配	多路径-网络均衡交通分配

表4-6对经典的交通分配方法进行了梳理归类。从路径选择原则的角度,可分为基于最短路径和基于多路径两大类;从拥堵效应处理的角度,可分为单次分配方法、多次加载方法和均衡迭代法。单次分配的最短路交通分配模型、多路径交通分配模型是交通分配的基础模型,其他的均衡分配模型与非均衡分配模型,是在基础分配模型上,通过引入不同的分配算法(均衡迭代、增量加载等)形成的。

采用族谱表中的交通分配方法,针对不同的交通网络、不同的交通方式、不同的应用场景,只需要调整不同的分配参数与交通阻抗函数就可以进行交通网络交通分配,以满足交通网络规划与管理等业务需求。

二、交通网络交通分配的基础模型与算法

无论是均衡分配方法还是非均衡分配方法,当不考虑路径选择的随机性时,每一次分配过程中依据最短路径原则进行全有全无流量加载,当考虑路径选择的随机性时,依据一定的原则在多条可选路径之间按概率进行多路径的流量加载。

本节先对最基础的最短路交通分配和多路径交通分配进行介绍,在此基础上进一步展开考虑拥挤效应的增量加载交通分配方法(非均衡分配方法)和考虑网络均衡的均衡交通分配方法(均衡分配方法)。

1. 最短路交通分配模型与算法

最短路交通分配是一种静态的交通分配方法。在该分配方法中,取路权为常数,即假设车辆的平均行驶车速不受交通负荷的影响。每一OD点对的OD量被全部分配在连接该OD点对的最短路线上,其他道路分配不到交通量。因此,最短路交通分配又叫"全有全无分配法",或"0-1分配法",是一种最简单的分配方法,也是其他分配方法的基础。

这种分配方法的优点是计算相当简便,其缺点是出行量分布不均匀,出行量全部集中在最短路线上。由于在最短路分配过程中,每一OD点对的OD量被全部分配在连接该OD点对的最短路线上,通常采用最短路分配方法确定道路交通的主流向。

经典的最短路搜索算法为Dijkstra算法,除此之外,矩阵迭代法(逐次逼近算法)是借助路权(交通阻抗)矩阵的迭代运算来求解最短路权的常用算法,可一次获得网络内任意两点间的最短路权。该算法的基本思想为:采用节点间只经过一条边到达某一点的最短路权构造路权

矩阵,对路权矩阵依据式(4-19)进行迭代运算,便可以得到经过 m 条边到达某一点的最短路权,当 $\boldsymbol{D}^m = \boldsymbol{D}^{m-1}$ 时迭代停止,此时 $\boldsymbol{D}^m$ 为网络内任意两节点之间的最短路权矩阵:

$$\begin{cases} \boldsymbol{D}^m = \boldsymbol{D}^{m-1} * \boldsymbol{D} = [d_{ij}^m] & (m = 2,3,\cdots,n-1) \\ [d_{ij}^m] = \min[d_{ik}^m + d_{kj}] & (k = 1,2,\cdots,n) \end{cases} \tag{4-19}$$

式中：$*$——矩阵逻辑运算符；

n——网络节点数；

d_{ik}、d_{kj}——分别为路权矩阵 $\boldsymbol{D}$ 中的相应元素。

图 4-5 为最短路交通分配算法流程图。

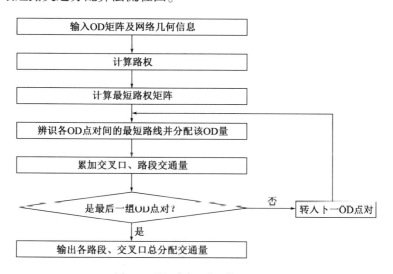

图 4-5　最短路交通分配算法流程图

【例 4-1】　在图 4-6 所示的交通网络中,交通节点 1、3、7、9 分别为 A、B、C、D 四个交通区的作用点,四个交通区的出行 OD 矩阵见表 4-7。试用最短路法分配该 OD 矩阵。

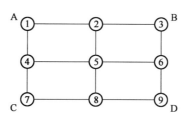

图 4-6　交通分配网络

OD 矩阵(单位:辆/h)　　　　　　　　　　　　　　　　　　表 4-7

起点	终点			
	A	B	C	D
A	0	200	200	500
B	200	0	500	100
C	200	500	0	250
D	500	100	250	0

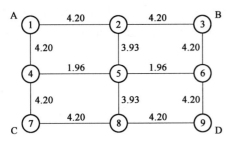

图 4-7 路段行驶时间(单位:min)

【解】 (1)确定路段行驶时间

用最短路法分配交通量时,首先要确定路段行驶时间 $t(i,j)$,在该法中,取 $t(i,j)$ 为常数。对于现状网络的交通分配,可根据现状网络的实测路段车速与路段长度确定;对于规划网络的交通分配,可根据路段设计车速确定行驶时间。在本例中,确定的路段行驶时间 $t(i,j)$ 如图 4-7 所示。

(2)确定最短路

各 OD 量作用点间的最短路可用寻找最短路的各种方法确定。在本例中,最短路见表 4-8。

最短路 表 4-8

OD 点对	最短路节点号
A-B	1-2-3
A-C	1-4-7
A-D	1-4-5-6-9
B-A	3-2-1
B-C	3-6-5-4-7
B-D	3-6-9
C-A	7-4-1
C-B	7-4-5-6-3
C-D	7-8-9
D-A	9-6-5-4-1
D-B	9-6-3
D-C	9-8-7

(3)分配 OD 量

将各 OD 点对的 OD 量分配到该 OD 点对相对应的最短路上,并进行累加,得到图 4-8 所示的分配结果。

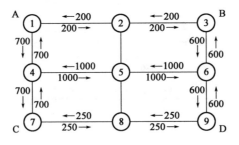

图 4-8 分配交通量(单位:辆/h)

2. 多路径交通分配模型与算法

(1)多路径交通分配模型的构造

前述最短路交通分配方法是基于出行者对交通网络基本情况有充足认知并能进行精准预

测的条件发展而来,出行者往往能选择最短路径出行。但实际情况是,交通网络结构复杂,出行路径众多,出行者在路径选择上难免存在一定的随机性,他们会在其认为的合理备选路径集(通常包含多条路径)中进行选择。最常用的多路径交通分配方法是利用随机效用理论和离散选择模型,计算出行者选择各备选路径的概率,进而对多条路径进行流量加载。这种多路径加载过程是 SUE 分配模型的基础,它能够充分体现出行者路径选择的随机性,捕获出行者对道路认知缺乏所产生的影响,并有效解决单路径分配时最短路径上流量积聚的问题。

Logit 模型是最常用的路径选择概率模型,其优点在于形式简单而且有成熟有效的实现算法,但是存在两点不足:①由于该模型假定备选路径的估计交通阻抗分布相互独立,故无法体现网络拓扑结构对路径选择的影响,从而容易导致将过多的交通流量加载到有重叠的路径上,给重叠路段带来所谓的"分配拥堵";②模型假定路径估计交通阻抗分布的固定方差不随路径特征变化而变化,而事实上出行者对路径交通阻抗精确估计的可能性会随阻抗的增大而减小,即实际阻抗越大的路径应该具有越大方差的误差项。虽然 Logit 模型存在以上不足,但在实际应用中通过网络编码等规避措施,仍能得到高可靠性的分配结果,因此依然在交通网络分析等领域被广泛应用。

Dial 于 1971 年提出了初始的概率分配模型,模型反映了出行路线被选用的概率随着该路线长度的增加而减少的规律,是实现 Logit 随机网络加载的有效算法。Florian 及 Fox 于 1976 年对 Dial 模型进行了修正,认为出行者从连接两交通区路线的可行子系统中选择路线 k 的概率为:

$$P(k) = \frac{\exp(-\sigma T_k)}{\sum_t \exp(-\sigma T_t)} \quad (4\text{-}20)$$

式中:$P(k)$——选择路线 k 的概率;

T_k——路线 k 上的行程时间;

σ——交通分配参数。

该多路径概率分配模型在 20 世纪 70 年代的欧美城市交通规划及区域运输规划中广泛应用。该模型的不足是采用绝对出行成本分析时,交通分配参数 σ 的确定比较困难。σ 是一个带量纲的参数,该参数的取值直接影响到交通分配结果,其与可选择路径的多少、路径长度、路网规模、路径长度量纲等有关,取值范围很大,导致分配结果的可靠性较低。

(2)多路径分配模型的改进

由出行者的路径选择特性可知,出行者总是希望选择最合适(最短、最快、最方便等)的路线出行,可称之为最短路因素。但由于交通网络的复杂性及交通状况的随机性,出行者在选择出行路线时往往带有不确定性,可称之为随机因素。这两种因素存在于出行者的整个出行过程中,两因素所处的主次地位取决于可供选择的出行路线的路权差(行驶时间差或费用差等)。因此,各出行路线被选用的概率可采用改进的 Logit 型路径选择模型计算。

$$P(r,s,k) = \exp\left[-\sigma\frac{t(k)}{\bar{t}}\right] \Big/ \sum_{i=1}^{m} \exp\left[-\sigma\frac{t(i)}{\bar{t}}\right] \quad (4\text{-}21)$$

式中:$P(r,s,k)$——OD 量 $T(r,s)$ 在第 k 条出行路线上的分配率;

$t(k)$——第 k 条出行路线的路权(行驶时间);

$\bar{t}$——各出行路线的平均路权(行驶时间);

σ——无量纲交通分配参数;

m——有效出行路线条数。

本分配模型能较好地反映路径选择过程中的最短路因素及随机因素。实际上，若出行路线路权相同，则本模型成为随机分配模型，各路线被选用的概率相同。若某一路线的路权远远小于其他路线，则本模型成为最短路分配模型，是一种改进型的多路径分配模型。本模型有效解决了 Logit 模型中路径选择概率仅依赖于路径绝对出行成本的缺陷，且分配参数 σ 无量纲，其标定不依赖于交通网络大小或出行成本的单位计量。因此，对于不同交通网络，σ 值相对稳定。改进的多路径分配模型虽然与 Dial 模型在形式上很类似，但新模型具有新含义与内容，特别是在参数 σ 的确定、路径的选取及算法上与 Dial 模型有本质区别。

(3) 分配参数 σ 的确定

Dial 模型中，σ 为带量纲的参数，与路权的量纲及大小有关，没有稳定的变化范围。该参数的确定很复杂，对于每一个交通网络的参数 σ，通常需用现状的 OD 量及路段交通量实测资料结合极大似然法来标定。

在改进的模型中，σ 为无量纲参数，与路权无关，仅与交通网络信息化程度及可供选择的有效路径条数有关，参数 σ 的变化范围相当稳定。通过对 20 世纪 90 年代的南京市交通网络交通流量与机动车 OD 矩阵进行计算机模拟发现，σ 的变化范围为 3.00~4.00，当时的交通网络信息化程度低，出行者对路径的选择完全依赖于自己对交通网络的判断。而通过对 2019 年南京市、北京市的 2000 万条出租车路径数据进行计算机模拟发现，σ 的变化范围为 6.00~8.00。2019 年南京市、北京市的交通网络信息化程度很高，出租车司机选择路径还可以根据导航系统对交通网络进行判断。

(4) 网络的处理：有效路段与有效路线

对于可供选择的出行路线较明确的网络，Dial 模型可获得较精确的分配结果。如图 4-9 所示，从交通区 1 至交通区 2 比较可行的出行路线有 3 条：①—②—③，行驶时间为 30min；①—④—③，行驶时间为 25min；①—⑤—③，行驶时间为 30min。如果取参数 $\sigma=0.2$，从 1 区至 2 区的出行量为 1000 辆，则 3 条路线被选用的概率分别为 0.212，0.576 和 0.212。3 条路线分配到的交通量分别为 212 辆、576 辆及 212 辆。

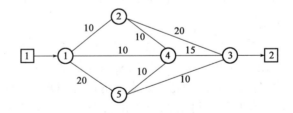

图 4-9 网络示例

但如果网络中，节点②至④及节点⑤至④的行驶时间不是 10min 而是 5min，那么路线①—②—④—③的行驶时间为 30min，路线①—④—⑤—③的行驶时间仅为 25min。这些路线的行驶时间不大于前述 3 条可行路线，它们是否也算可行出行路线而参与分配呢？如果不算，路段④—⑤、②—④没有分配到交通量，与实际情况不符。如果算，那么如何确定可行出行路线的总体？对于该简单网络，可以枚举其可能路线，但对于大型网络，又如何解决？比如，对于含有 1000 个交通节点的大型网络，两相隔较远的交通区之间的不同出行路线可达几万甚至几十万条。对于这些问题，Dial 模型无法解决。

改进的多路径分配模型及对应的节点分配算法成功地解决了这一复杂问题,图 4-10 为多路径交通分配算法流程图。对于某一 OD 对的交通分配,节点分配法是从起点开始逐个节点进行分配,分配过程中引进了有效路段及有效出行路线两个概念。有效路段$[i,j]$被定义为路段终点 j 比路段起点 i 更靠近出行目的地 s 的路段,即沿该路段前进能更接近出行终点。因此,有效路段的判别条件为:

对于路段$[i,j]$,如果 $L_{\min}(j,s)<L_{\min}(i,s)$,则它为有效路段,$L_{\min}(a,b)$ 为节点 a 至节点 b 的最短路权。

有效路段是相对于 OD 点对(r,s)而言的,即某一路段在某一 OD 点对下为有效路段,而在另一 OD 点对下可能为非有效路段。有效出行路线必须由一系列的有效路段所组成,每一 OD 点对的出行量只在它相应的有效出行路段上进行分配。图 4-10 为多路径交通分配算法流程图。

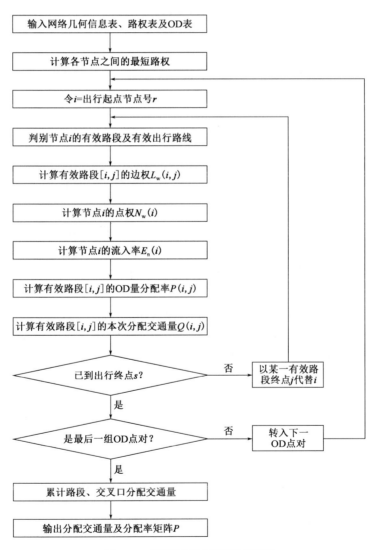

图 4-10 多路径交通分配算法流程图

有效出行路线 $L(i-j,s)$ 的长度被定义为有效路段 $[i,j]$ 的路权 $d(i,j)$ 加上有效路段终点 j 至出行终点 s 的最短路权 $L_{\min}(j,s)$，即：

$$L(i-j,s) = d(i,j) + L_{\min}(j,s) \tag{4-22}$$

有效路线长度确定后，便可计算各有效出行路线的分配率及有效路段的分配交通量。节点分配是按节点顺序进行的，有效出行路线只是中间过渡量，只对相应节点有效。当该节点分配结束转入另一节点的分配时，需重新确定有效路段及有效出行路线。

对于通常的城市交通网络，交叉口相交道路数多为 4 条，各节点的有效路段及有效出行路线一般为 2 条，少数情况为 1 条或 3 条。在区域公路网中，一般交通节点与城市交通节点相同，但对于交通枢纽（城市），连接道路可为 8~10 条，有效路段可为 5 条左右。可以证明，一个网络中的任一节点，至少具有一个有效路段及一条有效出行路线。

【**例 4-2**】 试采用多路径交通分配方法，分配图 4-11 中从节点①至节点⑨的出行量 $T(1,9) = 1000$ 辆/d。

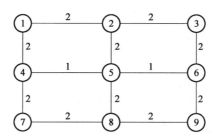

图 4-11 网络与行驶时间

【**解**】（1）计算各交通节点 i 至出行终点 s 的最短路权。本例中，各节点至出行终点⑨的最短路权如表 4-9 所示。

各节点至出行终点⑨的最短路权 $L_{\min}(i,9)$　　　　　　表 4-9

节点号	1	2	3	4	5	6	7	8	9
$L_{\min}(i,9)$	6	5	4	4	3	2	4	2	0

（2）令 $i =$ 出行起点 r，即从出行起点 r 开始进行分配，本例中，$i = r = $ ①。

（3）判别与节点 i 邻接的有效路段，计算有效出行路线长度。

本例中，与出行起点①邻接的两个路段 $[1,4]$、$[1,2]$ 均为有效路段，故连接起点①有两条有效出行路线，$(1-2,9)$ 及 $(1-4,9)$，其长度分别为：

$$L(1-2,9) = d(1,2) + L_{\min}(2,9) = 7$$
$$L(1-4,9) = d(1,4) + L_{\min}(4,9) = 6$$

（4）计算各有效路段 $[i,j]$ 的边权 $L_w(i,j)$。

$$L_w(i,j) = \exp\left[-\sigma \frac{L(i-j,s)}{\overline{L}}\right]$$

$$L_w(1,2) = \exp\left(-\sigma \times \frac{7}{6.5}\right) = 0.0286$$

其中，$\overline{L}$ 为与节点 i 相邻接的所有有效出行路线的平均长度。

本例中（取 $\sigma = 3.3$，网络简单，并没有实施信息化）：

$$L_w(1,4) = \exp\left(-\sigma \times \frac{6}{6.5}\right) = 0.0475$$

(5)计算节点 i 的点权 $N_w(i)$。

定义节点 i 的点权为节点 i 所邻接的有效路段边权之和,即:

$$N_w(i) = \sum_j L_w(i,j)$$

本例中,$N_w(1) = 0.0286 + 0.0475 = 0.0761$。

(6)计算各有效路段 $[i,j]$ 的 OD 量分配率 $P(i,j)$。

$P(i,j)$ 为本次分配的 OD 量 $T(r,s)$ 在有效路段 $[i,j]$ 上的分配率:

$$P(i,j) = \begin{cases} \dfrac{L_w(i,j)}{N_w(i)} & (i = r,即\ i\ 为出行起点) \\ \dfrac{E_n(i)\,L_w(i,j)}{N_w(i)} & (i \neq r) \end{cases}$$

其中,$E_n(i) = \sum_k P(k,j)$,为进入节点 i 的上游各邻接有效路段的分配率之和。

本例中:

$$P(1,2) = \frac{0.0286}{0.0761} = 0.376$$

$$P(1,4) = \frac{0.0475}{0.0761} = 0.624$$

(7)计算有效路段 $[i,j]$ 的分配交通量 $Q(i,j)$。

$$Q(i,j) = P(i,j)T(r,s)$$

本例中:

$$Q(1,2) = 0.376 \times 1000 = 376(辆\ d)$$
$$Q(1,4) = 0.624 \times 1000 = 624(辆/d)$$

(8)令上述有效路段中的某一路段终点 j 为 i(确定 i 时,以从上游进入该点的有效路段之分配率均已确定为条件)。返回(3),直至出行终点 s,则该 OD 量分配结束,可转入下一 OD 对的 OD 量分配。

本例中,取有效路段 $[1,4]$ 的终点为 i,则 $[4,5]$、$[4,7]$ 为有效路段,而 $[4,1]$ 为非有效路段,那么:

$$L(4-5,9) = 1 + 3 = 4$$
$$L(4-7,9) = 2 + 4 = 6$$
$$L_w(4,5) = \exp(-\sigma \times 4/5) = 0.071$$
$$L_w(4,7) = \exp(-\sigma \times 6/5) = 0.019$$
$$N_w(4) = 0.071 + 0.019 = 0.090$$
$$E_n(4) = 0.624$$
$$P(4,5) = 0.624 \times 0.071 \div 0.090 = 0.492$$
$$P(4,7) = 0.624 \times 0.019 \div 0.090 = 0.132$$
$$Q(4,5) = 1000 \times 0.492 = 492(辆/d)$$
$$Q(4,7) = 1000 \times 0.132 = 132(辆/d)$$

接着,可依次取节点②、⑤、⑦、③、⑥、⑧、⑨为 i 点,重复上述步骤,便可很方便地将 OD

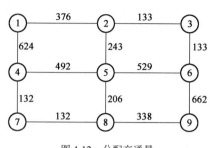

图 4-12 分配交通量

量 $T(1,9)$ 分配到整个网络上,其分配结果如图 4-12 所示。

本例题若用最短路分配方法分配,则出行量 $T(1,9)$ 被全部分配在连接节点①和⑨的最短路线①—④—⑤—⑥—⑨上,其他路段的分配交通量为 0,这与实际情况有一定的出入。但多数出行者是希望走最短路的,因此,在最短路线上应该集中较大的流量,其他路段上流量较小,多路径分配模型的分配结果能较好地吻合这一特点。

三、交通网络交通分配的非均衡模型与算法

最典型的交通网络交通分配非均衡模型是增量加载交通分配模型,它在交通分配基础模型上考虑了交通网络通行能力的限制,即考虑了路权与交通负荷之间的关系,比较符合实际情况,该方法在工程实际中广泛应用。

增量加载交通分配模型分为基于最短路基础模型与基于多路径基础模型的两种分配方法,即最短路-增量加载交通分配模型、多路径-增量加载交通分配模型。

1. 最短路-增量加载交通分配模型与算法

最短路-增量加载交通分配又称容量限制交通分配。采用最短路-增量加载交通分配模型分配出行量时,需先将 OD 表中的每一 OD 量分解成 K 部分,即将原 OD 表($n \times n$ 阶,n 为出行发生、吸引点个数,即交通小区数)分解成 K 个 OD 分表($n \times n$ 阶),然后分 K 次用最短路分配模型分配 OD 量,每次分配一个 OD 分表,并且每分配一次,路权修正一次,路权采用路阻函数修正,直到把 K 个 OD 分表全部分配在网络上,分配过程如图 4-13 所示。

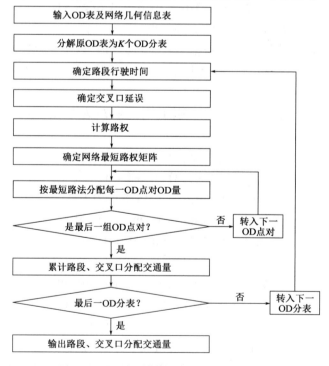

图 4-13 最短路-增量加载交通分配算法流程图

通常的增量加载次数 K 取 5~10。随着迭代进行,每次加载的 OD 分矩阵占原有总量的比例逐渐减少,OD 矩阵的递减拆分相对于 OD 矩阵的等分拆分,能获得更接近均衡解的结果。特别地,当 $K=1$ 时,便成为单次交通分配,当 $K \to \infty$ 时,便趋向于均衡交通分配。

在具体应用时,视道路网络的大小,根据表 4-10 选取分配次数 K 及每次分配的 OD 量比例。也可以通过以下模型计算第 i 次加载比例 p_i:

$$\begin{cases} p_i = \dfrac{K-i+1}{f(K)} \\ f(K) = \dfrac{K(K+1)}{2} \end{cases} \tag{4-23}$$

分配次数 K 与每次的 OD 量分配率(单位:%) 表 4-10

K	第 i 次加载									
	1	2	3	4	5	6	7	8	9	10
1	100									
2	60	40								
3	50	30	20							
4	40	30	20	10						
5	30	25	20	15	10					
10	20	20	15	10	10	5	5	5	5	5

【**例 4-3**】 用最短路-增量加载交通分配方法求解【例 4-1】所示的交通分配问题。

【**解**】 本例采用五级分配制,第一次分配 OD 量的 30%,第二次分配 25%,第三次分配 20%,第四次分配 15%,第五次分配 10%。

每次分配采用最短路分配模型,每分配一次,路权修正一次,采用美国联邦公路局路阻函数模型对路权进行修正。

分配结果如图 4-14 所示。

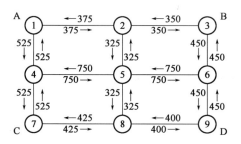

图 4-14 分配交通量(单位:辆/h)

2. 多路径-增量加载交通分配模型与算法

多路径-增量加载交通分配又称容量限制-多路径交通分配。在多路径交通分配基础模型中,认为路段行驶时间为一常数,这与实际的交通情况有一定的出入。实际上,路段行驶时间与路段交通负荷有关,在多路径-增量加载交通分配模型中,考虑了路权与交通负荷之间的关系及交叉口、路段通行能力的限制,使分配结果更加合理。

与最短路-增量加载交通分配方法类似,采用多路径-增量加载方法分配出行量时,需先将原 OD 量表($n \times n$ 阶)分解成 K 个 OD 分表($n \times n$ 阶),然后分 K 次用多路径分配模型分配 OD 量,每次分配一个 OD 分表,并且每分配一次路权修正一次,直到把 K 个 OD 分表全部分配到网络上。分配过程如图 4-15 所示。

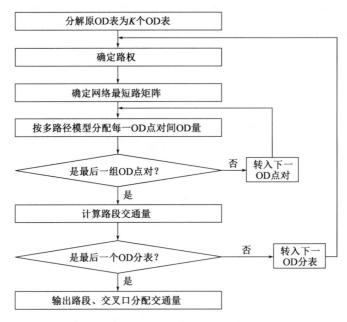

图 4-15　多路径-增量加载交通分配算法流程图

在用此方法分配时,路段交通量在不断变化,因而路权被不断修正,其分配过程是一个不断的反馈过程。

多路径-增量加载交通分配方法的分配程序、路权修正方法以及参数确定方法与最短路-增量加载分配方法相同。所不同的是,最短路-增量加载交通分配方法中每次分配采用的基础模型为最短路交通分配模型,而在多路径-增量加载交通分配方法中,每次分配采用的基础模型为多路径交通分配模型。

四、交通网络交通分配的均衡模型与算法

在 Wardrop 交通网络均衡的概念和定义提出后,Beckmann 等提出了一种用于描述 Wardrop 第一原理的数学规划模型,正是这个模型奠定了均衡分配方法的研究基础,后来的许多均衡分配模型都是在 Beckmann 模型的基础上扩展得到的。LeBlanc 等引入 Frank-Wolfe 算法成功求解了 Beckmann 模型,从而形成了现在实用的网络均衡交通分配方法。

网络均衡交通分配模型同样分为基于最短路基础模型与基于多路径基础模型的两种分配方法,即最短路-网络均衡交通分配模型、多路径-网络均衡交通分配模型。

1. 网络均衡交通分配的数学规划模型

(1) 用户均衡分配模型

Beckmann 用户均衡分配模型的基本思想是:在交通网络达到均衡状态时,所有被利用的路径具有相等且最小的阻抗。其模型的核心是交通网络中的用户都试图选择最短路径,最终使被选择的路径的阻抗最小且相等。Beckmann 用户均衡模型简写为 UE(User Equilibrium)。

Beckmann 提出的数学规划模型是：

$$\min Z(X) = \sum_a \int_0^{x_a} t_a(w)\mathrm{d}w \qquad (4\text{-}24)$$

$$\mathrm{s.\,t.}\begin{cases} \sum_k f_k^{rs} = q_{rs} & (\forall r,s) \\ f_k^{rs} \geq 0 & (\forall r,s,k) \end{cases} \qquad (4\text{-}25)$$

其中：

$$x_a = \sum_{r,s}\sum_k f_k^{rs}\delta_{a,k}^{rs} \qquad (\forall a) \qquad (4\text{-}26)$$

式中：x_a——路段 a 上的交通量；

t_a——路段 a 的交通阻抗；

$t_a(w)$——路段 a 的以交通量为自变量的交通阻抗函数；

f_k^{rs}——点对 (r,s) 间第 k 条路径的交通流量；

$\delta_{a,k}^{rs}$——路段-路径相关变量：

$$\delta_{a,k}^{rs} = \begin{cases} 1 & [\text{路段 } a \text{ 在}(r,s)\text{间的第 } k \text{ 条路径上}] \\ 0 & (\text{其他}) \end{cases} \qquad (4\text{-}27)$$

q_{rs}——点对 (r,s) 之间的 OD 量。

模型中约束条件(4-25)是"出行量守衡"，即任意点对间的出行分布量等于它们之间各路径上流量之和。

Beckmann 用户均衡分配模型反映了用户路径选择的行为准则。任何系统中有行为选择能力的个体总是以自己利益最大化的原则来决定自己的行为。因此该原理反映了交通网络中用户实际选择出行路径的情况。

（2）系统最优分配模型

系统最优原理比较容易用数学模型表示，其目标函数是网络中所有用户总的阻抗最小，约束条件与用户均衡分配模型相同。

$$\min \widetilde{Z}(X) = \sum_a x_a t_a(x_a) \qquad (4\text{-}28)$$

$$\mathrm{s.\,t.}\begin{cases} \sum_k f_k^{rs} = q_{rs} & (\forall r,s) \\ f_k^{rs} \geq 0 & (\forall r,s,k) \end{cases} \qquad (4\text{-}29)$$

其中：

$$x_a = \sum_{r,s}\sum_k f_k^{rs}\delta_{a,k}^{rs} \qquad (\forall a) \qquad (4\text{-}30)$$

式中变量含义同前。

该模型称为系统最优分配模型，可简写为 SO(System Optimization)。

系统最优分配模型的求解可分为以下三种情况：

① 当阻抗函数 $t_a(x_a)$ 为常数（用 t_a 表示）时，目标函数(4-28)变为：

$$\min \widetilde{Z}(X) = \sum_a x_a t_a \qquad (4\text{-}31)$$

这就是各路段阻抗为常数时的交通分配问题，此时采用最短路交通分配方法即可使目标函数达到最小。

② 当阻抗函数 $t_a(x_a)$ 为线性函数时，目标函数(4-28)转化为一个线性的数学规划模型，此时既可以用线性规划的解法求解，也可以将其归入以下非线性问题去求解。

③当阻抗函数 $t_a(x_a)$ 为非线性函数时,令:

$$\bar{t}_a(x_a) = t_a(x_a) + x_a \frac{\mathrm{d}\, t_a(x_a)}{\mathrm{d}\, x_a} \tag{4-32}$$

则:

$$\begin{aligned}\int_0^{x_a} \bar{t}_a(w)\,\mathrm{d}w &= \int_0^{x_a}\left[t_a(w) + w\frac{\mathrm{d}\, t_a(w)}{\mathrm{d}w}\right]\mathrm{d}w \\ &= \int_0^{x_a}\left[t_a(w)\,\mathrm{d}w + w\,\mathrm{d}t_a(w)\right] \\ &= \int_0^{x_a}\mathrm{d}[t_a(w)w] = x_a t_a(x_a)\end{aligned} \tag{4-33}$$

如果以(4-32)定义的 $\bar{t}_a(x_a)$ 为阻抗进行用户均衡分配,得到的解就是 SO 模型的解。

(3) 随机用户均衡分配模型

UE 模型与 SO 模型假定出行者对交通网络的确定性交通状况是完全了解的,但在实际生活中出行者很难准确掌握交通网络的交通状况,对各可行路径的出行时间、费用等信息只能进行估计,且出行者的估计能力具有一定随机性。此时若出行者的路径选择符合 Wardrop 第一原理,则实际上出行者选择的最短路径是他估计的具有最小出行成本的路径,而不一定是具有实际最小出行成本的路径。当交通网络达到 SUE 状态时,网络中的所有出行者都选择了估计出行成本最短路径完成出行。

出行者的估计出行成本 C_k^{rs} 包含两部分,一部分是实际出行成本 c_k^{rs} 这一确定项,另一部分是估计偏差 ε_k^{rs} 这一随机项,可表达为:

$$C_k^{rs} = c_k^{rs} + \varepsilon_k^{rs} \quad (\forall r,s,k) \tag{4-34}$$

在 OD 对 (r,s) 间的可行路径集 K^{rs} 中,路径 k 被选择的概率 P_k^{rs} 为:

$$P_k^{rs} = \Pr(C_k^{rs} \leq C_p^{rs}) \quad (\forall r,s, \forall k,p \in K^{rs}) \tag{4-35}$$

其中 $\Pr(\ )$ 表示事件发生的概率。

在路段实际出行阻抗函数 $t_a(x_a)$ 是关于路段流量 x_a 的严格单调增函数的假设下,路段关于 SUE 状态所对应的极小值问题可表达为:

$$\min \hat{Z}(X) = -\sum_{rs} q_{rs} E\left[\min_k(C_k^{rs}) \mid c_k^{rs}\right] + \sum_a x_a t_a(x_a) - \sum_a \int_0^{x_a} t_a(\omega)\,\mathrm{d}\omega \tag{4-36}$$

$$\text{s. t. 式}(4\text{-}25)、(4\text{-}26) \text{成立}$$

其中 $E\left[\min\limits_k(C_k^{rs}) \mid c_k^{rs}\right]$ 是随机变量的期望,恒有:

$$\frac{\partial E\left[\min\limits_k(C_k^{rs}) \mid c_k^{rs}\right]}{\partial c_k^{rs}} = P_k^{rs} \tag{4-37}$$

SUE 模型与 UE 模型的转换,可通过在式(4-33)中增加参数 θ 实现:

$$C_k^{rs} = c_k^{rs} - \frac{1}{\theta}\varepsilon_k^{rs} \tag{4-38}$$

式中:θ——出行者对交通阻抗估计的准确度。

当 θ 比较小时,出行者对出行阻抗的估计存在较大偏差,按照式(4-35)的概率进行随机路径选择,即可达到 SUE 的分配结果;当 $\theta \to \infty$ 时,表示出行者能够对路径的出行阻抗作出精准估计,出行者根据实际出行阻抗最小原则选择出行路径,最后达到的均衡状态即 UE 均衡分配的结果。

2. 最短路-网络均衡交通分配模型与算法

Frank-Wolfe 算法是用于求解线性约束二次规划问题的一种线性化算法,在 1956 年由 Frank 和 Wolfe 首先提出,简称 F-W 算法。作为一种迭代算法,该方法在每步迭代中需要先找到最速下降方向,再确定在最速下降方向上截取的最优步长,进而得到下一步迭代的起点,重复迭代直到得到最优解。若在每次迭代中都解决一个线性规划问题,会产生巨大计算量而影响实际应用,而将线性规划问题转变为一次全有全无网络加载,可以避免该问题,因此 F-W 算法特别适合用于交通分配问题中 UE 规划的求解,这也是目前广泛应用的一种既严格又实用的均衡交通分配方法。最短路-网络均衡交通分配方法主要是采用 F-W 算法对交通网络流量分配问题进行求解。具体算法步骤如图 4-16 所示。

步骤 1:初始化。置迭代次数 $n=0$,令 $t_a^0 = t_a(0)$,$\forall a$,采用最短路交通分配方法,依据自由流阻抗(自由流情况下,路段交通流量为 0)将 OD 矩阵分配到交通网络上,得到第 $n=1$ 次迭代下的路段流量 $\{x_a^n\}$。

步骤 2:更新交通阻抗。计算 $t_a^n = t_a(x_a^n)$,$\forall a$。

步骤 3:搜索目标函数的下降方向。依据更新的交通阻抗,采用最短路交通分配方法得到一组附加流量 $\{y_a^n\}$。

步骤 4:确定下降步长。采用线性搜索方法求满足式(4-39)的最优下降步长 λ^*:

$$\lambda^* = \arg\min \sum_a \int_0^{x_a^n + \lambda(y_a^n - x_a^n)} t_a(\omega)\mathrm{d}\omega \quad (\lambda \in [0,1])$$
(4-39)

步骤 5:更新流量。令 $x_a^{n+1} = x_a^n + \lambda^*(y_a^n - x_a^n)$。

步骤 6:收敛性检查。若满足给定收敛准则,完成分配;若不满足,令 $n=n+1$,回到步骤 2。

3. 多路径-网络均衡交通分配模型与算法

类似于最短路-网络均衡交通分配方法,多路径-网络均衡交通分配方法也是基于均衡解算法(如 F-W 算法),考虑出行者对不同路径的选择情况,结合多路径加载方式将 OD 矩阵分配到交通网络上。

图 4-16 最短路-网络均衡交通分配算法流程图

多路径-网络均衡交通分配方法是在初始化阶段时首先使用多路径交通分配方法,根据给定条件的交通阻抗,将 OD 矩阵分配到交通网络上,后续对交通网络流量的更新过程与 F-W 算法相似,只是在每次迭代过程中依据多路径交通分配方法完成单次分配的流量加载。

五、交通网络的一体化交通分配方法

我国城市交通系统的规划建设、运行管理、系统控制、安全保障与政策制定涉及多个政府职能部门,如城市规划局、城市建设局、交通运输局、交通管理局、发展和改革委员会等,这些部门在开展与交通相关的业务策略设计与决策时均会涉及交通网络交通分析。由于应用需求不同,目前各部门预测特定场景下的网络交通流量时使用的交通系统分析软件和交通分配方法并不相同,这些软件分析模型和分配方法可能产生不一致甚至有争议的分析结果。

针对此类问题,本节介绍一种嵌入"交运之星-TranStar"平台软件的交通网络一体化交通分配方法,从基础模型与算法、模型关键参数设计和交通阻抗函数设计等层面进行一体化框架设计与一体化组合流程设计,从而在保证交通分析结果可靠性的基础上,保证多应用场景下各类综合交通分析结果的连贯性与一致性,为同一个交通问题的解决方案在不同部门之间形成共识提供理论与技术支撑。

1. 交通分配方法的一体化架构设计

交通分配方法的一体化架构需要涵盖交通分配方法族谱中的所有算法,以满足城市交通系统规划建设、管理控制及政策制定等多应用场景对交通分配方法的需求。因此,一体化模型体系设计为"交通网络交通分配基础模型与快速算法""模型关键参数""交通阻抗函数"三部分的组合,使用共享的交通分配模型(基础模型与快速算法)、各自的交通分配策略(模型关键参数与交通阻抗函数)去满足城市交通系统规划建设、管理控制与政策制定等不同的应用场景的需求。

在交通分配方法的一体化构架中,所有交通分配方法共享同一个"交通网络交通分配基础模型与快速算法"基础模块,通过不同的模型关键参数确定交通分配的路径选择原则与交通分配迭代方法,依据不同场景确定交通阻抗函数,以满足城市交通系统中交通规划、交通管理、交通设计、交通政策制定等不同类型应用场景对网络交通流分析的需求。通过"交通网络交通分配基础模型与快速算法""模型关键参数"和"交通阻抗函数"模块的不同组合,建立起城市交通网络交通分配一体化模型体系,满足我国城市交通系统的规划建设、运行管理、系统控制、安全保障与政策制定等各个职能部门业务工作对交通网络交通分析的需求。结合交通分配方法族谱体系,交通分配方法的一体化架构设计如图4-17所示。

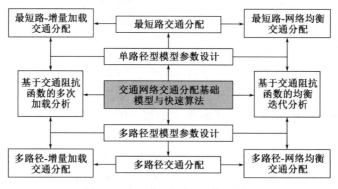

图4-17 交通分配方法的一体化构架

2. 交通分配基础模型与快速算法

从前文所介绍的Logit模型的两个前提假设可知,Logit模型中分配参数的最优值随交通网络的不同而变化,需要在模型用于每个网络交通分配之前对其进行参数校准,这就限制了模型的可靠性与实用性,特别是在现实网络流量数据无法用于模型校准的情况下。

为了解决这一问题,采用改进的 Logit 模型式(4-21)来描述路径选择,它以路径相对出行成本而不是绝对值作为自变量来衡量备选路径的差异,这使得出行者感知误差的方差成为相应 OD 对的平均路径出行成本的关联函数,且实证数据证明,改进模型具有较强的鲁棒性。

综上,以典型多路径交通分配模型为研究对象,可采用式(4-21)所示的多路径分配概率模型,作为针对不同规模网络的具有普适性和可靠性的交通分配基础模型。基础模型通过与模型参数、交通阻抗函数的组合,能支持交通分配方法族谱体系中的所有交通分配方法。

然而,对于大规模交通网络分析,传统交通分配算法的响应时间不能满足交通仿真分析的速度要求,如万点级的大规模交通网络交通分配的响应时间要控制在 2min 内,就需要开发交通分配的快速算法。不管采用什么样的交通分配方法,各交通节点间、各 OD 对间的最短路矩阵计算是必需的,也是在整个交通分配过程中最花费计算时间的。提高最短路矩阵的计算速度,并避免最短路矩阵的重复计算,是提升交通分配算法效率的关键。

面向实际工程应用中的大型城市交通网络,王炜教授采用了"优先队列优化"的 Dijkstra 算法分析最短路矩阵,大幅提升计算速度,并通过 OD 矩阵转置,利用 Dijkstra 算法一次计算能获取所有交通节点至某一 OD 作用点的"一批"最短路径这一特点,通过"一批"最短路径与节点分配法中每次分配具有相同终点的"一批"出行量匹配,可一次完成"一批"出行量的交通分配。节点分配快速算法中采用了快速排序算法确定网络节点的交通分配顺序,对于某一个出行终点 s,采用优先队列优化 Dijkstra 算法分析所有交通节点至 s 点的最短路,并快速排序,从距离 s 点最远的交通节点开始,按顺序从远到近进行节点交通分配。

通常的交通分配是针对每一个 OD 对进行的,通过分析每一个 OD 对间的最短路、每条路径的分配率,形成网络上每个路段的交通量。如果拟分配的 OD 矩阵为 $n \times n$ 阶,则需进行 n^2 次分配。而在节点分配法中,OD 矩阵是按批进行分配的,每一次分配具有相同终点的所有出行量(OD 矩阵中的一列),对于 $n \times n$ 阶的 OD 矩阵,只需进行 n 次分配,其交通分配工作量只为传统交通分配的 $1/n$。大城市交通小区往往有数百个,甚至数千个,也就是说,节点分配法的交通分配速度比传统的分配方法提高了数百倍,甚至数千倍。

图 4-18 为交通分配基础模型所对应的快速算法流程图。

3. 交通分配基础模型参数设计

在交通分配基础模型中,分配参数 σ 表示出行者的道路认知程度,它衡量了不同路径感知出行成本的分散程度。分配参数 σ 可以解释为出行者对交通状况的了解程度,σ 值越高,说明解程度越高,出行者很可能选择出行成本最低的路径。例如,当参数值大于等于 100 时,基础模型交通分配结果与最短路交通分配结果几乎完全一致,即基础模型的交通分配等同于最短路交通分配,OD 量全部分配到出行成本最低的路径上;σ 值较低(如接近于 0),说明解程度较低,选择每条路线的可能性几乎相同。例如,参数值 σ 为 0 时,各有效路径的分配率相同,OD 量会被等分给所有有效路径,即基础模型的交通分配为平均交通分配(实践中很少采用);若参数值 σ 介于 0 和 100 之间,则各条有效路径被分配的概率由基础模型计算,即基础模型的交通分配为多路径交通分配,OD 量会被分配给所有有效路径。因此,σ 的取值需要用实际数据进行校准,由于基础模型的分配结果不依赖于网络的规模,σ 的校准值对于不同网络是相对稳定的。

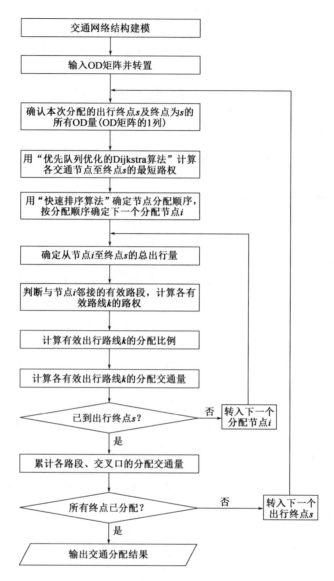

图 4-18 交通分配快速算法流程图

20 世纪 90 年代,我们利用当时的南京市交通网络及道路交通量数据,对多路径交通分配模型的分配参数进行了标定,由于当时的居民出行信息化程度很低,出行者对道路网络的认知度不高,分配参数稳定在 3.0~3.5 之间。最近,我们利用北京、南京市近 2000 万条出行轨迹大数据对车辆出行/居民出行时路径选择的行为特征分析,对模型分配参数进行了校准,发现基础模型具有很强的鲁棒性,分配参数稳定在 6.9~7.5 之间,这也说明出行者对道路网络的认知程度远远高于 20 世纪 90 年代。对于通常的城市交通网络,建议采用 $\sigma = 7.2$。

从表 4-11 可以看出,交通分配方法族谱体系中的 6 种常用交通分配方法(表 4-6)都可以统一在基于式(4-21)的交通分配基础模型中。用同一个基础模型,不同的分配参数(7.2 或 100)、不同的分配流程(增量加载或均衡迭代)构成了 6 种常用交通分配方法,这种一体化模型体系大大增强了交通分配方法的通用性。

交通分配基础模型分配参数 σ 设计　　　　　表4-11

序号	模型性质	分配类型	交通分配方法	路径选择	σ 的建议值
1	基础分配模型	单次分配	最短路交通分配	最短路(确定性)	100
2			多路径交通分配	多路径(概率性)	7.2
3	非均衡分配模型	多次加载	最短路-增量加载交通分配	最短路(确定性)	100
4			多路径-增量加载交通分配	多路径(概率性)	7.2
5	均衡分配模型	均衡迭代	最短路-网络均衡交通分配	最短路(确定性)	100
6			多路径-网络均衡交通分配	多路径(概率性)	7.2

4.交通阻抗函数结构设计

交通阻抗函数取决于交通网络类型(道路交通网络、地面公交网络、轨道交通网络)、分配的交通方式(步行出行、自行车出行、机动车出行、公共交通出行等)、分析的应用场景(各类交通建设方案、交通发展政策、交通管理措施等)。因此,可以通过交通阻抗函数的结构设计使"交通网络交通分配基础模型与快速算法"满足城市交通系统规划建设、管理控制与政策制定等不同的应用场景的需求。

国际上常用的交通阻抗函数多数是在BPR函数[式(4-3)]的基础上,针对不同的交通网络类型、交通方式及特定应用场景进行修改而成。本节将服务于交通分配一体化的交通阻抗函数设计为"路段阻抗 + 节点延误 + 附加阻抗"的广义交通阻抗函数结构,如图4-19所示。

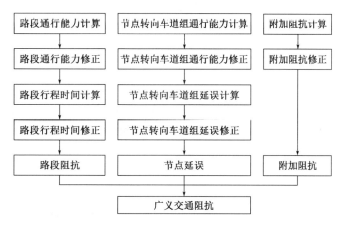

图4-19　广义交通阻抗函数结构设计

路段阻抗计算包括通行能力计算与行程时间计算两个基础部分。根据路段的道路等级及基本几何信息进行不同交通方式的通行能力计算,考虑所分析的应用场景,如路侧停车管理、公交专用道设置等交通管理策略,对不同交通方式的路段通行能力进行合理修正;采用修正后的路段通行能力计算路段行程时间,结合路段禁止通行、尾号限行等交通管理策略的实施情况,对不同交通方式的行程时间进行修正,得到不同交通方式路径选择所依据的路段阻抗信息。

节点延误计算同样包括通行能力计算和延误计算两个基础部分。根据节点控制类型和邻接边转向车道组情况,计算不同交通方式在各转向车道组下的通行能力,考虑所分析的应用场景,如交通绿波设置、公交优先信号设置等,对车道组通行能力进行合理修正;采用修正后的通行能力,基于节点延误模型计算转向车道组延误,结合禁止转向等交通管理策略的实施情况,对不同交通方式的节点延误进行修正,得到不同交通方式各转向车道组的节点延误。

附加阻抗计算可将费用、舒适感、出行偏好等影响路径选择的附加信息转换为等价的时间,将其纳入广义交通阻抗函数;不依赖于路段和节点的时间信息,如出租车的候车时间、公交站点的接入时间等,也可以附加阻抗的形式直接纳入路径选择时所依据的广义交通阻抗信息。

基于上述广义交通阻抗函数结构,不同交通网络类型可通过路段、节点基础信息进行区别描述,不同交通方式在路段通行能力与行程时间、节点通行能力与延误计算环节可通过参数选择实现一一对应,不同应用场景可通过对不同交通方式的路段通行能力与行程时间、节点通行能力与延误的组合修正实现量化模拟。因此,通过路段阻抗、节点延误和附加阻抗的修正与组合,可获得给定交通网络在选定应用场景下分配特定 OD 矩阵所需的广义交通阻抗。

5. 交通分配方法的一体化组合流程

在交通分配方法的族谱体系中,最短路交通分配与多路径交通分配是基础模型,其余模型是基于交通阻抗函数进行增量加载分析或均衡迭代分析来实现的。

分配参数取 100 时,多路径交通分配结果与最短路交通分配结果一致,因此可以用基于式(4-21)的交通分配基础模型作为多路径交通分配、最短路交通分配的共享模型(分配参数分别取 7.2、100)。基于前述交通分配方法的一体化架构,各类交通分配方法的一体化组合流程设计见表 4-12。

交通分配方法一体化组合设计 表 4-12

序号	分配类型	交通分配方法	分配参数	交通阻抗函数	迭代误差控制	基础模型
1	单次分配	最短路交通分配	100	不涉及		共享"交通网络交通分配基础模型与快速算法"
2		多路径交通分配	7.2			
3	多次加载	最短路-增量加载交通分配	100	不同场景下的"交通阻抗函数"	收敛偏差控制 0.1%	
4		多路径-增量加载交通分配	7.2			
5	均衡迭代	最短路-网络均衡交通分配	100			
6		多路径-网络均衡交通分配	7.2			

单次交通分配方法:传统的最短路交通分配、多路径交通分配都是单次交通分配,即用交通分配的基础模型与快速算法,把出行量一次性全部分配到交通网络上,不进行交通阻抗分析与迭代计算。最短路交通分配,取 $\sigma=100$;多路径交通分配,取 $\sigma=7.2$。

增量加载交通分配方法:根据分配需求在广义交通阻抗函数结构下获得所需交通阻抗;依据选定的拆分份数 K 和每次加载比例确定规则,将 OD 矩阵进行拆分,如选用递减规则,按式(4-23)确定第 i 次加载比例 p_i。通常的增量加载次数 K 建议取 5~10。

网络均衡交通分配方法:将出行 OD 矩阵按自由流下的基础阻抗用交通分配的基础模型与快速算法进行单次交通分配,记录初始分配结果;根据上次分配结果更新路段阻抗并进行更新分配,获得最优下降方向,采用线性搜索获得最优步长,进而确定更新后的分配结果;依据收敛判定条件进行迭代循环至满足收敛条件,如选用式(4-40)所示的平均绝对百分偏差作为收敛标准,在第 k 次迭代偏差 $\varepsilon^{(k)}$ 统计过程中,排除第 k 次和上次迭代分配结果相同的路段及上次分配后路段流量 $x_a^{(k-1)}$ 为 0 的路段,参与偏差统计的路段总数为 $M^{(k)}$,给定判别标准取值范围建议为 0.1%~1%。

$$\varepsilon^{(k)} = \frac{1}{M^{(k)}} \sum_a \left| \frac{x_a^{(k)} - x_a^{(k-1)}}{x_a^{(k-1)}} \right| \times 100\% \qquad (4\text{-}40)$$

【复习思考题】

1. 简述 Wardrop 第一、第二原理的含义。
2. 在实际工程中得到广泛应用的交通分配模型是什么？
3. 简述各类非均衡模型的适用条件。
4. 列出图 4-20 所示网络的邻接矩阵、权矩阵及邻接目录表。

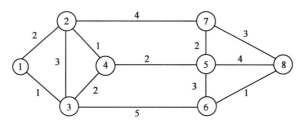

图 4-20　抽象交通网络

5. 图 4-21 为网络示意图，其中①、④、⑤、⑦分别为 OD 作用点，图形中线路数值为出行时间，有些为固定值，有些与交通量有关，Q 为交通流量，OD 分布流量矩阵见表 4-13。

（1）令 $Q=0$，用最短路法分配该 OD 矩阵。

（2）用最短路-增量加载法分配该 OD 矩阵，采用五次分配。

（3）仅以下图虚线右侧的节点网络为研究对象，令 $Q=0$，不考虑其他节点间流量，用多路径交通分配模型计算⑤—⑦的交通流量分配，其中，$T(5,7)=600$，$\sigma=7.2$。

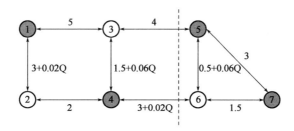

图 4-21　OD 交通网络示意图

OD 点交通量表　　表 4-13

O	D			
	①	④	⑤	⑦
①	0	300	400	500
④	300	0	100	250
⑤	400	100	0	600
⑦	500	250	600	0

第五章 城市综合交通体系规划

第一节 概 述

城市现代化发展已经使城市交通系统的综合性和复杂性表现得更为突出。城市综合交通体系规划与城市国土空间总体规划同步编制,是将城市对外交通和城市内的各类交通与城市发展和用地布局进行系统性综合研究的规划。城市综合交通规划是城市交通发展的总纲,是各交通分项规划、地区性交通规划、交通设施建设项目建议书及工程可行性研究、建设项目交通影响评价等工作的依据。

本节简要介绍城市综合交通体系规划的目的、规划范围与期限、规划目标与总体要求、规划主要内容以及规划编制的工作程序与技术流程。

一、规划目的

城市综合交通体系规划应以国家、省(自治区、直辖市)、城市国土空间总体规划、上位综合交通规划及相关的交通专项规划为依据,以人为中心,遵循安全、绿色、公平、高效、经济可行和协调的原则,因地制宜进行规划。城市综合交通体系规划旨在协调城市交通与城市土地利用的关系,合理组织各类交通系统,使城市用地布局、交通需求与交通系统的功能和能力相互协调,保障城市综合交通体系可持续发展,支撑城市的集约高效运行。

二、规划范围与年限

城市综合交通体系规划的规划范围与年限应与城市国土空间规划保持一致,包括城市国土空间规划所划定的跨区域层面、市县域层面和中心城区层面。其中,中心城区作为城市功能的聚集区,人口与就业岗位密集,是城市交通活动和城市交通设施集中布局的地区,城市交通问题复杂,是城市综合交通体系规划的重点。

在城市综合交通体系规划编制过程中,进行交通需求分析的基础是城市用地规划中的空间组织与用地布局,城市国土空间规划是城市用地发展唯一法定的用地布局依据。宏观层面的城市空间、城市功能、城市密度、各类城市用地布局与平衡等的控制均是城市国土空间规划的主要内容。因此,城市综合交通体系规划的规划年限应与城市国土空间规划保持一致。

三、规划目标与总体要求

城市综合交通体系建设是民生工程、发展工程,对促进城市经济社会高质量发展、满足人民群众美好生活需要具有十分重要的意义。随着新型工业化、信息化、城镇化、农业现代化不断推进,需要加快构建系统健全、功能完备、运行高效、智能绿色、安全韧性的城市综合交通体系,为打造宜居、韧性、智慧城市提供有力支撑。因此,城市综合交通体系规划应优先发展绿色、集约的交通方式,提高交通资源使用效率,对交通需求进行有效调控,引导城市空间合理布局和人与物的安全、有序流动,保障城市交通的效率与公平,支撑城市经济活动正常运行。应满足以下要求:

(1)坚持以人为本,提升服务水平。守住城市交通基础设施安全可靠的底线要求,持续扩大高品质设施供给,提高设施便捷性和包容性,提升设施运行效率,满足人民群众多样化出行需求。

(2)坚持因地制宜,突出精准施策。充分考虑城市现状实际和发展需要,合理确定各类城市交通基础设施的发展目标和建设任务。科学把握建设规模、速度、标准,与资源环境承载能力相适应,与财政能力相协调。

(3)坚持系统观念,统筹推进实施。城市综合交通体系建设要着力落实国家重大发展战略,推动城市经济社会发展,增强城市发展活力。针对城市交通基础设施存在问题,注重制定系统性解决方案,坚持规划建设与运营服务并重,促进设施供需精准匹配。

(4)坚持绿色发展,注重创新驱动。建设资源节约、环境友好的城市交通基础设施,构建绿色交通网络,推动城市低碳循环发展。加强物联网、大数据、人工智能等新一代信息技术在城市交通基础设施建设管理中的应用,提升设施信息化、智能化水平。

四、规划主要内容

城市综合交通体系规划应包括下列主要内容:

(1)调查、评估与现状分析:以交通调查为依据,评估城市正在执行的城市综合交通体系规划与交通现状,分析交通发展和规划实施中存在的问题。

(2)城市交通发展战略与政策:根据城市发展目标等,确定交通发展与土地使用的关系,研判城市综合交通体系发展趋势,构建交通需求分析模型,明确城市综合交通体系发展目标及各种交通方式的作用、发展要求和目标;提出交通发展战略和政策,确定不同发展地区交通资源分配利用的原则。还应根据交通发展特征,提出个体机动车交通需求管控与提高绿色交通分担率的交通需求管理政策。

(3) 对外交通系统规划:确定对外交通系统组织与发展战略。提出重要公路、铁路、航空、水路和综合交通枢纽等设施的功能等级与布局规划要求,以及对外交通与城市内部交通的衔接要求。

(4) 城市交通系统组织:确定交通系统组织的原则和策略。论证客货运交通走廊布局与特征;论证公共交通系统的构成与定位,确定集约型公共交通系统的组成;确定货运通道布局要求。

(5) 交通运输枢纽:提出各类客货交通枢纽规划建设原则和布局。确定各类交通枢纽的总体规划布局、功能等级、用地规模和衔接要求。

(6) 公共交通系统:确定城市公共交通优先措施。规划了城市轨道交通的城市应提出轨道交通网络和场站的布局与发展要求;确定公共汽电车网络结构与布局要求;确定城市快速公交走廊、公共交通专用道的布局;确定公共汽电车车辆发展规模、要求与场站布局、规模;提出其他辅助型公共交通发展的要求;确定公共交通场站设施黄线划定要求。

(7) 步行与非机动车交通:确定步行与非机动车交通系统网络布局和设施规划指标,确定步行与非机动车交通系统的总体布局要求。

(8) 道路网络系统:确定城市干线道路系统和集散道路的功能等级、网络布局、红线控制要求、断面分配建议,以及主要交叉口的基本形式、交通组织与用地控制要求,提出城市不同功能地区支线道路发展的要求。

(9) 停车系统:论证城市各类停车需求,提出城市不同地区的停车政策,确定不同地区停车设施布局和规模等规划要求。

(10) 交通信息化:提出交通信息化的发展策略与要求。

(11) 近期交通建设:制定近期交通发展策略、重大交通基础设施建设实施计划和措施。

(12) 保障措施:提出保障规划实施的政策、法规、交通管理、投资、体制等方面的措施。

对于旅游特色鲜明的城市,城市综合交通体系规划宜根据城市特色,增加旅游交通规划等内容。

五、规划编制工作程序与技术流程

城市综合交通体系规划编制工作程序主要分为 7 个阶段:确定任务、资料收集与调查、规划大纲编制、规划大纲论证、规划成果编制、规划成果论证、规划报批。

与城市综合交通体系规划研究内容和规划编制工作程序相对应,城市综合交通体系规划技术流程主要是在对城市交通现状进行分析与评价的基础上,结合城市发展趋势研究未来城市交通发展所面临的机遇和挑战,在此基础上制定城市交通发展战略,并以交通发展战略为指导进行城市交通需求预测分析和综合交通系统规划,确定近期重大交通设施建设计划和交通治理方案。图 5-1 为城市综合交通体系规划流程图。

城市综合交通体系规划按照规划研究的时间、空间与目标三个维度,通常划分为三个层次:

(1) 远景交通发展战略规划:宏观把握城市交通发展的方向,关注城市交通发展的大局,制定科学合理的交通政策和规划措施。

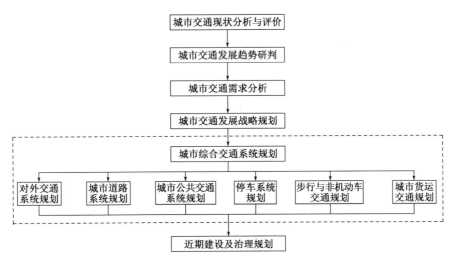

图 5-1 城市综合交通体系规划流程图

（2）中长期综合交通系统规划：以城市交通发展战略为指导，对城市交通体系作出中长期的引导性规划。

（3）近期交通治理规划：分析评估当前城市交通系统运行特征与存在的主要问题，制定近期可操作的综合治理方案。

城市交通系统是一个极其复杂的大系统，城市综合交通体系规划涉及规划、城建、发展改革委、交通、交管、城管等很多部门，既要考虑与上位规划的衔接，也要考虑与同一级其他规划的协调。要实现城市综合交通规划的上下级规划衔接、同一级不同规划之间的协调，必须建立一个交通规划分析平台，用统一的基础数据、统一的分析模型、统一的系统软件，在同一个综合交通规划分析平台上进行规划编制，以满足城市交通跨部门一体化规划分析要求。

第二节 城市交通发展战略规划

交通发展战略是交通事业发展的纲领，它是对交通系统规模、交通方式结构、交通服务水准、交通管理体制、交通投资与价格、交通环境等一系列重大问题进行的宏观性、全局性、前瞻性的判断和决策。

城市交通发展战略规划是在城市总体发展战略的大背景下，在对城市交通发展历程和现状进行总结分析、对未来发展趋势进行总体预测和判断的基础上，宏观把握城市交通发展的方向，关注城市交通发展大局，制定科学合理的交通政策和规划措施。交通战略的确定，不仅要以城市国土空间总体规划为依据，还涉及政治、经济、文化、教育、气候和环境等方方面面的内容，与一个城市所在的区域、国家乃至国际社会的综合环境都有着密切的联系。制定城市交通发展战略的目的在于综合考虑城市发展的社会经济、区域环境、政治环境等诸多因素，根据城市的自身特点确定城市交通未来发展的重点和方向。

城市交通发展战略规划主要关心的是城市交通需求总量、交通方式结构、整个交通网络用地布局、密度、建设水平以及相配套的交通政策、投资方向等。同时，由于城市交通运行方式的多样化,不同的方式结构决定了不同的城市交通运行效率,这意味着城市交通发展战略规划的核心是交通模式的选择,即促使各种交通方式形成最合理、最符合实际情况的组合状态,以获得最佳的运行效果。它通常采用简化的交通分析方法或模型,着重于在宏观上分析城市土地利用与交通系统发展的相互影响。

一、城市交通发展战略规划的特点与基本原则

1. 城市交通发展战略规划的特点

城市交通发展战略规划的主要目的在于全面系统地分析检验各种不同的城市发展模式、方向、政策及每一种比较方案的交通含义,拟定城市远期交通发展规模、布局、功能结构和相应的政策。城市交通发展战略规划的特点可以归纳为:综合性、政策性、宏观性、预见性、具有充分的弹性。

(1) 综合性

城市交通发展战略规划无论从内容、因素、地域上讲,还是从方法、技术、政策上讲,均具有很强的综合性。编制城市交通发展战略规划,既要对城市历史、现状和未来交通系统供需状况进行分析、预测、规划和评价,也要对城市未来总体发展战略、土地利用规划、土地利用与城市交通互动关系进行分析、研究和反馈论证。进行城市交通发展战略规划需要考虑的因素十分复杂,涉及面很广,包括城市自然地理、区位优势、资源条件、历史演化、经济基础和结构、用地布局、空间形态、交通结构、消费心理、交通政策等。战略规划必须将城市放在广阔的地域空间上来考虑,考虑城市与国际、城市与区域间、城市与城市间、城市与周围地区间和城市内部各种交通方式的联系、功能和组织。战略规划要综合应用城市与区域规划学、运输地理学、经济学、政策科学、系统工程学和交通工程学等方面的原理和方法,要邀请城市规划、经济地理、政策科学、环境工程、交通工程等各方面的专家及政府和有关职能部门的领导共同参与。

(2) 政策性

城市交通发展战略规划既要以国家和地方政府有关政策为依据,如国家在城市建设方面的方针、政策,国民经济总体战略和政策,国家的区域经济战略和布局政策、产业政策、人口政策和投资政策等。同时,城市交通发展战略规划本身在某种意义上就是一系列政策的集合,如城市交通管理体制改革政策、城市交通行业政策、交通工具发展政策、交通结构发展政策、交通基础设施投资开发政策、客货交通市场经营管理政策等。

(3) 宏观性

城市交通发展战略规划着眼于城市长远整体发展,侧重于宏观整体研究,应抓住影响城市整体发展的全局性的重大问题和环节,对局部性、战术性细节不宜花费大量的人力、物力,这些问题应在中长期综合交通体系规划与近期交通治理规划中深入研究。

(4) 预见性

城市交通发展战略规划属于城市长远发展规划,一般需要考虑 20～30 年甚至更长远时间的发展。因此,如何把握发展的方向、速度和重点,如何提高对城市未来发展的预见能力,对于城市交通发展战略规划来说是至关重要的。交通发展战略规划对城市的长远发展影响重大,既要从现实着手,抓住城市的特点和问题的重点,又要着眼于未来的发展,把握好发展的可能、机遇、方向和途径。因此,交通发展战略规划方案的质量不仅取决于规划师对于交通系统运行规律的把握,还取决于其系统观念和对城市社会、经济、人文、管理等相关知识掌握的深度和广

度,以及应用过程的科学性和艺术性。

(5)具有一定的弹性

总体发展战略规划着眼于未来,而未来既有发展规律性又有不确定性,而且有些因素难以直接预见。因此,在进行城市交通发展整体战略规划时,无论是对总需求的预测,还是交通用地的规划和设施的布置都必须留有余地,具有一定的弹性。

2. 城市交通发展战略规划的基本原则

城市交通发展战略规划是对城市交通系统发展建设的长远性和全局性的谋划,必须站在战略的高度,以系统工程的观点,在比较广阔的地域空间上和长久的时间期限内,在城市与区域社会经济发展战略和空间布局发展战略的背景下,对城市交通系统的发展作出总体部署;应明确树立交通先行、超前引导的观点;应以促进城市的综合效益提升和有序发展为最高准则。

城市交通发展战略规划的基本原则来自战略规划的目标和指导思想,其作用是协调和规范城市交通发展战略规划的拟定和执行,支撑总体战略规划目标的实现。具体原则是:

(1)与城市上位规划相一致并有明确的目标。根据城市国土空间规划的内容,明确城市的性质、发展规模及用地规划等,使城市国土空间规划和城市交通发展总体战略规划相互协调、相互反馈。

(2)要有系统工程观念和发展眼光。城市交通,尤其是大城市交通是一个复杂巨系统,规划工作必须从全局和整体出发,将城市交通视为一个有机整体,进行全面的综合分析,从整体上、系统上进行宏观控制,这样才能提高城市交通发展总体战略规划的整体质量和综合效益。要用发展的眼光来分析、研究城市交通发展总体战略。系统的演变是以连锁反应的形式进行的。城市建成区的发展会影响到郊区以及周边城镇,反之,建成区周围地区的发展也会影响建成区的交通状况。

(3)要有公众意识和注重"以人为本"。城市交通问题涉及各个部门、各个行业,关系到整个城市发展的各个环节,关系到每个市民的切身利益,因此,创造性的总体战略规划工作必然是一项集体性工作,需要许多不同专业的专家参加。同时,交通是为人服务的,任何交通战略的制定都应该把对人的关怀放在首位,同时需要广泛听取民众意见和建议,即让公众参与到规划当中。

(4)要注重城市环境保护,增强可持续发展能力。环境保护是当今世界备受瞩目的议题之一,保护环境、改善环境成为交通发展战略规划需要坚持的重要原则。坚持了环境保护的原则,也就在很大程度上保证了城市的可持续发展。

(5)要进行多方案的比选,规划方案及实施要有一定的适应性和滚动性。城市交通发展总体战略规划是指明城市交通将来的发展方向,而将来具有不确定性,因此,规划应列出几个比较方案,并请政府部门和公众参与评估、选优。

经过评估所选择的方案是按最可能的发展趋势来进行规划的方案。考虑到城市交通的发展可能存在几种趋势和不确定性,规划方案应该对不同发展趋势都具有一定的适应性,在规划的实施过程中要不断检验规划的合理性,必要时还应进行适当的滚动规划。

二、城市远期交通供需分析方法

城市远期交通供需分析是为城市发展战略规划提供研究基础的一项重要工作。与城市中长期交通系统规划的中长期交通供需分析不同,城市远期交通供需分析采用简化的四阶段交通预测分析方法。在交通分区、建模方法、预测详细度等方面,简化的四阶段交通预测分析方法侧重于宏观的数据分析。

城市远期交通供需分析的交通分区划分应与城市用地布局规划相衔接和协调,以城市主要功能区的分布为依据,以有利于主流向分析和走廊交通分析为原则。一般每个交通分区以面积 4~8km²、人口 6 万~15 万为宜。交通分区的面积可以随土地利用强度或建筑面积系数等值的减小而增大,一般在城市中心区宜小些,在城市郊区或附近郊县可大些,交通分区的分界也应尽可能利用行政区划的分界线,以利于基础资料收集。

1. 城市远期交通发生总量预测

(1) 城市客运需求总量预测

城市客运需求总量是指城市区域范围内每天的出行总量。城市客运需求总量预测可采用总体预测法、仿真法及类比法等简化的方法进行。

①总体预测法。

$$Q = (1 + \eta)\alpha\beta P \tag{5-1}$$

式中:α——居民日平均出行次数,次/(d·人);

β——大于 6 岁人口占总人口的百分率,%;

$1 + \eta$——流动人口修正系数,η 为流动人口的百分率;

P——建成区常住人口,万;

Q——城市一日出行总量,万人次/d。

②仿真法。建成区道路总体出行量与其用地或人口组成有关,工业用地、居住用地、商业用地和其他用地的居民出行率是不同的,在业人员和非在业人员的日出行次数也是不同的。因此,在预测总出行量时,可以对建成区进行仿真,研究各种用地的单位面积或单位产值会产生多少出行量,在业人员和非在业人员每人每天会产生多少出行,等等。然后,根据城市国土空间规划中的指标或发展指标进行预测。

③类比法。该方法是参考性质、地理条件和交通条件等较为相似的其他城市的总体出行量预测值,再根据两城市建成区人口之比值按正比例近似估算,如式(5-2)所示。

$$\frac{Q_1}{Q_2} = \frac{P_1}{P_2} \tag{5-2}$$

式中:P_i——城市 i 建成区人口,万,$i = 1,2$;

Q_i——城市 i 总出行量,万人次/d,$i = 1,2$。

(2) 城市总货运量的预测方法

①产值推算法。

$$W = \sum_{i=1}^{n} r_i p_i \tag{5-3}$$

式中:W——城市总货运量,万 t/d;

p_i——第 i 种产值量,万元/d;

r_i——每单位(万元)的第 i 种产值产生的货运量,万 t/万元。

②类比法。

该方法参考性质、地理条件和交通条件相似的其他城市的总货运量,再根据两个城市的工农业总产值之比(或者采用社会总产值等其他经济指标)按比例进行近似估算。

$$\frac{W_1}{W_2} = \frac{P_1}{P_2} \tag{5-4}$$

式中：W_i——城市 i 总货运量，万 t/d，$i = 1,2$；

P_i——城市 i 的工农业总产值，万元或亿元，$i = 1,2$。

2. 城市远期交通分布预测

对于交通发展战略规划，交通分布的预测仍可采用双约束重力模型，其中阻抗系数 α 反映了人们对交通阻抗的敏感程度，在各交通区的交通发生、吸引总量已定的情况下，它与平均出行距离一一对应。

城市的平均出行距离与城市的规模有关，对我国部分城市的平均出行距离和城市规模进行回归分析，可得我国城市的出行距离与城市用地面积之间的关系为：

$$D = K\sqrt{S} \tag{5-5}$$

式中：D——平均出行距离，km；

K——不同类型城市出行距离修正系数，K 按表 5-1 取值；

S——城市用地面积，km^2。

不同类型城市出行距离修正系数 K 表 5-1

城市类型	团状	稍不紧凑	不紧凑	明显不紧凑	典型带状
K	0.68	0.75	0.81	0.87	0.93

3. 城市远期交通方式结构预测

影响客运交通结构的因素很多，社会、经济、政策、城市布局、交通基础设施水平、地理环境及生活水平等均从不同侧面影响城市交通结构。我国国民经济稳步发展，城市化、机动化水平的快速提升使得这些因素在一定时期内变得不稳定，其演变规律很难用单一的数学模型或表达式来描述。就城市远期交通结构分析而言，应该综合考虑城市交通发展战略与政策、城市发展规模、布局特征及规划意图、城市自然条件等方面的因素，预估城市远期客运交通可能的结构构成。

（1）城市交通发展战略与政策

城市交通发展战略决定了城市未来长时期交通设施建设投资趋向、规模、建设水平、网络布局与结构，决定了城市交通系统发展的产业政策、交通工具发展政策、交通系统运行管理政策等。这些战略和政策的确定和实施，直接影响甚至决定了城市未来客运交通发展模式、客运交通结构的发展趋势和水平。

（2）城市规模、用地布局特征及规划意图

城市规模、用地布局特征及规划意图是进行城市客运交通方式划分预测必须考虑的因素。城市土地利用布局是城市社会经济活动在城市不同区位上的投影。它决定了城市的人口分布、就业岗位分布，从而从根本上决定了城市客流分布，居民出行距离、时间，也对居民出行交通方式选择有着根本性的影响。

（3）城市自然条件

城市自然条件指城市所处的地理位置，城区内的地势，城市建成区平面形状与城市建成区内被海湾、河流、铁路等阻断的状况以及气候条件等。这些外部条件对城市居民出行行为选择有重要影响，从而对客运交通结构造成重要影响。

除了上述几方面主要影响因素之外，城市客运交通结构还受到社会经济发展水平、居民生活水平、交通工具拥有水平、交通设施建设水平和交通系统管理水平等各种因素的影响。

三、城市交通发展模式

城市交通模式的形成与城市的社会经济发展水平、区位、空间布局、交通设施水平和居民出行习惯紧密相关,总体可以归纳为三种主要模式,即小汽车主导模式、小汽车和公共交通并重模式、公共交通主导模式。北美的许多城市采用小汽车主导模式、欧洲的许多城市采用小汽车和公共交通并重模式、亚洲的许多城市采用公共交通主导模式。小汽车主导模式表现为机动化程度高,以个体机动为主导,占全市全日出行方式结构的 50% 以上,公共交通出行比重小于 10%;小汽车和公共交通并重模式的基本特征为公共交通和个体机动出行比重均为 30%~40%;公共交通主导模式以公共交通为主导,占全市全日出行方式结构的 50% 以上,而个体机动比重小于 20%,见表 5-2。

三种典型模式交通方式构成比较　　　　表 5-2

模式	公共交通比重	个体机动比重	慢行交通比重
小汽车主导模式	<10%	>50%	10%~20%
公交小汽车并重模式	30%~40%	30%~40%	30%
公共交通主导模式	>50%	<20%	20%~30%

1. 小汽车主导模式

小汽车主导模式是指小汽车出行方式在城市交通结构中占主导地位。小汽车交通模式在 20 世纪下半叶的北美城市得到应用,它适应于人口密度相对较低,用地布局比较分散的城市;小汽车主导模式发展到一定阶段后,由于城市土地资源有限,道路供应不再增长,会导致交通拥堵越来越严重。小汽车主导模式最具代表性的城市是洛杉矶。

洛杉矶中心城区全日全方式出行方式中,出行者选择公共交通方式的不到 10%,小汽车出行占 85%,其中独自驾车出行占 70%,反映出洛杉矶是一个典型的小汽车主导模式的大都市。

这种以小汽车为主导的交通模式,与弱中心、低密度的城市用地布局、高标准高密度的城市道路网络、相对滞后的公共交通服务网络密切相关。

2. 小汽车和公共交通并重模式

小汽车和公共交通并重模式是指在城市出行方式结构中,机动化方式小汽车和公共交通方式占主导地位,这种多方式协调的交通模式能够支持城市有序拓展,向心交通主要依赖公共交通。欧洲许多城市是这种交通模式,其中最具有代表性的是伦敦。

伦敦全市全日全方式交通模式中公共交通方式(包括轨道交通、公共汽车)出行比重为 30%,个体机动方式(包括出租车、小汽车、摩托车)出行比重为 45%,慢行交通方式(包括自行车、步行)出行比重为 25%。

这种小汽车和公共交通并重的交通模式,与强中心、有序拓展的城市用地布局、发达的城市道路网络和发达的公共交通服务网络密切相关。

3. 公共交通主导模式

公共交通主导模式是指在城市出行方式结构中公共交通方式占主导地位,通勤铁路、城市轨道和公共汽车等多种公共交通方式组成发达的公共交通系统,向心交通主要依赖公共交通,特别是轨道交通。这种以公共交通为主导的交通模式,与强中心、密集的城市用地布局、高度发达的公共交通服务网络、通达的城市道路网络密切相关。

东京、首尔、香港和新加坡市是以公共交通为主导的亚洲交通模式的典型代表。虽然四个城市各自以不同的方式实现公共交通主导模式,但是四个城市的交通模式表现出四大共性特征,即公共交通的强主导性、强吸引力、强集约性和强可达性。这四个特征体现在:

(1)在选择交通工具出行时,一半以上居民选择公共交通,也就是说公共交通在除去步行方式的全日出行中的比重为50%以上,公共交通相对于其他交通方式的主导力充分体现。

(2)居民平均每天至少乘坐一次公共交通。这体现了公共交通模式中公共交通系统的吸引力。居民日乘车强度,即城市公共交通系统日均总运量与城市人口的比值,可以反映居民使用公共交通的频率。

(3)轨道交通承担三分之一以上的公共交通客运量。公共交通的集约性也是公共交通模式的重要特征,轨道交通承担三分之一以上的公共交通客运量,充分体现了公共交通的集约性,这一点对于人口规模巨大、用地稀缺的亚洲城市来说是非常重要的。公共交通的集约性可以通过轨道交通这种大容量、快速的公共交通方式在城市公共客运方式结构中的分担比重反映出来。

(4)公共交通一小时出行圈至少为中心城区范围。以公共交通为主导的城市都拥有一个高效的公共交通系统,这个系统能够提供高效的机动化服务。公共交通一小时出行圈的半径范围可以直观反映公共交通系统的效率,以公共交通为主导的上述亚洲城市一般都拥有可覆盖中心城区范围的公共交通一小时出行圈。

总体来看,交通模式的成因相当复杂,最主要的相关因素是城市用地和空间布局、经济产业与收入水平、交通设施及其服务水准。三大要素相互协调,同生共长,才能促成理想的交通模式。城市与交通发展战略及相关政策,极大地影响着交通设施的投资建设和交通时空资源的分配,进而影响城市用地和空间布局以及公共交通、小汽车交通、慢行交通等不同出行方式的服务水平和出行效率。

四、城市交通发展战略重点

1. 城市交通与城市用地布局协同发展战略

城市是一个有机的整体,城市交通网络如同它的骨骼与血脉,而城市用地则是它的躯体和肌肉,城市交通与城市用地布局应协同发展。

城市交通与城市用地布局协同的目的,是使交通系统规划和城市用地布局规划的目标相一致。城市交通是城市活动的体现,而城市活动布局源于城市空间与用地布局,交通系统提供活动的组织方案,两者的规划对象都是城市的社会、经济活动,两者的规划目标相悖必然会导致城市运行中的诸多交通问题。因此,应对城市交通问题,首先应该从城市空间、用地与交通系统的协同开始。

自20世纪90年代后期以来,我国许多城市一直处于城市空间与交通系统的快速建设时期。这是建立合理且可持续交通与空间关系的最佳时期,从城市空间与交通规划的不同视角,针对城市交通与城市空间、土地利用关系的研究逐渐增多。在新一轮城市规划期内,越来越多的城市进入空间存量下的空间优化发展阶段。可持续且低碳的城市空间组织形成必依赖于交通系统的配合和引导。

城市空间与交通系统协调的目的,是从城市空间布局上使城市活动组织的效率更高而成本更低,即从活动的源头进行活动的规划。因此,两者协调一是降低成本,二是提高移动的能力,即通过空间布局的调整,使同样的活动的成本更低而效率更高。而要达到这个目的,就既要发挥交通系统对空间价值的影响,也要考虑空间组织对交通方式、交通组织的影响。

对于城市综合交通体系与城市空间布局规划的协同,重点需要关注以下三个方面:

(1)城市活动的布局。通过用地布局优化引导城市职住空间的匹配,合理布局城市各级公共与生活服务设施,将居民出行距离控制在合理范围内。

(2)反映城市活动的城市用地布局与城市交通系统组织契合。城市综合交通网络布局应与城市空间结构、交通走廊分布契合;城市公共交通骨干系统应串联联系密切的城市功能地区。

(3)城市土地使用高强度地区的城市活动组织与交通系统的组织能力要协调。应利用城市公共交通引导城市开发,依托城市公共交通走廊、城市客运交通枢纽布局城市的高强度开发。城市综合交通设施与服务应根据土地强度进行差异化提供,城市土地使用高强度地区应提高城市道路与公共交通设施的密度,加密步行与非机动车交通网络。

2. 城市交通体系综合协调发展战略

交通体系综合协调的核心在于以系统的效益最大化为目标,根据不同城市和城市不同地区的交通特征,差异化确定综合交通体系内不同交通方式的功能定位、优先规则、组织方式和资源配置。城市规模、经济水平、空间形态、城市区位,以及地理环境对城市交通出行特征影响显著。例如,城市规模方面,50万人口以下的城市出行距离短、步行与自行车出行比例较高,随着城市规模扩大,城市交通出行距离拉长,机动交通比例提升,公共交通优势逐步提高。城市空间形态影响城市交通组织方式,使不同空间形态的城市在交通出行强度、出行距离分布等特征上出现明显差异,如带状城市的出行距离往往比同规模的团状城市远,而组团城市虽然平均出行距离与同规模的团状城市相差不多,但出行距离的分布更为离散,表现为长距离出行与短距离出行两极分化。气候影响方面,寒冷地区的城市往往有更高的机动交通出行比例,而且出行方式的季节性变化更大。

城市客运交通系统不能片面地通过交通设施的规模扩张来应对交通拥堵、停车难等问题,而是需要优先保障步行、城市公共交通和自行车等绿色交通方式的运行空间和环境,管理不同方式、设施、服务等的相对关系,如通过交通需求管理手段,优先保障公交路权,引导小汽车等个体机动化交通方式有序发展、合理使用。

必须坚持绿色交通主导、多模式交通协调发展,贯彻落实公共交通优先、慢行友好、对小汽车合理管控等基本战略。根据《城市综合交通体系规划标准》(GB/T 51328—2018),不同规模城市的客运交通系统规划应符合以下规定:

(1)规划人口规模500万及以上的城市,应确立大运量城市轨道交通在城市公共交通系统中的主体地位,以中运量及多层次普通运量公交为基础,以个体机动化客运交通方式作为中长距离客运交通的补充。规划人口规模达到1000万及以上的城市,应构建快线、干线等多层次大运量城市轨道交通网络。

(2)规划人口规模300万至500万的城市,应确立大运量城市轨道交通在城市公共交通系统中的骨干地位,以中运量及多层次普通运量公交为主体,引导个体机动化交通方式的合理使用。

(3) 规划人口规模100万至300万的城市,宜以大、中运量公共交通为城市公共交通的骨干,多层次普通运量公交为主体,引导个体机动化客运交通方式的合理使用。

(4) 规划人口规模50万至100万的城市,客运交通体系宜以中运量公交为骨干,普通运量公交为基础,构建有竞争力的公共交通服务网络。

(5) 规划人口规模50万以下的城市,客运交通体系应以步行和自行车交通为主体,普通运量公交为基础,鼓励城市公共交通承担中长距离出行。

3. 交通需求管理战略

交通需求管理的核心目标包括三个方面:一是减少交通出行总量;二是优化交通出行结构,引导个体机动化交通方式的合理使用,提高步行、自行车、城市公共交通方式的出行比例;三是削峰填谷,使交通在时空上的分布更为均衡。也就是在适度的交通建设规模下,综合运用法律法规、经济、行政等方面的政策工具,控制交通需求总量,削减不合理的交通需求,通过减少或分散交通需求实现供需平衡,保证系统有效运行,缓解交通拥堵,改善城市生态环境,提高居民生活质量。

交通需求管理的关键是制定协同的组合交通政策。交通需求管理应与道路交通设施建设、公共交通系统发展充分协同。城市中心区出行主要依靠公共交通和慢行交通,小汽车保有量和使用量相比外围地区更低。为保障有效道路资源的基本服务水平和效率,应优先选择交通需求管理而非道路设施扩容的方式,抑制个体机动车交通量,引导出行者选择集约型公共交通方式出行。对小客车等个体机动化方式的交通需求管理,应从全生命周期角度,构建拥有、使用、停放、淘汰各环节相互协同和配合的交通需求管理政策体系,重点通过使用和停放环节的调控,达到交通需求管理的目标。

第三节 城市交通系统规划

城市交通系统规划以城市交通发展战略为指导,研判城市交通发展趋势与面临的问题,围绕城市交通发展一体化、可持续发展的目标对城市交通体系作出中长期的引导性规划。

城市交通系统规划应遵循以下要求:原则上应与城市国土空间总体规划同步编制;贯彻和体现科学发展观和可持续发展的总体要求;要处理好与其他相关规划的协调关系;积极采用先进的规划理念、手段和方法;既要有前瞻性、科学性,又要有针对性、指导性和可操作性;要广泛吸收有关部门、专家、公众等各方面的意见。

城市交通系统规划主要内容包括城市对外交通系统规划、城市道路系统规划、城市公共交通系统规划、停车系统规划、步行与非机动车交通规划、城市货运交通规划、交通信息化规划等。

一、城市对外交通系统规划

城市对外交通是城市与城市外部区域之间进行人与物运送的各类交通运输系统的总称,包括铁路、水路、公路以及航空运输等。为适应城市经济社会的发展和城市建设的需要,对外交通建设应做到公路客货运站场、水运港口、铁路站场、机场相互衔接,信息互通,协调发展。要充分发挥各种运输方式的优势,形成具有足够容量和应变能力,高效率、多功能、立体化的城市对外综合交通运输体系。

1. 城市对外交通系统规划原则

(1) 与国家或区域综合立体交通规划等相关交通运输规划相衔接。
(2) 与城市区域地位和发展目标相适应。
(3) 与城镇体系、城市空间布局和土地利用相协调。
(4) 与城市交通网络和设施布局融为一体。

2. 对外交通衔接要求

城市各主要功能区对外交通组织均应高效、便捷,各类对外客货运系统,应优先衔接可组织联运的对外交通设施,在布局上结合或就近布置。

对外交通的便捷性对于旅客出行和企业运输组织等均具有重要意义。根据《国家综合立体交通网规划纲要》提出的发展目标,到2035年,我国要基本建成便捷顺畅、经济高效、绿色集约、智能先进、安全可靠的现代化高质量国家综合立体交通网。其中,对于城市对外交通衔接的要求包括便捷顺畅和经济高效两个方面。

在便捷顺畅方面,要求"享受快速交通服务的人口比重大幅提升,除部分边远地区外,基本实现全国县级行政中心15分钟上国道、30分钟上高速公路、60分钟上铁路,市地级行政中心45分钟上高速铁路、60分钟到机场。基本实现地级市之间当天可达。中心城区至综合客运枢纽半小时到达,中心城区综合客运枢纽之间公共交通转换时间不超过1小时。交通基础设施无障碍化率大幅提升,旅客出行全链条便捷程度显著提高,基本实现'全国123出行交通圈'"。

在经济高效方面,要求"国家综合立体交通网设施利用更加高效,多式联运占比、换装效率显著提高,运输结构更加优化,物流成本进一步降低,交通枢纽基本具备寄递功能,实现与寄递枢纽的无缝衔接,基本实现'全球123快货物流圈'"。

对于多中心的大城市,需要布局均衡、规模合理的多个综合交通枢纽。规划城市人口规模100万及以上的城市基本上是多中心布局,存在多个功能区、主要交通集散点,不同中心承担不同的城市职能,都有对外交通服务要求,对外交通都应该高效、便捷。同时,对外交通的便利性也对大型企业的选址有重要影响。例如,亚马逊投资50亿美元建设第二总部,项目建成后可以创造5万个高科技岗位。选址标准中对交通方面有严格要求,如选址需要距离国际机场45min车程以内,能方便地衔接大众运输设施。

此外,还应重点考虑多种对外交通方式之间的高效衔接。城市间交通运输网络在城市汇聚,使城市的对外交通在服务于城市的同时,带来了不同对外运输方式和方向之间的换乘需求。因此,城市对外交通中不同方向和方式中换乘需求较大的对外客货运系统应聚合成枢纽,统一布置,条件受限时也可采用邻近布置的方式,统筹考虑。

3. 对外交通设施配置要求

城市对外交通设施应与城市的对外需求相契合,既带动城市的开发与更新,又提升城市对外交通的服务水平。同理,市域内交通设施应与市域城镇体系发展相契合。

同一交通走廊内相同走向的铁路、公路线路宜集中设置。规划区内,城市各类设施密集,同走廊的对外交通设施集中布局,既可节约用地,减少对城市的分割,方便穿越对外交通走廊的城市交通设施建设,又有利于综合交通枢纽的布局与建设。

城市重大对外交通设施规划要充分考虑城市的远景发展要求。一方面,城市发展进入存量规划时代,城市中交通走廊和大型场站用地尤为稀缺;另一方面,城市综合交通枢纽的建设一旦确定,未预计到的新设施接入和能力扩展的改造成本巨大,因此,城市需要在远景研究的基础上确定城市对外廊道和承担对外交通功能的枢纽的规划和预控。一般应在规划中设置专题进行研究。

4. 城市出入口道路规划

城市出入口道路系统是城市道路系统的有机组成部分,也是城市对外交通的重要组成部分。出入口道路介于城市道路与公路之间,而城市道路与公路是两种性质、功能、特点和环境不同的系统,因此,出入口道路具有城市道路和城市对外交通的双重功能。城市出入口道路的布局设置和交通组织直接影响着市内交通的畅通和安全,是发挥城市整个交通系统功能的关键性因素之一。

(1) 出入口道路布局规划

城市出入口道路布局规划首先应考虑城市市区周围客货运交通源的分布、客货运集散点的分布、交通的流量流向。出入口道路应能将城市市区周围地区主要的交通源、集散点和市区联系起来。出入口道路的布局、走向、级别应尽量和预测的汽车交通的流量流向相一致。同时,城市性质决定了城市的功能,影响城市布局,也影响出入口道路的布局。因此,城市出入口道路规划应综合考虑城市性质、城市的发展和总体布局、其他运输方式情况、自然环境条件、城市道路网、区域公路网、城市规模等诸因素的影响。

出入口道路沿铁路线引进城市是比较合理的,对沿河城市,可按桥位方向或河岸线引入。这样,首先可结合地形,合理经济地使用土地;其次可方便转运,便于组织综合运输;最后可组织沿铁路、河岸线发展区域的客货交通流。对于受自然条件影响不大的平原城市,出入口道路的布局规划选择的余地较大,而对于处于特殊的自然环境条件下的城市,如一侧傍山或一侧傍水,甚至两侧、三侧都受到自然条件的限制,城市出入口道路只能在城市的一侧或两侧布置。

出入口道路是城市道路的延伸发展,城市道路网对出入口道路规划布局影响很大。不同形式的城市道路网布局,出入口道路的布置将有所不同。出入口道路规划布局还应与区域公路网的布局相协调,使之能顺直地将城市道路网和区域公路网连接起来。

(2) 出入口道路交通组织

① 出入口道路与城市道路的衔接。

城市出入口道路的功能非常明确,它的基本要求是通畅,能快速疏导交通,使城市的内部及外部交通衔接良好、畅通有序。但与过多城市道路相交,会导致机动车与非机动车混杂,严重影响行车速度,出入口道路难以发挥快速疏散出入、过境交通的功能,是制约出入口道路行车车速和安全的主要因素。因此,必须明确道路性质,突出道路功能,保证主要道路功能的正常发挥。例如,建议在城市出入口道路沿线保留与其相交的主干道,高峰时段禁止次干道及支路上的机动车驶入出入口道路,以提高车速,降低延误。

② 出入口道路路段交通组织。

承载着大量出入境交通和过境交通的道路一般为二级及以上公路。在邻近城市的地段,由于用地控制不严,公路沿线的商业设施、站场出入口人流、货流大,街道化现象越来越严重,可对交通产生横向干扰。

出入口道路交通服务水平往往较低,原因是该路段同时担负市内交通、过境交通的两大功能,而且沿线与其相交的支路过多,周边园区、汽车站、工厂林立,由此产生的客货流较为集中。因此,在进行城市用地开发的同时,应充分考虑到其所产生的交通量对出入口道路的影响。为保证出入口道路交通功能,必须对沿线设施合理布局,严格管理,减少路段出入口,严格实行机非分离,减少交通事故,提高通行效率。

③出入口道路交叉口交通控制。

出入口道路与城市道路的衔接应注意"主次分明"。在规划近期应明确相交道路的性质、等级,优化信号配时,完善交叉口渠化设计,明确路面标线和相关标志,在高峰时段实行机动车限制通行或禁行措施,以降低延误,提高交叉口服务水平。在规划中远期有条件的情况下,或由于政策实施使城市某地交通量激增时,可考虑改造平交为立交。

二、城市道路系统规划

在城市绿色转型发展的新阶段,城市道路系统规划应结合城市的自然地形、地貌与交通特征,因地制宜进行规划,以保障城市正常经济社会活动所需的步行、非机动车和机动车交通的安全、便捷与高效运行。因此,城市道路系统规划应符合以下原则:

(1)与城市交通发展目标相一致,符合城市的空间组织和交通特征。

(2)道路网络布局和道路空间分配应体现以人为本、绿色交通优先,以及窄马路、密路网、完整街道的理念。

(3)城市道路的功能、布局应与两侧城市用地特征、城市用地开发状况相协调。

(4)体现历史文化传统,保护历史城区的道路格局,反映城市风貌。

(5)为工程管线和相关市政公用设施布设提供空间。

(6)满足城市救灾、避难和通风的要求。

城市道路系统规划包括道路的功能等级划分、道路网布局、各级道路红线宽度与断面空间分配、道路衔接与交叉等多方面的内容将在第六章具体介绍。

三、城市公共交通系统规划

新的发展时期,城市公共交通的体系架构和发展目标、指标等呈现以下变化和特点。

1. 响应城市交通发展目标的转变

在绿色转型发展的环境下,城市交通发展的目标已从"设施建设主导、满足经济社会发展和土地使用对交通运输的需求"调整为"支持城市正常经济社会活动运行"。其核心如下:一是城市交通系统要有效率,要与城市空间组织协同;二是在城市交通系统不可能满足城市所有需求的前提下,对交通需求的响应要有优先次序,对优先者要给予鼓励,不同优先次序下交通子系统的交通空间分配满足程度要有差异。城市公共交通具有引导城市空间发展、集约使用交通设施用地、减少城市运行成本、低碳环保的优势,优先发展公共交通无疑是实现城市交通发展目标的重要举措。因此,国家各级政府多年来一直致力于优先发展公共交通,颁布了多项相关的政策与规章。从《国务院关于城市优先发展公共交通的指导意见》(国发〔2012〕64号)到《国家新型城镇化规划(2014—2020)》,"公交优先"已由最初的城市交通发展理念上升为城市发展战略。

2. 突出对城市发展的引导作用

城市综合交通体系规划中的公共交通系统规划,在战略层面,必须客观把握宏观需求,明确不同类型城市中公共交通的作用,确定与城市发展相适应的公共交通构成、定位以及发展目标。在战术层面,以战略目标为导向,从乘客角度,立足微观需求,从公交服务的空间可达性与时间可控性等方面明确提出具体规划指标,通过对公交出行全过程各环节时间值的管控,实现居民公共交通方式单程出行时耗控制目标;从公共交通系统正常运转的基础设施保障角度,结合城市实际,合理确定车辆保有量、场站布局及用地规模。

交通与城市的用地及空间布局具有紧密的联系,公共交通在其中承担着不可替代的功能。因此,在城市交通发展目标的基础上,城市公共交通的发展目标是:提高运行效率,引导城市功能实现。

3.适应公共交通组织的多样化

从城市交通系统与城市规模及空间形态来看,不同规模城市全市性活动的交通组织方式各异,各种交通方式在不同规模城市中的作用也有所差别,典型的是小城市与大城市之间的差别。小城市由于空间尺度小、出行距离短,公共交通在城市交通组织中相对于步行和自行车交通竞争力不强,公共交通的作用是在城市主要交通走廊提供一种可选择出行方式。大城市则不同,个体机动化交通和公共交通是城市交通组织的必需品,步行和自行车交通只是地方性活动的主导交通方式。公共交通要根据城市的差异性多样化配置,如类别多样化,包括轨道交通、快速公交、常规公交、辅助公交、特殊公交;层次多样化,如快线、干线、普线、支线等。

城市公共交通规划要在确定城市公共交通发展模式及目标的基础上,通过对公共交通客运需求的预测分析,结合城市用地布局以及路网形态等因素,制定轨道交通线网规划、地面公交线网与场站布局规划等硬件设施规划以及相应配套的软件设施规划。城市公共交通系统规划的工作内容、规划指标要求等将在第七章作具体阐述。

四、停车系统规划

停车系统规划作为重要的交通需求管理手段,是引导城市交通发展的重要公共政策之一。在城市存量发展及交通可持续发展的背景下,城市交通发展应更加注重空间再分配与需求管理,停车场规划是其中的重要内容。停车场规划应在城市综合交通体系发展战略的总体框架下进行,符合公交优先等交通发展政策的要求,并与综合交通体系的目标和指标相适应。

通过合理制定停车发展政策、实施差异化停车位供给策略、推行严格停车管理措施,可以实现对机动车保有及使用的有效调节。针对城市中各个区域间的客观差异,特别是在区位、交通发展策略、公交服务水平及道路资源等方面的差异,各个区域应实行差异化的停车供给策略,包括路内停车位的供给。

停车场规划建设要响应新能源汽车的发展要求,为电动汽车提供必要的充换电条件。按照《国务院办公厅关于加快电动汽车充电基础设施建设的指导意见》(国办发〔2015〕73号)等相关政策文件要求,大型公共建筑物配建停车场、社会公共停车场建设或预留建设充电设施安装条件的车位比例不低于10%。

非机动车停车场应满足非机动车的停放需求,宜在地面设置,并与非机动车交通网络相衔接,可结合需求设置分时租赁非机动车停车位。通过合理设置非机动车配建停车场和公共停车场,就近满足非机动车的停放需求,为非机动车交通提供更好的服务。

停车系统规划包括停车发展策略与需求预测、停车布局规划等内容,详见第八章。

五、步行与非机动车交通规划

随着城镇化与机动化进程的快速推进,国内城市步行与非机动车交通普遍经历了由鼎盛转向衰落的发展过程。我国在生态文明理念下从关注人的出行和绿色交通发展出发,陆续发布了一系列重要文件(表5-3)。步行与非机动车交通成为生态文明发展观下城市绿色、低碳交通体系的重要组成部分,也是解决城市中短距离出行、接驳换乘需求的绿色、低碳的理想交通方式。应树立行人优先的理念,加强自行车道和步行道系统建设,倡导绿色出行,切实转变过度依赖小汽车出行的交通发展模式。

城市步行与自行车交通相关政策文件 表5-3

序号	政策文件	发文单位,时间	相关内容
1	《国家综合立体交通网规划纲要》	国务院,2021年	有序发展共享交通,加强城市步行和自行车等慢行交通系统建设,合理配置停车设施,开展人行道净化行动,因地制宜建设自行车专用道,鼓励公众绿色出行
2	《关于进一步加强城市规划建设管理工作的若干意见》	中共中央、国务院,2016年	加强自行车道和步行道系统建设,倡导绿色出行
3	《国家新型城镇化规划(2014—2020年)》	中共中央、国务院,2014年	改善步行、自行车出行条件,倡导绿色出行
4	《国务院关于加强城市基础设施建设的意见》	国务院,2013年	城市交通要树立行人优先的理念,倡导绿色出行,切实转变过度依赖小汽车出行的交通发展模式
5	《国务院关于印发大气污染防治行动计划的通知》	国务院,2013年	加强步行、自行车交通系统建设

对交通功能、物流配送功能和休闲、健身等功能进行整体考虑,是当前步行与非机动车交通规划的新任务。新业态和新需求使得步行、非机动车的交通规划与设计要求更高,内涵更广。为了满足人们对于步行与非机动车的交通性需求和日益增长的休闲健身需求,并保障与公共活动空间的连续衔接,步行与非机动车交通设施既包括城市道路内的人行道、非机动车道、过街设施、专用路等,也应包括城市道路外的各类专用空间,如公园和广场内的通道,滨水或环山的绿道,立体连廊、步行街、胡同、街坊路,以及楼梯、台阶、坡道、电扶梯、自动人行道等各类专用设施。

步行与非机动车交通规划应满足以下要求:

(1)步行与非机动车交通系统应安全、连续、方便、舒适。

(2)步行与非机动车交通通过城市主干路及以下等级道路交叉口与路段时,应优先选择平面过街形式。

(3)城市宜根据用地布局,设置步行与非机动车专用道路,并提高步行与非机动车交通系统的通达性。被河流和山体分隔的城市分区之间,应保障步行与非机动车交通的基本连接。

(4)城市内的绿道系统应与城市道路上布设的步行与非机动车通行空间顺畅衔接。

(5)当机动车交通与步行交通或非机动车交通混行时,应通过交通稳静化措施,将机动车的行驶速度限制在行人或非机动车安全通行的范围之内。

(6)步行交通是城市最基本的出行方式。除城市快速路主路外,城市快速路辅路及其他各级城市道路红线内均应优先布置步行交通空间。人行道最小宽度不应小于2.0m,且应与车行道之间设置物理隔离。距大型公共建筑和大、中运量城市公共交通站点800m范围内,人行道最小通行宽度不应低于4.0m。城市土地使用强度较高地区,各类步行设施网络密度不宜低于$14km/km^2$,其他地区各类步行设施网络密度不应低于$8km/km^2$。

(7)非机动车交通是城市中、短距离出行的重要方式,是接驳公共交通的主要方式,并承担物流末端配送的重要功能。适宜自行车骑行的城市和城市片区,除城市快速路主路外,城市快速路辅路及其他各级城市道路均应设置连续的非机动车道。非机动车道最小宽度不应小于2.5m,当非机动车道内电动自行车、人力三轮车和物流配送非机动车流量较大时,非机动车道宽度应适当增加。城市土地使用强度较高和中等地区各类非机动车道网络密度不应低于$8km/km^2$。

六、城市货运交通规划

城市货运交通规划应保障城市生产、生活及商业活动的正常运转,适应技术发展、产业组织和商业模式改变带来的货运需求变化。合理的城市货运交通规划可以提升城市货运交通系统效率效益,增强城市生产贸易竞争力,提高城市居民的生活品质,促进社会经济长期稳定可持续发展。城市货运交通组成如图5-2所示。

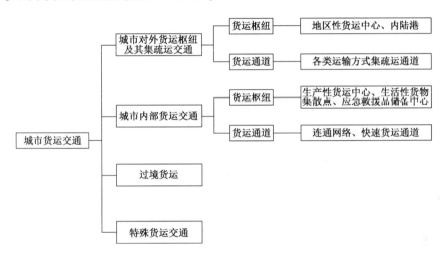

图5-2 城市货运交通组成

城市货运交通规划包括城市对外货运枢纽及其集疏运交通规划、城市内部货运交通规划、过境货运规划和特殊货运交通规划。城市对外货运枢纽规划是指依托港口、铁路和机场货运枢纽或者仓储物流用地设置对各类对外运输方式的货运枢纽布局进行规划。对外货运枢纽集疏运交通规划是指依托航空、铁路、公路运输的城市货运枢纽,设置高速公路集疏运通道,或设置与高速公路相衔接的城市快速路、主干路集疏运通道。城市内部货运交通规划包括生产性货运交通规划与生活性货运交通规划。生产性货物集聚区域应按照生产组织特征、货物属性、货运量确定生产性货运中心的选址与规模,宜依托工业用地或仓储物流用地设置。生活性货运交通包括城市应急救援品储备中心、生活性货物集散点及城市货运配送网络的货运交通。重大件货物、危险品货物及海关监管等特殊货物应根据货物属性、运输特征和货运需求规划专用货运通道。

城市货运交通系统规划的目标体现在以下几方面:

(1)基础设施建设方面,合理规划城市货运枢纽,完善货运通道、网络建设,有效平衡城市交通资源在货运和客运上的分配。

(2) 运输组织管理方面,合理规划承担运输骨干作用的货运通道和承担毛细作用的城市配送网络,提高城市货运服务的效率与可达性。

(3) 社会环境影响方面,降低货运交通对城市交通的影响,减少货运交通的污染气体排放以及对城市居民工作、生活的干扰。

七、交通信息化规划

交通信息化规划应提出支持综合交通体系实施评估、建模分析等的交通信息采集、传输与处理要求,以及交通信息共享、发布的机制与设施、系统要求。

采集的交通信息类型应能满足交通现状评价、建模分析、规划评估、决策支持的要求,突出信息采集的综合性,体现综合交通体系与城市空间、土地利用、人口就业之间的关联性。

按照信息属性可将交通信息分为静态信息和动态信息两大类,见表5-4。静态信息用于建立交通设施网络并定义其交通属性;动态信息描述实际交通流的运行状态,可用于对模型进行标定与验证。静态信息和动态信息可进一步分为基本信息和扩展信息两类,基本信息具有更普遍的意义,扩展信息可根据交通决策分析需求扩充。

从表5-4中可以看出,面向城市综合交通体系规划的交通信息采集类型多、范围广、工作量大,因此,应充分利用相关部门(规划和建设管理部门、交通行业管理部门、交管部门等)既有的数据资源,实现跨部门数据接入和共享。可采取"分期规划实施"的策略,首先保证交通网络建模分析、道路及公交系统运行评价等功能的基本信息完备,在交通信息采集过程中予以优先采集,在此基础上根据交通规划的需求分期逐步扩展。

交通信息采集类型 表5-4

静态信息	基本信息	交通网络信息、现状和规划土地使用信息、交通调查信息(居民出行调查、各类专项调查)、人口及岗位信息等
	扩展信息	城市基础地理信息、公共设施信息、建筑信息、各类空间性规划和其他相关规划信息等
动态信息	基本信息	道路交通量、道路行程车速、轨道交通客流量、公共汽(电)车客流量等
	扩展信息	交通枢纽客流信息、货运交通信息、停车场信息、非机动车和行人信息、交通事件信息、交通环境信息等

交通信息采集的范围应与城市综合交通体系规划范围保持一致,确保采集的交通信息能够为规划区域提供有效支撑。重点覆盖城区以及与城区联系紧密的城镇,宜采用分期规划、建设的方式逐步扩大覆盖范围。采集对象应包括全部交通方式及重要设施(道路、公交、枢纽、场站等),以及各类交通参与者信息(交通出行者、交通运营管理者等,包括社会经济属性特征和交通行为特征信息)。

规划人口规模100万及以上的城市宜提高交通信息采集的密度,主要指数据检测点的分布密度。可运用技术相对成熟且成本较低的移动数据采集技术来增加检测点的分布密度,利用如浮动车数据(出租车、新能源汽车)、手机信令数据等,从而以较低的成本显著提高数据采集能力。在大数据环境下,为提高交通分析、评估和决策能力,对于动态信息宜采用多维度、多层次的方式进行集成加工,以支持深度数据挖掘。

应建设城市交通信息共享与应用平台,平台应具备交通出行基础性信息服务、交通运行状态监测与预报、交通运营管理、交通规划与决策支持等功能,并与城市"多规合一"平台相衔接。

第四节　城市交通近期治理规划

城市交通近期治理规划是城市交通的近期建设计划,规划期限一般为3~5年,规划用地范围为适当扩大后的建成区。一般情况下,近期交通治理规划是在城市交通系统规划或城市交通发展战略规划的基础上进行的。

一、城市交通近期治理规划的目标与内容

城市交通近期治理规划以远期战略规划和中长期交通系统规划为指导,在现状交通调查的基础上,结合城市近期的发展动态,了解城市道路交通系统中存在的主要问题,明确城市交通中的主要矛盾及其发展趋势;充分考虑城市土地利用与交通系统发展作用机理,对城市道路交通、公共交通、停车、步行与非机动车等一系列分系统进行规划建设和合理组织,充分挖掘城市交通设施的潜力,达到缓解城市交通紧张状况的目的,并引导城市交通可持续发展。

城市交通近期治理规划的内容包括分析评估现状城市交通系统,制订全面综合的治理计划,包括城市道路网系统、城市公共交通系统、城市停车系统、城市步行与非机动车交通系统、城市交叉口的治理和城市交通管理的改善等。

二、城市交通近期治理的基本原则

1. 综合性

在规划区内必须考虑由行人、非机动车、公交、个体机动车等构成的交通方式系统,由动态交通和静态交通构成的系统,由城市内部交通与对外交通构成的系统,由交通量、速度、延误、时间等构成的交通特征系统,由规划区内各种设施构成的需要相互协调、保持一定结构、均衡发展的功能系统。

2. 协调性

考虑城市交通状况随着经济发展、居民生活水平提高、人口增长、国家政策变化等发生的相应变化,也要考虑交通参与者的实际体验,做到标本兼治、主次分清、点面配套。

3. 可持续性

交通需求与城市的社会经济、土地利用等发展状况息息相关,而交通运行安全、顺畅、高效又是城市经济与居民生活的基础。城市交通治理改善的措施既要与经济条件、现实情况、城市改造的可能性相结合,也要与大多数人的需求相适应。近期治理应与长期规划相协调,实现交通、经济、社会、环境的可持续发展。

三、城市交通近期治理的基本方法

在城市近期交通治理实践中,应采取综合的方法和措施来解决治理交叉口、合理增设停车场、组织单向交通、交通分流、保护行人等问题。要重点关注以下两个方面:一是明确关键问题

和实施顺序,二是城市各种交通问题相互影响、相互牵制,需要明确不同措施产生的不同效应。在实施层面,应以"两次序、两制约"为条件:

(1)按一定的经济条件的次序,即根据城市现有的经济实力以及在城市交通治理方面的投资比例,选择合适的与经济条件相适应的治理措施,逐步实施。

(2)按城市交通问题严重程度的次序,即先解决最主要、最迫切的交通问题,抓住主要矛盾和矛盾的主要方面。

(3)制约于交通自身发展规律及交通因素之间的联系,如供需两者的相互刺激及交通各因素的连锁反应等。因此,在决定采取某项措施时,一定要考虑结果利弊两方面的内容,统筹兼顾。

(4)制约于城市发展的现状与未来的用地形态和交通模式。交通的发展必然要和城市现状及发展需求相适应,还要同观念的更新,以及政府、企业、个人在交通方面作出的各种决策和选择相适应。

本节主要介绍城市交通近期治理改善的基本方法。

1. 城市道路网络治理改善方法

(1)打通断头路,形成完整的道路交通网络,使道路网络整体效能得到发挥,对一时无法打通的,要设置指示路线的标志,指明通向集散点的方向。

(2)对特别拥挤的双向车道,酌情组织单向交通。合理的单向交通可以提高车速、改善通行能力、降低事故率。

(3)城市边缘出入口道路是城市内外交通衔接、过渡的重要设施,是城市交通顺畅运行的保证,对于存在交通问题的出入口道路须给予高度重视和妥善治理。

(4)完善城市的环路系统。环路的建设可以缓解过境交通给城市建成区尤其是中心区带来的机动车交通压力,同时能加快城市机动车交通的对外疏解,为城市提供高效的机动车交通集散通道。

(5)在相对狭窄的路段上游要设置道路交通标志以提示过往车辆,对严重影响道路交通的瓶颈路段,要充分利用分隔带等可拓展空间来消除瓶颈。

(6)加强管理,客运主干道在高峰时段内或者全天禁止货车通过,限制或者禁止部分外地车辆进入城市中心区。

2. 交叉口改善设计方法

(1)在几何构造上,拓宽交叉口,增加必要的左转专用车道或者右转专用车道。

(2)根据交叉口实际情况,合理施划机动车停车线和人行横道,如阶梯形机动车停车线,通过将左(或右转)机动车停车线提前(或退后)设置,在减少相互冲突的基础上尽量使车辆对转弯半径的要求得到满足。

(3)对于服务水平较低且直行交通量占主体的交叉口,可在高峰时段或者全天限制车辆转弯(如禁止左转或右转)。

(4)对交叉口内部空间进行合理渠化,通过必要的物理分隔设施和科学的信号配时,从时空上将机动车、非机动车、行人三种不同特性的交通流分离,避免各种交通方式的冲突。

(5)改进道路信号控制系统,城市主干道沿线交叉口可根据实际情况进行线控,优化各信控交叉口的配时,减少延误,提高交叉口服务水平。

(6)高效利用交叉口时空资源,合理设置机动车和非机动车左转待行区。

3. 公共交通系统近期治理改善方法

(1)协调土地利用与公交发展,实行公交优先政策,设置公交专用道,利用快速公交、公交专用道等设备设施提高路段运行速度。

(2)落实公交规划,完善公交线网,增加公交运载能力,建立层次分明、配合良好的公交线网,加强接驳换乘设施建设,提高公交整体效率。

(3)改造停靠站,缩短站内停靠时间,改善乘客的步行环境和候车环境。

(4)研究改进票价政策,理顺各种公交方式的票价结构和比价关系。

(5)优化公交方式结构,合理分配公交大、中、小巴的比例。

(6)利用高科技手段建立科学高效的公交调度系统,改进公交管理体制,引入适度竞争机制,加强公交监管。

4. 停车系统近期治理改善方法

(1)进行停车规划建设管理政策研究,以明确的交通政策为指导,制定系统、配套的停车政策与法规,规范及协调相关部门的管理工作,鼓励停车场的市场化运作。

(2)出台机动车停放管理的相关条例,加强停车管理。

(3)按照相关规定要求城市新建和改建住宅区等项目提供足够的配建停车位,但停车位供给应逐步市场化或推行自备车位政策。

(4)加强停车问题集中区域的车位供应,主要包括新建停车场和既有设施挖潜改造。

(5)进行路边停车规划研究。加强社会公共停车场使用管理和路边停车管理,禁止改变配建停车场使用性质行为和路边违法停车。

(6)大型购物中心、娱乐中心、公共活动中心要为顾客提供方便的非机动车停车场地。一般认为,非机动车停车场地到达目的地的距离以不超过150m为宜,在保证停放容量的同时,要提高非机动车停车场对于非机动车使用者的可达性。

5. 步行交通系统近期治理改善方法

(1)提供完善的步行通道直达交通枢纽、轨道交通车站等。人们通常可接受的步行时间约为4~5min,相当于步行距离400~500m,如能提供完善的直达步行通道,以上可接受步行距离还可延伸50%。

(2)改善人行过街设施。结合轨道站点、重要公交节点发展园林化地下过街设施;进一步改善平面交叉口的行人过街通道,增设路段上行人过街信号设施,保证行人过街安全。

(3)在城市中心区内,需要建立完整的、连续的步行交通网络系统。

(4)对沿街摆放的报亭、摊点等进行系统规划和整治,使之成为便民点而不是成为行人行走的障碍;在人行道与机动车道无分隔设施的道路增设护栏,以减少人车冲突。

6. 非机动车交通系统近期治理改善方法

(1)加强非机动车道的管理,适当增加非机动车道的宽度,增加隔离设施,有条件的地方设置专用非机动车道。

(2)根据非机动车交通量的大小,确定合适的非机动车通过交叉口的方式。

(3)加强非机动车停车场地的建设与管理。

(4)加强对骑车人的管理。

【复习思考题】

1. 简述城市综合交通体系规划的目标与内容。
2. 简述城市交通发展战略规划的基本内容和步骤。
3. 若通过以下措施处理城市交通问题,试分别分析其优缺点(可从政策可行性、经济成本、环境友好性等角度分析)。
   (1)扩展交通设施总体容量。
   (2)控制交通需求总量。
   (3)干预城市土地利用和交通系统的开发。
   (4)制定目的在于鼓励改变个人出行行为的政策措施。
4. 比较分析城市交通发展战略规划与城市中长期交通系统规划的区别。
5. 试从道路的功能、空间联系等角度,分析对外交通系统规划中城市出入口道路规划与城市道路系统规划的联系。
6. 简述交通信息化规划的主要内容,并列举自己熟悉的3种交通数据,分析该数据在交通信息化规划中发挥的作用。
7. 简述城市交通近期治理的目标、内容和方法,试就某一城市中心区交通问题,分析并提出近期治理策略及方案。

第六章 城市道路网规划

第一节 概　　述

城市道路网规划应综合考虑城市空间布局的发展和控制要求、开发密度、用地性质、客货交通流量流向、对外交通等，结合既有道路系统布局特征，以及地形、地物、河流走向和气候环境等因地制宜地确定。

规划的城市道路网要满足客货车流、人流的安全畅通，反映城市风貌、历史和文化传统，为地上地下工程管线和其他设施提供空间，满足城市日照通风与城市救灾避难要求。在进行城市道路网规划时，应对上述功能综合考虑，使其相互协调。

一、城市道路功能等级划分

1. 道路功能大类

国外经验和我国城市的自身发展历程均已表明，以推动机动化、塑造城市格局为主的城市道路建设阶段已经过去，随着城市化进程迈向存量发展阶段，开放街区、建设次支路、营造活力街道、塑造高品质交通生活的时代已经到来。高品质的交通既要求道路可以快速高效地服务机动车，又要求街巷可以服务步行与非机动车，以及其他多样化的城市活动。

基于城市交通活动的两端——通过性交通和到达性交通，《城市综合交通体系规划标准》（GB/T 51328—2018）按照城市道路所承担的城市活动特征，将城市道路分为干线道路、支线道路以及联系两者的集散道路三个大类，干线道路服务机动化的交通，支线道路服务多样化的街区层面活动组织。干线道路应承担城市中、长距离联系交通，即通过性强的交通，也就是地方性活动单元外部的交通。集散道路与支线道路共同承担中、长距离联系交通的集散和中、短距离交通的组织，也就是地方性活动单元内部的交通（图6-1）。

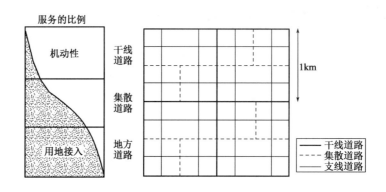

图6-1 两级三类道路分类思想与路网组织示意图

2. 道路功能中类

根据城市功能的连接特征确定城市道路中类，主要是对干线道路层次进行初步划分，明确分出快速路与主干路，形成城市快速路、主干路、次干路、支路四个中类。城市道路中类划分与城市功能连接、城市用地服务的关系应符合表6-1的规定。

不同连接类型与用地服务特征所对应的城市道路功能等级　表6-1

连接类型	用地服务			
	为沿线用地服务很少	为沿线用地服务较少	为沿线用地服务较多	直接为沿线用地服务
城市主要中心之间连接	快速路	主干路	—	—
城市分区（组团）间连接	快速路/主干路	主干路	主干路	—
分区（组团）内连接	—	主干路/次干路	主干路/次干路	—
社区级渗透性连接	—	—	次干路/支路	次干路/支路
社区到达性连接	—	—	支路	支路

3. 道路功能小类

在三大类、四中类道路系统的基础上，可将城市道路细分为八个小类，主要是细化了干线道路的类别，并从促进步行与非机动车交通出行环境改善的角度，细分了支路。道路小类的具体功能与设计速度、交通量的关系见表6-2。

城市道路功能等级划分与规划要求　　　　　　表 6-2

大类	中类	小类	功能说明	设计速度（km/h）	高峰小时服务交通量推荐（双向 pcu）
干线道路	快速路	Ⅰ级快速路	为城市长距离机动车出行提供快速、高效的交通服务	80~100	3000~12000
		Ⅱ级快速路	为城市长距离机动车出行提供快速交通服务	60~80	2400~9600
	主干路	Ⅰ级主干路	为城市主要分区（组团）间的中、长距离联系交通服务	60	2400~5600
		Ⅱ级主干路	为城市分区（组团）间中、长距离联系，以及分区（组团）内部主要交通联系服务	50~60	1200~3600
		Ⅲ级主干路	为城市分区（组团）间联系以及分区（组团）内部中等距离交通联系提供辅助服务，为沿线用地服务较多	40~50	1000~3000
集散道路	次干路	次干路	为干线道路与支线道路的转换以及城市内中、短距离的地方性活动组织服务	30~50	300~2000
支线道路	支路	Ⅰ级支路	为短距离地方性活动组织服务	20~30	—
		Ⅱ级支路	为短距离地方性活动组织服务的街坊内道路、步行、非机动车专用路等	—	—

二、城市道路网规划的目标与原则

城市道路系统应保障城市正常经济社会活动所需的步行、非机动车和机动车交通的安全、便捷与高效运行。具体应结合城市的自然地形、地貌与交通特征，因地制宜进行规划，并应符合以下原则：

（1）与城市交通发展目标相一致，符合城市的空间组织和交通特征。考虑不同城市之间的差异，因地制宜、按需供给。例如，对于一些大城市及以上等级的城市，道路建设用地稀缺，机动化矛盾突出，道路交通发展必须以服务集约、节约的绿色交通为目标。

（2）道路网络布局和道路空间分配应体现以人为本、绿色交通优先，以及窄马路、密路网、完整街道的理念。次支路的建设、街道空间的打造、城市活力的提升将成为规划建设的重要工作内容，城市道路与城市多元活动的关系更加密切。

（3）城市道路的功能、布局应与两侧城市用地特征、城市用地开发状况相协调。道路的功能特征主要体现在道路两端的连接对象和道路两侧用地开发，也就是需求决定功能，只有明确了城市道路的功能，才能对城市道路的布局和空间结构进行调整。

（4）体现历史文化传统，保护历史城区的道路格局，反映城市风貌。城市道路经过历史城区、地下文物埋藏区和风景名胜区时，必须符合相关规划的保护要求；城市建成区的道路网改造时，必须兼顾历史文化、地方特色和原有路网形成的历史，对有历史文化价值的街道予以保护。

（5）为工程管线和相关市政公用设施布设提供空间。应根据城市发展，综合考虑电力、通信、燃气、给水和排水系统等地上地下工程管线及其他市政公用设施的布局需求。

（6）满足城市救灾、避难和日照、通风等要求。在具体规划过程中需充分考虑灾害发生时的紧急避难、救援与疏散需求，提高在应急状态下的路网韧性，确保其通畅、可靠；道路系统走向要与主要通风廊道保持协调一致，以利于城市空气流通和建筑物的采光，从而营造高品质城市人居环境。

第二节　城市道路网布局规划

一、城市道路网布局影响因素

城市道路系统是组织城市各种功能用地的"骨架"，又是人们进行生产和生活活动的"动脉"。城市道路系统布局是否合理，直接关系到城市是否可以合理、经济地运转和发展。城市道路系统一旦确定，实质上就决定了城市发展的轮廓、形态，即使遇到自然灾害或战争的破坏，在恢复和重建城市时，也较难改变。这种影响是深远的，将在一个相当长的时期内发挥作用。影响城市道路系统布局的因素主要有三个：城市在区域中的位置（城市外部交通联系和自然地理条件）、城市用地布局形态（城市骨架关系）、城市交通运输系统（市内交通联系）。

二、城市道路网布局结构

历史上形成的城市道路系统形态主要有棋盘式路网、放射形路网、环放射形路网等，相关性能见表6-3。

典型城市道路网布局及其性能　表6-3

类型	图式	特点与性能
棋盘式		布局严整、简洁，有利于建筑布置，方向性好，网上交通分布均匀，交叉口交通组织容易但非直线系数大，通达性差，过境交通不易分流，对大城市进一步扩展不利。改进的方式是增加对角线道路，有时亦组织环形线路。适用于地形平坦的城市
放射形		交通干线以市中心为形心向外辐射，城市沿对外交通干线两侧发展，形成"指状"城市。这种布局具有带形布局的优点，同时缩短了到市中心的距离。缺点是中心区交通压力过大，边缘区交通联系不便，过境交通无法分流。改进的布局是增加环线并使放射性干线不集中于市中心
环放射形		这种布局具有通达性好，非直线系数小，有利于城市扩展和过境交通分流等优点，一般用于大城市。但不宜将过多的放射线引向市中心，以免造成市中心交通过分集中。缺点是对建筑布置不利

随着城市的发展,在典型的城市道路网布局的基础上发展延续出9种道路网络布局形式,现归纳分析如下。

1. 方格形道路网

方格形道路网或称棋盘式路网,如北京、西安老城区的道路网,成都、桂林、太原中心区(老城)的道路网。它具有如下特征:

(1)道路使用均衡,车流可以较为均匀地分布在所有街道上,路网容量能够被均衡利用,并且市中心的交通负担不会过重。

(2)从交通方面来看,这类路网不会形成太复杂的交叉口,多为十字形或丁字形交叉口,交通组织简单便利。

(3)在重新分配车流方面具有较大的灵活性,当某一条街道受阻时,车辆可选择的绕行路线较多,从而避免行车行程时间增加。

(4)城市街道布局严整、简洁,有利于建筑物布置,且方向性好。

但方格形道路网对角线方向交通联系不便,非直线系数较大,一般为1.2,高时可达1.4,增加了居民的无效出行距离,加重了路网负担;干道网的密度一般较高,存在很多交叉口,既影响车速,又不易于交通管理和控制;把城市交通分配到全部道路上,不能使主次干路明确划分,限制了主次干路按功能发挥作用。

为改善对角线方向上车流绕行距离过长的问题,可在方格网中适当加入对角线方向的干道,形成棋盘对角式路网。这样对角线方向交通可以缩短30%左右的出行距离,提高可达性。但由于斜向干道的穿越,会形成近似三角形的街坊和交叉口,给建筑布置和交通组织带来不便。

2. 环线放射式道路网

环形放射式道路网,由从城市中心起向四周的若干条放射线和以城市中心为圆心的几条环形线组成。城市中心即中心区,四周分布几个副中心,比较理想的布局方式是从中心向四周一定范围内布置居住区,包括工作、生活、商业服务业、娱乐等,市区外围为工业区,城市各组团间由城市干道和绿化带分隔。

环形放射式道路网起源于欧洲,是以广场组织城市的规划手法,最初是几何构图的产物,多用于大城市。这种道路系统的放射形干道使市中心和各功能区以及市区和郊区间有便捷的交通联系,市中心可达性好,有利于形成吸引力强大的市中心,以保持市中心的繁荣;环形干道又有利于外围市区及郊区的相互联系,并疏散过境交通,以避免对市中心产生过大的压力。

但是,放射形干道容易把外围的交通迅速引入市中心地区,造成中心区的交通紧张,使中心区路网超负荷,而外围路网容量得不到充分利用,浪费路网时空资源,其交通机动性较方格网差。如在小范围内采取这种形式,则易造成一些不规则的小区和街坊,给建筑布局带来困难。这种形式一旦形成,如果规划管理不当,就可能形成连片密集型发展模式,形成城市用地的"摊大饼"。环形干道也容易引起城市沿环道发展,促使城市呈同心圆式不断向外扩张。

为了充分利用环形放射式道路系统的优点,避免其缺点,国外一些大城市在原有的环形放射路网基础上部分调整改建形成快速路系统,以缓解城市中心的交通压力,促使城市沿交通干线向外发展。

3. 自由式道路系统

自由式道路系统通常是由于地形起伏变化较大，道路结合自然地形呈不规则状布置而形成的。这种类型的路网没有一定的格式，变化很多，非直线系数较大。如果综合考虑城市用地的布局、建筑的布置、道路工程及创造城市景观等因素精心规划，不但能取得良好的经济效果和人车分流效果，而且可以形成活泼丰富的景观效果。

国外很多新城的规划都采用自由式的道路系统。美国阿肯色州1970年规划的新城茅美尔（Maumelle），城市选在一片丘陵地，在交通干道的一侧布置了工业区，另一侧则结合地形、河湖水面和绿地安排城市用地，道路呈自由式布置，形成很好的居住环境。

我国山区和丘陵地区的一些城市也常采用自由式道路系统，道路沿山脉或河岸布置，如青岛、重庆等城市。但这种布置多是从工程的角度出发，而有的道路仿照盘山公路修建，不自然。而且，在传统的规划思想下，只要有一些平地，都尽可能采用方格式的道路系统。

4. 混合式路网

混合式或综合式道路网系统是根据城市所在地区的地形和交通需求将城市不同区域的各个道路系统有机结合起来，使道路网既能满足交通需求，又能满足经济和建筑上的需求。混合式路网是多种形式的组合，是城市分阶段发展的体现。

这种路网形式考虑了自然历史条件，有利于因地制宜地组织交通，使城市形成一个完整且统一的建筑规划结构，因为它全面考虑了城市中的基本组成要素，使它们在城市用地上协调配合。如果规划合理，将是一种扬长避短的形式。

经历了不同发展阶段的大城市的这种混合式道路系统，如果在良好的规划思想指导下，对城市结构和道路网进行认真分析和调整，因地制宜规划，仍可以很好地组织城市生活和城市交通，并取得较好的效果。

5. 线性或带形道路网

线性道路网是以一条干道为轴，沿线两侧布置工业与居用建筑，从干道分出一些支路联系每侧的建筑群。线性道路网布局又可分为两种：一种是干道一侧为居住区，另一侧为工业企业区，干道的中部为中心区，两侧各有一个副中心。另一种方式是沿干道为一个或多个建设区，中间为居住区，有行政、商业、服务业中心，两侧各为一个工业企业，最外侧各有居住区及商业服务业副中心，和工业区分开布局。

还有一种和线性道路网布局相似的带形城市道路网，这种布局往往以中间的干道为主轴，两侧各有一条和主轴平行的道路作为辅助干道，这样以三条道路为主要脉络和一些相垂直的支路，组成类似方格形的道路网，如兰州、深圳。

6. 方格环形放射式道路网

方格环形放射式道路网中心区为方格形，向四周呈环形放射式发展。因历史原因，我国城市道路网多采用这种布局形式。随着城市化进程加快，区域之间交往增加，过境交通增大，编制总体规划中的道路网络，自然需要利用改造原有的放射线和发展新的放射线，便于各条放射线之间的联系、缓解疏散中心区交通压力的交通环路便应运而生。大城市一般建几个环路，至于放射线的数量，随着城市大小、地理位置以及和相邻城市的关系而有所不同，大体上内地城市放射线较多,沿海城市放射线较少。

7. 手指状(巴掌式)道路网

手指状(巴掌式)道路网以多条放射线呈手指状发展,市区以外沿着手指状的道路两侧规划一些重点建设区,每个重点建设区规划一个以行政办公及商业服务业为主的副中心,各重点建设区之间以楔形绿带分隔,手指式放射线通过几条环路联系起来。

8. 星状放射式道路网

星状放射式道路网是和子母城市的布局(即城市由市区和卫星城所组成)相配套的,道路网从城市中心起呈放射状联系多个卫星城市,而城市形成几个层次的同心圆。

9. 交通走廊式道路网

城市中心区道路网形成之后,城市沿着放射干道发展,形成交通走廊式道路网。

三、城市道路网布局规划方法

道路网布局规划中可先确定道路网规划指标和道路网空间布局形式,然后进行道路网系统性分析,再布置专用道路系统,最后进行检验与调整,如图6-2所示。

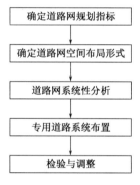

图 6-2 道路网布局规划程序

1. 确定道路网规划指标

道路网布局规划中首先需要明确的是规划指标,主要有人均道路用地面积、车均车行道面积、道路网密度、道路等级结构、道路网连接度、非直线系数等。

2. 确定道路网空间布局形式

在社会经济、自然地理等条件的制约下,不同城市的道路系统有不同的发展形态。从形式上看,常见的城市道路网布局有四种典型类型:方格网式道路网布局、环形放射式道路网布局、自由式道路网布局、混合式道路网布局。

仅仅从每种道路网布局的特点出发是难以决定其优劣与取舍的,规划中应尊重已经形成的道路网格局,考虑原有道路网的改造和发展,从城市地理条件、城市布局形态、客货运流向及强度等方面确定城市的道路网布局,不应套用固定的模式。道路网空间布局形式的确定是一个定性分析与定量分析相结合的过程。

3. 道路网系统性分析

道路网的系统性表现在城市道路网与城市用地之间的协调关系、与对外交通系统的衔接关系以及道路网系统内部各组成要素之间的协调配合关系。道路网布局的系统分析有以下几个方面的内容。

(1) 城市道路系统与城市用地布局的配合关系

主要分析城市各相邻组团间和跨组团的交通解决情况、主要道路的功能是否与两侧的用地性质相协调、各级各类道路的走向是否适应用地布局所产生的交通流及是否体现对用地发展建设的引导作用等。

(2) 城市道路网与对外交通设施的配合衔接关系

主要分析城市快速道路网与高速公路的衔接关系、城市常速交通性道路网与一般公路的衔接关系、城市对外交通枢纽与城市交通干道的衔接关系。考虑到高速公路对城市交通有着重大影响,在规划的层次上应将高速公路交通影响分析纳入交通规划研究内容。

(3) 城市道路系统的功能分工及结构的合理性

主要分析道路网中不同道路的功能分工、等级结构是否清晰、合理,各级各类道路的密度是否合理等。为保障交通流逐级有序地由低一级道路向高一级道路汇集,并由高一级道路向低一级道路疏散,应避免不同等级道路越级相接。

4. 专用道路系统布置

专用道路系统布置根据具体专项要求进行。

5. 检验与调整

经过以上过程所初步拟订的道路网需经过检验,如图 6-3 所示。检验的标准是拟订的道路网是否能满足道路交通需求和环境质量要求。检验的基础是道路交通需求预测技术、道路网络分析技术和道路交通环境影响分析技术。道路网规划方案的调整分为两个层次,当道路服务水平质量和环境质量状况不符合规划要求时,首先调整道路网布局规划方案,对调整后的道路网布局规划方案重新进行检验,如多次调整后仍不能满足规划要求,应对城市总体交通结构进行反馈,提出修改意见。

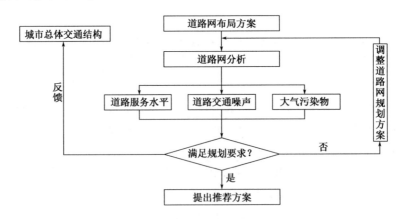

图 6-3 道路网布局的检验与调整

第三节　各级城市道路规划

一、快速路系统规划

城市快速路系统规划是城市交通规划的核心内容之一，也是城市发展规划的重要组成部分。随着我国经济建设不断发展，城市建设规模不断扩大，城市功能逐渐加强和完善，相应的城市交通需求日益增加，从而带来巨大的交通压力。因此，建设城市道路网的主骨架——城市快速路系统以缓解交通压力，提高城市交通系统的服务水平，已成为越来越多的城市所采取的重要措施。

1. 快速路规划原则

快速路是为高车速、长行程机动车出行提供快速交通服务的重要道路，适宜在大城市或组团式城市内设置，并与城市出入口道路和市域高等级公路有便捷的联系。

（1）联络城市各个功能分区或组团，满足较长距离的交通需求

随着城市的发展及用地功能的再调整，城市由密集型布局转向分散的功能组团方向发展。为保证城市的正常功能，提高城市的运行质量和效率，必须通过快速路系统使城市各个组团之间的空间距离从时间上得以缩短，使城市的概念在时空上得到统一。

（2）进行城市内外交通转换，屏蔽过境交通

城市快速路系统一般由环状道路和放射状道路组成。放射道路是城市对外交通的主通道，城市的内外交通联系主要通过放射道路加以实现。过境交通的混入，是造成许多城市路网特别是中心区交通压力增大、交通组织混乱的重要原因。将过境交通引入快速路系统，可以极大提高城市的运输效益和运行质量，使快速路系统起到中心区交通保护圈的作用。

（3）调整城市路网交通量

由于快速路系统能够提供高效率和较高服务水平的交通环境，随着现代化动态交通管理水平的提高，驾驶人可以根据路网交通负荷的变化情况及时调整自己的行驶路线，选择能够快速到达快速路系统的路径，从而使路网的交通量分配更加合理，交通运行更为有序。

（4）形成城市建设的风景带，带动沿线的土地开发

快速路在城市交通体系中所起到的特殊作用，必将引导和制约沿线的城市建设布局及土地的综合开发利用，从而体现与快速路系统配套的城市设计风貌，形成城市建设的亮丽的风景带。

2. 快速路系统组成要素

（1）快速路道路特征

快速路一般布设在规划人口在100万以上的大城市及中心城区长度超过20km的带形城市，其中：规划人口为100万～200万，宜规划Ⅱ级快速路或Ⅰ级主干路；人口在200万以上，宜规划Ⅰ级快速路或Ⅱ级快速路。对于带形城市，当中心城区长度超过20km时，宜规划Ⅱ级快速路，当中心城区长度超过30km时，宜规划Ⅰ级快速路。快速路与其他干路构成系统，相互联通，并与城市对外公路有便捷的联系。快速路的设计速度为60～100km/h。

快速路是提供不间断交通流的交通设施,交通流较少受到信号灯或停车管制的交叉口的外部干扰。快速路中行驶车辆运行情况主要受交通流中其他车辆及快速路几何特征的影响。此外,车辆运行也受到环境条件和人为因素的影响。

(2) 快速路典型横断面组成

城市快速路一般采用双幅路和四幅路两种形式。一般建议快速路双向机动车道条数最好超过四条,两侧一般不设置非机动车道,可设有辅道,辅道和快速路之间采用分车带隔离。当快速路两侧设置辅道时,应采用四幅路;两侧不设置辅道时,应采用双幅路。城市Ⅰ级快速路可根据情况设置应急车道,以确保道路交通安全。

(3) 沿线道路相接形式

快速路与快速路、主干路、部分次干路相交时,规划设置立体交叉口。根据交通功能和匝道布置方式,立体交叉分为分离式和互通式两类。快速路与次干路相交时,有时采用平面交叉口,平面交叉口的进出口均设展宽段,并增加车道条数。展宽段的长度为在交叉口进口道外侧自缘石半径的端点向后展宽 50~70m。

(4) 交织区

两条或多条车流沿着快速路一定长度,穿过彼此行车路线的快速路路段。交织路段一般由合流区和紧接着的分流区组成。当快速路驶出匝道紧接驶入匝道,且两条匝道由一条连续的辅助车道相连接时,也会形成交织区。交织区的运行情况对交通流的上下游均有影响。

(5) 变速车道

变速车道是加速车道和减速车道的总称。加速车道是为保证驶入快速道的车辆,在进入快速道车流之前,能安全加速以保证汇流所需的距离而设的变速车道。减速车道是为保证车辆驶出快速道时能安全减速而设的变速车道。变速车道有直接式和平行式两种。加速车道一般多用直接式,有的也用平行式;减速车道原则上用直接式。变速车道的宽度一般为 3.5m。

(6) 匝道

匝道是起连接两条相交道路作用的道路。匝道有三个相关的几何因素:匝道与快速路的连接点;匝道车行道;匝道与道路的连接点。

(7) 匝道连接点

匝道连接点是驶入及驶出匝道与快速路的连接点。由于汇集了合流或分流的车辆,匝道连接点是一个紊流区。匝道连接点的运行情况对交通流的上下游均有影响。

3. 快速路形式及适用性

(1) 高架式

这种方式以高架桥梁在道路上空形成连续通行的快速道路,它与所有横向交叉道路均成立体交叉,与地面交通互不干扰。高架桥的优点是立体使用道路空间,能够增加道路有效使用面积,尤其在市中心区,能少建大型立交桥,减少占地、拆迁。高架桥的最大缺点是有噪声和光污染、破坏城市景观、防灾效果差、引起道路两侧土地降值和商业萧条。

高架桥适用于建筑密集、地价昂贵、交通繁重、地形条件受限制、红线宽度较窄、沿线交出口多和横向干扰大的路段。建议我国大城市,尤其是国家级历史文化名城,不到万不得已不要建高架桥。

(2) 地面式

地面式快速路的车行道与相邻建筑基本位于同一平面。它适用于地势平坦的城市,沿铁路与河流的路段,横向交叉道路间距较大的城市外围地区路段以及新建城区和结合城市改造、用地较容易,能满足横断面布置的路段。

地面式快速路的缺点是分割城市,道路两侧居民过街不易,沿线单位必须右进右出,进出不易。地面式快速路路段必须设置行人、非机动车过街设施。

(3) 半地下式

半地下式快速路车行道低于临街道路路面,快车道与地面道路的高差不小于车辆净空要求,辅路与两旁街道处于同一平面,并相互连接。半地下式快速路的优点是可以减少车流对沿街地区的干扰和噪声,横向道路可以跨越,有利于交通管控。

半地下式快速路适用于地势平坦、少雨、地下水位低、河道少、桥梁少、排水设施好、卫生条件好的城市。

(4) 地下式

地下式快速路一般适用于丘陵城市中穿越山岭,平原城市中穿越江河,穿越铁路站场,穿越环境敏感地区。

地下式快速路的优点是对环境影响小。缺点是造价高,对通风、事故排除等要求较高。因此,除敏感地段外,不建议我国城市采用地下式快速路系统。

(5) 路堤式

路堤式路段是指路基高、中或低填土路段。路堤式快速路适用于城市外围横交道路间距较大、用地富裕且便于取用填土材料的地段,多利用沿河沿江防汛路堤、桥头高填土引道路段,丘陵城市利用路堑段挖方填筑的路堤路段。

对于平原水网城市的郊区快速路,低路堤是首选形式。一方面填方少,软土地基处理工程量小;另一方面节点容易处理,快车道纵断面线形较好,相交道路下穿或上跨快速路容易。

(6) 立体交叉加封闭式

立体交叉加封闭式是在主要交叉口修建互通立交桥或跨线桥,次要路口采取顺向出入的交通管制,路段采取限制穿越、封闭的方式,达到车辆快速行驶的目的。该方式的优点是车辆出入快速路方便,对城市景观影响较小。缺点是立交桥占地、拆迁量大,快速路对横向道路切割严重。北京市的几条环路建设主要采取这种方式。

4. 快速路系统规划

快速路是为车速高、行程长的机动车出行而设置的重要道路,用于连接城市主要中心以及各分区,为沿线用地服务很少。快速路应设置中央分隔带,以分离对向车流,并限制非机动车进入,单向设置不应少于两条车道,并设有配套的交通安全与管理设施。部分控制快速路两侧出入的道路,快速路上出入道路的间距以不小于1.5km为宜。快速路两侧不宜设置吸引大量人流和车流的公共建筑物出入口。

(1) 城市快速路的布局形式一般多为"环形放射"式,不同快速路系统的差别主要体现在环的大小、形状、层数等方面。

(2) 高架道路横断面形式的选用应慎重,应全面权衡其利弊。认真研究上下匝道的设计问题,使车辆上下通畅,尽量减少其对地面交通流的不利影响。

(3) 快速内环可设在旧城区内部,甚至可有切割内环的径向放射线,但应在横断面形式选取、高架桥墩柱设计、交通防噪、景观设计等方面采取一体化的综合措施。

(4)快速路平纵线形、立交设计标准要与城市道路网整体协调,在快速路主线与匝道的合流、分流点处应采取措施避免通行能力与主线有较大差异。

二、主次干路规划

1. 主干路规划

主干路是城市道路网络的骨架组成部分,是连接城市各主要分区的交通干线,与快速路共同承担城市的主要客、货流量。

主干路宜采用四幅路或三幅路,两侧不宜设置吸引大量人流、车流的公共建筑物出入口。主干路与主干路相交时,一般采用平交或立交方式,当通过主干路与主干路交叉口的预测总交通量不超过12000pch/h时,不宜采用立交形式。可选近期交通量较大交叉口采用信号控制时,应为以后修建立交留出足够的用地;主干路与次干路、支路相交时,可采用信号控制或交通渠化。

我国习惯于建设很宽的主干路,中间车行道上的机动车和非机动车交通量很大,在主干路的两旁设置大型商店和公共建筑,吸引大量人流。当道路上的车辆交通量不大时,行人可利用车辆间空当穿梭;当车辆交通日益增加,穿行的人流迫使车速下降,车流密度增加,反过来进一步降低了车速;此外,沿路两侧建筑物前的非机动车停车问题也日益严重。目前许多城市采用几道栅栏纵向分割的办法阻止行人穿越道路,以提高车速并保证交通安全,但给商店顾客和公共交通乘客造成了极大的不便。为此,建议将吸引人流多的商店和公共建筑设置在次干路上,使主干路主要发挥通行车辆的交通功能。国外也有沿主干路建造吸引大量人流的公共建筑的经验,具体为在离交叉口较远的路段中建造1~2座行人天桥,直接伸入沿路两侧的高层公共建筑或多层商店内,天桥下设公共交通停靠站,使市民的步行交通组织在另一个连续的层面内,穿过道路时不再干扰快速的车辆交通,也不再争夺交叉口的用地,交叉口四周可以有较开阔的空间和宽敞的绿地。

主干路规划应符合下列几方面的要求。

(1)自然环境

主干路网是有机连接市区、保证其活动的交通设施,需要考虑河流、山体等自然条件的限制和影响,跨河(江)通道与穿山隧道布局应符合城市的空间布局和交通需求特征,集约使用,布局宜符合表6-4与表6-5的规定。主干路除将市区连成整体外,还会影响市区的发展,规划主干路网一定要充分研究自然地形,按照目前和未来市区的发展方向进行规划。

规划(预留)跨河(江)通道的道路等级规定 表6-4

河(江)道宽度 D(m)	应跨越的道路等级
$D \leq 50$	次干路及以上
$50 < D \leq 150$	Ⅲ级主干路及以上
$150 < D \leq 300$	Ⅱ级主干路及以上
$300 < D \leq 500$	Ⅰ级主干路及以上
$D > 500$	快速路

规划(预留)穿越山体隧道的道路等级规定　　　　　　表6-5

隧道长度 L(m)	应穿越的道路等级
$L \leq 100$	Ⅲ级主干路及以上
$100 < L \leq 500$	Ⅱ级主干路及以上
$500 < L \leq 1000$	Ⅰ级主干路及以上
$L > 1000$	快速路

(2)历史环境

除了开发新型城市的情况,城市的风格是人们在常年生活中建立起来的。历史保护地区多为城市旧城区,道路狭窄,功能集中,活动密度高,是机动交通拥挤的常发地区。旧城地区的繁荣应与交通治理融为一体,以保护为主导,干线道路不得布设于历史文化街区、文物保护单位的保护范围以及其他历史地段,并且在规划时,一定要考虑和原有道路网的连接,确保与历史环境相协调。

(3)经济和社会环境

城市活动与周围城市和本身的经济、社会地位有关,根据在城市地区社会建立的经济、社会地位,其发生的交通性质不同。

城市分为许多种类,如大城市范围内的中心城市、卫星城市、独立的地方城市等。在规划主干路网时,必须考虑这些城市的经济和社会特点。不同规模的城市干线道路等级选择宜符合表6-6的要求。

城市干线道路等级选择要求　　　　　　表6-6

规划人口规模(万)	最高等级干线道路
≥200	Ⅰ级快速路或Ⅱ级快速路
100~200	Ⅱ级快速路或Ⅰ级主干路
50~100	Ⅰ级主干路
20~50	Ⅱ级主干路
≤20	Ⅲ级主干路

(4)交通特点

主干路网主要服务城市中、长距离机动交通需求,其特征是城市主要分区之间以及分区内部的中、长距离通过性交通,设计速度为40~60km/h,当设有辅路时,辅路设计速度宜为主路的0.4~0.6倍。为此,应优先考虑交通功能,以较高的标准设计,并以构成简单的网为宜。路线位置要避开幽静的住宅区,对沿线环境及土地利用必须充分考虑。

从城市道路规划的观点来看,不同城市在自然环境、历史环境、经济和社会环境、城市规划方面的问题是不同的。在规划主干路时,一定要分析各城市的固有问题,制定适合于各个城市特点的规划。

(5)城市规划

主干路网除具交通功能外,还具有城市防灾、城市空间、城市构成等功能。主干路网的规划要考虑这些功能的相互协调,并作为未来城市基础设施进行规划。

2.次干路规划

次干路功能定位为服务集散交通,是邻里地方性活动单元内部收集支线道路交通并汇集至干线道路,疏散干线道路交通至支线道路的重要道路,起着承上启下的作用。次干路是介于城市主干路与支路间的车流、人流主要交通集散道路,宜设置大量的公交线路,广泛联系城内各区。次干路宜采用单幅路或双幅路,两侧可以设置吸引人流与车流的公共建筑、机动车和非机动车的停车场地、公交车站和出租车服务站。次干路与次干路、支路相交时,可采用平面交叉口。次干路的设计速度为30~50km/h。

次干路规划应符合下列要求:

(1)次干路的布置规划,必须与该地区的土地利用开发相结合,并符合不同功能地区的城市活动特征。住宅区、商业区、工业区对次干路的功能要求各不相同,必须区别考虑。

(2)从交通功能看,在居住区,次干路的布置一定要能达到为整个居住区服务的水平;为保障生活环境,有时也要控制与主干路的接入口数量与衔接方式,道路的连接可采用T形或U形。

(3)另外,在商业区和工业区,为繁荣商业、加强工业活动,必须有效处理大量发生、集中的交通量,还要为机动车交通提供便利。在这种地区,为了确保顺畅的外部车辆驶入以及交通组织,道路布置应采用十字形交叉。

(4)从城市防灾的要求来看,次干路布置一定要有利于消除消防活动困难的区域(因道路狭窄,消防车不易接近,消防活动困难的地区)。

(5)次干路规划间距和从次干路到最远住宅区的距离、公共汽车站和住宅区的服务距离、上下水道等城市公用设施布设距离有关。

三、支路网规划

支路是城市交通的"毛细血管",也是次干路与居住区、工业区、市中心商业区、市政公用设施用地和交通设施用地内部道路的连接线,主要承担城市功能区内部短距离地方性活动组织,宜采用单幅路,且应满足公共交通线路行驶的要求。城市支线道路系统应保障步行、非机动车与城市街道活动的空间,避免引入大量通过性交通。居住街坊内部的道路对于步行和非机动车交通组织起到重要作用,宜设为Ⅱ级支路。

支路网规划工作是一项复杂且细致的工作,需要对城市特征、用地形态、道路网现状等信息有较深入的了解。支路网规划有其自身的特点,具体如下。

1. 支路网规划的实施阶段

干道路网规划在国土空间规划阶段进行,而支路网规划一般在分区规划和控制性详规中进行。在分区规划中需要确定不同功能地区的街区尺度、路网密度指标和网络的骨架层,其后在控制性详规中落实具体布局形态。

2. 支路网规划应结合土地利用形态和结构及交通影响分析

支路网规划应在不同的功能区内落实"小街区、密路网",具体地块则需结合实际问题。建议参照大型土地开发项目的交通影响分析中的有关预测资料和分析,确定其影响区支路功能和相应标准,使土地开发的容积率与配备道路网的通行能力相协调。同时,支路网规划不应拘泥于满足交通需求。

3. 支路网规划受地形、地物、地质等条件的影响较大

在支路网规划中,房屋拆迁量、特殊地形的穿越、较宽河流的过河通道等都是很敏感的问

题,需要重点论证。

4."以人为本"的规划思想

城市干道网主要是满足大容量、快速交通通达性的需要,而支路网的规划则立足于"人性化"的特色,真正实现支路美化城市的功能。

支路网最常采用的是两种形式,即方格网式、线形式。方格网式支路的优点是相互连接性好、易于建筑布局,缺点则是视觉方面单调、未考虑地形、易受通过性交通影响。对于容量大的小规模网络,采用方格网式支路系统易于组织单向交通。这种形式有利于明确支路间的分工,通常是一条连通性较好的集散型支路承担主要交通流量,两侧的用地通过一些支路环线联系,进出口较多。

支路规划涉及的面较广,在实际操作时尤其需要重视一些关键性的问题:

(1)将保护城市历史古迹、维护城市特色放在首要位置,不可片面追求线形的平顺。

(2)分析具体支路的运行功能时建议对车流构成进行必要的调查和分析,尤其要注意大型建筑和规模较大社区的出入口道路。

(3)在支路连接时,避免错位交叉口、"K"字形交叉口、五路以上的多路交叉口,避免出现断头路,尽量利用现已有的支路进行改造。

(4)沿河、沿山体道路要考虑空出必要的绿地和公益活动设施用地。

(5)随着城市中心区的不断扩展,中心区原来拥有的一些工厂、学校、机关等将会迁往城市外围,新的土地开发客观上要求加密支路。

第四节 城市道路交叉口规划

交叉口是城市道路网中的瓶颈,是制约道路通行能力的咽喉。在交叉口处,机动车、非机动车、人流之间的干扰较多,交通的顺畅性、安全性都比路段低。我国城市的交通拥堵以及交通流的中断主要发生在平面交叉口。交叉口处行人、非机动车、机动车流互相抢道,老人、儿童等群体过交叉口很不方便,也不安全。另外,我国城市立交建设经验表明,立交不是万能的,有时会因建大型立交而使城市交通状况更加混乱,并且公交乘客在立交处换乘很不方便。因此,随着道路设施规划建设管理面向"人本位"、人车分流、交通系统高效等趋势,非常有必要重新深入研究城市道路交叉口规划。

一、城市道路交叉口控制性规划

城市道路交叉口不仅应能满足机动车通行的要求,还必须保障行人、非机动车与公交乘客过街的安全与方便。因此,应根据相交道路的等级、分向流向、公交站点的设置、交叉口周围用地的性质,确定交叉口的形式及其用地范围。

通常交叉口分为立体交叉口、环形交叉口、信号交叉口、无控制交叉口四类,各类交叉口按交通渠化、进口拓宽方式又可细分为几种形式。例如,在郑州、南京、镇江等城市的交通规划中,交叉口控制被分成立体交叉、环形交叉、无控交叉、进口无拓宽信号交叉、进口拓宽信号交叉、优先权交叉等多种方式。在交通规划方案的论证过程中,需要根据相交道路的等级及交通负荷不断调整交叉口控制方式,以满足规划要求。

路网节点相交道路的条数应以四条为主,不应规划超过四条进口道的多路交叉口、错位交叉口、畸形交叉口。相交的道路应尽量垂直,在受地形地物限制时,也要尽量使规划道路的交角不小于70°,地形条件特殊时,规划道路的交角不应小于45°。道路路线转折角大时,转折点宜放在路段上,不宜设在交叉口上,以丰富道路景观,有利于交通安全。

相交道路的等级不宜相差太大,快速路只与快速路、主干路和次干路相连,且应满足快速路主线车辆快速、连续通行,车行道应为机动车专用道,主线上不得因设置匝道而使匝道进出口上游与下游通行能力严重不匹配。其他道路不能与快速道路直接相连,而只能与快速路的辅道相连。主干路只与主干路、次干路、支路相连,且与支路、非机动车专用道等的相交数量应适当控制,主干路与其他道路相交的交叉口要保证一定的间距,一般不宜小于300m,最好不小于500m。支线道路不宜直接与干线道路形成交叉联通。

路网节点应只允许同级或相邻道路的连接,不允许越级相连。此外,对于干道和快速路必须考虑每一节点的交通通畅,使路段和交叉口通行能力相协调。干道交叉口必须进行渠化设计,近期无法进行渠化的远期应严格控制交叉口用地;快速路交叉口应当根据相交道路级别进行立交规划设计。

根据《城市道路交叉口规划规范》(GB 50647—2011),规划阶段城市道路交叉口选型见表6-7。

城市道路交叉口形式　　　　　　　　　表6-7

相交道路	交叉口选型	
	应选类型	可选类型
快速路-快速路	立A	—
快速路-主干路	立B	立A或立C
快速路-次干路	立C	立B
主干路-主干路	平A1	立B类中的下穿型菱形立交
主干路-次干路	平A1	
主干路-支路	平B1	平A1
次干路-次干路	平A1	—
次干路-支路	平B2	平C或平A1
支路-支路	平B2类或平B3	平C或平A2

注:1.立体交叉应分为枢纽立交(立A类)、一般立交(立B类)和分离立交(立C类)。
2.平面交叉口应分为信号控制交叉口(平A类)、无信号控制交叉口(平B类)和环形交叉口(平C类)。其中,平A类分为进出口道展宽交叉口(平A1类)和进出口道不展宽交叉口(平A2类);平B1类分为支路只准右转通行交叉口(平B1类)、减速让行或停车让行标志交叉口(平B2类)和全无管制交叉口(平B3类)。
3.通过主干路-主干路交叉口的预测交通量不超过12000pcu/h时,除特定的地形条件外,不宜采用立体交叉形式。
4.山地城市中Ⅱ级主干路及以上等级交叉时,可以根据地形条件,适当放宽交叉口选型要求,按照立交进行预留,为后期建设留有更多余地。

二、城市道路立体交叉口规划

在原有道路网改造规划中,当交叉口的交通量达到其最大通行能力的80%时,应先改善道路网,调低其交通量,然后在该处设置立体交叉口。城市中建造的道路立体交叉口,应与相邻交叉口的通行能力和车速相协调。在城市立体交叉口和跨河桥梁的坡道两端,以及隧道进出口30m范围内,不宜设置平面交叉口和非港湾式公共交通停靠站。

城市道路立体交叉口的形式选择,应符合以下规定:

(1)应根据城市综合交通规划中的快速路网规划布局、快速路与干路规划交叉口的位置及转向交通的需求,规划立体交叉的布点。

(2)整个道路网中,立体交叉口的出入口形式应统一,出入口均应布设在主线右侧。出口应布设在立体交叉构筑物上游,当出口布设在立体交叉构筑物下游时,应设置集散车道将分流点提前到构筑物的上游。

(3)交通主流方向应走捷径,少爬坡和少绕行;非机动车应行驶在地面层上或路堑内。

(4)当机动车与非机动车分开行驶时,不同的交通层面应相互套叠组合在一起,减少立体交叉口的层数和用地。

(5)立体交叉系统各组成部分技术要求应相互协调。

当道路与铁路交叉时,若采用平面交叉类型,道路的上、下行交通应分幅布置;道口的铺面宽度应与路段铺面(包括车行道、人行道,不包括绿带)等宽。

三、城市道路平面交叉口规划

在城市道路系统中,除快速路系统和个别主干路上的立体交叉口外,城市中的道路交叉口基本上为平面交叉口。平面交叉口有十字形、X形、T形、Y形、环形等多种形式。新建平面交叉口进口道规划总宽度应按所需车道数确定,且应遵循进口道与路段通行能力相匹配的原则。

平面交叉口的进出口应设展宽段,并增加车道条数;每条车道宽度宜为3.5m。对于新建交叉口,当建设用地受到限制时,每条机动车进口车道的最小宽度不宜小于2.8m,公交及大型车流进口道最小宽度不宜小于3.0m,并应符合下列规定:

(1)进口道展宽段的宽度,应根据规划的交通量和车辆在交叉口进口停车排队的长度确定。在缺乏交通量的情况下,可采用下列规定,预留展宽段用地。

①当路段为单向三车道时,进门道至少为四车道。

②当路段为单向两车道或双向三车道时,进口道至少为三车道。

③当路段为单向一车道时,进口道至少为两车道。

(2)新建平面交叉口进口道展宽段的长度,应符合表6-8的规定。

平面交叉口进口道展宽段长度(单位:m) 表6-8

交叉口	展宽段长度		
	主干路	次干路	支路
主干路与主干路	80~120	—	—
主干路与次干路	70~100	50~70	—
主干路与支路	50~70	—	30~40
次干路与次干路	—	50~70	—
次干路与支路	—	40~60	30~40

注:进口道规划设置公交港湾停靠站时,交叉口进口道展宽段还应加上公交港湾停靠站所需的长度。

(3)出口道展宽的宽度,根据交通量和公共交通设站的需要确定,或与进口道展宽段的宽度相同;当规划布设行人安全岛及公交港湾式停靠站时,还必须在此基础上增加布设行人安全岛及公交港湾式停靠站所需的宽度。出口道展宽段的长度在交叉口出口道外侧自缘石半径的端点向前延伸30~60m。当出口到车道数条数达3条时,可不展宽。

(4)经展宽的交叉口应设置交通标志、标线和交通岛。

(5)当城市道路网中整条道路实行联动的信号灯管理时,其间不应夹设环形交叉口。中、小城市的干路与干路相交的平面交叉口,可采用环形交叉口。

平面环形交叉口设计应符合下列规定:

(1)常规环形交叉口不宜用于大城市干路相交的交叉口,仅可在交通量不大的支路上选用环形交叉口。当新建道路交叉口交通量不大,且作为过渡形式或圈定道路交叉用地时,可设环形交叉口。

(2)相交于环形交叉口的两相邻道路之间的交织段长度,其上行驶货运拖挂车和铰接式机动车的交织段长度不应小于30m;只行驶非机动车的交织段长度不应小于15m。

(3)环形交叉口中心岛的形状宜采用圆形、椭圆形、圆角菱形。中心岛曲线半径宜为15~20m。当中心岛直径小于60m时,环岛的外侧缘石不应做成与中心岛相同的同心圆。

(4)在交通繁忙的环形交叉口的中心岛,不宜建造小公园。中心岛的绿化不得遮挡交通视线。

(5)环形交叉口进出口道路中间应设置交通导向岛,并延伸到道路中央分隔带。当交通导向岛进行绿化或布设交通设施时,应满足行车安全视距的要求。

第五节 城市道路横断面规划

道路是具有一定宽度的带状构筑物。在垂直于道路中心线的方向上所作的竖向剖面称为道路横断面。

城市道路横断面宜由机动车道、非机动车道、人行道、分车带、设施带、绿化带等部分组成。近期横断面宽度,通常称为路幅宽度;远期规划道路用地总宽度则称为红线宽度。红线是指城市中的道路用地和其他用地的分界线。

一、城市道路红线规划

1. 红线的意义和作用

我国是发展中国家,城市是发展中的城市,新建地区道路要发展,旧城区道路要改造,对于规划的道路网中所有道路全部都要确定和实测其红线。城市道路网是国土空间规划的重要组成部分,城市道路红线与城市土地使用及城市布局密切相关。大量的新建筑,尤其是沿街建筑与地下管线的建设等都与道路红线有直接和相互依赖的不可分割的关系。

道路红线,指规划的城市道路(含居住区级道路)用地的边界线,是在道路的设计、施工、建成、管理阶段所应用的边界线。所有房屋、道路、地下管线的布置,必须有相应的建设条件,其主要就是以道路红线为依据。成街成片的建设要测定相关的红线,新建一条道路或新建一条地下管线也要测定有关红线。

正是由于道路红线能确定主、次干路、交叉口及广场等的用地范围,其为道路两侧建筑物近远期的修建,以及城市公用设施各项管线工程的设计、施工提供主要依据,特别是对于旧城改造,其是调整和改建随旧道路系统布置的各种管线设施,以及保留或拆迁旧道路系统中的建筑物等的重要依据,因而在城市建设中起着非常重要的作用。

2. 道路红线宽度的确定

根据道路的功能与性质,考虑适当的横断面形式和定出机动车道、非机动车道、人行道、绿化等各组成部分的合理宽度,从而确定道路的总宽度,即红线宽度。

红线宽度是道路规划中各种矛盾与争论的焦点,也是整个城市建设中用地矛盾和近远期设计矛盾的焦点之一。红线宽度规划得太窄,不能满足日益发展的城市交通和其他各方面的要求,为以后道路改建带来困难;反之,红线定得太宽,近期沿线各种建筑物就要从现在的路边后退很大距离,也会给近期建设带来困难。所以,定红线宽度时要充分考虑"近远结合,以近为主"的原则。

城市道路的红线宽度应优先满足城市公共交通、步行与非机动车交通通行空间的布设要求,并根据城市道路承担的交通功能和城市用地开发状况,以及工程管线、地下空间、景观风貌等布设要求综合确定。因此,在确定远景道路红线宽度时,应根据各城市各时期在城市交通和城市建设中的特点具体决定,有区别地适当留有发展余地。例如,对于现有道路狭窄、交通矛盾比较突出的道路,规划时应多留余地,以备将来条件成熟时逐步加宽;对于目前矛盾尚未突出的干道,应根据道路地位的重要程度、流量大小,以及两侧建筑物和用地情况,有区别地比现状适当加宽,为将来交通发展留有余地;有些道路沿街建筑确实很好,将来亦无条件拓宽或交通量不大、两侧房屋在较长时期不会改建的支路,红线可维持现状不动。

另外,确定红线的宽度应考虑道路两旁建筑物的性质,使其既能满足建筑物的日照、通信、防空、防火、防地震等方面的要求,也能满足建筑艺术方面的要求,同时要考虑便于沿着道路方向的各种管道的埋设(特别是对于工业区的道路),以及城市所在地区的气候、地形和水文地质条件等。此外,城市中确定为历史保护对象的街巷,道路红线宽度及走向应按照保护要求延续历史的格局与肌理。

对城市公共交通、步行与非机动车,以及工程管线、景观等无特殊要求的城市道路,红线宽度取值应符合表6-9的规定。大件货物运输通道可按要求适度加宽车道与道路红线,以满足大型车辆的通行要求。

城市道路红线宽度取值 表6-9

道路分类	快速路(不包括辅路)		主干路			次干路	支路	
	Ⅰ	Ⅱ	Ⅰ	Ⅱ	Ⅲ		Ⅰ	Ⅱ
双向车道数(条)	4~8	4~8	6~8	4~6	4~6	2~4	2	—
道路红线宽度(m)	25~35	25~40	40~50	40~45	40~45	20~35	14~20	—

3. 确定道路红线位置

在城市总平面图基本定案的基础上,选择规划道路中心的位置,并按所拟定的道路横断面宽度确定道路红线宽度。

道路红线宽度的实现有三种方式:

(1)新区道路一般是先规划道路红线,然后建筑物依照红线逐步建造,道路则参照规划断面,分期修建,逐步实现道路红线宽度。

(2)旧区道路一般是通过近期一次辟筑达到规划宽度,这种情况较简单,但目前较少采用。

(3) 旧区道路一般是通过两侧建筑物按照规划红线逐步改建,逐步达到道路红线宽度要求。这种方式目前采用较多。红线划定后,由于近期交通矛盾尚不突出,或由于拓宽、辟筑没有条件,道路暂不改建,但两侧建筑物的新建、改建是经常的,这些都要依照红线进行。这样通过建筑物长期的更新与变化过程,逐步达到规划宽度。然而,有时完全依靠沿街建筑改造而自然形成道路的做法也存在较多困难。

二、城市道路横断面规划

城市道路横断面规划的主要任务是在满足交通、环境、公用设施管线敷设以及排水要求的前提下,经济合理地确定各组成部分的宽度及相互之间的位置与高差。道路横断面设计应在城市规划的红线宽度范围内进行。横断面形式、布置、各组成部分尺寸及比例,应按道路类别、级别、设计速度、设计年限及机动车道与非机动车道的交通量和人流量、交通特征、交通组织、交通设施、地上杆线、地下管线、绿化和地形等因素统一安排,以保障车辆和人行交通的安全畅通。

1. 规划原则

(1) 横断面布置与道路承担的交通功能及交通方式构成相一致,道路空间分配应符合不同速度交通的安全行驶要求。例如,交通性干道应保证足够的机动车车道数和必要的分隔设施,达到双向分流、人车分流以保障交通安全;商业性大街应保证足够宽的人行道。车行道应考虑方便公交车辆临时停靠。

(2) 横断面布置要与当地地形地物相协调。

(3) 横断面形式与各组成部分尺寸需考虑道路现状形式、两侧建筑物性质等,结合道路交通量(目前和远期的车流量、人流量及流向等)、车辆组成种类、行车速度、地下管线资料等综合分析研究确定。

(4) 横断面布置应充分发挥绿化的作用,保证雨水的排除,避免沿路的地上、地下管线、各种构筑物以及人防工程等相互干扰。

(5) 横断面布置需要满足近远期过渡的需求。

(6) 全方式中非机动车出行比例高于10%的城市,布局主要非机动车通道的次干路宜采用三幅路,对于非机动车出行比例季节性变化大的城市,宜采用单幅路;其他次干路可采用单幅路;支路宜采用单幅路。

2. 横断面形式与选择

(1) 单幅路

车行道上不设分车带,以路面划线标志组织交通,或虽无划线标志,但机动车在中间行驶,非机动车在两侧靠右行驶的道路称为单幅路。单幅路适用于机动车交通量不大,非机动车交通量小的城市次干路、大城市支路以及用地不足,拆迁困难的旧城市道路。当前,单幅路已不具备机非错峰的混行优点,并且出于交通安全的考虑,即使混行也应用路面划线来区分机动车道和非机动车道。单幅路横断面形式如图6-4所示。

(2) 双幅路

用中间分隔带分隔对向机动车车流,将车行道一分为二的道路称双幅路。双幅路适用于单向两条机动车车道以及上、非机动车较少道路。有平行道路可供非机动车通行的快速路和郊区风景区道路以及横向高差大或地形特殊的路段,亦可采用双幅路。

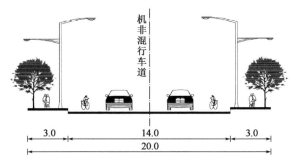

图6-4 单幅路横断面形式(尺寸单位:m)

双幅路不仅广泛使用在高速公路、一级公路、快速路等汽车专用道路上,而且已经广泛使用在新建城市的主、次干路上,其优点体现在以下几个方面:

①可通过双幅路的中间绿化带预留机动车道,以满足远期流量变化时拓宽车道的需要。

②可以在中央分隔带上设置行人保护区,保障过街行人的安全。

③可通过在人行道上设置非机动车道,使机动车和非机动车通过高差进行分隔,避免在交出口处混行,影响机动车通行效率。

④有中央分隔带使绿化植物比较集中地生长,同时有利于设置各种道路景观设施。

双幅路横断面形式如图6-5所示。

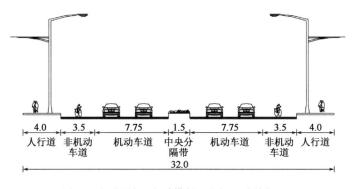

图6-5 机非混行双幅路横断面形式(尺寸单位:m)

(3)三幅路

用两条分车带分隔机动车和非机动车,将车行道分为三部分的道路称为三幅路。适用于机动车交通量不大,非机动车多,红线宽度大于或等于40m的主干道。

三幅路虽然在路段上分隔了机动车和非机动车,但大量的非机动车行驶在主干路上,会使平面交叉口或立体交叉口的交通组织变得很复杂,改造工程费用高,占地面积大。新规划的城市道路网应尽量在道路系统上实行快、慢交通分流,既可提高车速,保证交通安全,还能节约非机动车道的用地面积,保证机动车和非机动车交通安全。当机动车和非机动车交通量都很大的道路相交时,双方没有互通的要求,只需建造分离式立体交叉口,使非机动车道在机动车道下穿过。对于主干道,应以交通功能为主,也需采用机动车与非机动车分行三幅路,其横断面如图6-6所示。

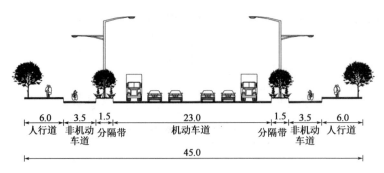

图 6-6 三幅路横断面形式(尺寸单位:m)

当机动车流量大时,可在中间设置分隔栅形成四幅路,但非机动车道上应禁止机动车行驶。

(4)四幅路

用三条分车带使机动车对向分流、机非分隔的道路称为四幅路。适用于机动车量大、速度高的快速路,其两侧为辅路。也可用于单向两条机动车车道及以上、非机动车多的主干路。四幅路也可用于中、小城市的景观大道,以宽阔的中央分隔带和机非绿化带衬托。四幅路横断面如图 6-7 所示。

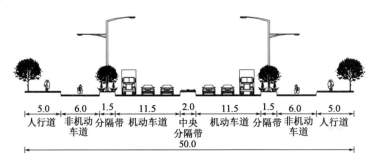

图 6-7 四幅路横断面形式(尺寸单位:m)

带有非机动车道的四幅路不宜用在快速路上,快速路的两侧辅路宜用于机非混行的地方性交通,并且仅供右进右出,而不宜跨越交叉口,以确保快速路的功能。

随着城市的发展,非机动车作为重要的绿色出行方式,在城市交通中发挥着重要作用。为体现"以人为本,绿色交通优先"的理念,在道路空间分配中应进一步强化这一理念的实践。对于干线道路中的非机动车道,往往与机动车道之间有物理隔离措施,单独设计。对于邻里地方性活动单元内部的次干路,由于其承担了部分到达功能,在断面空间分配上一般采用单幅路,非机动车与机动车混行的形式。而对于布设非机动车道的次干路,为了避免机动车与非机动车的冲突,这些次干路可采用三幅路的断面形式。对于非机动车出行比例季节性变化较大城市的次干路,以及其他次干路和支路,考虑到其与用地的关系更加密切,服务的到达功能更强,在总结实践的基础上,宜采用单幅路的形式进行断面设计,使之更加符合城市发展的需要,并应成为城市新建和改建道路时的设计模式。

一条道路宜采用相同形式的横断面。当道路断面形式或横断面各组成部分的宽度变化时,应设过渡段,宜以交叉口或结构物为起止。

为保证快速路汽车行驶安全、通畅、快速,要求道路横断面设计选用双幅路形式,中间带留有一定的宽度,以设置防眩、防撞设施。如有非机动车通行,则应采用四幅路横断面以保证行车安全。

第六节 城市道路网规划方案评价

一、城市道路网络方案技术评价

城市道路网络方案技术性能评价主要是评价道路网络建设水平与空间布局的合理性。城市道路网络方案的技术评价指标主要有路网密度、道路面积率、人均道路面积、各级道路里程比例、网络连接度、非直线系数等。

1. 路网密度

城市道路网密度以 km/km² 表示,依道路网内的道路中心线计算其长度,依道路网所服务的用地范围计算其面积。

$$\phi = \frac{\sum_S L}{\sum M} \tag{6-1}$$

式中:ϕ——路网密度,km/km²;

$\sum_S L$——城市内部道路总长度,km;

$\sum M$——城市用地面积,km²。

根据《城市综合交通体系规划标准》(GB/T 51328—2018),中心城区内道路系统的密度不宜低于 8km/km²,不同规模城市的干线道路网络密度宜符合表 6-10 的规定。

不同规模城市的干线道路网络密度　　　表 6-10

规划人口规模(万)	干线道路网络密度(km/km²)
>200	1.5~1.9
100~200	1.4~1.9
50~100	1.3~1.8
20~50	1.3~1.7
<20	1.5~2.2

2. 道路面积率

城市道路面积率是反映城市建成区内城市道路拥有量的重要经济技术指标。

$$p = \frac{\sum S}{\sum M} \tag{6-2}$$

式中:p——路网密度,km/km²;

$\sum S$——建成区内道路用地总面积,km²;

$\sum M$——城市建成区用地总面积,km²。

根据《城市综合交通体系规划标准》(GB/T 51328—2018),城市建成区内道路面积率不宜低于 15%。

3. 人均道路面积

人均道路面积是城市道路用地总面积与城市总人口之比,反映出行者与道路的关系,更加鲜明地反映了通行需求。

$$a = \frac{\sum S}{\sum P} \tag{6-3}$$

式中：a——人均道路面积，m^2/人；
　　$\sum S$——建成区内道路用地总面积，km^2；
　　$\sum P$——城市总人口。

根据《城市综合交通体系规划标准》(GB/T 51328—2018)，人均道路与交通设施面积不应小于 $12m^2$。

4. 各级道路里程比例

根据《城市综合交通体系规划标准》(GB/T 51328—2018)，不同规模城市的干线道路(快速路、主干路)里程比例应符合表 6-11 的规定。此外，次干路主要起交通的集散作用，其里程占城市总道路里程的比例宜为 5%~15%，占支线道路里程比例宜为 65%~70%。

不同规模城市的干线道路里程比例 表 6-11

规划人口规模(万)	<50	50~100	100~300	≥300
干线道路里程比例(%)	10~20	10~20	15~20	15~25

5. 网络连接度

网络连接度是指所有节点连接边数总和与节点的比值。

$$W = \frac{\sum_{i=1}^{N} m_i}{N} = \frac{2M}{N} \tag{6-4}$$

式中：W——道路网连接度；
　　N——路网节点总数；
　　m_i——第 i 个节点所连接的边数；
　　M——网络总路段数。

道路网络连接度反映了道路网的成熟程度，其值越高，表明道路网中断头路越少，成网成环率越高，反之则成网率低。

6. 非直线系数

非直线系数为网络中两节点间的实际道路长度与两点间空中直线距离之比，整个道路网的非直线系数称为道路网综合非直线系数。综合非直线系数可分静态综合非直线系数和动态非直线系数。

$$R_{ij} = \frac{两点间路上距离(时间、费用)}{两点间空间距离(时间、费用)} \tag{6-5}$$

$$R_S = 2\sum_{i=1}^{N}\sum_{j=i+1}^{N} R_{ij}/N(N-1) \tag{6-6}$$

$$R_D = 2\sum_{i=1}^{N}\sum_{j=i+1}^{N} R_{ij}T_{ij}/\sum_{i=1}^{N}\sum_{j=i+1}^{N} T_{ij} \tag{6-7}$$

式中：R_S、R_D——静态和动态非直线系数；
　　R_{ij}——i、j 两区间的非直线系数；
　　T_{ij}——由 i 区到 j 区的 OD 出行量；
　　N——交通小区数。

表 6-12 列出了 3 种典型路网的静态综合非直线系数、节点间最大非直线系数、节点间最小非直线系数。

不同路网形态的非直线系数 表 6-12

路网形态	非直线系数		
	综合	最大	最小
棋盘式(6×6)	1.13	1.41	1.0
环形放射式(6×8)	1.17	1.39	1.0
蜘蛛网式(任意)	1.0	1.0	1.0

道路网规划时应控制城市道路网综合非直线系数,在地形条件不受制约的城市,非直线系数应控制在 1.3 以下。

二、城市道路网络方案经济评价

1. 评价原则

评价的原则为在成本效益的范围对应一致并且在同一价值和同一年限下,采用"有/无"比较法,即拟建项目有设施情况下的各种成本和效益与拟建项目没有设施下的各种成本和效益相比较。

2. 评价内容

城市道路网规划评价内容见表 6-13。

城市道路网规划评价内容 表 6-13

内容	序号	具体项目	备注
成本	1	道路建设成本	成本和效益的计算单位均采用万元
	2	道路大修成本	
	3	道路养护成本	
	4	道路管理成本	
	5	残值	
效益	1	道路晋级效益	经济评价中效益的计算仅限直接经济效益,将间接经济效益纳入社会环境评价
	2	减少拥挤效益	
	3	运输成本降低效益	
	4	旅客节约时间效益	
	5	货物节约时间效益	
	6	减少交通事故效益	

3. 评价指标

经济评价指标有四个:净现值、效益成本比、内部收益率、投资回收期。

(1)净现值(NPV)

净现值是规划方案的效益现值减去规划方案成本现值所得的差,或者说是规划方案在规划期内各年的净效益折现到基年的现值之和。计算公式为:

$$NPV = \sum_{t=0}^{m}(B_t - C_t)(1+i)^{-t} \tag{6-8}$$

式中:NPV——净现值,万元;
　　　B_t——第 t 年的效益金额,万元;
　　　C_t——第 t 年的费用金额,万元;
　　　i——社会折现率。

(2)效益成本比(BCR)

效益费用比是建设方案在规划期限内各年效益的现值总额和各年成本的现值总额的比率,其经济含义为每万元的投资成本可获得多少收益。计算公式为:

$$BCR = \frac{\sum_{t=0}^{m} B_t(1+i)^{-t}}{\sum_{t=0}^{m} C_t(1+i)^{-t}} \tag{6-9}$$

式中:BCR——效益费用比;
　　　其他符号意义同前。
　　　BCR > 1,说明该建设方案的效益大于费用;
　　　BCR < 1,说明该建设方案的效益小于费用,方案不可取。

(3)内部收益率(IRR)

内部收益率是指建设方案在规划期限内,假定各年净现值的累计值等于 0 时对应的折现率,也就是说,如果使用该折现率可使方案的成本现值总额和效益现值总额相等,收支达到平衡。计算公式为:

$$\sum_{t=0}^{m}(B_t - C_t)(1+IRR)^{-t} = 0 \tag{6-10}$$

根据上式,用试差法可求得 IRR 值,即:

$$IRR = i_1 + (i_2 - i_1) \cdot \frac{|NPV_1|}{|NPV_1| + |NPV_2|} \tag{6-11}$$

式中:i_1、i_2——试算用的低、高折现率;
　　　NPV_1、NPV_2——低、高折现率的净收益,分别为正值和负值。

当 m 很大时,直接计算 IRR 值,手算极不方便,有必要采用电算或近似的简化计算。

(4)投资回收期(N)

投资回收期是指某项方案的净效益方案低偿方案建设总投资所需时间。投资回收期应包括建设期,计算时需考虑时间价值,采用动态的投资回收期计算,即对建设投资费用和效益采用同一折现率折为现值,然后计算费用和效益相抵的年限。计算公式如下:

$$\sum_{t_1=0}^{m_1} K_{t_1}(1+i)^{m_1-t_1} = \sum_{t_2=0}^{m} AC_{t_2}(1+i)^{-t_2} \tag{6-12}$$

式中:K_{t_1}——第 t_1 年的投资额,$t_1 = 0,1,2,\cdots,n$;
　　　AC_{t_2}——第 t_2 年的利润额,$t_2 = 0,1,2,\cdots,N$;
　　　i——社会折现率。

由以上各指标的计算公式可知,效益费用比和净现值均通过效益现值总额和费用总额的比较来反映方案的获利能力,只是形式不同。净现值是一个绝对指标,效益费用比是一个相对指标,二者各有长短,相互补充,但又都是基于一定的社会折现率,故还须通过内部收益率指标来反映方案投资为国家所作的实际贡献大小。投资回收期的计算原来是与内部收益率类似的,它较为直观地反映了方案投资得到补偿的速度,不过因忽略了回收期以后的效益,偏重于早期效益好的建设方案。一般地讲,投资回收期短表明方案的获利能力高,风险较小。

三、城市道路网社会环境影响评价

道路交通设施的建设和营运对城市和区域的社会经济、自然环境、生活系统等有着直接或间接的影响。这些影响有些是可以定量的,有些只能定性判断;有些起到积极有利作用,有些则有消极负面影响。

道路网的布局应满足环境可持续发展的要求。

表 6-14 是道路交通设施对经济、政治、生活环境的影响因素分析表。

城市道路设施对社会环境的影响因素　　　　　　表 6-14

类型	指标	性质	度量	度量单位	理想值
经济环境	改善投资环境	+	定性可能转化成定量化		
	促进文旅资源开发	+			
	提高生产运输效率	+			
	增加就业岗位	+			
	推动沿线土地利用开发	+			
政治环境	加强国防安全	+	描述性的		
	促进民族团结	+			
	提高城市声誉	+			
生活环境	沿线居民生活质量	+	描述性的		
	沿线居民通行交往	+			
	噪声	—	车辆噪声	dB	50
	振动	—	车辆振动	dB	70
	耕地或基本农田占用	—	公顷	hm^2	
	大气污染	—	车辆尾气(CO、NO_2)	ppm	国家二级
	碳排放		吨二氧化碳当量	tCO_2e	
	水污染	—	BOD(生化需氧量)	ppm	国家二级
	空气污染	—	总悬浮颗粒物		
	燃油消耗	—	质量	t	
	动迁对居民心理的影响	—		动迁人数	
	危险品运输事故	—	比例	%	
	历史遗产	—		处数	
	自然景观	—		处数	

注:"+"表示起积极正面影响;"—"表示起消极负面影响。

【复习思考题】

1. 简述道路网络布局影响因素及典型布局模式的特性。
2. 简述快速路规划原则。
3. 简述道路交叉口控制性规划影响因素与原则。
4. 简述规划红线的意义和作用。
5. 简述道路横断面形式与适用条件。
6. 简述道路网络方案技术评价指标与计算方法。

第七章 城市公共交通规划

第一节 城市公共交通规划的目标与任务

作为城市交通系统的重要组成部分,城市公共交通具有集约高效、节能环保等优点。优先发展公共交通是缓解交通拥堵、转变城市交通发展方式、提升人民群众生活品质、提高政府基本公共服务水平的必然要求,是构建资源节约型、环境友好型社会的战略选择。优先发展公共交通,必须充分发挥规划调控作用。

城市公共交通规划是城市总体规划和城市综合交通规划的重要组成部分,是指导轨道交通、快速公交、常规公交等不同公共交通方式协调发展的总纲,是城市重要的专项规划之一。

城市公共交通规划应满足以下总体要求:

一是提高运行效率。城市公共交通规划应以提升城市交通整体运行效率为主要目标,促进形成高效、可靠的城市综合交通良性发展机制。

二是提升人居环境。贯彻落实公交优先发展战略,形成以公共交通为导向的城市土地利用模式,促进节能减排,提升城市环境品质。

三是促进社会公平。坚持公共交通服务的公益性原则,在交通时空资源分配上向公共交通倾斜,充分考虑低收入群体、老人、儿童等群体的需求,提升公共交通服务的覆盖率,促进社会和谐。

四是保障城市安全。考虑城市防灾减灾、应急救援、灾后重建对公共交通设施建设的要求。

城市公共交通规划的具体任务可表述为:根据城市规模,用地布局和道路网规划,各种公共交通方式的技术、经济和交通特性及城市公共交通建设的承受能力,综合考虑社会、经济、交通、环境效益,在客流预测的基础上,合理确定城市公共交通方式、车辆数、线路网、换乘枢纽和场站设施用地等,使各种公共交通方式之间相互配合,以不同的速度、运载能力、舒适程度和价格服务于乘客的不同需求,形成合理的城市客运交通结构。

特定城市的公共交通规划,需要充分考虑城市的特点和性质,在全面系统的城市公共交通调查与分析的基础上,根据城市总体规划、城市综合交通规划等上位规划确定的城市交通发展目标、战略及对城市公共交通发展的要求,拟定城市公共交通发展总体目标及具体指标,并在公共交通发展战略目标框架下,针对公共交通系统的现状问题和未来发展需求,系统地提出规划方案和建议,构建与城市发展规模相适应、与城市用地布局相协调、与其他交通方式良好衔接的,安全、便捷、高效、舒适、管理有序的城市公共交通系统。

城市公共交通调查与分析评价可从以下几个方面展开。

(1)城市概况:分析城市社会、经济、土地利用状况及其与城市公共交通发展之间的关系,城市公共交通发展定位和发展政策。

(2)公交供给状况:分析城市公交体系构成、发展模式、不同方式公交线网规模和布局、公交场站设施规模和分布、公交车辆配置、公交专用车道规模和分布。

(3)公交运行状况:分析城市不同方式公交平均运行速度、客流量、满载率以及变化规律;路段、交叉口、公交站点的公交车辆延误;不同方式公交的能耗总量和结构;公交运行安全状况。

(4)公交服务状况:分析不同方式公交的乘客平均候车时间、车内拥挤程度、单程出行最大时耗;公交车辆完好率、整洁度和舒适度;公众对公交服务的满意度。

(5)公交运营与管理状况:分析不同方式公交运营构成及关系;公交票制票价政策、财务政策;公交智能化、信息化建设等。

(6)公交协调发展评价:分析城市各类交通工具拥有量、变化情况以及公共交通分担率、公共交通占机动化交通出行比例及变化,评价城市机动性交通与公共交通发展的协调程度。分析城市主要客流走廊的布局、强度、影响范围,评价客流走廊与公共交通发展的协调程度。分析城市道路供给状况,包括道路网络规模、密度、结构和布局,评价道路网络与公共交通发展的协调程度。

应注意的是,公共交通规划的目标与任务是与规划研究范围和期限紧密相连的。城市公共交通规划范围和年限与城市总体规划和城市综合交通规划范围一致,以中心城区规划建设用地范围为重点,覆盖市、县(市)域,统筹考虑城市公交、城乡客运班线、镇村公交及与周边区域公交的衔接。城市公共交通规划按规划期不同可分为:战略规划、远期规划和近期规划。

城市公共交通战略规划是在城市总体交通发展战略指导下,分析、检验并推荐城市公共交通发展模式,包括公共交通在综合交通体系中的定位、公交系统构成模式与功能组织模式等。战略规划中需要重点研究城市土地使用与公共交通之间的互动关系。

城市公共交通远期规划一般为20年左右,重点研究规划期内城市是否需要引进新的公共交通方式,确定公共交通系统内部结构,进行较完整的方案设计,包括公交线网、场站、枢纽等设施布局规划、公交车辆发展规划、公交优先系统规划、公交信息化管理与服务系统规划等。

城市公共交通近期规划通常研究3~5年现有公交系统的调整和优化方案,找出现状系统存在的问题,分析问题成因、发展趋势,提出相应的对策措施。近期规划方案在适当的资金范围内一般可以较快地付诸实施。

第二节 城市公共交通发展模式与体系构成

作为城市综合交通体系的重要子系统,公共交通系统的科学构架与良性发展,对于协调体系内其他子系统,以及促进城市集约、绿色、可持续发展具有重要作用。国内外不少研究经验表明:公共交通最终是否能在城市交通中发挥其作用,最重要的是能否以需求为导向,因地制宜地发展城市公共交通。

一、不同类型城市的公共交通发展定位

城市公共交通规划应为城市中的各类人群提供与其需求相适应的多样化、高品质公共交通服务,增强与私人小汽车交通相比的竞争力。由于不同城市的出行需求特征不同,城市公共交通发展应坚持因地制宜原则,不同的城市要发展适合自身特点的城市公共交通系统,适应城市定位和居民出行特征,符合当地地理环境和经济社会发展阶段。

美国交通工程协会(ITE)研究出版的《交通规划手册(第3版)》针对不同规模城市公共交通出行需求的差异,提出了各类城市公共交通发展的侧重点:小城市应注重公交线路连接主要公共设施,使公共交通基本公共服务的作用得以发挥;中等城市要通过低票价和便捷的公共交通服务降低小汽车的出行需求;大城市的公共交通是城市交通基本运转的保证,要着力构建高效、快捷的多层级公交网络。

关于城市公共交通的发展定位,国内也已经开展了不少研究,其中国家自然科学基金项目《我国城市交通公交优先发展战略研究》的子课题《中国城市公共交通优先发展需求分析》,通过剖析不同类型城市公共交通系统发展的内、外部条件,对不同规模城市差异化的公交发展定位及实现路径进行了较为系统全面的总结提炼。基于城市交通需求特征分析和城市客运交通系统协调发展总体要求,不同类型城市公共交通发展需求定位见表7-1。

不同类型城市公共交通发展需求定位 表7-1

城市类型	市区常住人口规模(万)		公共交通发展需求定位
	现状	预期	
超大城市及城镇密集地区	≥1000	≥1000	公共交通是中心城区机动化出行的绝对主体,具备可替代小汽车出行的服务能力
特大城市	300~1000	300~1000	公共交通是中心城区机动化出行的主导方式,其在核心区是机动化出行的主体,具备可替代小汽车出行的服务能力

续上表

城市类型	市区常住人口规模(万)		公共交通发展需求定位
	现状	预期	
大城市	100~300	100~300	公共交通是核心区机动化出行的主导方式
		≥300	充分利用公共交通引导城市空间有序拓展,塑造以公共交通和慢行交通为主体的交通出行结构
中等城市	50~100	50~100	纳入公共服务体系,提供基本出行保障
		≥100	利用公共交通引导城市空间有序拓展
小城市	<50	<50	纳入公共服务体系,提供基本出行保障

由于不同公交方式具有不同的技术经济特性,其在不同类型城市公共交通的发展中也承担着不同的功能。《城市公共交通工程术语标准》(CJJ/T 119—2008)基于不同公交方式的车辆额定载客量、线路运营组织和运行条件(如配车数以及与路权情况密切相关的车辆最大发车频率)所形成的客运能力水平,将公共交通方式划分为常规公共交通(Regular Public Transport)、中运量公共交通(Medium-carrying-capacity Public Transport)和大运量公共交通(Large-carrying-capacity Public Transport)。常规公共交通是单向客运能力小于1万人次/h的公共交通方式,中运量公共交通是单向客运能力为1万~3万人次/h的公共交通方式,大运量公共交通是单向客运能力大于3万人次/h的公共交通方式。所谓单向客运能力(One-way Carrying Capacity),是指单位时间内从单方向通过线路断面的客位数上限,即车辆(列车)额定载客量与行车频率上限值的乘积,计量单位为人次/h。

《城市综合交通体系规划标准》(GB/T 51328—2018)按照运输能力与效率将城市公共交通划分为集约型公共交通与辅助型公共交通。其中,集约型公共交通(Mass Transit)是为城区中的所有人提供的大众化的公共交通服务,且运输能力与运输效率较高的公共交通方式,简称公交。辅助型公共交通(Paratransit)是满足特定人群个性化出行需求的城市公共交通方式,如出租车、班车、校车、定制公交、分时租赁自行车,以及特定地区的轮渡、索道、缆车等。

二、城市公共交通发展关键性控制指标:公交出行时间

不同城市应综合考虑城市的规模、形态、功能布局、交通需求及客运交通方式结构等特点,遵循远近结合、适度超前、可持续发展、经济可行等原则,合理确定城市公共交通发展目标和关键性控制指标,因地制宜选择公交系统构成与发展模式。

1. 公交出行时间对出行方式选择的影响

公交出行时间也称"公共交通单程出行时间"或"OD行程时间",是表征公共交通服务水平的综合指标。OD行程时间 t_{od} 指乘客从起点(O)出发到达目的地(D)所花费的时间的总和,包括:出行起终点与车站间的"最后一公里"接驳时间 t_a、站台等车时间 t_w、在途行程时间 t_o、换乘时间 t_f(如果存在换乘)。

接驳时间 t_a 表示乘客为完成某次出行从起点出发到达某一公交车站所需的时间。

站台等待时间 t_w 指乘客到达公交车站后到公交车辆出发的时间间隔。

在途行程时间 t_o 指为完成某次既定的出行,乘客在公交车辆上乘行的时间。

换乘时间 t_f 表示乘客在不同线路或交通方式之间进行转换所花费的时间。换乘时间通常取决于两条线路站台之间的行走时间、换乘线路的发车间隔、线路之间的时刻表协调。

图 7-1 展示了一位公交乘客从家中(O)出发前往工作地点(D)的出行全过程。

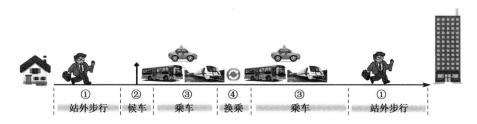

① 站外步行　② 候车　③ 乘车　④ 换乘　③ 乘车　① 站外步行

图 7-1　公交出行全过程示意图

假设该乘客从家中步行至公交站花费 5min,那么接驳时间 t_a 为 5min,等待 3min 后公交车到达,该乘客上车,那么等待时间 t_w 为 3min,车辆继续运行 10min 后该乘客下车,那么乘坐公交在途行程时间 $t_{公交}$ 为 10min,该乘客从公交站步行至地铁站进行地铁换乘,从公交车下车到步行至地铁站乘坐地铁全过程花费 5min,那么换乘时间 t_f 为 5min,地铁运行 20min 后,该乘客到达目的地,乘坐地铁在途行程时间 $t_{地铁}$ 为 20min,步行至工作地点花费了 2min。OD 行程时间为上述所有时间之和,为 45min。

其中,出行起终点与车站间的"最后一公里"接驳时间与空间可达性密切关联,其余时间与公交服务的时间可控性息息相关。"公共交通单程出行时间"涵盖了公共交通服务供给的空间可达性与时间可控性两个关键要素。利用调研数据对我国城市小汽车出行时间与公共交通出行时间进行对比发现,公共交通出行时间普遍高于小汽车出行时间。在机动化出行方式中,小汽车出行是公共交通出行的主要竞争方式,出行时间过长是公共交通不具备吸引力和竞争力的主要原因之一,也是公共交通整体服务水平不高的直接体现。

2. 不同类型城市的公共交通出行时间控制值

公共交通单程出行时间目标的提出将针对性指导城市公共交通各层面提高服务水平,包括城市公共交通站点对人口与就业岗位的覆盖性、客流走廊大中运量快速公共交通方式的选择、不同公交方式的线网布局与相互衔接、公交线路运力的有效投放与运营组织,以及必要的公交专用路权配置等。

美国公共交通合作研究计划(Transit Cooperative Research Programs,TCRP)的一项相关研究成果为 *Transit Capacity and Quality of Service Manual*(TCQSM),至今已出版至第 3 版,第 3 版中按照公交-小汽车出行时间比给出了公共交通可靠性的服务水平层级,见表 7-2。从表中可以看出,当公交-小汽车出行时间比不大于 1.5 时,公共交通才相对有吸引力。

公共交通可靠性服务水平(公交-小汽车出行时间比)　　　　　表 7-2

公交-小汽车出行时间比	乘客感受
≤1	公交出行比小汽车出行快
>1~1.25	车内出行时间相当 (对于 40min 的通勤出行,公交出行比小汽车出行多花 10min)
>1.25~1.5	对于乘客来说公交出行时间还可以容忍 (对于 40min 的通勤出行,公交出行比小汽车出行多花 20min)

续上表

公交-小汽车出行时间比	乘客感受
>1.5~1.75	对于40min的单程出行，公交出行耗时1h以上
>1.75~2	公交出行时间为小汽车的近2倍
>2	对于大多数乘客不具有吸引力

针对不同类型城市的公共交通发展定位，结合调研得到的各类型城市的公共交通和小汽车现状出行时间统计规律，参考公交与小汽车出行时耗比不超过1.5的发展目标，《城市综合交通体系规划标准》（GB/T 51328—2018）提出了中心城区采用集约型城市公共交通方式的通勤出行单程时间控制要求，见表7-3。

采用集约型城市公共交通方式的通勤出行单程时间控制要求　　表7-3

规划人口规模（万）	采用集约型公交95%的通勤出行时间最大值（min）
≥500	60
300~500	50
100~300	45
50~100	40
20~50	35
<20	30

三、城市公共交通系统构成与模式选择

1. 体系架构

由城市交通需求特征和公交方式技术经济特征分析可知，不同规模的城市需要不同的公共交通体系结构支撑；不同城市布局形态需要不同的公交网络架构。

根据国内外研究与实践，大城市及以上规模城市宜在城市范围内构建多模式多层次的公共交通体系，形成"骨架网-主体网-支撑网"三级网络架构模式，如图7-2所示。

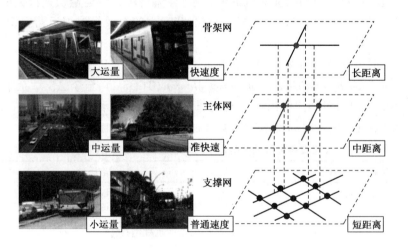

图7-2　多模式多层次公交网络构架

其各级线网功能特征如下:

(1)骨架网是城市公共交通系统中大运量和快速度的长距离运输系统,形成城市公交走廊。

(2)主体网是城市公共交通系统中中运量和准快速的中距离运输系统,一般布设于城市干路上,分担骨架网的客流压力。

(3)支撑网是城市公共交通系统中小运量和普通速度的短距离运输系统,一般深入社区,公交可达性高,可满足居民更加灵活的出行需求。

通过上述不同功能层次线网的耦合与衔接,提升城市公共交通系统的整体运行效率,满足不同的公共交通出行需求。

2.客流走廊

在大城市及以上规模城市和具有明显客流走廊的中小城市的网络架构中,骨架网是核心,根据公交走廊的量级选择合适的公共交通方式,是合理构建骨架网的基础。所谓城市公交走廊,是指公交运能高度集中、承载公交主要客流的交通走廊,是以高强度的公交运输通道为发展主轴、以两侧被其紧密吸引的城市用地为依托的带状城市空间,具有引导城市集约发展,促进城市公交优先的显著作用。

城市公交走廊通过公交骨架网塑造并成为其载体,因此,公交走廊的运量能力是骨架网公交方式选择的重要依据。《城市综合交通体系规划标准》(GB/T 51328—2018)将城市公共交通走廊按照高峰小时单向客流量或客流强度划分为四个级别,并规定城市公共交通走廊应设置专用公共交通路权。对应客流走廊量级的宜选择的公交方式见表7-4。不同类型城市可根据自身公交走廊的量级选择适合城市发展实际的骨架网公共交通方式。

城市公共交通走廊层级划分 表7-4

层级	客流规模	宜选择的运载方式
高客流走廊	高峰小时单向客流量≥6万人次/h 或客运强度≥3万人次/(km·d)	城市轨道交通系统
大客流走廊	高峰小时单向客流量3万~6万人次/h 或客运强度2万~3万人次/(km·d)	城市轨道交通系统
中客流走廊	高峰小时单向客流量1万~3万人次/h 或客运强度1万~2万人次/(km·d)	城市轨道交通或快速公共汽车(BRT)或有轨电车系统
普通客流走廊	高峰小时单向客流量0.3万~1万人次/h	公共汽电车系统

3.系统构成

基于不同类型城市公共交通系统构架与层级构成的分析,表7-5给出了各类城市集约型公共交通系统构成建议。

不同类型城市集约型公共交通系统构成 表 7-5

城市类型		公共交通系统构成		
		骨架网	主体网	支撑网
超大城市		市郊铁路、地铁	快速公交/有轨电车/导轨公交、常规公交干线	常规公交普线、常规公交支线
特大城市		市郊铁路、地铁	快速公交/有轨电车	快速公交/导轨公交/常规公交干线	
大城市	Ⅰ类	地铁/轻轨	常规公交干线	
	Ⅱ类	轻轨/快速公交	常规公交干线	
具有明显客流走廊的中小城市		快速公交/有轨电车/导轨公交/常规公交干线	常规公交支线	
一般中小城市		常规公交		

第三节 城市轨道交通规划

城市轨道交通是大城市及以上规模城市的客运交通系统的骨干。城市轨道交通系统规划是一个综合性决策问题,涉及从交通政策到技术设施水平等一系列因素。从技术及评价角度来看,轨道交通系统要求大量的投资和庞大的运行费用支出,因此,通常需要经过复杂的、多方面的和长期的规划过程。规划内容包括线路、网络规划、车站用地控制规划、与城市规划的配合、供电、设备选型与融资等。决策包括轨道交通系统的类型选择、线网布局、车站数量与选址、施工技术、与现有建筑物的连通、系统的外部设备等。这些决策交叉在一起,不可能根据单一的准则来评判。准确估计系统的投资费用和效益是非常复杂困难的,存在大量难以量化的因素,而且需要多方面人员的参与,如工程技术、城市规划、政策机构、市民利益、环境问题等方面,还要考虑平等决策的原则。要实现和协调全部目标,需要多功能的和多用户的决策支持系统。

因此,轨道交通系统的建设不能孤立地进行规划,但也不能将所有相关因素熔于一炉考虑。轨道交通系统规划中的核心问题是轨道交通线网规划设计和客流预测,通过线网设计产生可行方案集,然后通过客流分析和预测,评价方案的潜在效益、效果和成本。目前我国已发布《城市轨道交通线网规划标准》(GB/T 50546—2018)及《城市轨道交通客流预测规范》(GB/T 51150—2016)。本节简要介绍轨道交通线路功能层次划分、轨道线网规划布局的基本原则和方法。

一、轨道交通线路功能层次

世界大城市规划与建设经验表明,轨道交通作为一种大运量、快速、舒适、现代化的客运交通方式,在城市空间结构的调整、引导城市土地利用向合理的方向发展方面起着重要、积极的作用。城市空间结构和土地利用与轨道交通线网结构之间存在相辅相成的互动关系。一方面轨道交通线网的布局结构必须以城市土地利用的空间结构为基本立足点;另一方面,轨道交通线网规划应与城市规划的空间结构相结合,充分发挥交通的先导作用。

如前所述,出行时间是城市公共交通发展的关键性控制指标。出行时间要求也是协调城市轨道交通和城市空间布局的核心要素。乘客总出行时间分为轨道交通内出行时间和站外出行时间两部分,以总出行时间不超过1h为目标,合理控制各部分的出行时间。控制轨道交通内出行时间和站外出行时间,高峰期95%的乘客在轨道交通系统内部(轨道站间)单程出行时间不宜大于45min。城区人口规模达到1000万及以上的城市或组团式布局城市,轨道出行时间要求可适度放宽,但不应超出公共交通单程出行时间的规定。基于时空服务要求,考虑有效空间服务范围,可按运送速度(隐含站间距要求)将城市轨道交通划分为快线和干线两大功能层次,见表7-6。

城市轨道交通线路功能层次划分和运送速度 表7-6

大类	小类	运送速度(km/h)
快线	A	≥65
	B	45~60
干线	A	30~40
	B	20~30(不含)

巴黎市轨道交通充分体现了对通勤出行时间的控制,特别是城区干线和近郊快线等以通勤出行为主要服务对象的线路,对站距和旅行速度都有严格控制要求。通过四层次轨道交通系统对应各区域到主次中心的出行,保障各类出行时间处于相对理想水平。在此基础上,以功能要求为指导,结合具体的线路特征和技术要求,确定各功能层次的系统制式。巴黎轨道交通系统可以实现主城区内部15km的轨道交通出行时间控制在30min以内,主城区和外围近郊地区、外围近郊地区之间30km以内的轨道交通出行时间控制在40min以内,主城区和外围远郊地区、远郊与近郊地区之间100km以内的轨道交通出行基本控制在60min以内。具体见表7-7。

巴黎轨道交通功能层次 表7-7

功能层次	功能特征	旅行速度(km/h)	平均站距(km)	线路长度(km)	运行时间(min)	系统制式
远郊快线	快速联系主城区和远郊(30~100km)	60~80	4~7	50~100	40~80	Transilien(法国国家铁路)
近郊快线	快速联系主城区和近郊(10~30km)	30~60	2~3	30~60	30~60	RER(巴黎全区快速轨道)
城区线	密集服务主城区(10km内)	20~30	0.4~1.1	10~20	30~50	地铁(巴黎市区轨道)
局域线	服务主城内部或近、远郊局部	15~25	0.4~0.8	8~18	25~50	有轨电车

二、轨道交通线网规划原则

1. 轨道交通线网规划应与城市总体规划配合协同发展

大中运量快速轨道交通对引导城市土地利用优化调整有重要的、积极的作用,因此,进行轨道交通线网规划时应贯彻城市总体规划的基本战略及用地发展方向,深入了解城市的结构形态演化过程和趋势,以及城市地理、地形、地质因素的作用。不同的城市空间结构形态需要有相应的不同的轨道交通线网结构形式与之相适应。

2. 轨道交通线网规模应与城市的经济承受能力相适应

线网规模是进行轨道交通线网规划时面临的首要问题。影响城市轨道交通线网规模的因素是多方面的,其中,一个城市的经济实力是一项关键因素。经济发达的大城市常采用高密度、相对低负荷强度的轨道线网,而经济实力较弱的大城市采用的多是低密度、高负荷强度的轨道线网。

3. 轨道交通线路走向应与城市客运交通走廊相一致

将客流量尽可能地转入轨道交通系统,减小地面道路交通流量,既是城市客运交通系统建设的总体目标,也是轨道交通自身的需要。轨道交通客流量越大,运输效率越高,同时保证了营运收入,如达不到最低的临界客运量标准,则必然亏损。实践证明,轨道交通线路走向与居民的主要出行方向和出行路径一致,线网布局合理,吸引客流量就大,轨道交通在客运交通系统中的分担率也高。

4. 轨道交通线网规划应充分考虑运行上的配合

首先是轨道交通换乘站的设置,应保证两条以上线路吸引客流量所需的用地与场站设施容量规模;其次应考虑轨道交通与其他交通方式的配合。任何大城市的城市客运交通都不可能是单一的交通方式,而是多元化、多层次的交通结构,既有大中运量的快速轨道交通,又有常规的公共汽车、电车,还有其他私人交通工具,因此,必须从客运交通系统出发,综合考虑各种交通方式协调发展的过程。此外,应考虑城市轨道交通与城市对外交通设施的贯通衔接。例如,地铁站直接与火车站、航空港连在一起,在旅行时间、运输量、费用和安全方面均能取得最大的效益。

三、轨道交通系统布局要求

总体而言,城市轨道交通系统布局应符合以下要求:
(1)城市轨道交通线路走向应与客流走廊主方向一致。
(2)城市轨道交通快线宜布局在中客流及以上等级客流走廊,客流密度不宜小于10万人·km/(km·d)。A类干线宜布局在大客流及以上等级客流走廊,B类干线宜布局在大、中客流走廊。
(3)城市轨道交通线路长度大于50km时,宜选用A类快线;城市轨道交通线路长度为30~50km时,宜选用B类快线;干线宜布局在中心城区内。
(4)根据客流走廊的客流特征和运量等要求,可在同一客流走廊内布设多条轨道交通线路。
(5)城市轨道交通主要换乘站应与城市各级中心结合布局,方便乘客的换乘和轨道交通的组织。城市土地使用高强度地区,应加大轨道交通站点的密度。
(6)城市轨道交通快线宜进入城市中心区,并应加强与城市轨道交通干线的换乘衔接。

四、轨道交通线网规划方法

轨道交通线网规划涉及面广,工程约束因素多,因此,从宏观上把握轨道线网结构形式以及每一条规划线路的走向尤为重要。一般来说,应在分析掌握了规划年份城市布局结构、土地利用及交通流的发生吸引及分布状况之后,确定城市客运交通流主流向,作为轨道交通线路布网的基础,在此基础上再对每条轨道交通线路的走向及其所经过的主要交通小区(或节点)进行优化确定。

下面简要介绍进行轨道交通线网规划的点、线、面要素层次分析法。这种方法以城市结构形态和客流分布特征为基础,进行分类、分层的系统性研究。"点""线""面"既是三个不同类别,又是三个不同层次的研究要素。

(1)"面",即整体研究。这既包含对整个研究区域的整体性研究,也包括对规划区范围内的影响分析。"面"上的因素是控制线网构架模型和形态的决定性因素,这些因素包括城市地位、规模、形态、对外衔接、自然条件、土地利用格局以及线网作用和地位、交通需求、线网规模等特征。线网体系要实现与整个城市功能系统的高度契合。

(2)"线",即城市的主要交通走廊,是城市客流流经的主要路线,是串联"点"、构成"面"的途径,主要涉及以下内容:大型的交通发生、吸引点选择;城市客运交通走廊分布;交通走廊沿线的土地利用和客流发展;交通走廊敷设轨道交通的工程条件。

(3)"点",即局部研究,主要涉及以下内容:基本客流集散点的分布、需要轨道交通疏解的交通瓶颈、工程难点及具体工程实施方案。规划阶段要着重关注枢纽站点与周边用地的一体化设计与无缝换乘。

城市轨道交通线网规划是一项涉及城市规划、交通工程、建筑工程及社会经济等多学科研究范畴的系统工程,以上"点""线""面"的关系,实际上就是整体和局部、宏观和微观、系统和个体之间的循环分析过程。规划过程中应以交通分析为主导,定性分析和定量分析相结合、静态和动态相结合、近期规划和远景方案相结合,要坚持以整体指导局部、以局部支持整体的思路。

第四节 城市地面公交系统规划

城市公共交通系统的各个子系统依据其技术经济特性及其在公交系统中的功能定位可分为大、中运量快速轨道交通系统,以公共汽电车为主体的中、小运量地面公交系统和小运量辅助型的特色公交系统三个层次。基于我国城镇体系构成和目前城市经济发展水平与城市客运需求特征,以公共汽电车为主体的中、小运量地面公交系统仍将是我国城市公共交通客运的主体。《国务院关于城市优先发展公共交通的指导意见》(国发〔2012〕64号)要求各城市科学研究确定城市公共交通模式,根据城市实际发展需要合理规划建设以公共汽电车为主体的地面公共交通系统,有条件的特大城市、大城市有序推进轨道交通系统建设。因此,学习掌握城市地面公交系统规划的基本理论和方法具有重要的现实意义。

一、地面公交线路功能分级

与具有独立路权的快速轨道交通相比,地面公共汽电车系统由于以道路网为载体,在运行可靠性和稳定性上存在较大的波动,不同线路在运量、速度等性能指标上也存在明显差异。公交线路功能分级理论上可以提升公交线路的运行效率和公交网络的整体性能。地面公交线路功能分级应根据城市空间结构、发展规模及实际公交发展状况等确定。一般来说,城市的公共汽电车线路宜分为干线、普线和支线三个层级,城市可根据公交客流特征选择线路层级构成。不同层级的城市公共汽电车线路的功能与服务要求宜符合表 7-8 的规定。

不同层级城市公共汽电车线路功能与服务要求　　　　表 7-8

线路层级	干线	普线	支线
线路功能	沿客流走廊,串联主要客流集散点	大城市分区内部线路或中小城市内部的主要线路	深入社区内部,是干线或普线的补充
运送速度（km/h）	≥20	≥15	—
单向客运能力（千人/h）	5～15	2～5	<2
高峰期发车间隔（min）	<5	<10	与干线协调

二、公交线网布局规划

1. 公交线网布局要求

城市地面公交线网结构应根据城市空间结构、用地布局、路网结构以及客流量分布确定,按照不同层级线路的功能要求和适应性确定合理的线路功能和走向。一般应遵循以下原则:

(1)城市公交线网必须综合规划,组成一个整体,体现和贯彻以人为本、服务为本的思想,体现合理性和可操作性相结合的原则。

(2)市区线路、郊区线路和对外交通线路应紧密衔接,并协调各线路网的集疏能力。

(3)要考虑公交发展历史和线路的延续性,兼顾、利用已有线路,综合协调新老线路。

(4)公交线网还应对城市用地的发展具有较好的适应性,其布局应与城市用地布局相协调,与城市用地规划范围内主要客流的流向一致,促进城市发展。

(5)各主要客流集散点之间应有直接的公共交通线路相连;主要客流的集散点应设置不同交通方式的换乘枢纽,方便乘客停车与换乘,以缩短乘客出行时间,扩大乘客活动可达范围。

2. 公交线网规划主要技术指标

(1)公交线路网密度

公交线路网密度指有公交服务的每平方千米的城市建成区用地面积上,有公交线路经过的道路中心线长度:

$$公交线路网密度 = \frac{线路网长度}{城市建成区面积} \qquad (7-1)$$

该指标大小反映了居民接近公交线路的程度。城市公交线网规划的密度,在市中心区一一般应为 3~4km/km², 城市边缘地区一般应为 2~2.5km/km²。根据调查,沿公共交通线路两侧各 300m 范围内的居民是愿意乘公共交通车的,超出 500m 范围,绝大多数居民选择骑车,乘公共交通车的很少。因此,公共交通线路网的密度不能太小。

公交线网密度指标在很大程度上受制于城市道路网密度水平,为了扩大公交线网密度,公共交通线路可以在适宜的支路上设置。另一方面,从优化公交网络布设的角度,应对道路网规划建设提出反馈,突破传统的建立在既有道路网基础上的被动式的公交线网规划模式。为优化公交网络而改造相关道路的主动式公交线网规划,能使公交线网最大限度地满足公共客运交通需求,同时提高系统的运输效益。

(2) 公交线路重复系数

对全市或整个规划区而言,公交线路重复系数是指公共交通营业线路总长度与线路网长度(即有公交线路经过的道路中心线总长度)之比值,在公共交通发达的城市一般为 1.25~2.5。对某一路段而言,公共交通线路重复系数是该路段上设置的公交线路条数。综合考虑公交线路的分布均匀性及站点停靠能力,一条道路上设置的公交线路条数不宜超过 5 条。

(3) 公交线路非直线系数

公交线路非直线系数是指公共交通线路首末站之间实地距离与空间直线距离之比。环形线的非直线系数为主要集散点之间的实地距离与空间直线距离之比。线路的非直线系数不宜过大,一般公交线路不应超过 1.4,公交干线尽可能控制在 1.2 以内,从而降低乘客额外的行程和出行时耗。公交支线则可根据实际情况灵活设置,以扩大公交线路服务面,提升公交服务可达性。

(4) 乘客平均换乘系数或换乘率

该指标是衡量乘客直达程度,反映乘车方便程度的指标。乘客平均换乘系数的计算方法为乘车出行人次与换乘人次之和除以乘车出行人次。

$$乘客平均换乘系数 = \frac{乘车出行人次 + 换乘人次}{乘车出行人次} \quad (7-2)$$

换乘率是指统计期内乘客一次出行,必须通过换乘才能到达目的地的人数与乘客总人数之比。

$$换乘率 = \frac{有换乘的乘客人数}{乘客总人数} \times 100\% \quad (7-3)$$

(5) 公共交通覆盖率

公共交通覆盖率是公共交通服务覆盖的面积(或人口、就业岗位)与城市建成区面积(或人口、就业岗位)之比,是反映城市公交服务可达性的又一重要指标。

$$公共交通覆盖率 = \frac{公共交通服务覆盖面积(人口、就业岗位)}{城市建成区面积(人口、就业岗位)} \times 100\% \quad (7-4)$$

一般公共交通线路的服务范围是距公交站点 300~500m 的城市用地。考虑自行车换乘的因素,在公共交通线网密度较小的地区,一般公共交通站点的服务半径可以扩大到 600m,轨道交通线路站点的服务半径可以扩大到 1000m。根据上述要求,可以按公交线网的站点分布位置绘制出公交线路网服务范围图,计算公交线路网覆盖面积或服务人口、就业岗位,进而计算出公共交通覆盖率,作为评价公交线路网布局合理性的一项重要指标。

公交车站服务覆盖范围,中小城市以 200m 半径计算,特大城市和大城市以 300m 半径计算,不应小于城市规划建设用地面积的 50%;以 500m 半径计算,不应小于 90%。为提高公交服务的空间可达性,在实际工作中,可结合不同城市以及区域情况,适当提高 300m 半径服务面积率。

如果进一步考虑每条公交线路的运载能力、运营时间、发车频率、线路的超载情况,分析各条公交线路对沿线地区居民的吸引力,可以对公共交通线路网的服务质量进行综合评价分析。一个城市的公共交通服务总体覆盖水平,应是多模式多层次公共交通体系内各种公交方式站点服务面积(或人口、就业岗位)覆盖的集合。

3. 公交线网规划方法和步骤

(1) 公交线网规划方法

公交线网规划有两种基本思路:解优法和证优法。

解优法,又称正推法,是根据对城市公共交通需求的预测,通过求特定目标函数的最优解,获得优化线网。目前国内外开发的城市公交线网优化布局方法很多,但大多数优化方法仅限于理论研究,很难在实际工程中应用。一种比较实用的方法是王炜教授于 1989 年提出的"逐条布线,优化成网"法,该方法的介绍详见王炜、杨新苗、陈学武等著的《城市公共交通系统规划方法与管理技术》。

证优法,又称验算法,是对一个或几个线网备选方案进行分析评价,证实或选择较优方案。通常采用"理论与实践相结合"的方法进行公交线网规划方案设计与优化。根据城市交通发展战略、发展目标和公交出行需求预测,在充分分析掌握城市建设与发展、城市道路网规划建设条件的基础上,提出多个备选线网方案。

(2) 公交线网规划的基本步骤

现状城区公交线网规划通常是在现有公共交通线路基础上,根据客流变化情况、道路建设及新客流吸引中心的需要,对原有线路的走向、站点设置、运营指标等进行调整或开辟新的公共交通线路。除非城市用地结构、城市干道网发生大的变动,如对迁建外客运交通枢纽、开辟新交通干道,或开通新的大运量快速轨道交通线路,一般不作大的调整。

对于新建城市或规划期内将有大的发展的城市,公交线网需要密切配合城市用地布局结构进行全面规划。通常按下列步骤进行:

①根据城市性质、规模、总体规划的用地布局结构,确定公交线网的结构类型。

②分析城市主要活动中心的空间分布及相互之间的关系,如居住区、小区中心,工业、办公等就业中心,商业服务中心、文娱体育中心、对外客运交通中心、公园等游憩中心,以及公共交通系统中可能的客运枢纽等,这些都是城市居民出行的主要发生点和吸引点。

③在城市居民出行调查和交通规划的客运交通分配的基础上,分析城市主要客流吸引中心的客流吸引期望线及吸引量。

④综合各城市活动中心客流相互流动的空间分布要求,初步确定在主要客流流向上满足客流量要求,并把各主要居民出行发生点和吸引点联系起来的公共交通线路网方案。

⑤根据城市总客流量的要求及公共交通运营的要求进行公交线网的优化设计,确定满足各项规划指标的公交线网规划方案。

⑥随着城市的发展和逐步建成,逐条开辟公交线路,并不断根据客流的变化和需求进行调整。

公交线网规划方案的产生通常是一个操作性较强的交互式优化过程。公交线网规划设计与优化分析程序如图7-3所示。

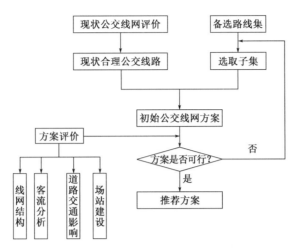

图7-3　公交线网规划设计与优化分析程序框图

首先,将原公交线网中合理的线路保留下来作为规划线网的一部分,这考虑到了居民公交出行及公交线网规划的连续性。原公交线网绝大部分合理且具有较好的公交运营效益的线路是公交规划线网中的相对稳定的部分,这与城市绝大部分区域(特别是老城区)人口分布、用地情况相对稳定这一特点相适应。

然后,从备选线路集中选取不同的公交线路子集与上述相对稳定的线路集一起构成一个公交线网规划初始方案。备选线路集的产生主要有两个途径:一是结合预测的城市公交OD分布情况,通过逐步扫描法,得到OD量较大的OD点对之间的客流选择路径作为备选线路集的一部分;二是考虑实际公交客运特点,结合公交运营企业的意见,将企业提出的公交线网新增、调整的某些线路纳入备选线路集。

对公交线网初始方案一般应从以下三个方面进行宏观总体的分析、评价与确认：
①城市各片区的公交线网覆盖是否与其公交需求相适应。
②城市公交线路各主要走向的组线分配是否与各方向上的客流量相匹配。
③城市公共交通覆盖率是否达到规划目标。

最后,对公交线网初始方案进行评价分析和优化调整,特别是对各条备选线路进行综合效益分析。公交线路综合效益分析主要包括线路的社会效益、线路的营运效益、线路的预测客运总量以及线路的客运功能。经过分析评价,剔除不合理线路,从备选线路集中选取新的公交线路,再次形成一个公交线网方案,得到下一次迭代的公交线网规划初始方案。调优过程如此迭代,直至组成备选线路集的各条线路的效益或评价值符合目标要求。必要时也可对方案作适当的局部性调整,最后输出公交线网规划推荐方案。

三、公交场站布局规划

公共交通场站是城市公共交通的基础性设施。城市公交站场有两类,一类是担负公共交通线路分区、分类运营管理和车辆维修的公交车场,公交车场通常设置为综合性管理、车辆保养和停放的中心停车场,也有专为车辆保养设置的保养场和专为车辆大修设置的修理厂;另一类是担负公共交通线路运营调度和换乘的各种车站,包括公交枢纽站、首末站、中途停靠站。

公交场站的分类及主要功能见表7-9。

公交场站的分类与主要功能　　　表7-9

分类			主要功能
公交车场	公交修理厂		主要为公交车辆大修服务
	停车保养场		公交停车保养综合车场主要为公交车辆的停放、保养和维修服务,兼有管理指挥功能
公交车站	公交枢纽站	综合客运枢纽	集多种交通工具和多种服务于一身的综合性、多功能客运站,是多种交通方式相互衔接所形成的大型客流集散换乘点,尤其是多种对外交通方式与市内公交衔接点
		大中型公交换乘枢纽	轨道交通线路间换乘;城市中心区客流集散;截流外围城镇、郊区、远郊区进入中心城区的小汽车、城乡公交车
		一般公交换乘枢纽站	地面公交之间、地面公交与轨道间的一般换乘
		外围重点中心镇集散中心	主要是服务中心镇周围乡村公交与城乡公交的换乘功能,满足城乡居民日益频繁的交流需求
		特色枢纽——旅游交通集散中心	主要为游客提供公交旅游专线服务的大型枢纽
	首末站		公交始发车站,为城市各主要客流集散点服务
	中途停靠站		为公共交通线路沿途所经过的各主要客流集散点服务

公共交通停车场、车辆保养场、整流站、公共交通车辆调度中心等的场站设施是城市公共交通系统的重要组成部分,应结合城市规划合理布局,与城市公共交通发展规模相匹配,从而使其用地有保证。公共交通场站布局要根据公共交通的车种、车辆数、服务半径和所在地区的用地条件设置,做到保障城市公共交通畅通安全、使用方便、技术先进、经济合理。

1. 公交停车场与保养场规划

停车场的主要功能是为线路营运车辆下班后提供合理的停放空间、场地和必要设施,并按规定对车辆进行低级保养和重点小修作业。在城市总体规划中应有计划地安排停车场用地,将停车场均匀地布置在各个区域性线网的重心处,使停车场与所辖线网内各线路的距离最短,一般在2km以内。停车场距所在分区保养场的距离宜在5km以内,最大应不大于10km。停车场选址,要在车辆空驶里程最小的前提下,综合考虑以下条件:

①应远离居民生活区,避免公共汽车噪声、尾气污染对居民的直接影响。

②要避开城市主要交通干道和铁路线,避免与繁忙交通线交叉,以保证停车场出入口的顺畅。

③被选地段最好有两条以上的城市道路与其相通,保证能在道路阻塞或其他意外事件发生的情况下,使公交车进出公交场站和完成紧急疏散。

④被选地块的用地面积要为其后续发展留有余地,又不至于形成对附近街区未来发展的障碍。

保养场的功能主要是承担营运车辆的高级保养任务及相应的配件加工、修制和修车材料、燃料的储存、发放等。

保养场应建在城市每一个分区线网的重心处,使之距所属各条线路和该分区的各停车场最近,尽可能避开交通复杂的闹市区、居民小区和主干道。

公交车辆保养场是保证城市公共交通正常营运的重要后方设施,在城市规划上应有明确的地位并切实加以规划。一个城市建立保养场的数量应根据城市建设的总体规划、城市的发展规模以及公共交通发展规模而定,营运车保有量在200辆以下或200辆左右的企业,可建一个小型保养场;保有量在300~500辆的企业,可建一个中型保养场;在车辆超过500辆以上的大型企业,可建保养中心,以便实行专业化保养,向现代化、高效率、大生产方向发展。公共交通车辆保养场的规划用地按所承担的保养车辆数计算,一般情况下为每辆标准车用地200m²。

确定停车场用地面积的前提是要保证公交车辆在停放饱和的情况下每辆车还可自由出入而不受前后左右所停车辆的影响,对无轨电车而言,应保证顺序出车。停车场的规划用地一般按每辆标准车用地150m²计算,在用地特别紧张的大城市,公共交通首末站、停车场、保养场的用地按每辆标准车用地不小于200m²综合计算。

2. 公交枢纽站规划

城市公交客运系统的服务目标是力求为尽可能多的乘客提供直达、便捷的乘车条件。但是即使是最严谨的车次安排和线路规划,也无法避免部分乘客必须换乘的情况。公交枢纽站就是为公交线路之间、公共交通与其他交通方式之间客流转换衔接而设置的综合性客运服务设施。

衔接城市对外交通与市内交通间的客运枢纽,是实现交通方式转换、交通性质改变的场所。合理布设客运枢纽,可节省乘客进、出城时间,保证交通持续、便捷地连接城市各功能分区的客运枢纽,可合理地组织城市交通、均衡客流分布。

将各种公共交通线路相衔接的城市综合客运交通枢纽,既有利于公交线路优化调整、增强公交运营线路的应变能力、提高公交运营效率,更可以方便乘客换乘,减少换乘次数,缩短出行时间,从而提高公共交通的竞争力,吸引客流,对充分发挥各种交通方式的优势、改善城市客运交通结构有重要的引导作用。

公交换乘枢纽规划应以尽量减少换乘给乘客带来的不便为前提,设置在乘客目的地或出发地集中的交通网络节点上,并且只要公交网络结构和场所允许,应该将尽量多的公交线路集中在少量的换乘站,以减少乘客的换乘次数。

客运换乘枢纽一般设置在城市对外客运交通枢纽、轨道交通线路中心站点、市区主要公交线路中心站点及市区与市郊公交线路交会换乘站点。从客流性质上分,公交枢纽通常分为对外交通枢纽和市内交通枢纽两种。

对外交通枢纽是市内公共交通与市际交通的联系点。它往往是一个城市十分重要的客流集散地,每天集散大量的人流和车流。这类交通枢纽在城市中的位置相对比较确定,通常设置在铁路客运站、长途汽车站、轮渡港口、航空港口和城市出入口道路处。

市内交通枢纽一般是城市区域内的客流集散点,主要是公共交通之间或公共交通与其他交通方式之间的转换场所,如常规公交与快速轨道交通、自行车的换乘枢纽,多条公交线路汇聚的交点等。

市区、郊区公共交通线路和对外交通相互衔接的大型换乘枢纽站,大中城市宜分散设置在市中心区的边缘,小城市宜集中设置在市中心区或人流集散较多的地方。在大城市的大型交通枢纽之间,宜用快速交通工具直接相连,并在枢纽站上组织各种换乘的交通线路和交通工具。

3. 公交首末站规划

公共交通首末站作为公交线路的主要控制点和若干线路的可能交会点,关系到乘客出行是否方便、公共客运的社会经济效益和线路调整等重要方面,在整个公交线路网络中具有举足轻重的地位。

对公共交通首末站的规划主要包括起、终点的位置选择,规模的确定,以及出入口道路的设置等几方面内容,规划时应遵循以下原则:

①公交首末站的设置应与城市道路网的建设及发展相协调,宜选择在紧靠客流集散点和道路客流主要方向的同侧,设置在城市道路以外的用地上。

②公交首末站的选址宜靠近人口比较集中、客流集散量较大而且周围留有一定空地的位置,如居住区、火车站、码头、公园、文化体育中心等,使大部分乘客处在以该站点为中心的服务半径范围内(通常为350m),最大距离不超过800m。

③公交首末站的规模应按所服务的公交线路所配营运车辆的总数来确定。一般配车总数(折算为标准车)大于50辆的为大型站点;26~50辆的为中型站点;小于26辆的为小型站点。

④与公交首末站相连的出入口道应设置在道路使用面积较为富裕、服务水平良好的道路上,尽量避免接近平面交叉口,必要时出入口可设置信号控制,从而减少对周边道路交通的干扰。

四、公交车辆发展规划

公交车辆是承担城市公共交通运输任务的主体,城市公交车辆总规模和各条线路配车数的确定、各线路车型的选择和配备,直接关系到规划公交线网运能的发挥和线路的运输效率和经济效益,也是确定公交规划场、站、厂以及企业规模的依据。公交车辆以车身长度7~10m的640型单节公共汽车为标准车。其他各种型号的车辆,按其不同的车身长度,分别乘以相应的换算系数,折算成标准车数。

科学、合理地确定城市公交车辆的总体发展规模,是城市公共交通规划中的一项重要内容,应综合考虑城市人口规模、城市客运需求、道路环境条件、公交车辆的营运速度以及满载率等因素。

1. 公交车辆数的计算

(1)公交车辆数的计算参数

①车辆的载客量与满载系数。公共交通车辆的种类和大小很多,其载客量主要决定于车辆的载重量、车厢内座位数和站立面积的大小。一般市内公共交通的乘客在车内的时间不长,而城市道路又较平坦,所以车辆内站立的人可能比坐的人多些,但对于郊区线路和长途线路,坐的比例则应增加,甚至全坐。车辆满载系数 η 为实际载客量与额定载客量的比值,通常为0.6~0.7。公交车辆的额定载客量,即车辆客位定员,包括车内座位数和有效站立面积上的站立人数,单位为人/车。每平方米站立人数的定额,反映车辆的服务水平,在一般可接收状态下,每平方米站立人数为5~6人,随着城市经济的发展和人民收入水平的提高,该定额值应逐步降低,以增强公交服务的吸引力。

②行车速度。公共交通车辆按固定线路行驶、沿途停靠站点,它的速度变化与街道上的一

般车辆不同。公共电、汽车在营业线路上的三种行车速度为行驶速度、运送速度、运营速度。

行驶速度(又称技术速度),是两站之间的平均速度。通常所称的行驶速度是按整条线路计算的,计算公式为:

$$V_{行} = \frac{线路长度}{车辆在线路各站间行驶时间总和} \quad (km/h) \qquad (7-5)$$

运送速度,是指公共交通运送乘客的速度,是衡量乘客在旅途消耗时间多少的一个重要依据。

$$V_{送} = \frac{线路长度}{车辆在线路各站间行驶时间与在各站上停靠时间总和} \quad (km/h) \qquad (7-6)$$

车辆沿途停靠的总时间约占车辆全线行驶和停站时间总和的25%~35%。这项时间不仅影响运送速度,还影响线路的通行能力。因此,缩短这个时间对乘客尤其是大城市的乘客,有很大的意义。目前我国公共电、汽车的运送速度,市区约15~16km/h,郊区约大于20km/h。

运营速度,是指车辆在线路上来回周转的速度。

$$V_{营} = \frac{2 \times 线路长度}{车辆在线路上一个来回的时间} \quad (km/h) \qquad (7-7)$$

车辆在线路上一个来回的时间等于车辆在线路上来回行驶的时间、在中途各站停靠的时间以及在线路两端始末站停留时间的总和。运营速度高,车辆在线路上周转快,就能完成更多的客运任务。所以,它是衡量客运工作好坏的一项重要指标,也是计算公共交通车辆拥有量的一项重要指标。

③平均运距。客运周转量与客运量之比,称为平均运距,单位为公里,它表示乘客在一个运程中平均乘行的距离。平均运距可以分线路、分车行方向统计,也可以统计全市所有线路的平均运距(即公交企业不包括换乘的业务统计平均运距)。

④客流量。客流量是与车行方向(上行、下行)和断面地点相关的,指一定时间内,沿同一方向通过线路上某路段的乘客人数。在计算客流量时必须标以单位时间和方向、断面地点。不同车向、不同断面、不同地点的客流量之和没有意义。

⑤客流方向不均衡系数。一条线路最大方向客流值与双向客流量平均值之比,称方向不均衡系数。它表示一条线路在高峰小时内不同车行方向客流量的差异。方向不均衡系数一般按高峰小时最大断面客流量统计。在公共交通规划设计中,方向不均衡系数一般取值为1.2~1.4。

⑥断面不均衡系数。一条线路上单向最大断面客流量与平均断面客流量之比,称断面不均衡系数。它表示一条线路上客流量在各路段变化幅度的大小。如果不均衡系数较大,就要考虑调整线路或增加区间车。

⑦季节不均衡系数。一条线路上的客流量或全市的客流量,在一年各季度中是有变化的。季节不均衡系数一般取值为1.1~1.2,以旅游为主的线路和城市变化较为突出者,应根据实际情况考虑。

(2)公交车辆拥有量计算方法

公交线路车辆的运营速度直接影响到公交乘客乘车时间和车辆运行效率,公交车辆的实载率直接影响到公交的舒适程度,进而影响到人们出行时对公共交通的选择。为了保证公交车辆的运营速度和一定的实载率水平,除了道路交通条件外,必须有相应的公交车辆配备。公交车辆拥有量计算方法步骤如下：

①确定一辆车的生产率。一辆车的生产率是指一辆车在单位时间内（一小时、一天或一年）所能完成的额定客运周转量（人·km）。一辆车一小时的额定生产率计算公式为：

$$\frac{ML}{h_{额定}} = mv_{营} \quad [(客位·km)/h] \tag{7-8}$$

式中：ML——全日客运周转量，人·km；

　　　m——额定载客量，客位定员人数；

　　　$v_{营}$——运营速度，km/h。

实际上，公共交通车辆运营时，不可能在整条线路上都满载，所以小时有效生产率为：

$$\frac{ML}{h_{有效}} = m\eta_{线} v_{营} \quad [(客位·km)/h] \tag{7-9}$$

式中：$\eta_{线}$——线路平均满载系数。

一辆车一天的有效生产效率为：

$$\frac{ML}{d} = m\eta_{日} v_{营} h \quad [(客位·km)/h] \tag{7-10}$$

式中：h——一辆车一天的营业小时数，通常为12~16。

②计算一条营业线路需要的运营车数。已知一条营业线路全日客运周转量，估算完成这些客运任务所需运营车数 $W_{行}$：

$$W_{行} = \frac{ML}{m·\eta_{日}·v_{营}·h} \quad （运营车辆数） \tag{7-11}$$

式中：$\eta_{日}$——一天的平均满载率。

已知一条营业线路高峰小时单向客流量，则需配车数为：

$$W_{行} = \frac{2l_{线}·60}{v_{营}·\frac{60}{n}} \quad （运营车辆数） \tag{7-12}$$

式中：$l_{线}$——营业线路长度，km；

　　　n——一小时需要发车次数（根据车型定员及小时单向客流量确定发车次数）。

从上述关系式中可以看出，公交车辆营运速度提高将有效减少线路上所需的营运车辆数，或者配备同样多的营运车辆，能提供更优质的公交服务。公交车辆利用率提高则可以进一步减小公交车辆配备数，从而降低公交企业的经营成本，并减少公交车辆场站设施占地面积。

③计算全市公共汽（电）车运营车辆数。计算公式为：

$$W_{运营} = \frac{M·L·P·\beta·\gamma}{365·m·v·K·\eta} \quad （运营车辆数） \tag{7-13}$$

式中：M——公共汽（电）车承担全年客运量，人次；

　　　L——公共汽（电）车平均运距，km；

　　　P——高峰小时客运量占全日客运量比重；

　　　β——客流方向不均衡系数；

　　　γ——客流季节不均衡系数；

　　　m——车辆平均定员；

　　　v——平均运营速度，km/h；

K——高峰小时运营速度修正系数;

η——高峰小时车辆平均满载系数。

④计算在册车辆数。计算公式为:

$$W_{在册} = \frac{W_{运营}}{\alpha} \quad (在册车辆数) \tag{7-14}$$

式中:α——车辆利用率,通常在90%左右。在册车辆中有一部分车辆作为运营中的机动车辆,还有一部分车辆需要进行日常维修保养。

2. 公交车辆的配置

在确定公交车合理的总体规模的基础上,还要进行车型构成的结构性优化。公交车车型选择应综合考虑城市的经济发展水平和居民的消费水平。应从量和质两方面,合理地配备车辆,保证公交规划线网整体运能的提高,以满足不同层次居民出行的要求,同时有利于公交企业提高公交服务质量和节约成本。

合理进行公交线路的车型配置,不仅可使居民出行尽可能地舒适便捷、提高公交运输的效率,而且可使公交线路的效益得到最好发挥。城市公交网络中各条公交线路的公交车型配置,必须考虑该线路的功能性质、所运输乘客的出行特点、运行道路的几何条件。

公交车辆的车型选择应遵循以下原则:

(1)公交车辆的车型构成应与高水平的小康社会发展要求相适应。

近年来,我国城市居民物质和文化生活极大丰富,生活水平的提高必然带来人们出行需求在量和质两方面的增加。作为城市大众运输的主要方式,常规公交也要体现"以人为本",尽可能减少人们出行时的体力消耗,使居民感到出行舒适便捷。

(2)公交线路的车辆配置应与公交线路服务功能相适应。

城市公交车辆的车型配备应考虑城市道路条件,在城区道路车道宽度较窄、转弯半径小的路段运行的公交车辆应选用小型公交车,尤其在中心城区客流量较大但狭窄的街道上,或客流量不大、客流时段分布较均匀的线路,投入8米级城市公交车是比较合适的;在城区内运营的线路一般乘距较短、客流较大,应根据客流量的特点选用额定载客量大、座位数相对较少的城市公交车;市郊线路由于乘距较长,应选用座位数较多的公交车,如果客流有时间不均匀性,可以通过调整发车间隔以适应不同时段的客流特点;旅游线路应采用高档车型,外观有吸引力、车内设施完善、座位数多、乘坐舒适、视野开阔。

五、公交路权优先系统规划

1. 公交路权优先的分类及主要措施

公交优先发展的核心是提高公共交通的竞争力,引导出行者优先选择;其目标是保障均等机会出行,引导城市集约利用土地和节约能源、保护和改善人居环境,建设可持续发展城市;其性质是提供均等和高效的公共服务,满足大众的多样化需求;其手段是以市场配置资源为主,发挥政府的调控监管作用。可见,公交优先本质上是倡导集节约土地资源、节能减排、改善人居环境等要素于一体的城市发展模式。

从公交优先的内涵可知,公交优先主要分为两类,一类是战略上的优先,即在城市整体发展建设中,始终把公共交通的发展放在优先的位置上,包括政策、资金、规划、建设和管理等各个方面,如南京市在城市交通长期发展战略上明确了着力推进建设快速大容量的轨道交通方式和地面公交优先通行系统的发展思路;一类是策略上的优先,策略上的公交优先主要针对地面公交系统,在交通较为拥挤的路段和交叉口采取公交优先通行措施,使公交车运行时少受干扰、优先通行。目前国际国内应用的策略上的公交路权优先措施主要包括交叉口公交优先通行、公交专用道、公交专用路等多种形式。国内外已应用的公交路权优先措施及效果评价汇总见表7-10。

公交路权优先措施与效果评价一览表 表7-10

措施序列	优先措施	内容	效果评价
交叉口公交优先	优化交叉口信号控制	计算机优化信号配时,降低路网整体延误,提高公交运行效率	交通延误下降30%~50%
	控制自行车的进入	减少交叉口冲突和路段干扰	速度可提高20%
	高峰期禁止左转	只允许公共汽车左转	
	交叉口公交专门相位	给公共汽车道设置专门的相位,优先通过	公交运行时间节约10%~30%
路段公交优先	专用道	开辟通向专用车道和逆向车道;时间层面,高峰期公交专用;空间层面,划分车道	12000~15000 人次/(h·车道)
	专用路	双向行驶的公共汽车专用路	20000 人次/(h·2车道)

实际调查发现,我国城市地面公交吸引力低的一个重要原因是公交出行时耗较长,准时率难以保证。公交车在道路上行驶,与其他各种交通工具共同分享道路资源。与其他交通工具相比,公交车体积大,机动性与灵活性差,在路段上车速较低,在交叉口延误时间较长,同时,更易受到行人与非机动车的干扰。一旦道路交通量上升,交通拥挤,公交车运行状况恶化严重。因此,采取公交优先通行措施,以保证其营运速度,尽量减少公交出行时间,提高公交车运行准时率,是提高公交吸引力的重要保证,同时可以降低企业经营成本。

以香港为例,在香港仔隧道开通之前,薄扶林道(长约1400m)是香港仔和中心区之间一条主要的道路。早高峰时,交通拥挤,沿薄扶林道向北的交通常常延误很大,情况严重时,北行车辆运行速度仅有3.5km/h。该道路上有10条公交线路,每小时最大公交车流量为80辆。设置公交专用道后,薄扶林道上的公交运行时间从19min减至8min,而且,由于消除了公交车对其他机动车产生的干扰影响,非公交车的交通延误并没有额外的增加。

又如台北市,全面实施公交专用道后,公交车行车速度大增,服务水平提高,吸引了许多人,乘客结构也发生了变化,超过50%的乘客年龄在30岁以下。公交客运量的上升,能够使公交运营单位的收入增加,经济效益上升,可以减少政府部门对公交运营单位的补贴。

总之,城市的各种出行方式之间是一个此消彼长的关系,优先发展公共交通,能够有力地促进城市出行方式结构的良性转变,缓解道路交通压力。

2. 公交优先路权形式选择

公交路权优先包括空间优先和时间优先两个方面。可将公交路权分为绝对专用路权、独立性专用路权、选择性专用路权、相容性专用路权四类。公交路权优先形式的选择应与城市规模、走廊等级、道路条件相协调,并考虑与交通组织的关系。

城市道路是公共汽电车运行的载体,为保证各等级地面公交线路功能的充分发挥(特别是快速公交和公交干线),城市道路空间分配应给予公交优先保障,最基本的就是设置公交专用道。

美国 TCRP 对不同路权形式下的公交运行损失时间进行了相关研究,结果显示:核心区公交专用道的设置对于运行损失时间的减少具有较为明显的效果,且路权的专用程度对损失时间的降幅有较为显著的影响。我国部分城市也结合近年来的实践与理论研究,提出了各城市设置公交专用道的标准,如北京市地方标准《公交专用车道设置规范》(DB11/T 1163—2015)、上海市工程建设规范《公交专用道系统设计规范》(DG/TJ 08—2172—2015)以及《深圳市公交专用道设置标准及设计指引(试行)》。借鉴国内外研究与实践成果,对于规划高峰小时单向断面公交客流量达到 3000 人次/h 的城市快速路和主次干路,道路断面布置中应配置公交专用道。

城市公交路权优先通道的规划与建设是城市交通管理的重要手段,为确保所设置优先通道的合理性,从道路选择到最终方案的确定必须以公交发展的实际状况和道路的客观条件为基础,以切实优先发展公共交通为主旨,本着实事求是的态度制定科学的工作流程,确立可行的实施方案。

第五节 城市公共交通一体化

回顾我国城市公共交通规划实践的发展历程,可以总结出以下四个特点:一是公交规划密切伴随着城镇化进程,二是公交规划越来越注重城乡统筹,三是公交规划越来越关注不同模式与层次的衔接,四是公交规划更加突出地面骨干线网的效能提升。城市公共交通一体化应做好城市公共交通各子系统以及其他交通的协调规划,包括网络一体化融合、设施一体化衔接、运营一体化整合。大城市应着力构建中心城区骨架网-主体网-支撑网一体化的多模式网络体系,依托公交枢纽进行网络融合,并与区域轨道交通、城乡客运班线、镇村公交及周边区域公交等衔接,统筹协调城乡公共交通发展。同时,为提高公共交通的竞争力和吸引力,应将其他客运交通方式进行面向公交系统的有机整合。

一、网络一体化融合

多模式融合的公共交通网络是实现大城市一体化出行的重要基础。对于规划建设轨道交通系统的大城市,应结合城市轨道交通网的规划建设,优化调整地面公交网络,强化慢行网络对公共交通服务的延伸,进而形成轨道交通、地面公交和慢行交通相互补充、相互促进、高度融合的公共交通网络。

1. 加快建设大城市轨道交通线网骨架

强化轨道交通在大城市现代化发展中的基础性、支撑性、引领性作用,加强网络化轨道交通与网络化城市结构的协同耦合,以网络化的现代轨道交通体系支撑多中心、分布式、网络化的城市结构,提升都市圈多层次轨道网络一体化服务。

2. 构建与轨道交通衔接的多层次公交网络

结合城市轨道交通网络,以交通枢纽、轨道交通站为锚点,构建全域公共交通体系,提升近郊区公共交通服务品质。围绕重要枢纽站和轨道交通枢纽，依托组团间快速路、主干路等主要联络廊道，通过城市公交线路延伸，加强中心城区与近郊区公交覆盖，完善远郊组团内外衔接网络，探索发展毗邻地区城际公交。

3. 推进中心城区轨道、公交、慢行三网融合

以轨道交通为骨架，优化调整地面公交线网，加强公共交通站点周围慢行网络建设，推动轨道交通与地面公交、慢行网络一体化融合发展。

(1) 优化调整轨道廊道内公交网络：加强轨道交通与地面公交的协调衔接，形成地上地下交通"零换乘"体系，提升公共交通的便捷性、可达性。

(2) 大力发展接驳微公交：以乘客接驳需求为出发点，结合轨道交通沿线大型居住社区、商业中心及医院等客流集聚区，大力发展接驳微公交。轨道接驳社区巴士线路长度原则上不超过5km，车型以小型化车辆配置为主，路线可根据客流潮汐特征，充分利用城市支路灵活设计。

(3) 加快轨道交通站点周边慢行网络建设：培育轨道交通站点周边"轨道 + 慢行"出行模式，打造轨道站点周边步行空间和骑行系统，构建安全、便捷、连续、舒适、宜人的慢行环境。

(4) 丰富特色公共交通服务：鼓励提供定制公交、旅游公交等多样化地面公交服务，满足公众对公共交通服务的个性化、舒适性等需求。

二、设施一体化衔接

为打造功能清晰、衔接紧密、换乘便捷的公共交通服务体系，完善公交出行链，提升公交全过程出行体验，公共交通一体化衔接主要从枢纽功能强化、换乘设施整合、慢行品质提升三个层面推进。

1. 提升综合交通枢纽一体化服务水平

综合交通枢纽在公共交通枢纽衔接体系中承担着快速转换和高效集散的功能，其辐射力、衔接效率和站城融合的水平对于出行服务的提升具有显著影响。

(1) 发挥枢纽组合优势，强化复合枢纽辐射力：充分利用高铁、城际快线，灵活化组织运营班次，发挥枢纽组合优势，实现综合交通枢纽间的快捷换乘、高效联动。

(2) 完善软硬件衔接体系，提升枢纽衔接效率：加强统筹，多措并举，推进综合交通枢纽与城市公共交通高效衔接，构建内外联通的综合交通枢纽，提升枢纽集散客流效率。协调推进不同运输方式之间安检互认，缩短枢纽衔接换乘时间。

(3) 提升枢纽地区公共交通服务，支撑"站-城"一体融合：强化综合交通枢纽地区接驳服务，联动综合交通枢纽周边商业、居住等，推动"站-城"一体，促进枢纽交通功能与城市生活服务、临空或临站产业功能的有机结合，激发枢纽及区域活力。

2. 完善公共交通换乘枢纽和衔接设施

换乘衔接已成为整体公交服务能力提升的关键瓶颈，实施场站共享、公交"微枢纽"、高品质衔接等设施整合，有助于提高场站利用效率、改善换乘衔接体验。

(1) 推动公共交通方式场站共享：推动城市公交、城乡公交、城际公交等多种公共交通共享场站。在共享场站内配备便民生活服务设施，提供"一站式"多方式公共交通接驳服务，集聚轨道和公交客流，促进场站转型升级，激发场站活力。

(2)推进路内公交"微枢纽"建设："微枢纽"利用道路人行道及周边少量绿化等用地,将轨道站、公交站、出租车站、自行车停放点等集中在50~100m半径范围内,缩短多种公共交通方式的衔接距离。

(3)推进公共交通衔接设施高品质建设：通过调整公交站点位置、新增进口道站点、在交叉口转角处设置停靠站点等方式,缩短公共交通换乘距离。优化站外指引和站内指引,为乘客提供换乘方式及换乘距离/时间等丰富的信息,引导客流快速集散、换乘。

3. 提升公共交通站点周边慢行品质

高品质的慢行接驳设施,如步行风雨连廊、共享自行车停放区,可以扩大公共交通站点辐射范围、提升一体化衔接水平。

(1)加强步行风雨连廊配置：结合城市风貌、文化气质、片区特色,在轨道站点至周边公交站、医院、学校、公共服务设施间,规划建设不同风格、不同主题的风雨连廊,在为公共交通出行提供全天候、全时段换乘接驳条件的同时提升城市水平与出行品质,进一步增加市民公共交通出行舒适度,增强城市幸福感。

(2)推进自行车规范化停放：规划建设自行车停放区,为车辆有序停放提供基本设施。深入推进共享自行车"电子围栏"管理,探索入栏结算,逐步实现共享自行车精准停放,实施精细化节点管理。

三、运营一体化整合

运营一体是实现公共交通一体化的必要保障。在网络一体、衔接一体的基础上,通过整合轨道交通、地面公交和慢行交通,实现一体化运营服务,构建全链条、一站式公共交通信息与票务服务体系,保障公共交通一体化高品质发展。

1. 提升轨道、公交一体化运营水平

鉴于轨道交通与地面公交一体化对于促进城市可持续发展、提升绿色出行水平具有重要意义,各城市需结合自身发展情况,从规范运营服务、优化运营组织、协同接驳运能和建立时刻表联动机制着手,完善轨道与地面公交一体化运营服务。

(1)规范轨道公交一体化运营服务：通过规范服务进一步加强轨道交通与地面公交在服务时间、运营规模、服务水平及信息指引等方面的协同配合。

(2)优化轨道廊道内公交运营组织：与轨道交通共走廊的地面公交,通过采用中小型车辆、小站距运营,对轨道交通走廊公共交通服务进行有效补充。

(3)协同轨道接驳公交运营组织：根据客流量、乘客实际需求,确保轨道接驳公交与轨道站点首末班车运营时间相互匹配。对接轨道交通时刻表调整公交行车计划,方便市民掐表乘车,节省出行时间,保障换乘时间可控、有预期。

2. 构建全链条、一站式公共交通出行服务体系

随着大数据、云计算、人工智能等技术的不断发展演进,打造综合数据平台、研发一体化出行服务系统等成为公共交通数字化转型、公交管理运营能力及水平提升的核心辅助工具。

(1)完善公共交通综合数据平台：整合轨道交通、地面公交、共享单车等各自的信息系统,建立公共交通综合数据平台,实现政府监管部门对于公共交通运行的实时监测,统筹城市公共交通数据的共享发布、集成开发。依托公共交通数据平台提供信息发布服务,方便市民在出行

中同时了解轨道交通、地面公交、共享单车等实时信息,逐步建设全链条、一站式公共交通出行服务体系。

(2) 推进一体化出行服务系统顶层设计:结合城市公共交通发展现状,开展"出行即服务(MaaS)"系统建设顶层设计,包括可持续化商业模式框架、政府监管规制体系、信用评价指标体系、考核评估体系、标准体系等基础研究。

3. 建立一体化票制票价体系

近年来,随着城市和人口规模的持续扩大,公共交通出行总量、组成结构以及运营成本发生了巨大变化。票制票价作为引导公共交通资源配置的重要杠杆,需适应公共交通发展的形势和要求,因此,应对公共交通一体化支付、换乘优惠和票价机制进行必要的调整。

(1) 推进公共交通一体化支付:加快推进公共交通领域"一卡通用、一码通城",打通轨道交通、地面公交、共享单车等多种公共交通方式支付渠道,通过市民卡、乘车码等支付方式,实现"一次支付,通达全城",支撑换乘优惠政策实施。

(2) 探索公共交通换乘优惠:研究轨道交通、地面公交、共享单车、P+R停车等多种公共交通方式联乘优惠政策,减少乘客因换乘导致的出行费用增加,通过换乘优惠促进地面公交线网与轨道交通线网进一步融合,推动地面公交线网优化调整。

(3) 创新公共交通票制票价体系:按照"群众得实惠、财政可负担、企业能发展"的票制票价设置原则,逐步完善城市公交票价机制,研究建立基于里程的城市公共交通一体化票制、票种及票价比价结构,规范实施公共交通票价一体化管理改革,完善票价管理运行系统。

【复习思考题】

1. 查阅资料,了解近20年来我国城市公共交通发展状况,分析优先发展城市公共交通面临的主要问题。

2. 结合自己乘坐公交的体验,分析影响公共交通方式吸引力和竞争力的主要因素。

3. 简述交通需求分析在城市公共交通规划中的地位和作用,并对现有交通需求预测技术进行评述。

4. 结合案例,分析不同类型城市公共交通系统构成、公交网络结构的特点及其适应性。

5. 针对某一具体城市,选择相关指标评估该城市公交系统性能,分析存在的问题,并提出规划目标。

6. 采用驻站调查、随车调查、智能卡及车辆定位数据挖掘等方法,获取某公交线路运行状况数据,计算运送速度、运量、客运能力、满载率等指标,分析改善线路运行状况的可能措施及预期效果。

7. 简述城市公共交通一体化的内涵、目标与路径。

第八章
城市停车设施规划

第一节 概 述

停车设施是城市交通基础设施的重要组成部分。随着我国汽车数量的迅速增长,城市车辆停放已成为一个突出的交通问题,引起了各方面的关注,是城市交通规划要研究的核心问题之一。本章主要介绍了停车规划的基本概念、停车发展策略、停车场布局规划方法及规划方案评价等方面的内容以及与停车场充电车位布设和智慧停车系统规划相关的内容。充电基础设施是交通能源融合类新型城市基础设施,智慧停车是智慧城市建设的重要组成部分,其合理布局及规范建设日益受到重视。

一、停车设施分类

不同类型的停车场,其停放车辆类型、服务对象、场地位置、土地使用和管理方式也不同。一般可以从以下方面对停车设施进行分类:

(1)按停放车辆类型分:机动车停车场和非机动车停车场。
(2)按服务对象分:专用停车场和公共停车场。

专用停车场是指只供特定对象(本单位车辆或私人车辆)停放车辆的停车设施。公共停车场是对不特定人群提供停车服务的停车设施,大多设置在城市商业区、城市中心、分区中心、交通枢纽点及城市出入口干道过境车辆停车需求集中的地段。

(3)按土地使用分:永久停车场(或称固定停车场)和临时停车场。

永久停车场是根据固定需要而固定设置的停车场地,场地的使用性质一般不易发生变化。临时停车场是根据临时需要,临时划定的停车场地,场地的使用性质随时可能发生变化。

(4)按场地位置分:路侧停车场和路外停车场。

路侧停车场是指位于道路结构的一部分(例如,路肩、非机动车道等)的停车场;而路外停车场是指位于道路结构以外的停车场。

(5)按停车设施结构分:位于地面的露天停车场(Parking Lot)和位于建筑物内的停车库(Garage)。其中,多层的停车库又常被称为停车楼或立体停车场(表8-1)。而多层的停车库中根据车辆进入停车位(Parking Space)的方式、是否采用了机械装置等又可以分为坡道式(自走式)和机械式。

停车场分类　　　　　　表8-1

停车场的分类			
停车场 (广义的停车设施)	露天式	平面式停车场	
		机械式停车场	
	停车库 (停车楼、立体式停车场)	单层	
		多层	坡道式(自走式)
			机械式

此外,停车场还可以根据管理方式(收费、停放时长)进行分类,按照收费情况可分为收费停车场和不收费停车场,按照停车时间可分为非限时使用停车场和限时使用停车场等。其中,限时使用停车场是指可以在指定的时间内停车,而其他时间不允许停车的停车场。

二、停车设施规划的基本概念

1. 停车规划的内容

根据我国法律法规,城市建筑物有义务根据其用途配建相应的停车设施。除了这些建筑物的配建停车场外,城市还应当规划、建设一定数量的公共停车场。这些有关于停车场的法律法规、行业规范及管理文件,从多个方面对停车场的规划、设计和管理作出了详细的规定。

停车场规划就是确定停车场建设目标和达到该目标的步骤、方针及方法的过程。早期的停车场规划、设计几乎毫无例外地指停车场相关硬件设施的规划设计。例如,停车场的规模、布局、停车场的结构、设备等内部设计。

停车问题与城市交通乃至城市规划有着密切的关系,单纯从停车的角度考虑停车问题,不仅不能很好地解决城市停车问题,还有可能引发其他问题。例如,为交通繁忙的地区提供充足的停车设施,有可能吸引更多的机动车出行,从而引发更为严重的交通拥堵问题。因此,在交通规划、停车规划的同时,停车政策、法规的建设越来越受到人们的重视,从而呈现出将停车政策、法规作为城市交通政策的一部分,利用停车来调整城市交通结构的趋势。因此,停车相关政策、法规的建设也成为停车场规划的重要内容。

由此可见,停车场规划的概念有了新的拓展,出现了狭义和广义之分。传统的狭义停车场规划的对象仅仅是和停车相关的硬件设施,而广义的停车场规划的概念则既包括这些硬件设施的规划,也包括和停车有关的软件(政策、法规等)的规划。

城市停车规划可分为总体规划阶段、控制性详细规划阶段、修建性详细规划阶段,各阶段内容和深度见表8-2。

城市停车规划各阶段内容和深度 表8-2

规划阶段	内容和深度
总体规划阶段	(1)制定城市停车发展战略和发展目标; (2)确定区域差别化的停车供给策略和停车分区划分原则; (3)提出差别化的停车分区规划指引
控制性详细规划阶段	(1)核算各地块内建筑物配建停车位规模; (2)确定城市公共停车场用地布局控制指标和建筑设计原则
修建性详细规划阶段	(1)确定停车场平面布局和停车位规模; (2)提出交通组织及出入口设置方案; (3)估算工程量、拆迁量和总造价; (4)分析建设条件,开展综合技术经济论证

2. 停车规划相关术语

为了描述车辆停放和停车设施的主要特征,需要对停车规划相关术语进行定义。

(1)停车目的

停车目的(Parking Purpose)是指驾乘人员在出行中停放车辆后的活动目的,如上班、上学、购物、联系业务、娱乐、等待服务、装卸货物、餐饮、返程回家及其他等。

(2)停车时间

停车时间(Parking Time)指车辆在停车场停车位上的实际停放时间,平均停车时间是指在某一停车车位上,全部实际停放车辆的停放时间的平均值,它是衡量停车场(点)处的交通负荷与周转效率的基本指标之一,其分布与停放目的、停车场周边土地使用等因素有关。

(3)累计停车数

累计停车数(Parking Accumulation)指典型停放点和区域内一定时间间隔内实际累计停放车数量(辆次)。

(4)停车场容量

停车场容量(Parking Capacity)指给定停车区域或停车场有效面积上可用于停放车辆的最大泊位数。

(5)停车需求

停车需求(Parking Demand)指给定停车区域内特定时间间隔的停放吸引量。

(6)停车供应

停车供应(Parking Supply)指一定的停车区域内按规范提供的有效泊位数。

(7)停车密度

停车密度(Parking Density)是停车负荷的基本度量单位。它可以做两种定义:一是指停放吸引量(存放量)大小随时间变化的程度,一般高峰时段停车密度最高;二是就空间分布而言,表示在不同的吸引点停车吸引量的大小程度。

(8)停放周转率

停放周转率(Parking Turnover)指单位停车车位在某一间隔时段(一日、一小时或几小时)内停放车辆次数,为实际停放车辆累计次数与车位容量之比。

(9)停放车指数(停放饱和比、占有率)

停放车指数(停放饱和比、占有率)(Parking Index)指某时段内实际停车数量或停放吸引量与停车容量之比,它反映停车场的使用效率。

(10)步行距离

步行距离(Walk Distance)是指从停放车处到出行目的地的实际步行距离,可反映停车场布局的合理程度。

三、停车设施规划的目标和流程

1. 停车规划的目标

停车设施规划应贯彻资源节约、环境友好、社会公平、可持续发展的原则,以城市发展及交通发展战略为指导,统筹现状停车供需关系,考虑未来机动车发展水平,结合交通需求管理措施,制订停车位总量控制和区域差别化的供给策略,划分城市停车分区,统筹配置城市停车资源,并应满足交通安全、综合防灾等要求。

停车设施规划首先应当与上位规划(如国土空间规划、城市综合交通规划等)、政策(如城市交通政策、停车政策等)保持一致。其中,停车政策的目标常常随着时代(停车需求及停车供给的情况)变迁而改变。近年来,停车政策作为交通需求管理(Transportation Demand Management, TDM)的一项重要手段,被广泛采用。

常见的停车政策的主要目标有如下几种。

(1)根据城市开发特点,对城市不同区域分区域停车供给。

(2)大力促进路外停车场规划建设。

(3)合理规划设置并利用路侧停车资源,规范路侧停车场管理。

(4)利用停车供给、收费等手段,控制城市中心区交通量,缓和交通拥堵。

(5)其他。例如,对于城市特定地区规划无车区,结合历史文化保护制度进行专门的停车规划等。

2. 停车规划的流程

城市停车设施规划思路可归纳为:在综合调查与分析的基础上,结合停车发展策略进行停车需求预测,以需求预测结果为依据,确定满足一定需求比例下的停车设施供应规模,进而确定在此供应规模下配建停车设施、公共停车设施的规模,对于配建停车设施提出配建停车指标,对于公共停车设施进行布局规划,并对规划方案进行评价,最后提出方案实施的保障措施。

城市停车设施专项规划以综合交通体系规划为指导,应作为详细规划阶段城市停车规划的依据。城市停车设施专项规划分近、远期规划,近期规划期限应与城市国民经济和社会发展规划的年限一致,远期规划期限应与城市总体规划的年限一致。根据《城市停车设施规划导则》,城市停车设施专项规划一般可分为现状调研、专题研究、规划成果三个阶段。

城市停车设施专项规划步骤如图 8-1 所示。其中,停车需求预测是停车场规划中需要解决的重要的问题之一。

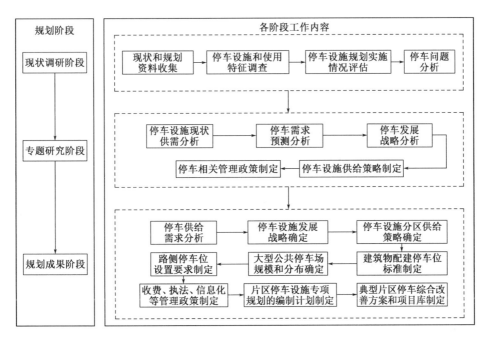

图 8-1　城市停车设施专项规划步骤

第二节　停车发展策略及需求预测

一、停车发展策略

停车发展策略是调节城市停车供需关系的重要手段。制定城市停车发展策略时应注意以下几点:
(1)与城市总体交通发展战略相协调。
(2)与国家及地区的汽车产业发展政策相一致。
(3)停车设施的供应不仅要考虑满足停车需求,还要兼顾路网容量,更要充分考虑区域差异性。
(4)要有针对性地解决城市的停车问题。
(5)停车设施系统要能可持续发展。

1. 配建停车场发展策略

配建停车场在城市停车设施中起主导作用。

应遵循"谁家吸引的车辆,谁家承担建设其停车泊位"的原则。配建停车场是为大型公用设施或者建筑物配套建设的停车场,主要是为本建筑内各单位的就业人员以及与该设施业务活动相关的出行者提供社会停车场服务的场所。各个建筑设施应该承担建设配建停车场的义务,自行满足其带来的停车需求,尽量避免将停车问题作为社会成本。

配建停车场包括大型公共建筑配建停车场和居住区配建停车场,其建设分别采取如下发展策略。

(1) 大型公建配建停车场

① 鼓励超额增建停车位。采取优惠的政策引导开发商超额增建停车位,既可以有效增加停车设施供给,节约城市用地空间,也减少了停车场建设的重复成本。

② 鼓励配建停车场对外开放。配建停车场向社会开放既可有效地缓解停车供需矛盾,又有助于提高配建停车位利用率和配建停车场的经济效益。

③ 合建停车场政策。城市某些公共建筑群体无法做到每一个公共建筑都提供单独的停车场,允许这些建筑以缴纳建设费用代替单独配置,而由政府或开发商为该建筑群统一配建停车设施。

④ 严格征收配建车位建设差额费。要制定详细的配建车位建设差额费征收管理办法,对配建车位不足、改变停车位使用性质或因特殊原因需要部分或全部拆除停车场并得到城市规划管理部门批准而又无法补建的,征收高额的建设差额外负担费充入停车场建设基金。

(2) 居住区配建停车场

对于居住区配建停车设施而言,新建的住宅小区要严格执行住宅小区配建标准;考虑随着小汽车进入家庭的速度加快、停车需求的增加,可预留一定场地,近期作为绿地和活动场地,远期可修建地下停车库或者立体停车楼。

对于已建小区,尽量利用小区周边道路与土地资源,挖掘停车潜力,可采取以下途径:

① 利用小区内的地下空间建设地下停车库。

② 利用住宅小区夜间停车需求大而道路上夜间流量小的特点,在小区周边的道路上设置限时停车泊位,合理设置夜间停车时段,在道路交通高峰时段禁止这些道路的路侧停车。

③ 鼓励按照"谁投资谁受益"的原则,经有关部门批准,在居住区内引进立体停车技术增设停车位。

2. 路外公共停车场发展策略

路外停车场是公共停车场的供应主体。

在近期仍应以"扩大停车供应为主、抑制停车需求为辅"的策略作为阶段性的政策,远期以需求管理为主。

停车供应须切实满足城市停车的需求,应以停车的高周转率和高服务水平为目标,避免由于泊位的空置造成社会资源浪费。

3. 路侧停车场发展策略

路侧停车场是公共停车场的有效补充。

近期严格控制交通流量大的主次干道路侧停车供给,规范其停车行为;对于交通流量不大的部分路段,在不影响交通正常运行的情况下,科学设置路侧停车泊位,满足交通管理需求,对城市交通的影响应控制在容许范围之内;随着路外停车设施的完善,路侧停车应适时调整,实行动态评估和滚动规划。

远期逐渐减少路侧停车供给,将停车需求引到路外公共停车场。根据城市路网状况、交通状况、路外停车规划及路外停车设施的建设情况,控制路侧停车泊位规模。

二、停车需求预测

1. 停车需求的影响因素

停车需求受土地开发和利用强度、汽车拥有量、车辆出行水平以及交通政策等众多因素影响。

(1) 土地利用和开发强度

土地利用情况不同,其建设规模、经济繁荣程度等都不相同,人们对交通条件的要求,城市居民的出行数量、结构都不同,由此产生的停车需求也不相同。同样道理,相同土地利用性质的用地在停车需求方面有着相近的特征,可以取其共性来研究。

相同土地面积的开发强度不同,停车需求也不同。例如,用容积率作为评价指标,通常,容积率越大(意味着开发强度越大),停车需求量越大。反之亦然。

(2) 汽车保有量

汽车保有量的增长是导致停车需求增长的一个重要因素,通过大量的调查资料分析得知,每增加一辆车,需要增加 1.2~1.5 个停车泊位。

(3) 车辆出行水平

车辆的出行水平即出行量直接决定停车需求的大小,车辆出行水平越高,停车需求越大。

(4) 交通政策

交通政策方面主要包括:城市交通发展模式的引导政策、城市交通需求管理政策、交通设施使用政策、停车场收费政策。交通政策对停车需求是有干预作用的,如鼓励公共交通政策,其本质在于限制个体交通,在提高有限道路资源的利用效率的同时减少停车需求;控制停车泊位供给、严格收费政策等都会对停车需求产生影响。

2. 停车需求预测方法

从不同视角来看,停车需求有微观停车需求和宏观停车需求之分。在这两者之间,并没有严格的界线。通常,微观停车需求是以某一个或几个停车场为对象来讨论停车需求。

(1) 微观停车需求预测

①回归预测法。回归预测法是根据停车需求量和影响因素之间的相关关系,利用回归的方法,建立停车需求与影响因素之间的函数关系。最为简单的回归模型的形式为线性回归。其具体形式如下:

$$y = \alpha_0 + \alpha_i X_i + \cdots + \alpha_n X_n \tag{8-1}$$

式中:y——停车需求量;

α_i——回归系数;

X_i——影响因素(如人口、建筑规模等)。

除了线性回归以外,常见的几种函数形式如下:

a. Logistic 曲线:

$$y = \frac{1}{1 + me^{-\alpha x}} \tag{8-2}$$

式中:m、α——系数;

x——影响变量。

b. 修正指数回归曲线

$$y = k - ab^x \tag{8-3}$$

式中：k、a、b——系数。

c. 弹性分析：

$$y = cx^\alpha \tag{8-4}$$

这里，$\dfrac{\mathrm{d}y/y}{\mathrm{d}x/x} = \alpha$ 为常数。

②停车生成率法。停车生成率法的基本原理是根据用地性质确定单位建筑面积的停车需求，用该比率计算停车需求。

$$y_i = \sum_{k=1}^{K} \alpha_i^k \cdot X^k \tag{8-5}$$

式中：y_i——第 i 种车辆（机动车、自行车）的停车需求量，车位；

α_i^k——第 k 种建筑物的第 i 种车辆的停车需求生成率，车位/m²；

X^k——第 k 种建筑物的建筑（营业）规模，m²。

通常，停车需求生成率需要通过调查、分析研究才能获得。有时人们也以建筑物的配建指标作为参考。应当指出，建筑物配建指标通常被用来检查建筑物的规划停车场容量，因此，不应理解为等同于停车需求预测阶段的停车需求生成率。

（2）宏观停车需求预测

和微观停车需求相比，宏观停车需求预测用于预测更广大的区域的停车需求。研究人员从不同角度开发了许多宏观停车需求预测模型。以下，简要介绍各种方法的具体模型。

①停车生成率模型。该方法和微观需求模型中的停车生成率模型基本思路相同。

该类模型基于一个最基本的假设，即停车供需与土地利用之间存在某种关系。该模型是将各种具有不同土地利用性质的用地看作停车发生、吸引源，通过确定规划区域内不同土地利用性质的单位指标所吸引的停车需求量指标，将区域内的总停车需求量看作各单个地块的停车需求量的总和。其模型可以用下列表达式表示：

$$y_i = \sum_{j=1}^{N} \alpha_{ij} \cdot R_{ij} \quad (i = 1, 2, \cdots, n) \tag{8-6}$$

式中：y_i——i 区高峰时间停车需求量，辆；

α_{ij}——i 区 j 类性质单位用地面积（或单位雇员数）停车需求数量，辆/m²；

R_{ij}——i 区 j 类性质用地面积（或单位雇员数），m²。

该方法简单实用。但是，该模型所需要的 α_{ij}，必须依靠广泛的调查资料才能够确定。同时，由于将各地块看作简单的单一用地性质，并将总停车需求看作各地块停车需求的简单相加，不能考虑各区域之间的差异。

②用地与交通影响分析模型。该模型主要是从机动车保有量和土地利用等因素的现状及其变化趋势入手，确定它们与停车需求之间的关系，从而分析现状的停车需求及未来的停车需求。其基本预测步骤如图 8-2 所示。

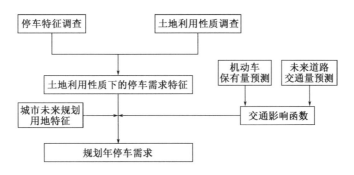

图 8-2 用地与交通影响分析模型预测步骤

该模型的形式如下：

$$P(t) = f(x_i) \cdot g(\gamma_q) \quad (8-7)$$

式中：$P(t)$——规划区域内 t 年度的停车需求，辆；

$f(x_i)$——停车需求的地区特征函数，辆/m²；

x_i——第 i 种类型土地利用的规模，可用相应类型用地的建筑面积来表示，m²；

$g(\gamma_q)$——停车需求的交通影响函数，辆/m²；

γ_q——区域内交通量的年均增长率，%。

该模型是停车生成率模型的扩展，虽然较好地兼顾了停车与土地利用、交通发展之间的关系，在分析与预测的结果上要比停车生成率模型更为合理，但是具有与停车生成率模型类似的一些缺陷，因此在使用上也存在一定的局限性。

③土地利用模型。该模型主要是基于停车需求与用地性质、雇员数量之间的关系来进行未来规划年的停车需求预测。其最基本假设是：一个以商业为主的地区的长时间停车需求是由雇员上班出行引起的，而短时间停车需求是由在该地区进行的商业活动引起的。该模型于 1984 年由美国的 H. S. Levinson 提出并在纽黑文城区的总体交通规划研究中的停车需求预测上进行了应用。其数学表达式如下：

$$d_i = A_L \cdot \frac{e_i}{\sum_i e_i} + A_S \cdot \frac{F_i}{\sum_i F_i} \quad (8-8)$$

式中：d_i——第 i 区的停车需求，辆；

A_L——规划区域内长时间停车的停车总数，辆；

A_S——规划区域内短时间停车的停车数，辆；

e_i——第 i 区雇员数，人；

F_i——第 i 区零售与服务业的建筑面积，m²。

该模型对数据要求简单，预测成本较低。但是，模型所需的建筑面积和雇员数的准确性对模型精度影响较大。通过模型的假设以及模型的公式可以看出，该模型比较适合于用地比较单一、以商业服务为主的城区，对用地十分复杂的大城区的停车需求分析精度比较差。

④出行吸引模型。该类模型认为，停车需求的生成与地区的社会经济强度有关，而社会经济强度又可用该地区吸引的机动车出行量的多少来代表。该模型的基本原理是确定停车需求泊位数与区域机动车出行吸引量之间的关系。该类模型以机动车的出行作为停车生成的基础，考虑了停车是源于交通出行的基本特性，因此在预测理论上比较合理。同时，因为这一特点决定利用

该类模型时必须拥有较为完整的 OD 交通基础数据。该概念建模的一般流程图如图 8-3 所示。

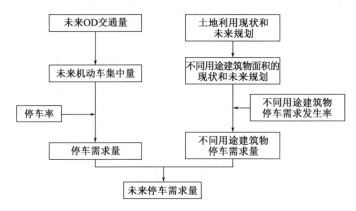

图 8-3 出行吸引模型的一般概念

目前在利用该类模型进行预测时,具体存在以下两种分析方法:

第一种分析方法在预测时采用了出行吸引模型,其预测流程如图 8-4 所示。根据停车特征调查,确定一天内分出行目的进出各类建筑物的车辆总数与高峰停车需求的关系,根据城市交通规划或其他专项交通规划研究预测未来 OD 资料,得出不同目的机动车出行终点吸引量。在假定未来停车特征与现状停车特征基本不变的前提下,推算出机动车高峰停车需求量。在考虑停车发生时刻分布、停车时间分布之后,求出规划地区的停车需求量。

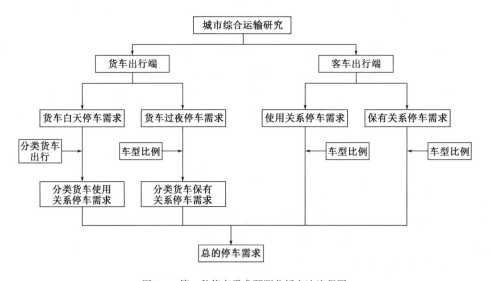

图 8-4 第一种停车需求预测分析方法流程图

第二种分析方法是在应用停车需求与出行之间关系模型时,把停车特征参数和机动车 D 点吸引量作为分析影响分析结果的最重要的因素,其预测步骤如图 8-5 所示。

⑤基于相关分析法的多元回归分析预测模型。该类模型主要认为,停车需求与城市经济活动、土地利用等许多因素之间存在某种关系,并通过采用回归分析的方法,从历史资料中寻找它们之间存在的关系。该类模型的最大特点是所利用的许多数据均为社会经济数据,能够比较容易地获得。该模型适用于较大范围的宏观停车需求预测。美国道路研究委员会曾提出如下停车需求预测的多元回归分析预测数学模型:

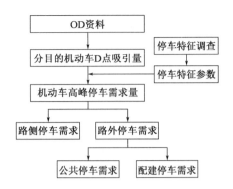

图 8-5　第二种停车需求预测分析方法流程图

$$P_{di} = K_0 + K_1(\mathrm{EP}_{di}) + K_2(\mathrm{PO}_{di}) + K_3(\mathrm{FA}_{di}) + K_4(\mathrm{DU}_{di}) + K_5(\mathrm{RS}_{di}) + K_6(\mathrm{AO}_{di}) + \cdots$$
(8-9)

式中：P_{di}——第 d 年 i 区的高峰停车需求量，辆；

EP_{di}——第 d 年 i 区的就业岗位数，个；

PO_{di}——第 d 年 i 区的人口数，人；

FA_{di}——第 d 年 i 区的建筑面积，m^2；

DU_{di}——第 d 年 i 区的企业数，个；

RS_{di}——第 d 年 i 区的零售服务业数，个；

AO_{di}——第 d 年 i 区的小汽车保有量，辆；

K_j——回归系数。

例如，上海市曾根据市中心区停车需求与机动车的出行量数据建立了如下的二元线性模型：

$$P_d = -297.9622 + 1.2641 T_t + 0.8426 T_p \quad (R^2 = 0.9012)$$
(8-10)

式中：P_d——日实际停车总需求量，标准车；

T_t——白天 12h 货车出行吸引量，标准车，取值范围为 244~2050；

T_p——白天 12h 客车出行吸引量，标准车，取值范围为 230~2310。

应当指出的是，上述停车需求量并非等于对象地区应当提供的停车场容量。抛开政策因素不谈，至少应当考虑停车场利用率以及周转率等因素。在原理上应当保持下式成立：

$$N = C \cdot \gamma \cdot \alpha$$
(8-11)

式中：N——停车需求量；

C——停车场容量；

γ——停车场利用率；

α——停车场周转率。

由式(8-11)可得停车场容量的计算公式如下：

$$C = \frac{N}{\gamma \cdot \alpha}$$
(8-12)

在利用上述方法得到未来停车需求量，并给出期望的停车场利用率 γ 以及停车场周转率 α 的条件下，可以利用式(8-12)得到所需要的停车场容量。

其中，《城市道路交通规划设计规范》规定机动车每个停车位的存车量以一天周转 3~7

次计算;自行车每个停车位的存车量以一天周转 5~8 次计算。同时,对城市中心区的停车场容量进行计算时,机动车与自行车停车位数都应乘以高峰日系数 1.1~1.3。

因此,对城市中心区的停车场容量进行计算时,需要对式(8-12)的计算结果加以修正。完整的停车场容量计算公式如下:

$$C = \frac{N}{\gamma \cdot \alpha} \cdot k \tag{8-13}$$

式中:k——停车场所在地区修正系数。城市中心区,k 取 1.1~1.3;其他区域,k 取 1。

例如,预计某市中心区停车需求量为 10000 辆/d,预计地区内停车场的平均利用率为 70%,地区内停车场的平均周转率为 5 次,修正系数为 1.2。则该地区的停车场容量 C 应为:

$$C = \frac{10000}{0.7 \times 5} \times 1.2 = 3500(车位)$$

第三节 停车布局规划

一、停车场选址考虑的主要因素

停车场在城市中的布局应当综合考虑城市分区的功能和城市道路网的特征等因素。面向社会开放的公共停车场的分布应当根据服务对象(设施、车辆的种类)、性质配合城市停车政策来确定。例如,主要服务于外来货运车辆的停车场应当设置在城市外环路、城市的出入口道路附近;市内公共停车场应当靠近主要服务对象,并在城市对外交通设施的机场、车站、码头、城市公共交通换乘枢纽站附近,以方便换乘。

通常情况下,停车场的选址应当考虑如下问题:

(1)服务半径(步行距离)

这里指泊车者从停车场到目的地之间的距离。由于是步行,泊车者期望这段距离越短越好。国内外研究表明,泊车者步行应以时间 5~6min、距离 200m 内为宜,最远不超过 500m。

(2)停车场的可达性

这里指泊车者通过城市路网到达停车场的难易程度。停车场的可达性越好,被泊车者使用的可能性就越大。

(3)建设费用

这里指包括建筑费用、征地拆迁费用以及环保等的总费用。它和停车场的使用效率一起,在很大程度上决定着停车场的社会经济效益。

(4)与城市规划的协调性

这里指在停车场的使用年限内,停车场选址与所在地区的城市规划和交通规划相适应。

(5)保护城市文化、古建筑和景观

为了满足旅游交通的需求,应当在城市内名胜古迹、郊区风景旅游点附近设置停车场。但是,考虑到城市文化、古建筑以及景观的保护等问题,停车场的选址应当距离被保护对象适当的距离。

(6)公共空间的有效利用

充分利用公共设施(如公园、广场等)的地下空间,既可以有效利用空间,又可以有效地解决城市景观的问题。

上述部分因素相互影响、相互制约,因此,在应用时必须根据城市条件以及当前的主要矛盾,有针对性地舍取。

二、停车场选址及进出口设置中的注意事项

为了更有效地满足停车需求,需要确定在什么位置建设停车场。这时需要考虑的主要问题是确保用地、到达目的地的方便性、控制交通流的可能性以及相关法律法规等。从控制交通流的角度考虑,停车场选址规划的最为重要的问题,就是停车场出入口的位置。目前,我国实施的《城市停车规划规范》(GB/T 51149—2016)中与停车场选址有关的规定如下:

(1)城市公共停车场宜布置在客流集中的商业区、办公区、医院、体育场馆、旅游风景区及停车供需矛盾突出的居住区,其服务半径不应大于300m。同时,应考虑车辆噪声、尾气排放等对周边环境的影响。

(2)城市公共停车场分布应在停车需求预测的基础上,以城市不同停车分区的停车位供需关系为依据,按照区域差别化策略原则确定停车场的分布和服务半径,应因地制宜地选择停车场形式,可结合城市公园、绿地、广场、体育场馆及人防设施修建地下停车库。

(3)停车供需矛盾突出地区的新建、扩建、改建的建筑物在满足建筑物配建停车位指标要求下,可增加独立占地的停车场或者由附属建筑物的不独立占地的面向公众服务的城市公共停车场。

《车库建筑设计规范》(JGJ 100—2015)中的相关规定如下:

(1)车库基地的选择应充分利用城市土地资源,地下车库宜结合城市地下空间开发及地下人防设施进行设置。

(2)专用车库基地宜设在单位专用的用地范围内;公共车库基地应选择在停车需求大的位置,并宜与主要服务对象位于城市道路的同侧。

(3)机动车库的服务半径不宜大于500m,非机动车库的服务半径不宜大于100m。

(4)特大型、大型、中型机动车库的基地宜临近城市道路;不相邻时,应设置通道连接。

(5)车库基地出入口的设计应符合下列规定:

①基地出入口的数量和位置应符合现行国家标准《民用建筑设计通则》(GB 50352—2019)的规定及城市交通规划和管理的有关规定;基地出入口不应直接与城市快速路相连接,且不宜直接与城市主干路相连接。

②基地主要出入口的宽度不应小于4m,并应保证出入口与内部通道衔接的顺畅。

③当需在基地出入口办理车辆出入手续时,出入口处应设置候车道,且不应占用城市道路。

④机动车候车道宽度不应小于4m,长度不应小于10m,非机动车应留有等候空间。

⑤机动车库基地出入口应具有通视条件,与城市道路连接的出入口地面坡度不宜大于5%。

⑥机动车库基地出入口处的机动车道路转弯半径不宜小于6m,且应满足基地通行车辆最小转弯半径的要求。

⑦相邻机动车库基地出入口之间的最小距离不应小于15m,且不应小于两出入口道路转

弯半径之和。

此外，我国住房和城乡建设部发布的《城市道路工程设计规范(2016年版)》(CJJ 37—2012)中有相关规定如下：

(1)在大型公共建筑、交通枢纽、人流车流量大的广场等处均应布置适当容量的公共停车场。

(2)机动车停车场的设计应符合下列规定：

①机动车停车场设计应根据使用要求分区、分车型设计。如有特殊车型，应按实际车辆外廓尺寸进行设计。

②机动车停车场内车位布置可按纵向或横向排列分组安排，每组停车不应超过50辆。当各组之间无通道时，应留出大于或等于6m的防火通道。

③机动车停车场的出入口不宜设在主干路上，可设在次干路或支路上，并应远离交叉口；不得设在人行横道、公共交通停靠站及桥隧引道处。出入口的缘石转弯曲线切点距铁路道口的最外侧钢轨外缘不应小于30m，距人行天桥和人行地道的梯道口不应小于50m。

④停车场出入口位置及数量应根据停车容量及交通组织确定，且不应少于2个，其净距宜大于30m；条件困难或停车容量小于50辆时，可设一个出入口，但其进出口应满足双向行驶的要求。

⑤停车场进出口净宽，单向通行的不应小于5m，双向通行的不应小于7m。

三、公共停车场选址布局规划

1. 停车场选址布局的原则

在进行城市停车设施选址布局规划时，应主要考虑以下几个原则：

(1)最大限度地满足服务范围内的停车需求。停车设施应选择停车位短缺及停车需求大的地点。布设的停车场不仅能为停车者提供便捷的泊车服务，也能为吸引停车者的公用设施提供最大停车容量。

(2)停车设施的设置应符合城市规划要求。各停车设施在设置时首先考虑到其设置后近期的需求大小和服务对象，另外还应考虑其周围土地利用和道路交通状况。停车设施的设置应控制适当的停车供需关系，保证停车设施被充分利用，并且要保证停车容量与路网交通容量保持平衡。

(3)泊车者步行距离最小。停车场到目的地的步行距离是确定停车场利用范围的重要因素，一般把停车场的利用范围定为半径500m的圆内，同时考虑从停车场与目的地之间步行所经过的街道状况对停车者的心理影响。

(4)避免造成主干道和交叉口交通组织的混乱，停车设施的出入口应尽量设在次干道上，并尽可能地远离交叉口。

(5)停车、取车便利。要避免车辆进入停车场前或出停车场后都必须连续大拐弯，或停车后还要穿过几条交通干线才能到达目的地的停车场规划。停车场的位置，应尽可能设在使用场所的同一侧(即内侧停车场)，以便使人流、货流集散时不穿越道路；有条件时，最好能按不同的来车方向划分停放场地，以便于疏散和管理。

(6)结合停车设施类型的选择同时考虑。配建停车场应紧靠使用单位设置；公共停车场应尽量在全市供需均衡分布；对于大型群众活动的广场、体育场等大型集会的场所，最好按分区就近设置的原则确定停车场的位置,以有利于车辆在短时间内迅速疏散。

(7)建造者的建设费用低廉。考虑地块特征对建设成本的影响,尽量使停车场的服务能力强,利用率高,营运成本低。

(8)停车设施的设置应配合公共交通站点的布置,包括公交线路等,使公共交通与其他交通方式之间顺利衔接;另外,设置停车设施还应与城市步行街和专用道相结合。各停车设施应设置在大型公共建筑和设施附近,如客运枢纽、文体设施、商场、宾馆饭店和娱乐场所等,停车设施应方便出入和停驻,临近主干道,靠近次干道并尽量避免穿越道路。

2. 规划方法

进行停车布局规划时,对于所有规划的停车设施都指出位置,确定规模大小、建造形式是不可能的,也不符合土地开发不确定性的现实情况,相反,如果对于规划的停车设施都没有办法给出位置、规模、建造形式等,则无法指导规划方案的建设。所以停车规划适宜采取一种集控制性和可操作性于一体的布局思路,做到宏观与微观结合、刚性与弹性并举。规划方案既具有可明确执行的内容,又留有一定余地,为城市新区土地开发和旧城改造的不确定性留下余地。这种布局方法是刚性布局法和弹性布局法的综合,规划方案中要有一定的宏观布局设施,留待于区域开发或改造时系统考虑再确定,同时要针对当前停车矛盾相对集中突出的区域,详细论证规划方案选址地点、规模、建造形式、交通组织等,并与相关管理部门反复沟通协调,达成一致意见,以解决实际问题。

刚性布局法:刚性布局法是对规划的停车设施的位置、规模、建造形式等已经基本确定的方法。这种方法适用于城市建成区停车矛盾突出且土地使用性质变化不大的区域,适合于近期停车设施建设和改造。使用这种方法所做的停车设施规划一旦确定,就应付诸实施,不能随意改动,所以在规划的过程中,要详细分析该点的停车需求,与当地的规划管理人员充分沟通,落实规划处土地的可得性和建筑容量可能性,要与交通管理人员研究出入口和相邻路段的交通组织方案,要与开发和投资部门研究资金的投入和产出,要对实施的效果给予综合评价,以便合理确定该停车设施的位置、规模和建造形式。

弹性布局法:这种布局方法确定了某一个区域内停车设施的供应规模,该区域的停车需求由一个或多个停车设施分担,但是不能确切指出各停车设施的位置,因其有待于结合土地开发综合考虑。弹性布局法存在两种情况,一种是可以确定该区域的主体停车设施的大致规模和位置,其他停车设施位置、规模等未知;另一种情况是区域内的停车设施位置、规模等都未知,其泊位的供应实现形式可以因地制宜、灵活多样。弹性布局法多适用于城市新区的开发以及停车矛盾不突出、开发强度不大的区域,适合于远期停车用地的预留。

3. 停车选址模型

停车设施选址规划模型包括概率分布模型、停车需求分布最大熵模型、多目标对比系数模型等。

(1)概率分布模型

该模型从概率选址的角度出发,其假设前提为:每个停车者首先考虑停泊最易进入的停车场地,如无法停泊,则考虑下一个最易进入的场地,如仍无法接受,则继续下去,直至获得一个可接受的场地为止。

概率模型形式简单,主要用于停车需求分布的计算,是停车设施选址规划分析的基础,但在实际中使用不多,主要原因如下:①该模型将每个停车者的停车意向都表达为概率 P,而且顺序选择,并未考虑选择停车场的随机性;②模型假设距区域中心距离越短就越容易进入,而停车者在实际停车时更多考虑的是距目的地最近的停车场。

(2)停车需求分布最大熵模型

在区域内划分更小的交通小区,将每个交通小区作为一个停车生成源。同样,将区域内停车设施作为停车的吸引源,各小区生成的停放车需求全部分配在该区域的停车设施内。以上假设可表达为:

$$\begin{cases} \sum_i Q_{ij} = A_j \\ \sum_j Q_{ij} = D_i \\ \sum_i \sum_j Q_{ij} = \sum_i D_i = \sum_j A_j = G \end{cases} \quad (8\text{-}14)$$

式中: i、j——停车生成源的交通小区和吸引源的停车设施编号;

Q_{ij}——由 i 小区生成并停放于设施 j 中的车辆数;

D_i——第 i 小区生成的停车需求数;

A_j——停车设施 j 处的停放车辆数。

在由停车生成点(交通小区)、停车设施、道路网络、停放车辆等组成的系统中,停车分布矩阵 $\{Q_{ij}\}$ 可作为随机变量的集合,任何特殊的分布矩阵 $\{Q_{ij}\}_a$ 只是该对称系统中的一个状态。由此可定义该系统的熵,然后在关于该系统的约束下,求解使系统熵为最大的状态,即所需预测的分布。

停车分布最大熵模型的计算结果将给出在规划区域内各停车设施的停车分布,该模型通过供应和需求的合理分配为停车设施的选址规划提供了较好的思路,但是在具体使用时,需要经过模型参数的标定、调查数据的检验等多个步骤,而且计算复杂,在程序的编制和实际中不易应用。

(3)多目标对比系数模型

多目标对比系数法的原理主要是通过多目标决策分析来解决停车设施的多个备选地址的选优问题。

假设对区域停车设施的选址规划有 n 个目标(影响因素) $a_1, a_2, \cdots, a_n$,记 $N = \{1, 2, \cdots, n\}$,拟定了 m 个决策方案(备选停车场地址) $x_1, x_2, \cdots, x_m$,记 $M = \{1, 2, \cdots, m\}$,方案 x_j 对于目标 a_i 的取值记为 $a_i(x_j)$,称为目标函数。目标函数 $a_i(x_j)$ 越大,则方案 x_j 在目标 a_i 下越优。

(4)约束型停车选址模型

约束型模型考虑多个目标对区域停车设施泊位分配及建造形式等的影响,在约束条件下实现整体的优化,即"总步行距离 T 最短、总建造成本 C 最低、总泊位供应 H 最大"。

(5)无约束型停车选址模型

无约束停车选址模型以区域停车设施服务水平最高为目标,即"停车者至目的地总步行距离最短、泊位供应数最多"。

四、配建停车场规划

1. 建筑物分类

目前,我国城市现有的建筑物的分类如下:

(1) 住宅

住宅分为保障性住房、商品房、别墅、小单元公寓、集体宿舍等。住宅的停车需求受该住宅区居民机动车保有量的制约,而不同级别的住宅其停车需求也不相同。

(2) 办公建筑

办公建筑分为行政办公建筑、其他办公建筑等。行政办公建筑包括党政机关、社会团体、行使行政职能的事业单位等办公机构建筑及其相关设施。其他办公建筑包括科研事业单位,金融保险、艺术传媒、研发设计、贸易咨询等综合性办公建筑,银行、证券期货交易所、保险公司,文艺团体、影视制作、广告传媒等用地,如新闻出版、广播电视等办公建筑。其停车需求取决于办公建筑的性质。一般单位级别越高,企业规模越大,其停车需求就越大。

(3) 交通枢纽

交通枢纽分为港口、大型公交车站、火车站、飞机场等。交通枢纽是许多线路的交会点,将产生大量交通量,其停车配建设施建设的好坏对城市交通具有十分重要的意义。

火车站:对于不同规模的客运站与货运站,其停车需求及停车配建设施应分别分析。

大型公交车站:目前政府大力鼓励"停车换乘",即机动车停在公交车站的停车场,然后乘公交车进城,以求减小城市中心区的交通压力和停车压力等。这就对公交车站的位置、公交车线路周边的停车配建的合理性提出了更高的要求。

港口与机场:港口的停车配建设施主要用于装卸、停放货物,其停车需求受港口规模影响。飞机出行是一种快捷的交通方式,不受地形影响,但价格昂贵,因此机场在一些国际大都市具有十分重要的地位和作用,其停车需求由城市的地位决定。

(4) 商业建筑

商业建筑分为市区(CBD)商业建筑、独立购物中心、酒店和饭店、住宅区的配套零售店、配套肉菜市场、独立农贸市场等。前三类的停车需求较大,主要受其规模影响。

(5) 工业建筑

工业建筑分为厂房、仓库等。工业建筑的停车配建设施主要用于装卸、停放货物,停车需求由其规模大小及产品的性质决定。轻工业产品占地面积很小,这些工厂的停车需求相对较小。重工业企业的停车需求较大。以技术研发、技术服务、管理等功能的为主的工厂的停车需求可参照办公建筑。

(6) 文体公共设施

文体公共设施分为体育场馆类、电影院、剧院、科技馆、博物馆、图书馆和展览馆、会议中心等。其中体育场馆类按其规模大小可分为大型体育场馆和小型体育场馆。这类建筑的停车需求依其规模而定。

(7) 医疗文教

医疗文教建筑分为医院类、学校类。医院按其规模可分为综合医院、专科医院和社区卫生服务中心,学校可分为中小学、幼儿园和大专院校。医院由于其特殊性质,停车需求是无法预测的,其停车配建设施主要用来停放救护车、医院职工车辆、就医人员车辆等,可以按照医院的等级而定。学校中人口相对其他建筑物较多,其中小学、幼儿园配建设施主要用来停放学校教职员工的车辆,大专院校配件设施主要用来停放学校教职员工、学生以及来访人员车辆,其停车配建设施标准可以参照办公建筑。

2. 国内外配建停车指标

我国现行的是住房和城乡建设部发布的《城市停车规划规范》(GB/T 51149—2016)，部分城市根据自身的特点，在国家标准的指导下，制定了适合本市的停车场配建指标。表 8-3 列举了部分国内外建筑配建停车指标。

部分国内外建筑配建停车指标　　　　表 8-3

建筑类型		计算单位	英国	俄罗斯	北京（2020年）	上海（2022年）	南京（2019年）
旅馆		车位/客房	—	6~8（车位/100床位）	0.3~0.6	0.3~0.6	0.4~0.5
餐饮、娱乐		车位/100m²	1.0	10~15（车位/100床位）	1.5~2.2	1.5~2.5	2.0~3.0
办公	Ⅰ类	车位/100m²	8（中心区）	10~20（车位/100人）	0.45~0.6	0.6~1.0	1.2~1.8
	Ⅱ类	车位/100m²	2.0（郊区）	5~7（车位/100人）	0.65~0.85		0.8~1.2
商业		车位/100m²	0.5~0.8	0.5~0.7	0.5~0.9	0.5~1.0	0.5~0.8
体育馆	大型	车位/百座	—	3.0	1.0~3.0	3.5	2.0~4.0
	小型	车位/百座	—	5.0	4.0~6.0	2.0	0.8~1.2
影剧院		车位/百座	—	10.0	4.0~12.0	0.4~0.8（车位/100m²）	1.5~3.0
展览馆		车位/100m²	—	5.0	0.3~1.0	0.4~0.8	0.4~0.8
医院		车位/100m²	0.33（车位/床位）	0.3~0.5	1.2~1.4	1.0~1.5	1.0~1.5
游览场所	主题公园	车位/100m²			3.5~12.0	0.2~0.5	1.5~10.0
	风景公园	车位/100m²			0.8~2.5		1.0~4.0
住宅	Ⅰ类	车位/户	0.5	—	1.1~1.3	1.0~1.6	1.0~1.5
	Ⅱ类	车位/户			0.5~0.9	0.6~0.8	0.8~1.0

注：1. 办公一栏中，Ⅰ类为中央、省级机关，Ⅱ类为其他机关。
　　2. 体育馆一栏中，若为体育馆，Ⅰ类座位数≥3000，Ⅱ类座位数<3000；若为体育场，Ⅰ类座位数≥15000；Ⅱ类座位数<15000。
　　3. 医院一栏中，建筑面积为门诊和住院部建筑面积之和。
　　4. 游览场所一栏中，游览面积主要为经常有人游览部分的面积。
　　5. 住宅一栏中，Ⅰ类为商品房，Ⅱ类为保障性住房。

3. 配建停车场的形式选择

建筑物配建停车场的建造形式应以路外停车场为主（除部分建筑物必需的临时停车位供应以外）。路外停车场的基本形式有地面、地下和立体三大类。

建筑物配建停车场的形式选择与社会公共停车场相比有其突出特点,主要包括：

(1)用地有限。在大城市中,尤其在中心城区,建筑密集,土地开发强度大,不可能把大量用地用于解决停车问题,对一幢公共建筑而言,更是需要以最少的用地解决最大的问题,发挥最大效益。

(2)需求特点明确,针对性强。不同的用地类型,其停车需求的特征是各不相同的,在停车场选型上,应充分考虑公共建筑自身的特点。

(3)建筑物配建停车场是建筑物的一个有机组成部分,要充分考虑与建筑物的相互协调,不能只求满足停车需求。

建筑物配建停车场形式的选择要充分考虑到建筑物自身特点,这里对需要特别说明的几类建筑物配建停车场加以说明,各用地类型建筑物选型的建议见表8-4。

建议建筑物停车场选型　　　　　表8-4

建筑物性质	分类	建议主要配建形式	说明
旅馆	五星级宾馆	地面停车场为主,结合地下停车库和立体停车楼	
	四星级宾馆		
	三星级宾馆		
	其他旅馆		
餐饮场所	老城区	地面停车场为主	
	外围城区		
办公	市级机关办公	地面停车场、地下停车库	
	外贸、金融、合资企业办公		
	普通办公	地面停车场	
商业	市区商业大楼	地面停车场、地下停车库	建议有电梯通道连接商场
	仓储式购物中心		
	批发交易市场	地面停车场、划线停车位	划线停车位不影响动态交通
	独立农贸市场		
文化公共设施	大型体育馆≥4000座	地面停车场	
	小型体育馆<4000座	地面停车场、地下停车库	
	市级电影院	地面停车场、地下停车库	
	一般电影院	地面停车场	
	展览馆		
	会议中心		
公园	度假村、疗养院	地面停车场、地下停车库	
	城市公园	地面停车场	
医院	市级医院	地面停车场、地下停车库	建议有电梯通道连接商场
	一般医院	地面停车场	
	独立门诊	地面停车场	
工业	厂房	地面停车场	
	仓储区	地面停车场	

续上表

建筑物性质	分类	建议主要配建形式	说明
学校	小学	校址内灵活设计	
	中学		
	成人教育		
交通枢纽	汽车站	地面停车场	
	火车站	地面停车场、地下停车库	
	飞机场	地面停车场	
	客运码头	地面停车场、地下停车库	
住宅	别墅	独立停车库	
	商住	地下停车库、划线停车位	
	普通住宅	地下停车库、划线停车位、多段停车架	

(1) 住宅：配建要考虑夜间自备车的停放。对于别墅(独立住宅)，应每户单独设置小车库；对高级公寓，可取地下一层作地下停车库，辅以小比例的地面划线停车位；对于普通住宅，停车位应集中布置，可以地下停车库和划线地面停车位为主，同时预留适当的立体空间，将来停车位不足时，可设计不同类型的多段式停车架加以补充。

(2) 办公：各类商务、行政办公建筑对停车需求较高，一般停车时间较长，建议采用安全性较好的地下停车库和立体停车楼形式建造，辅以适当比例的临时地面停车位。车库的几何布置可以采取矩形、弧形或圆形，与主体建筑的布置协调一致。

(3) 商业：商业用地停车的特点是吸引量大、随时间变化大、车辆进出次数多，同时对停车便利性要求较高(特别是仓储性购物中心)，因此，建议以地面停车场或地下停车库为主，尽可能配置专业电梯通道，方便购物者进出。此外需专门布置供货车装卸货物的装卸车位。另外，对于批发市场和农贸市场，考虑其购物特性，建议采用地面停车场和划线停车位形式，以不影响动态交通为原则。

(4) 医院：医院用地对停车者出入便利性要求最高，建议有条件的采用地面停车场，如果建设地下停车库，则考虑设计相应的电梯通道。

(5) 工业：在我国，工业用地停车吸引量不大，且一般不采用高层建筑，可利用空地较多，因此地面停车场仍不失为较好的选择。

五、路侧停车场规划

由于道路的正常功能是为车辆行驶提供服务，而路侧停车是占用道路资源的一种行为，其设置对道路的通行能力有很大的影响。据国外的统计资料，1km 路段上沿路边停放 3 辆车，路段上平均车速为 24km/h 时，路段通行能力损失为 200 辆/h；如道路两边停放车辆达 310 辆，亦即 1km 路段两边几乎都停满时，路段通行能力损失约为 800 辆/h。如车辆沿道路零散停车，则路段通行能力的损失率比沿道路整齐停放还大。此外，车辆在道路上的乱停乱放，不仅严重影响居民的出行而且容易造成交通事故，同时容易造成城市市容不良。

因此，为了有效地对路侧停车进行管理，有必要对路侧停车作出科学、合理的规划。在规划的时候，一般应考虑以下因素：道路条件以及道路交通状况；路外停车设施的状况；路外、路

侧停车特征;道路交通管理政策与管理水平;等等。一般应遵循以下原则:

(1) 路侧停车规划必须符合城市交通发展战略、城市交通规划及停车管理政策的要求,路侧停车规划应与城市风貌、历史、文化传统相适宜。

(2) 路侧停车位施划应符合道路交通管理相关法律法规和管理规范。

(3) 路侧停车位的设置应综合考虑道路、交通运行等条件,并兼顾停车需求。

(4) 路侧停车位的设置应严格控制总量,宜采用收费管理的方式提高停放周转率,通过差异化收费提高停车位使用率。

(5) 路侧停车位设置应满足交通管理要求,并确保行人、非机动车通行的安全与畅通。

(6) 路侧停车应与路外停车相协调,随着路外停车设施的建设与完善,路侧停车应作相应的调整,路侧停车规划年限以3年为宜。

(7) 对居民生活影响较大的道路上不宜设置路侧停车位。对社会开放的大型路外停车场服务半径范围内,一般不能设置允许长时间停车的路侧停车位。

(8) 当道路车行道宽度小于表8-5中允许停放的最小宽度时,不得在路侧设置停车位。

设置路侧停车场与道路宽度关系表 表8-5

道路类别		道路宽度 B(m)	停车状况
街道	双向道路	$B \geq 12$	允许双侧停车
		$12 > B \geq 8$	允许单侧停车
		$B < 8$	禁止停车
	单行道路	$B \geq 9$	允许双侧停车
		$9 > B \geq 6$	允许单侧停车
		$B < 6$	禁止停车
巷弄		$B \geq 9$	允许双侧停车
		$9 > B \geq 6$	允许单侧停车
		$B < 6$	禁止停车

(9) 路侧停车位主要设置在支路、交通负荷度较小的次干道以及有隔离带的非机动车道上。

(10) 路侧停车位与交叉口的距离以不妨碍行车视距为设置原则,建议与相交的城市主、次干道缘石延长线的距离不小于20m,与相交的支路缘石延长线的距离不小于10m;单向交通出口方向,可根据具体情况适当缩短与交叉口的距离。

(11) 路侧停车位与有行车需求的巷弄出口之间,应留有不小于2m的安全距离。

(12) 路侧停车位的设置不得侵占消防通道,消防栓前后4m内不得设置停车泊位。

(13) 路侧停车位的设置应给重要建筑物、停车库等的出入口留出足够的空间;人行横道、停车标志、计路标志、公交车站、信号灯等前后一定距离内不应设置路侧停车位。

六、停车场充电车位设置

为了应对全球气候变化和保持人类社会的持续发展,交通领域的能源转换已经成为一种大的趋势。其中,发展电动汽车就成为一种重要的选择。为了适应这种变化,在停车场规划、设计和建设时必须考虑电动汽车的充电问题。停车场是充电基础设施建设的重要依托,充电基础设施成为停车场建设的必要内容之一。近年来,各地在推动停车场充电车位建设方面取得了积极进展,尤其是国家《关于加快电动汽车充电基础设施建设的指导意见》《新能源汽车产业发展规划(2021—2035年)》《关于进一步提升电动汽车充电基础设施服务保障能力的实施意见》等政策措施发布以来,停车场充电车位建设步伐明显加快,社会对于电动汽车充电的服务能力和水平明显提高。

1. 停车场充电车位规模

合理的充电桩和停车位的配比,可以有效地提高城市交通系统的效率和服务质量。不同性质建筑物配建停车场和城市公共停车场应结合电动汽车发展需求、停车场规模及用地条件,设置不同比例的电动汽车停车位,并满足充电基础设施建设条件。

根据《电动汽车充换电设施系统设计标准》(T/ASC 17—2021)第4.1.2条,电动汽车充电车位在各类建筑物停车场(库)的配置比例应符合下列规定:

(1)新建住宅应100%建设充电设施或预留充电设施建设安装条件。

(2)新建的大于20000m^2的商场、宾馆、医院、办公楼等大型公共建筑配建停车场(库)充电停车位配置比例应不少于10%。

(3)既有建筑配建停车场(库)的充电车位配置比例应按电动汽车保有量、电力系统配置情况、使用需求、建筑和场地条件等确定。

根据《国务院办公厅关于加快电动汽车充电基础设施建设的指导意见》(国办发〔2015〕73号),以及国家能源局、国资委和国管局《关于加快单位内部电动汽车充电基础设施建设的通知》(国能电力〔2017〕19号)等文件编制《电动汽车充电设施工程设计与安装手册》,规定充电设备在各类建筑物停车场(库)的配置数量应符合当地规定,见表8-6。

电动汽车充电车位配比 表8-6

建筑类型	配置充电车位配比	预留充电车位配比
新建建筑物的配建停车场(库)	≥10%	≥10%
改建、扩建建筑物的配建停车场(库)	≥5%	≥10%
政府办公楼停车场(库)	≥20%	≥10%
医院、学校等公共事业单位停车场(库)	≥10%	≥10%
新建住宅配建停车场(库)	100%建设充电设施或预留建设安装条件	
大型公共建筑配建停车场(库)	不低于10%的车位建设充电设施或预留建设安装条件	

其中,配置充电车位配比是指安装充电设备的车位数与该建筑物或园区总车位数的比值;预留充电车位配比是指预留充电设备安装条件的车位数与该建筑物或园区总车位数的比值。配置充电车位配比和预留充电车位配比应同时满足表8-6的要求。

目前,国内各地制定了地方标准或政策要求,其中电动汽车充电设施系统配比规定见表8-7。

各地电动汽车充电设施系统配比规定(单位:%) 表8-7

地区	建筑类型				
	住宅	商业	办公	社会	其他
北京	18	20	25	20	15
上海	10	10	10	10	10

续上表

地区	建筑类型				
	住宅	商业	办公	社会	其他
重庆	10	10	10	10	10
浙江	10/12/14	10/10/12	10/10/12	10/12/15	10~14
福建	20	10	10	—	—
广州	18	18	18	18	—
深圳	30	10	30	30	—
湖南	100预留	10	10	20	20
成都中心城区、天府新区	100预留(10)/10	30预留(10)/10	350预留(10)/10	30预留(10)/10	25预留(10)/10
西安	新建各类停车场(独立的机械车库和临时平面停车场除外)应设置30%的新能源汽车充电车位				

注:1. 成都仅为中心城区、天府新区。"/"前的数据为新建建筑,"/"后的数据为既有建筑。
2. 表中"其他"为医院、学校和文体建筑等大型公共建筑。

为保障新能源汽车的充电权益,多地规定设置仅供新能源汽车充电使用的电动汽车专用泊位。北京地标《停车场(库)运营服务规范》(DB11/T 596—2021)提出电动汽车专用泊位是指为电动汽车提供充电服务,且任何时段都不允许其他机动车(含燃油汽车、没有充电需求的电动汽车)停放的停车位。公共停车场、P+R停车场按照不少于1个专用泊位的原则划定电动汽车专用泊位。《上海市公共停车场(库)充电设施建设管理办法》(沪交行规〔2023〕1号)中规定:电动汽车专用泊位占比应当达到总停车位的3%以上。超过500个以上停车位的大型公共停车场(库),专用充电停车位占比应当达到总停车位的3%或不少于15个。

2. 停车场充电车位布局与设计

(1) 场地选址条件

充电车位的选址应便于应用、管理、维护及车辆进出,并应符合如下条件:

① 宜选取停车场中集中停车区域设置电动汽车停车位,各类建筑停车场(库)电动汽车停车位宜集中布置成电动汽车停车单元区,大型及以上汽车库、停车场可设置多个分散的电动汽车停车单元区,并宜靠近停车场(库)出入口处。

② 充电设施首选在公共停车场(库)的地面停车位集中建设,无地面停车位或停车位不足的,首选在地库设置地下停车场功能的第一层集中建设,不宜布置在地下四层及以下。

③ 地面停车场电动汽车停车位宜设置在出入便利的区域,不宜设置在靠近主要出入口处和公共活动场所附近。

④ 地下停车场电动汽车停车位宜设置在靠近地面层区域,不宜设置在主要交通流线附近。

(2) 安全设置条件

电动汽车充电基础设施的设置应保障人员及设施的安全,并应符合以下规定:

① 宜接近供电电源并满足设施接入的要求。

② 不应设在多尘、水雾、有腐蚀性和破坏绝缘的有害气体及导电介质的场所,当无法远离

时,不应设在污染源盛行风向的下风侧。

③不应设在防、排水设施不完善的场所;充电设备不宜设在厕所、浴室或其他经常积水场所的正下方,如因条件限制必须设在前述场所,应采取预防滴、漏水的措施或选用相应防护等级的设施。

④不应设在室外地势低洼易产生积水的场所和易发生次生灾害的地点。

⑤不应设在有剧烈振动或高温的场所。

⑥与爆炸和火灾危险性区域及建筑物的间距应符合现行国家标准的相关规定。

⑦不应设在修车库内;不应设在甲、乙类物品运输车的汽车库、停车场内。

(3) 车位设置形式

电动汽车泊位、标志牌式样如图 8-6 所示。

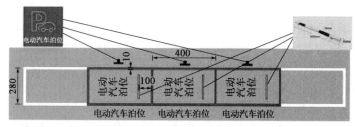

a) 平行式

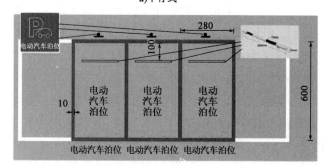

b) 垂直式

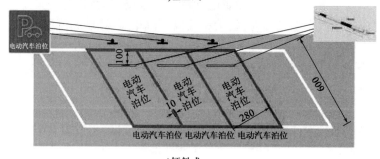

c) 倾斜式

图 8-6　电动汽车泊位、标志牌式样图(尺寸单位:cm)

电动汽车专用泊位首选结合快充停车位设置,并按照有关要求设置易于辨识的涂装、标志,电动汽车专用泊位、标志牌式样如图 8-7 所示。

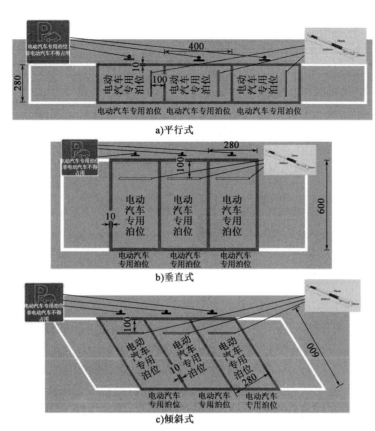

图 8-7 电动汽车专用泊位、标志牌式样图(尺寸单位:cm)

2022年10月1日起,《道路交通标志和标线 第2部分:道路交通标志》(GB 5768.2—2022)实施,新增电动汽车充电停车位标志,如图 8-8 所示。

图 8-8 充电停车位标志示例

(4) 消防管理要求

充电设施的施工建设应当符合各地相关工程建设规范要求,并满足以下消防管理相关要求:

① 配建充电基础设施的汽车库均应设置火灾自动报警系统、防排烟系统、消防给水系统、自动灭火系统、消防应急照明和疏散指示标志等必要消防设施,并配备灭火器等灭火器材;地面停车位不足且地下、半地下车库和高层汽车库暂不具备必要消防设施的,在完成消防设施改造前可暂不实施充电设施建设。

② 停车场内的充电基础设施宜集中布置或分组集中布置,每组不应大于50辆,组之间或

组与未配置充电基础设施的停车位之间可设置耐火极限不小于2.00h且高度不小于2m的防火隔墙,或设置不小于6m的防火间距进行分隔。

③设有电气火灾监控系统的建筑,充电设备配电系统应设电气火灾监控装置;未设电气火灾监控系统的建筑,充电设备配电系统应设置能自动切断电源的防止电气火灾的剩余电流保护装置,剩余电流动作值宜为300~500mA。

④设有火灾自动报警系统的建筑,当发生火灾或受到火灾威胁时,应立即切断火灾相关区域充电设施电源。

⑤设置在室外的充电设备外壳防护的等级要求必须达到IP54以上,有条件的宜设置防雨罩、雨棚等遮雨设施。

⑥充电设备应在醒目位置特别设置"有电危险""未成年人禁止操作"警示牌及安全注意事项,室外场所还应特别设置"雷雨天气禁止操作"警示牌。

⑦设置电动汽车充电设施场所宜设视频安防监控系统,系统监视器宜设于消防控制室、安防监控室或有人值班的值班室。

3. 停车充电新技术

随着新能源汽车产业的发展,一系列新型停车充电模式和技术应运而生。不同场景下车辆充电时间长短情况复杂,不同用途的车辆对充电时间的要求也不同,停车场充电桩需快、慢充结合,要求供应商能够通过智慧运营管理平台,测算并匹配充电网络和运力,以达到效率的最大化。

当前,针对目的地充电场景,有智能交流充电桩和智能直流充电桩等目的地充电解决方案,并通过新能源充电智慧运营管理平台(图8-9),使城市目的地充电形成慢充为主、快充为辅的充电格局。

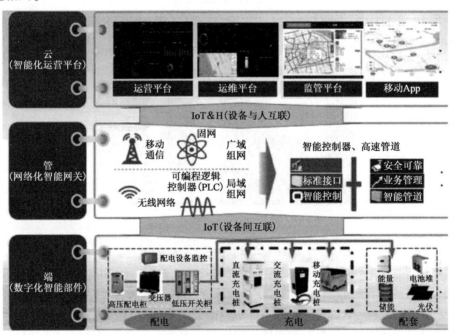

图8-9 新能源充电智慧运营管理平台

充电桩常见的分类方式分别是按充电方式、安装地点、安装方式和充电接口来分类,其中用得最多的是按照充电方式及安装地点来进行分类。公用充电桩一般采用直流充电桩,充电功率大,充电时间短;专用桩及私人桩一般采用交流充电桩,技术成熟,安装成本低。

交流充电桩俗称"慢充",不可直接为汽车动力电池充电,需连接车载充电机为汽车充电,采用常规电压、充电功率小、充电慢,但结构简单、体积小、成本低,通常安装于城市公共停车场、商场和居民小区,如图8-10、图8-11所示。

图8-10　商场交流充电桩

图8-11　公共停车场交流充电桩

直流充电桩俗称"快充",可直接为汽车动力电池充电,采用高电压、充电功率大、充电快,但成本高且电压电流大,影响电池寿命。直流充电桩通常安装于运营车充电站、快速充电站等场所,如图8-12、图8-13所示。

图8-12　快速充电站直流充电桩

图8-13　电动公交直流充电桩

随着新能源汽车数量的不断增长,充电桩等充电基础设施还存在布局不完善、不合理、电网承载大等问题,对系统输电和发电能力造成很大压力。近年来,为应对规模化的电动汽车充电发展过程中的难题与挑战,各种解决方案开始在提倡绿色环保、节能减排、大力发展新能源的时代崭露头角,其中便包括光储充一体化充电站,如图8-14所示。

图8-14　光储充一体化充电站

光储充一体化充电站即光伏+储能+充电，集成光伏发电、大容量储能电池、智能充电桩等多项技术，其中光伏负责发电，充电桩负责充电，储能便是二者之间的桥梁。这个设计利用电池储能系统吸收低谷电，并在高峰时期支撑快充负荷，为电动汽车供给绿色电能，同时以光伏发电系统进行补充，实现电力削峰填谷等辅助服务功能，有效减小快充站的负荷峰谷差，可有效提高系统运行效率。

常规直流充电桩需依托固定的专用充电车位进行建设，进一步扩大了停车位紧张的局面，而且油车占桩、坏桩的情况频繁发生。智能移动储能充电桩打破了以往固有的新能源汽车和充电桩强制绑定的充电模式，实现能源的自由调度与管理，如图 8-15 所示。

图 8-15　智能移动储能充电桩

智能移动储能充电桩是一种创新的充电方式，它摆脱了传统固定充电桩需对现有电网扩容改造的限制，可通过设备中的电池储能功能利用夜间快速补电，实现削峰填谷和减小电网负荷。一个满载电量的智能移动储能充电桩可以满足 3~4 辆新能源汽车的充电服务，具有灵活便捷、安全性高、获电成本低的优势。它可以灵活配置投放与布局，让充电像加油一样便捷，有效解决了老旧小区因电容量有限导致的建桩难以及节假日高速服务区充电排队等老百姓生活中最实际的问题。

目前，无线充电技术正在从改善充电体验方面催动新能源汽车智能化发展，如图 8-16 所示。相较于有线充电，这种充电方式减少了用户插拔充电枪等操作，极大改善了充电体验，同时避免了接触式充电需考虑统一接口的麻烦，以及裸露导体存在的安全风险。

图 8-16　新能源汽车正在进行无线充电

七、智慧停车系统规划

随着新技术的广泛应用和智慧城市建设的深入推进，智慧停车已成为解决我国城市停车问题的重要举措。智慧停车主要利用停车信息和通信技术实现城市停车资源的监测、管理、服务，提高城市停车资源利用率、停车管理效率、停车服务质量，促进停车信息互联互通，实现停车资源的高效利用和合理配置。

1. 智慧停车系统总体架构

智慧停车总体架构由物联感知、网络通信、计算存储、数据支撑、应用服务和安全等六个部分组成，如图8-17所示。

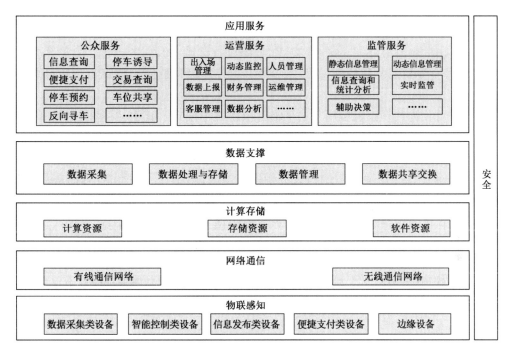

图8-17 智慧停车系统总体架构

(1) 物联感知

该部分包含数据采集类设备（地磁、高低位视频、巡查车等）、智能控制类设备（智能道闸、智能地锁等）、信息发布类设备（诱导屏、移动终端等）、便捷支付类设备（PDA手持终端、停车咪表、电子不停车收费设施等）、边缘设备等，实现智慧停车相关资源、环境、人员、事件等信息的全面感知与采集，并实现对设备的控制。

(2) 网络通信

该部分由有线通信网络与无线通信网络所组成，为物联感知设备、车场通信设备、智慧停车平台以及车辆之间提供网络通信服务保障。

(3) 计算存储

该部分涵盖相关计算资源、存储资源及软件资源，为智慧停车应用服务提供基础计算、存储等技术保障。

(4) 数据支撑

该部分通过相关数据采集、处理与存储、管理、共享交换，为智慧停车应用服务提供数据支撑保障。

(5) 应用服务

该部分面向社会公众、停车运营单位和政府监管部门，提供城市停车智慧化服务，支撑实现公众服务便捷化、运营服务精细化和监管服务规范化。

（6）安全

该部分由智慧停车相关安全机制、技术措施所组成，为智慧停车提供设备安全、网络通信安全、数据安全和应用服务安全等方面的保障。

2. 共享停车

停车设施共享模式是指在一定的区域内，通过智慧停车系统协调不同用户对于停车位使用时间的差异，采取共同使用停车位的运营方式。共享停车可以有效缓解停车设施供需矛盾，特别是当前突出的中心城住宅小区、医院、学校等重点区域"停车难"矛盾，切实促进公共、专用、道路等各类停车资源的集约利用，着重提高存量停车设施的使用效率和服务水平，实现停车规范有序。

共享停车可分为共享固定租用与共享临时租用两种模式。其中，共享固定租用主要存在于居住类白天的共享停车时间窗口以及非居住类夜间的长时共享停车时间窗口，采用包月/包年等长期计费方式，服务于停放时间较长的、经常性的共享停车群体。而共享临时租用主要存在于居住类和非居住类用地类型的白天的短时共享时间窗口，采用计次/计时等灵活计费方式，服务于临时的、短时停放的共享停车群体。

住宅小区在保障安全和满足基本停车需求的前提下，将部分日间闲置车位向社会车辆开放，医院、学校、商业综合体等夜间闲置车位向周边居住社区开放，探索有偿使用、收益分享经营模式，进一步满足不同时段差异化停车需求。旅游景区、体育场馆等公共设施停车场在空闲时段向社会开放，城镇老旧小区居民夜间有序利用周边道路停放车辆。机关、企事业单位在加强安全管理和保证行政办公正常运行前提下，有序适度向社会开放停车设施。

3. 预约停车

预约停车是指拥有停车位资源的停车场、个人或单位将可预订车位信息发布到智慧停车系统，提供预约入场和预留车位的临时停车服务。用户在前往停车场前，通过手机 App 等智能终端在线预约车位，停车场会自动为用户预留并分配一个车位，车辆在预约时间内到达停车场入口后，系统自动识别车牌并放行入场。预约停车能够有效整合区域停车资源，引导市民预约出行，减少车辆寻泊时间，实现停车寻位由无序向有序、低效向高效的转变。

预约停车策略可分为时间共享性和实时性两种。其中，时间共享性预约策略要求用户提前预约，并提交目的地、计划进入停车场时刻、计划离开停车场时刻等全部信息。系统根据计划进入停车场时刻分配停车位，用户必须在分配时段内停车，不可提前抵达。该策略从全局的角度考虑问题，能够保证系统分配最优，适用于有计划的用户。

实时性预约策略允许出行者即时提交预约需求，只需输入目的地和计划进入停车场的时间，离开停车场的时间可以根据实际情况调整。系统会实时反馈需求，并根据预约时刻为用户分配停车位，该停车位会一直保留至计划进入停车场时刻。因此，用户需要在计划进入停车场时刻之前抵达。这种策略更好地考虑了用户的需求，适用于行程不确定或有临时需求的用户。

4. 停车诱导

停车诱导系统（Parking Guidance and Information System，PGIS），又称停车引导系统，是通过互联网、移动终端、广播及可变诱导信息板等向驾驶人提供停车场的位置、使用状况、诱导路线、交通管制以及交通拥堵状况等信息的系统。停车诱导系统对于提高停车设施利用率，减少由于寻找停车场而产生的道路交通量,减少为了停车而造成的等待时间,提高整个交通系统的效率等有着极其重要的作用。

停车诱导系统的目的在于促进停车场和周边道路的有效利用,通过多种可识别方式向驾车者提供停车场的位置、使用状况、行驶路径和相关道路交通状况等信息,诱导驾车者最直接有效地找到停车场。然而,在对车辆进行停车诱导时,不可避免会对道路交通造成影响,为此,需要统筹兼顾、协调考虑。

在具体实践过程中,首先应当考虑根据停车场的大小、功能、位置以及其周边的设施,明确每个停车场的主要服务对象。在此基础上,将诱导系统的服务范围划分成若干个小区,从而减少由于 PGIS 产生局部的新的拥堵问题。其次,根据 PGIS 服务对象区域,将诱导信息由简到繁,分层发布,使得被诱导对象始终能够获得最佳的诱导信息,最大限度地发挥 PGIS 的作用。

第四节　停车场规划方案评价

停车场规划方案评价是运用评价方法,借助评价指标,明确规划方案(有时是多个)在经济、交通、景观以及环境等多方面可能产生的效果,分析规划方案达到规划目标的可能性,从而为决策提供依据。

停车规划方案评价是根据交通系统最优的目标,在调查和分析的基础上,从政策、技术、社会环境等方面,对停车规划方案进行分析和评定,确定符合交通发展战略、技术先进、合理可行的停车规划方案;判别停车场规划方案是否达到预定的各项规划指标,为能否投入实施提供决策所需的信息。

一、评价步骤与指标体系

1. 评价的步骤

停车场规划方案的评价步骤如图 8-18 所示。

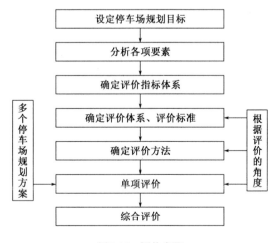

图 8-18　评价步骤

其中,单项评价指对停车场的某一特殊方面进行详细的评价,以突出系统的特征。通常不能直接用它判定最优化方案。综合评价指按照评价标准,利用模型和各种资料,在单项评价的基础上,从不同的观点和角度对停车规划方案进行全面的评价,选择适当且能实现的优化方案。

2. 评价指标体系

由于评价主体(评价角度)不同、人们关心的问题不同,所采用的评价项目、评价指标有所不同。评价的主体通常有政府、停车场的使用者、停车场经营者以及周边的居民。其中,居民有时是以社区的形式出现的。各评价主体所关心的评价项目和评价指标见表8-8。

评价指标体系　　　　　表8-8

评价的主体	评价指标考虑的主要问题	评价项目	评价指标
政府	停车场规划建设对城市总体交通、环境以及经济等方面的影响	减少路边违法停车,交通拥堵、增加就业、增加收入	违法停车率、国民收入、税收等
停车场使用者	道路是否畅通、是否有空车位、步行距离、安全性、收费多少等	方便性、安全性、经济性等	到达时间、等待时间、费率、事故率等
停车场经营者	管理的方便性、利用率以及经济效益等	经济性、施工、管理的难度等	建设、经营费用、费率等
周边居民	停车场的建设和运营给日常生活带来的影响	对于环境、周边房地产价值的影响	噪声、震动、大气污染、景观、房地产价格等

二、评价方法

不同的评价主体具有不同的评价指标,因而有不同的评价方法。目前,评价的项目主要集中在经济效益和交通效果两大方面。

1. 成本效益分析法

成本效益分析法最主要的评价指标有净现值(Net Present Value, NPV)、成本效益比(Cost Benefit Ratio, CBR)、内部收益率(Internal Rate of Return, IRR)及投资回收期。以下简要介绍该方法以及评价指标的计算方法。

假设某停车场项目建设后 t 年中所产生的效益和成本分别用 b_t 和 c_t 表示,项目的周期为 n 年,则该项目各年度的效益为 $b_0, b_1, b_2, \cdots, b_t, \cdots, b_n$,成本为 $c_0, c_1, c_2, \cdots, c_t, \cdots, c_n$。各项评价指标的计算方法及步骤如下。

(1) 净现值

换算为 $t=0$ 时效益的总现值为:

$$B = b_0 + \frac{b_1}{1+r} + \frac{b_2}{(1+r)^2} + \cdots + \frac{b_n}{(1+r)^n} = \sum_{t=0}^{n} \frac{b_t}{(1+r)^t} \tag{8-15}$$

换算为 $t=0$ 时成本的总现值为:

$$C = c_0 + \frac{c_1}{1+r} + \frac{c_2}{(1+r)^2} + \cdots + \frac{c_n}{(1+r)^n} = \sum_{t=0}^{n} \frac{c_t}{(1+r)^t} \tag{8-16}$$

其中,r 为社会贴现率。则净现值的计算方法如下：

$$\text{NPV} = B - C = \sum_{t=0}^{n} \frac{b_t}{(1+r)^t} - \sum_{t=0}^{n} \frac{c_t}{(1+r)^t} \tag{8-17}$$

在实际应用当中,净现值必须大于 0,且越大越好。

(2) 成本效益比

在上述相同条件下,成本效益比的计算方法如下：

$$\text{CBR} = \frac{B}{C} = \sum_{t=0}^{n} \frac{b_t}{(1+r)^t} \bigg/ \sum_{t=0}^{n} \frac{c_t}{(1+r)^t} \tag{8-18}$$

在实际应用当中,成本效益比必须大于 1,且越大越好。

(3) 内部收益率

内部收益率表示用项目产生的效益返还投入的资本时,在一定年限内可能的最大利率。内部收益率越大,表明投入的资本回收得越快。内部收益率是如下方程式中的 i。

$$\sum_{t=0}^{n} \frac{b_t - c_t}{(1+i)^t} = 0 \tag{8-19}$$

通过解上述方程,可以得到内部收益率。

2. 交通效果评价方法

(1) 道路负荷度评价

通常,由于路侧停车设施的建立,会造成道路通行能力的下降,从而导致道路负荷增加。这可以用道路负荷度(有时也称为拥挤度、饱和度等)来评价。负荷度用下式计算。

$$负荷度 = \frac{V}{C} \tag{8-20}$$

式中：V——道路交通量,pcu/h；

C——道路通行能力,pcu/h。

道路通行能力是指在通常道路、交通、管制条件下,在选定时段内可能通过道路某断面的最大车辆数,一般以每条车道一小时能通过的某种车辆数来表示。当道路上的交通量等于道路上的通行能力时,会出现交通拥挤现象。

道路通行能力受到道路、交通及管制条件等因素的影响。道路条件与交通条件已经在前面述及。管制条件是指在已有的道路设施上提出的管制设备和具体设计的种类以及交通规则。例如,交通信号的位置、种类和配时是影响道路通行能力的关键性的管制条件。其他重要管制还包括停车和让路标志、车道使用限制、转弯限制以及相类似的措施。在设置路侧停车时,应充分考虑各种因素对路段可能通行能力的影响,只要保证路段交通流量与设置路侧停车后的路段可能通行能力的比值在一定的合理范围内,就可以考虑设置路侧停车。

道路设计通行能力为道路的可能通行能力乘以给定水平的交通量与可能通行能力之比。同理,当交通流量/可能通行能力(V/C)的值满足《城市停车规划规范》(GB/T 51149—2016)规定的条件(城市次干路及支路 $V/C < 0.7$)时,就可以作出该路段通行能力和服务水平符合该道路原设计要求的评价。

根据《城市道路工程设计规范(2016 年版)》(CJJ 37—2012)设计通行能力可采用表 8-9

中的数值。

每车道的通行能力　　　　　　　　　　　表 8-9

设计速度(km/h)	60	50	40	30	20
设计通行能力(pcu/h)	1400	1350	1300	1300	1100

设计速度根据《城市道路工程设计规范(2016 年版)》(CJJ 37—2012)的规定取得,大城市应采用各类道路中的Ⅰ级标准,为使实际交通状况优于评价状况,计算行车速度均取下限,即次干路为 30km/h,支路为 20km/h。

(2)通行能力影响评价

路侧停车对道路通行能力的影响表现在:路侧停车占用道路车道宽度造成通行能力降低,路侧停车产生车辆行驶侧向净空损失对通行能力的折减,以及车辆进出路侧停车设施对通行能力的影响等三个方面。假定道路原来通行能力为 N,r_1、r_2、r_3 分别为车道路宽、侧向净空、路侧停放出入对通行能力的折减系数,则设置路侧停车后通行能力降为:

$$Q = N \cdot r_1 \cdot r_2 \cdot r_3 \tag{8-21}$$

式中：r_1——车道宽度对通行能力的折减系数,一般取 $0.9 \sim 0.95$;

r_2——侧向净空对通行能力的折减系数,一般取 $0.85 \sim 0.95$;

r_3——路侧停车设施对通行能力的折减系数,一般取 $0.75 \sim 0.85$。

若 Q 大于一天中的高峰小时车流量,则该路段设置路侧停车对路段车流基本不影响;若 Q 小于高峰小时车流量,则该路段设置路侧停车对路段高峰车流影响较大,但在 Q 大于路段车流量的那些时段,仍可允许路侧限时段停车,以达到道路的最大使用效率,使其在"行车"及"停车"两方面得到最佳的协调使用。

【复习思考题】

1. 名词解释:停车设施、停车场容量、停车需求、停车密度、停放周转率。
2. 简述停车规划的目标、内容与流程。
3. 试进行城市停车发展策略分析。
4. 试进行停车需求预测模型的比较分析。
5. 某城市中心区白天货车出行吸引量为 1500 车次/12h,客车出行吸引量为 2000 车次/12h,预计地区内停车场的平均利用率为 70%,平均周转率为 5 次,地区修正系数为 1.2,试计算该地区的停车场容量。
6. 简述停车布局规划的原则与方法。
7. 简述停车场规划方案评价指标与评价方法。
8. 我国目前电动汽车的普及程度不断提高,越来越多的人选择购买电动汽车。然而,随着电动汽车数量的增加,其停车与充电需求也带来了一系列新的挑战。查阅国内外文献,结合所学知识谈谈如何解决电动汽车停车难与充电难的问题。

第九章 城市交通管理规划

第一节 概 述

一、城市交通管理规划的基本内涵与目的

城市交通问题产生的原因是多方面的,不能仅寄希望于通过城市交通基础设施的规划建设等工程性措施来解决交通问题,交通管理作为一种现代科学技术要求较高的社会行政行为更应发挥其应有的作用。

城市交通管理规划,从行政管理和技术管理的角度着手,紧密依托城市总体规划、城市交通规划、城市用地规划,科学、系统、全面地掌握城市交通各项基础信息,找出影响城市交通的各项因素,全面认识城市交通问题演变的内在规律,了解城市交通基础设施建设的动态,预测和把握未来可能出现的城市交通问题,特别是在交通供给相对不足的情况下,通过交通管理充分挖掘,合理引导和控制交通需求,缓解城市交通拥堵的局面。城市交通管理规划将明确今后交通管理的发展方向,做到规划长远,决策当前,防患于未然;对城市开发改造、道路规划建设提出明确要求,充分发挥各类道路的交通功能;建立公共交通主导的综合交通体系,引导城市交通结构优化;综合协调道路、交通流、管理者三者之间的关系,建立交通事故预防、监测和事故现场勘查处理、紧急救援等一整套的技术保障和社会保障体系;完善交通管理法规和配套措

施,制订宣传教育计划和执行保障体系,提高交通管理的法治化、科学化水平。

从面向对象来看,城市交通管理规划包括三个方面:

(1)交通需求管理:根据城市人口、经济发展水平和出行结构等因素,对城市交通需求进行合理规划和引导的过程。交通需求管理主要关注交通需求源头的调节和优化,侧重于从源头上影响出行者的行为,如通过引导交通需求、调整出行方式、调控出行时空分布等,减少或转移交通需求,以达到减少交通拥堵和提高交通效率的目的。

(2)交通系统管理:基于交通管理设施对整个交通系统的运行状态进行协调和管理,包括对交通基础设施进行规划、设计、建设、维护和管理的过程,是确保城市交通系统高效运行的关键要素。交通系统管理主要关注交通系统的整体运作效率,通过对交通设施、交通设备、公交系统、交通信息、交通运营等方面的管理,提高交通系统的供给能力和交通的流动性,以实现交通系统的高效运作和可持续发展。

(3)交通安全管理:聚焦交通安全的保障,通过制定交通规则、提供交通安全设施(如交通标志、交通信号等)、加强交通执法等手段,保护道路用户的生命财产安全和交通的顺畅有序,减少交通事故及其损失,是确保城市居民出行安全的重要任务。交通安全管理的重点包括交通安全教育和宣传、交通安全法规的制定和执行、道路交通设施的安全性设计和建设、交通事故的调查和处理、交通安全监测和预警等。

交通需求管理、交通系统管理和交通安全管理这三个方面相互关联,共同构成了城市交通管理规划的完整体系,对于实现城市交通的高效运行、提高城市交通的安全性和舒适性具有重要的作用。

二、城市交通管理规划的指导思想与编制依据

编制城市交通管理规划,必须以国家、城市现行的政策、法规和规范为依据,与城市的社会经济发展战略相适应;与城市总体规划、城市交通规划、城市用地规划相协调;按照所在城市的交通特点以及现实状况准确定位,在不同的发展阶段建立相对应的管理体系;做到有章可循,减少盲目性、随意性,既不盲目追求过高标准,又有超前意识。尽可能借鉴城市总体规划、城市交通规划及建设的基础资料和成果,与城市交通规划及建设的现行标准和准则接轨,通过行政管理、技术管理和工程措施,解决城市交通运行所面临的实际问题。管理指标的确定要远期可行,近期可用。不仅要适合专业技术人员,而且要供非专业人员和领导决策。通过城市交通管理规划,加强对城市交通的综合治理,培养、锻炼公安交通管理部门的人才,提高其业务素质和管理水平,建设与现代交通发展相适应、精干高效的交通管理队伍。

从城市交通现状以及发展需求出发,根据《中华人民共和国城市规划法》《中华人民共和国道路交通安全法》和省、市的道路交通管理条例的有关规定,参照城市国民经济和社会发展规划、城市总体规划、城市交通规划、城市用地规划等相关内容,结合国家及地方颁布的有关交通管理政策、法规、标准和规范,编制城市交通管理规划。

三、城市交通管理规划的目标确定

(1)充分发挥交通管理效能,近期以综合治理交通秩序、合理组织与渠化交通、缓解城市交通拥堵为重点,远期实现与城市社会经济发展水平相一致、安全、畅通、秩序良好、环境污染小的城市交通系统的建设。

(2) 加强交通需求管理,合理控制城市交通总量,积极促进城市形成以社会化公共运输为主体、多种交通运输方式相协调的城市交通结构。

(3) 科学组织,合理限制,均衡调控,充分挖掘道路交叉口、路段、网络的交通容量潜力,提高道路通行能力和服务水平。

(4) 力求各类交通设施规范、齐全,布置合理,具备先进的交通管理、控制、指挥手段。

(5) 制定科学、实用、完善的交通管理政策、法规和执行保障体系,加强宣传、教育、培训,提高全体交通参与者及交通管理者的现代化交通意识和遵守交通法规的自觉性。

四、城市交通管理规划的层次、年限和范围

参照城市社会经济发展计划、城市总体规划、城市交通规划,根据城市公安交通管理的特点,可以将城市交通管理规划划分为以下几个层次:

(1) 城市交通管理中长期规划可分为两部分:一是长期规划,期限控制在 10~20 年。通常人口在 100 万以上的大城市才考虑编制长期规划,其他城市可根据本地具体情况确定是否编制长期规划。主要内容为确定城市的交通管理发展目标、水平,确定城市交通远期方式、结构、总量及控制策略,先进管理技术的引进或应用,交通诱导、智能交通系统的建设等。二是中期规划,规划期限为 3~10 年。包括预测未来的经济发展、城市扩展、机动车拥有量增长等因素,并制定相应的策略和规划来满足这些需求。这可能包括建设新的交通基础设施、改善公共交通系统、推动可持续交通模式等措施。

(2) 城市交通管理近期实施计划。近期实施计划是在中长期规划的基础上,针对当前城市交通管理的紧迫需求和问题而制定的,一般规划期限为 1~3 年。在制订城市交通管理规划方案时,应从城市交通需求管理规划、城市交通系统管理规划、城市交通安全管理规划三个方面进行方案设计。

(3) 城市交通专项管理规划。对某些特别重要(如社会影响大或资金投入大)的交通管理工程,应进行专项规划,规划期限为 1~10 年,如城市智能交通系统(ITS)发展规划、城市交通指挥系统建设规划、城市交通综合治理和交通拥堵缓解方案等。

根据城市交通问题的发生、发展及影响因素,城市交通管理规划的工作范围为城市建成区,城市交通专项管理规划范围为固定地点及周边影响交叉路口和路段。

由于城市交通管理工作的动态特点,无论哪一层次的管理规划,每年都要根据实际情况对年度计划进行调整。

五、城市交通管理规划过程的总体流程

城市交通管理规划的总体流程如图 9-1 所示。

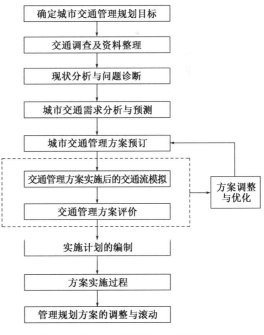

图 9-1 城市交通管理规划的总体流程

第二节　城市交通需求管理与规划方案设计

一、城市交通需求管理的目的、要求与基本策略

1. 城市交通需求管理的目的与要求

城市交通需求管理是对交通"源"的管理,旨在通过影响出行者的行为,减少或调控各种交通出行对空间和时间的需求。交通需求管理是一种政策性管理,能够有效地满足居民和商业活动的出行需求,影响城市交通结构,削减不必要的交通需求量,从而减小道路交通流量,缓解道路交通紧张局面。

交通需求管理影响面广,社会性、政策性、系统性强,许多问题涉及城市性质、土地使用、生产力布局等各个方面、各个层次。根据实践和研究,不同层次的问题需要在相应的层次去解决,错位解决有时很难实现。交通需求管理,首先应争取在高层次和源头上实施,能在高层次解决的不应推延到低层次。交通需求管理层次由高到低可以分为:①城市总体规划层次;②城市综合交通规划层次;③交通运行组织与管理层次。

2. 城市交通需求管理的基本策略

(1) 总量控制策略

当道路交通网络总体负荷达到一定水平后,交通拥堵将会加重,因此必须对某些交通方式实施控制(甚至限制),以防交通状况进一步恶化。应控制(或限制)交通运输效率低、污染大、能耗高的交通方式的发展。例如,适当控制小汽车等出行方式的发展;限制摩托车的发展;各城市应结合具体情况对网约车、出租车交通实施总量控制。

值得注意的是,采用控制发展策略会对经济发展产生一定的负面效应,在实施前必须对此策略可能造成的正面效益及负面影响进行认真的分析和定量化评价,处理好控制发展、限制发展与不发展之间的关系。

(2) 优先发展策略

优先发展道路利用率高、污染低、能源消耗少的交通出行方式,各城市应根据道路网络、环境控制和能源储备的实际情况,制定优先发展的实施措施。

由于城市公共交通的人均占用道路面积小、人均污染指数低、人均能源消耗少,应考虑优先发展城市公共交通,同时积极发展与城市公共交通相衔接的慢行交通系统。

(3) 经济杠杆策略

经济杠杆策略是介于无管理与禁止出行策略之间的弹性较大的管理策略,通过经济杠杆调整出行分布或减少出行需求量,对鼓励的交通行为实行低收费,对限制的交通行为实行高收费。常用的措施包括:收取市中心高额停车费(减少城市中心区的交通量)、收取某些交通工具的附加费(减少其出行量)、某些重要通道过于拥挤时收取拥挤费(调节交通量)等。

二、城市交通需求管理的主要内容

1. 城市交通总量分析与控制

实践证明,日渐增长的城市交通需求不能仅仅依靠增加道路设施的供给来解决。一方面,

在很多大城市中,城市用地布局已基本确定,土地资源有限,土地利用价值又较高,现有城市道路网络特别是中心城区路网不允许大规模扩建和改造;另一方面,由著名的 Downs 定律可知,即使允许道路改扩建,新建和改建的道路也不会降低原有道路的拥挤水平,因为诱发的交通量将很快占据新增加的局部道路设施,而这部分潜在的交通量是由于先前受到道路供给的制约而没有得到实现的。

针对交通供给与交通需求的矛盾,西方经济发达国家在建成相对完善的道路网络系统之后,相继制定和采取了一系列"以供定需"的措施和政策,如交通代偿政策、出行减少条例等,以达到交通需求与交通供给协调发展,实现交通系统的供需平衡。

(1) 城市交通系统总体容量的基本概念

城市交通系统总体容量的定义是:在一定的约束条件下,一个城市交通系统所能容纳的人和物的运输量。除了步行交通外,人和物的移动均需要通过车辆来实现,由此衍生出以车辆为对象的交通容量概念,即"在一定的约束条件下,城市交通系统所能容纳的车辆数"。

城市交通系统总体容量可从两个角度加以分析:

一是从城市交通系统内部结构、功能、特性出发,分析具体城市道路网络系统(包括道路、停车场等交通基础设施)所能适应的交通需求量,称为交通网络系统总体容量;

二是从城市交通系统发展的外部环境特性出发,分析在一定的资源约束和环境保护目标条件下,城市交通系统可能的发展规模及相应容许的机动车保有量,称为交通系统环境容量。

(2) 影响城市交通网络系统总体容量的主要因素

影响城市交通网络系统总体容量的因素主要有两类:一是交通载体(道路网络和停车设施)的规模、布局与结构特性,二是交通流的构成特性。

① 交通载体的特性。交通载体的特性(道路网络与停车设施的规模、布局等)对城市交通系统总体容量的影响是显而易见的,单从道路网络的影响而言,道路网络规模越大,城市交通系统的总体容量也越大。但对城市某一局部地区(如 CBD)而言,城市交通系统的总体容量更多地受道路网络与停车设施之间匹配关系的制约。在车辆停放空间受限制的情况下,城市交通系统的总体容量并不能随着道路网络规模的扩大而线性递增。在一定的道路网络规模条件下,道路网络的布局与等级结构成为影响城市交通系统总体容量的主导因素。

② 交通流构成特性。城市交通流构成特性一是对车辆交通而言的,指道路上行驶的车辆类别构成;二是对出行者(或货物运输)而言的,指交通方式结构。

一定的道路网络对应着一定的车辆容量,由于不同交通工具的额定载客人数(或吨位)的差异,各种交通方式运送单位乘客(货物)占用的道路路面面积也存在着明显不同。因此,以人或货物为对象的道路交通系统容量就随着交通方式结构的变化而变化。当大运量的公共交通方式分担出行量比重增大时,交通系统总体容量就增大;反之,当小运量的个体交通方式分担出行量比重增大时,交通系统总体容量就会减少。交通方式结构对城市交通系统总体容量的影响十分显著。

(3) 城市交通系统总体容量分析与控制

城市客货运输方式结构(简称交通结构)对以人和物为对象的城市交通系统总体容量有

着重要影响,当城市交通需求一定时,不同交通方式结构下,路网的运行状态将呈现明显差异。产生这种差异的根本原因在于各种交通方式的运载能力不同,在完成相同运量的情况下,不同交通方式将消耗不同的道路时空资源。因此,在一定的服务水平要求下,不同的交通方式结构将对应着不同规模的路网,而对同一规模的路网来说,不同交通方式结构对应着不同的路网服务水平。当路网规模和交通需求总量一定时,要满足给定的服务水平要求,就必须调整交通方式结构。

一般来说,根据各种车辆正常行驶状态下占用的道路空间与小汽车的比值可以推算出不同服务水平下路网可以容纳的运行车辆总数,交通管理者可根据车辆总体容量来控制该城市的车辆拥有量。

2. 城市交通结构管理与优化

城市客运交通结构是城市居民及流动人口出行所采用的出行方式的比例结构。影响城市客运交通结构的因素很多,如城市经济发展水平、城市性质、地理特征、政策导向以及城市交通基础设施建设情况等。一个城市客运交通结构的形成正是诸多因素综合作用的结果。

城市客运交通结构管理就是根据交通调查得到的当前城市客运交通结构状况及未来城市交通需求发展预测结果,在充分利用政策、法律、行政和经济手段的基础上,采用交通需求管理措施,包括一系列优先发展策略和限制发展策略,制定能合理引导当前交通结构、优化未来交通结构的发展战略和实施措施。

(1) 城市客运交通结构内在规律

城市客运交通结构有其内在的构成规律,各种交通方式有各自的优势出行范围。城市客运交通结构管理的一系列宏观控制目标的制定,均要在微观上以个体对出行方式的自然选择为基础。

在城市客运交通中,出行个体主要采用的交通方式有慢行交通与机动化交通两种方式。

慢行交通包括步行、自行车、电动自行车。影响人们选择步行方式的因素,主要是出行距离和出行目的,出行距离的影响尤为突出。国内城市居民出行调查表明,步行出行方式的出行优势范围在1km以内。受我国许多城市的高密度、功能混合的用地布局和规模的特点以及公交服务水平的影响,自行车和电动自行车交通在我国城市中具有较高的出行优势和时间优势。一般来说,自行车出行范围主要在6km以内,电动自行车出行范围可以达到10km。1~5km、3~8km的出行距离分别是自行车与电动自行车的优势范围,不管在体力消耗和时间消耗上都是可以承受的。

机动化交通方式包括公共交通、出租车、网约车、摩托车、私人小汽车、单位车等,其优势范围基本集中在5km以上。其中,出租车、网约车、摩托车和单位车的发展与使用状况除与经济发展水平有一定关系外,还受到交通政策的直接影响。轨道交通与常规公交车的发展与使用状况,也在很大程度上取决于交通政策。

在居民出行的几种主要方式中,步行适合短距离出行,自行车和电动自行车适合中短距离出行,公交及其他非公交机动车适合中长距离出行。在某一特定的城市,各距离范围内出行方式比例有着明显的规律。在把握该规律的基础上,可以通过合理的交通政策措施和必要的硬件环境来引导居民对出行方式进行合理选择,使居民出行方式向合理的交通结构转移。也就是说,城市客运交通结构管理必须在宏观总体的控制目标和微观个体的出行方式期望之间取得某种平衡。

(2)各交通方式的特点与管理策略

①步行交通。

影响人们选择步行方式的因素主要是出行目的和出行距离等内在因素,出行距离的影响尤为突出。大量的调查统计资料显示,步行方式的出行比例随出行距离而变化的规律非常明显,居民采用步行方式出行的平均距离一般为1km左右,步行出行基本上集中在1.5km范围内。

②自行车与电动自行车交通。

近年来,电动自行车在全球范围内显著发展和普及,尤其是在一些高度城市化和有交通拥堵问题的地区,消费者越来越多地选择电动自行车作为便捷的城市通勤工具,呈现出数量多、速度快、管理难等特点。自行车与电动自行车交通在我国不同类型城市或者一个城市的不同发展阶段具有不同的地位和作用。因此,对自行车与电动自行车交通在城市客运系统中的功能和作用进行界定,必须针对不同类型城市分别进行分析。

在大城市和特大城市,自行车与电动自行车是公共交通的补充。作为地面交通工具,自行车与电动自行车可以弥补公交覆盖率低的不足。自行车要发挥近距离出行优势,应主要用于交通区的区内或邻区出行,而不应担负中长距离的跨区出行;电动自行车可适当增大出行距离,担负中距离的跨区出行。

在中小城市,公共交通一般规模有限,建成区面积较小,适合自行车与电动自行车出行,自行车与电动自行车可以成为客运交通的主导方式。但即使在中小城市,自行车与电动自行车交通的重点也是中短途出行。随着经济的发展和居民收入水平的提高,居民出行的机动化程度必然逐步提高。

③摩托车交通。

大城市和特大城市必须采取严格控制摩托车发展的策略,通过优先发展公共交通,大力提高公共交通服务水平,适度发展小汽车,满足人们对机动化出行的需求。

中小城市可以采取适度限制摩托车发展的策略,使摩托车拥有量保持适度水平,满足部分居民对个体机动化交通方式的需求,同时在保证公共交通规模效益的前提下合理发展公共交通,改善人们的出行条件,从而减少人们对个体机动化交通方式的依赖。

④出租车与网约车交通。

根据我国城市出租汽车协会对国内外城市出租汽车交通供求关系的调查分析,城市出租汽车交通达到基本饱和(供求平衡)时,出租汽车的空驶率在30%左右。当空驶率超过40%时,出租车交通呈现出明显的供过于求的状态;而当空驶率低于25%时,出租车交通就呈现出明显的供不应求的状态。因此,可以根据城市出租车平均空驶率30%来控制该城市出租车总量。网约车作为一种新型交通方式,拥有便捷、经济和灵活的特点,乘客可以根据需要在手机端叫车,司机也可以自由选择工作时间,因此,网约车逐渐取代了一部分传统出租车。

在大城市中,应对出租车和网约车的数量进行较为严格的限制,以避免过度竞争和城市交通拥堵。同时,出租车和网约车应与公共交通系统协同工作,以确保与公交、轨道交通等其他交通方式无缝衔接。在中小城市中,应确保出租车和网约车服务广泛覆盖,确保价格合理,以满足居民的出行需求。另外,应促使出租车和网约车公司与城市政府分享运营数据,以便监测交通流量、规划路线和改进城市交通;鼓励出租车和网约车公司使用环保的车辆,并考虑共享乘车选项,促进电动汽车和新能源汽车的推广。

⑤单位车交通。

单位车的发展规模与公共交通发展水平、私家车普及率有关。单位车发展规模可通过城市中从业人员的数量及单位车的使用率进行分析。一般来说,单位车交通出行分担率基本稳定在2.0%～3.0%。

根据国际经验,从长远来看,单位车交通的服务对象、服务性质将发生改变,因此,可以不再作为一种交通方式加以考虑。

⑥私人小汽车交通。

大多数城市对私人小汽车的政策是不限制拥有,但鼓励理性使用。参考新加坡、韩国、日本等城市布局形态与我国较为相似的城市在私人小汽车发展中的成功经验,大城市和特大城市私人小汽车交通的出行分担率取值在10%～20%、中小城市私人小汽车交通的出行分担率在15%～25%是适宜的。

⑦公共交通。

优先发展公共交通是近年来交通发展的主题,也是城市客运交通结构管理的核心策略。发展人均占用道路空间少、运量大的公交系统有利于缓解城市交通需求和基础设施供给之间的矛盾,改变我国现有城市交通方式结构的不合理性,塑造我国本土的城市客运交通结构。

3. 城市交通经济杠杆

经济杠杆策略是指通过调整物价、税收、补贴等经济手段,来达到调节市场经济运行的目的。城市交通经济杠杆则是通过优化交通系统的经济要素来调整和影响居民出行、企业运营(地铁、公交公司等)和经济活动。交通经济杠杆是一大类政策或措施的统称。

以常见的交通拥堵为例,这种现象发生在特定时间和地点,表现为交通设施的需求在短期内超过了供应。扩建交通设施虽然可以增加长期供给,但无法解决短期供需失衡的问题。因此,需要引入有效的市场和价格机制来进行调整。在解决交通拥堵的问题上,国际上许多大城市提出了拥堵收费机制。具体来说,拥堵收费机制是指采用电子收费系统对城市拥堵时段或拥堵路段的车辆实行收费。其核心思想是让驾车者为使用公共资源(道路)支付费用,从而使道路资源更加合理地分配。当交通运输的价格上升,居民出行的成本也随之上升,这可能会促使居民减少出行次数、改变出行方式或者缩短出行距离。

除了拥堵收费机制之外,交通经济杠杆还可以通过改变交通运输价格、停车费、路桥费等来影响居民出行的决策,从而实现交通运输需求的调节和优化。常见交通经济杠杆策略还包括:①发展公共交通系统,包括增设地铁、快速公交和轻轨等,提高公共交通的服务质量,制定合理的公共交通票价,以提高公共交通的竞争力,使其对居民更具吸引力。②优惠税收政策,提供税收激励,如减税或折扣,以鼓励人们购买新能源车辆或采用其他环保的出行方式,减少燃油汽车的使用。③提高停车费和过路过桥费,如提高拥堵时段的停车收费,倒逼拥堵时段的部分车辆向空闲时段转移,从而降低拥堵时段的拥堵程度。④在交通安全管理方面,可以设立交通安全奖励机制,对交通安全事故率低的驾驶人或交通安全管理单位进行奖励,鼓励人们遵守交通规则,提高交通安全水平;也可以提高违法罚款的数额,让违法成本更高,来促进人们遵守交通规则,从而减少交通违法行为的发生。

值得注意的是,城市交通经济杠杆策略往往与交通系统管理、交通安全管理组合使用以达到更好的效果,交通系统管理和交通安全管理将在后文详细介绍。

第三节　城市交通系统管理与规划方案设计

一、城市交通系统管理的目的、要求与基本策略

1. 城市交通系统管理的目的与要求

交通系统管理是对交通"流"的管理,对已经发生的交通流进行合理引导和管制,均匀交通负荷。交通系统管理是一种技术性管理,借助道路交通基础设施及交通管理与控制装备对道路交通流进行合理引导或交通管制,提升交通设施容量,提高道路网络系统的运输效率,缓解交通压力。

与关注局部交通问题的传统交通管理相比,交通系统管理的显著特点是能够从整个交通运输系统着眼,探求能使现有系统发挥最优效益的综合治理方案,可避免各种局部措施仅转移交通问题产生地点的弊端,又可得到系统效益最优的方案。与侧重影响出行行为的交通需求管理不同,交通系统管理强调通过对交通运行进行管理和相对较小的物理改进提升运行效率与服务水平,更注重使交通供给更好地适应现有交通需求,从而更加充分地利用现有交通系统。

2. 城市交通系统管理的基本策略

(1) 节点管理策略

以交通节点(交叉口)为管理对象,采取一系列的管理规则及硬件设施控制,优化利用交通节点的时空资源,提高交通节点的通过能力。常用的节点管理方式有交叉口的控制方式、渠化管理方式、信号配时以及转向限制等。

(2) 线路管理策略

以某条或若干条交通干线为交通管理对象,采取一系列管理措施,优化利用交通干线的时空资源,提高交通干线的运行效率。干线交通管理不同于节点交通管理,它以干线交通运输效率最大为目标。干线交通管理应以道路网络布局为基础,根据道路功能确定具体的交通管理方式。常用的干线交通管理方式包括单行线、公共交通专用线、货车禁行线(或专用线)、"绿波"交通线、特殊运输线路等。

(3) 区域管理策略

区域交通管理以全区域所有车辆的运输效率最大(总延误最小、停车次数最少、总出行时间最短等)为管理目标。区域交通管理是一种现代化交通管理模式,它需要以城市交通信息系统为基础,以通信技术、控制技术、计算机技术为技术支撑。目前,区域交通管理包括区域信号控制系统、智能化区域管理系统等。

（4）运行组织策略

运行组织策略是城市交通系统管理的最高形式，它将节点管理策略、线路管理策略与区域管理策略有机结合，综合运用到交通网络中。在进行交通运行组织时，应结合具体的道路网络及交通流量、流向进行设置。例如，当某些城市的道路网络总体负荷水平接近饱和或局部区域内超饱和时，应在特定的时间段、特定的区域内，对某些车辆实施禁止出行或通行；其一般为临时性的管理策略，如对某些重要的通道或区域出现交通拥堵时实施车辆单双号通行，或者在某些时段或区域对某种交通工具实施禁止通行。其他常用的运行组织策略还有城市单向交通网络组织、城市交通网络局部微循环组织、城市道路路边停车组织等。

二、城市交通系统管理的主要内容

1. 城市道路交通设施的管理

城市道路交通设施是城市交通管理的载体，是城市交通管理技术实施的基础。城市道路交通设施不仅包括道路本身，也包括道路上设置的信号灯与标志标线等附属设施。在进行城市交通管理规划时，必须对城市道路交通设施的功能进行详细设计，对道路交通设施的使用加以管理。

（1）城市道路横断面综合布置

城市道路的横断面是由车行道、人行道、绿化带以及分车带等部分组成的。横断面设计的主要任务是根据道路的等级、性质和红线宽度以及有关交通资料，确定各组成部分的宽度，并给予合理的布置。对道路的规划红线宽度、道路功能、交通组织方式和交通资料的分析，是城市道路横断面设计的主要依据。

（2）道路交通标志标线

道路交通标志是一种用图形符号和文字传递特定信息，用以管理道路交通的安全设施，一般设置在路侧或道路上方。道路交通标志给道路使用者以确切的道路交通信息，正确和合理地设置交通标志，可以提高道路通行能力、调整运行秩序，使道路交通安全、畅通、低公害和节约能源。城市道路交通管理规划中应根据城市的规模以及现状交通标志设置情况制订近期和远景道路交通标志建设计划和目标。

道路交通标线是由各种路面标线、箭头、文字、立面标记、突起路标和路边线轮廓等构成的交通安全设施。它的作用是管制和引导交通，可以和标志配合使用，也可以单独使用。高速公路、一级公路、二级公路和城市快速道路、主次干道应按照国标设置交通标线，其他道路可以根据需要设置。城市道路交通管理规划中应根据城市的规模以及现状交通标志设置情况制订近期和远景道路交通标志建设计划和目标。

我国目前依据的是《道路交通标志和标线 第2部分：道路交通标志》（GB 5768.2—2022）与《道路交通标志和标线 第3部分：道路交通标线》（GB 5768.3—2009）。

（3）人行道设计

人行道是城市道路的重要组成部分，其主要功能是供行人步行交通使用，其次是供植树、立杆等使用，其地下空间还可以用来埋设地下管线。

人行道通常对称地布置在街道的两侧，在受到地形、地物限制或其他特殊情况下也可以作不等宽或仅在一边布置。

人行道的宽度必须能够保障行人通行的安全和畅通，其宽度不仅应满足近期行人通行的需要,还必须能适应今后发展的需要。在城市主要干道上,单侧人行道步行带的条数一般不应小于6条;在次要街道上不少于4条;在住宅区街道和多层建筑的街坊内,不应少于2条。在经常积聚大量人群的路段、大型商店、影剧院、公交车站等处,步行道宽度应适当放宽些。

(4) 道路交叉口控制方式

针对现状道路网络中交通拥堵严重,或是根据交通预测未来可能出现严重拥堵的交叉口以及路段进行专门的交通设计和管理,可以提高交通拥堵地区的通行能力和行车速度,缓解城市交通紧张状况,减少交通事故和降低汽车公害。交叉口交通设计与管理相对于道路基础设施建设而言,是一项投资少、见效快、效果明显、便于采用的措施。交叉口交通设计与管理主要包括交叉口控制方式的选择、交叉口几何设计、交叉口渠化设计、交叉口自行车交通管理等内容。

城市道路交通管理规划中应根据不同城市规模条件、相交道路等级、道路交通量和交通安全状况对现状城市平面交叉口控制方式进行检查,提出近期道路交叉口控制方式调整方案。近期交叉口控制方式调整方案应细化,明确需调整控制方式的交叉口的数量、位置、调整的方式、实施序列、资金估算并进行效果分析。根据城市道路建设规划方案和交通量预测结果制订远景交叉口控制方式方案。远景交叉口控制方式方案可侧重于宏观,提出各种类型交叉口的比例结构。其中,信号控制交叉口在组织、指挥和控制交通流的流向、流量、车速以及保证交通安全等方面具有重要的作用。

(5) 交叉口渠化设计

道路交通渠化就是在道路上用交通标志、标线或用高出路面的各种岛状构造物,或将路面漆刷成不同颜色,或利用护栏、分隔带、隔离墩及其他设施和方法,对行人与各种不同车型、不同方向、不同速度及不同运动状态的交通流进行引导、隔离和规制,使交通实体像渠内水流一样顺着一定的方向和线路,互不干扰、安全且有序地运行,以达到分离和规制交通流的目的。

交叉口渠化设计投资少、见效快,对于提高道路网运输效率有明显的效果。城市交通管理规划中应明确近期和远景城市道路交叉口渠化水平,并提出近期交叉口渠化设计具体方案。

(6) 人行横道设计

人行横道线表示准许行人横穿车行道的标线,其颜色为白色。人行横道线的设置,应根据行人横穿道路的实际需要确定,一般应选择行人交通汇合处设置,设置方向应与道路垂直,人行横道的最小宽度为3m,可以根据行人的流量以1m为一级加宽。

在交叉口处,一般宜在道牙弯道以外即直线部分设置,使行人通过距离最短。信号控制交叉口人行横道位置须与信号灯位置配合,一般在停车线前相距不小于1.5m。人行横道过长时应考虑在道路中央设安全岛或中央分车带。

(7) 交叉口非机动车交通管理

利用非机动车起动快、机动灵活、占道面积小的特点,根据路口机动车流量大小、几何形状、交通习惯和警力情况,可采用设置左转弯候驶区、停车错位法、在路口增设非机动车右转车道、直行绿灯时禁止机动车右转弯、两次绿灯法等组织与管理方法。

在交通管理规划中,应结合交叉口的渠化设计或信号设计,根据交叉口的具体情况,近期对非机动车交通量大、机非冲突较严重的平面交叉口提出非机动车管理方案,远景逐步扩大交叉口非机动车管理的范围,力争实现机非在时间或空间上的分离。

2. 交通信号设计与管理

交通信号是在空间上无法实现分离原则的地方(主要是在平面交叉口),用来在时间上给交通流分配通行权的一种交通指挥措施。交通信号灯轮流显示不同的灯色来指挥交通的通行或停止。

一般来说,城市道路交叉口设置交通信号控制系统的目的主要有以下几个方面:

①在时间、空间上隔离不同方向的车流,控制车辆运行秩序,并获得最大的交通安全。

②在平面交叉的道路网络上,使人和物的运输达到最高效率。

③为道路使用者提供必要的情报,帮助其有效地使用交通设施。

城市道路交通信号控制系统按照其管理范围可以分为三种:单点交叉口交通信号控制、干道交通信号协调控制、区域交通信号系统控制。

(1)单点交叉口交通信号控制

单点交叉口交通信号控制简称"点控制",它以单个交叉口为控制对象,是交通信号灯控制的基本形式。点控制又可以分成两类:固定周期信号控制以及感应式信号控制。

固定周期信号控制是最基本、最常见的交叉口信号控制方式,这种控制方式设备简单、投资少、维护方便。同时,这种信号控制机可以升级,与邻近的信号灯联机后上升为干线控制或区域控制。固定周期信号控制设计的关键步骤为:信号相位方案设计、信号周期长度确定及绿灯时间分配。

感应式信号控制没有固定的周期长度,其工作原理是:在感应式信号控制的交叉口进口均设有车辆到达检测器。对一个相位起始绿灯,感应式信号控制器内设有一个"初始绿灯时间",到初始绿灯时间结束时,如果在一个预先设置的时间间隔内没有后续车辆到达,则变换为红灯;如果有车辆到达,则绿灯延长一个预先设定的"单位绿灯延长时间",只要不断有车辆到达,绿灯时间可以继续延长,直到预设的"最长绿灯时间"时变换相位。

(2)干道交通信号协调控制

干道交通信号协调控制系统也简称"线控制",就是把一条主要干道上一批相邻的交通信号联动起来,进行协调控制。线控制是区域控制的一种简化方式。根据道路交叉口所采用信号灯控制方式的不同,线控制也可以划分成干道信号定时式协调控制和干道信号感应式控制两种,其中以定时式协调控制较为普遍。

"绿波交通"是干道交通信号协调控制系统的一种特殊形式。所谓"绿波交通",就是指车流沿某条主干道行驶过程中,连续得到一个接一个的绿灯信号,畅通无阻地通过沿途所有交叉口。这种连续绿灯信号"波"是通过沿线交叉口信号配时的精心协调来实现的。

(3)区域交通信号系统控制

区域交通信号系统控制简称为"面控制",它把整个区域中所有的信号交叉口作为协调控制的对象。控制区域内各受控制的信号交叉口都受中心控制室的集中控制。对范围较小的区域,可以整个区域集中控制;对范围较大的区域,可以采用分区分级控制。

区域控制系统按照控制策略可以分成定时脱机式控制系统和感应式联机控制系统两类。区域交通信号系统控制涉及交叉口数量多、影响因素广、情况复杂,在实施前应进行专项研究。

3. 城市道路停车管理

(1) 路内停车场管理方法

路内停车场泊位通常占城市社会公共停车泊位供应的20%左右,其重要程度不可忽视,对路内停车场的交通管理主要从其对路段通行能力的影响和路内停车设施的合理设置入手。

路内停车设施的设置应有明确的标志、标线引导,在其他有可能停放车辆的路段上设置禁停标志、标线。考虑路内停车位的规划对动态交通可能产生的影响,在交叉口、车辆进出口、人行横道、消防栓、停车标志、让路标志、信号灯附近不宜设置路内停车位。

相对于路外停车场,路内停车场最大的特点是其具有泊位设置的灵活性,由于多采用划线停车形式,对其管理也可以有更多的方式。当城市某些路段两侧吸引较多的停车,而且停车需求相对稳定时,可以采用固定划线提供路内停车泊位的管理方法。

(2) 路外停车管理规划方法

建筑物配建停车场是为大型公用建筑配套建设的停车场所,公共建筑物配建停车位是城市停车泊位供应的主体。在城市停车需求总量一定的条件下,如果建筑物停车配建的泊位数过少,将增加该区域社会公共停车场的停车压力,但如果停车配建泊位过多,则可能导致较多的车辆在此集中停放而造成进出口车辆交通组织困难。因此建筑物停车泊位建设的合理性对静态交通管理有重要影响。在进行大型公用建筑的建设前,交通管理部门必须考虑对其配建停车场的泊位容量合理性进行论证,为规划部门提供参考依据。

路外停车场出入口道的交通组织类似于"T"形交叉口的车流组织方式。由于不同组织方式对路段交通的干扰和车辆停放的便利性均有所差异,以上控制方式可以根据不同交通条件灵活运用或组合管理,如在高峰时段可以采用信号控制方式,在其他时间采用停车让路的控制方式。

(3) 停车设施收费价格管理

实施停车设施收费价格管理措施,主要是指在城市内的不同区位,按照土地开发强度的不同、停车供需矛盾的差异和对动态交通影响程度的大小分别制定不同的收费标准,以此调节各区位对停车泊位的需求。一般的措施为:市中心区采用高停车收费标准,中心区边缘采用低收费标准,市区边缘收费更少或是免费停车。

停车收费管制的实施,对解决停车供需协调问题有很多借鉴之处:①可以避免过多车辆进入交通拥挤区域,提高停车设施的周转率,缓解区域停车供求的矛盾;②可以增强城市其他区域土地使用的吸引力,使停车需求分布密度均匀和有序,同时可以疏散和平衡城市交通的流量和流向;③通过停车收费这一价格杠杆的调节,可以控制城市机动车保有量增长速度,限制私人小汽车快速进入家庭。

(4) 停车设施信息化管理

停车设施信息化管理的目的是为停车者在出行前或出行中提供多种相关信息,提高城市静态交通的整体服务水平。停车管理信息化需要融入射频识别(RFID)、大数据、移动互联网等新技术,通过汇集交通信息与智能化服务,提供实时停车数据更新与车位智慧管理。鼓励停车设施信息化系统与高速公路电子收费系统ETC互认互通,满足人民群众高效停车、便捷出行的需求。

4. 道路交通运行组织

交通运行组织规划是城市交通管理规划中重要的组成部分,其主要内容是结合具体的道路网络及交通流量、流向,综合运用交通需求管理、交通系统管理策略及措施,如局部道路禁止通行、单行线、公共交通专用线、各种禁行线、交叉口转向限制等,制订交通运行组织管理方案,合理组织交通流,均衡交通负荷,提高网络运输效率。

交通运行组织规划是为了在确定的(现状的或规划的)城市道路网络结构与各交通方式 OD 分布的情况下,通过交通流分配和模拟分析,在所限定的路段交通流饱和度下,以车辆出行延误总时间最小(或者停车次数最少、总体出行时间最短等)为准则,寻找优化的城市道路交通运行组织管理方案。其关键的理论基础和方法是交通流分配和模拟分析。

交通运行组织方案设计需要遵循以下原则:

①交通分离原则。将城市道路上不同类型、不同方向、不同速度的车辆,以及行人与车辆,在时间上或空间上进行分离,如快慢车划线分道或物体隔离,设置专用道路、立交等。

②交通量控制和调节原则。综合运用多种策略、措施,从时间、方向、区域、道路功能等方面来对交通量进行控制和调节,如设置单行线、路线的限时限车种通行、繁华商业区禁止货车通过等。

③按交通性质疏导的原则。对不同交通性质的车辆有区别地进行引导限制,如对客运交通、货运交通分别考虑,客运交通优先,开辟过境路线,引导过境交通避开市区等。

④公共交通优先原则。在世界范围内,公共交通优先已经成为城市交通发展的主题。具体到我国的实际情况,优先发展大容量、高效率的公共交通则是解决城市交通问题的唯一出路。因此,必须为公共交通的发展提供明确的优先政策和技术措施,如政府对公交发展提供补贴、设置公交专用道等。

常用的道路交通运行组织策略及措施主要有以下几种:

(1)货车禁行区域和货车禁行线路

在部分区域或某些道路对特定的车种实施禁行管理,最常采用的是设置货车禁止通行区域或货车禁止通行线路。

货运交通一方面对城市交通运行状况影响很大,另一方面与城市经济发展和人民生活密切相关,因此在货车禁行措施出台前应进行仔细的研究。对于禁区内单位的货运交通,可酌情发给部分通行证方便出入;对于一些特殊运输车辆可发放临时通行证。

(2)单向交通

单向交通或称单行线,是指道路上的车辆只能按一个方向行驶的交通。国内外的实践均表明,合理组织实施单向交通对解决城市交通问题有很大帮助。

单向交通分固定式单向交通、可逆性单向交通、时间性单向交通、车种性单向交通等四种类型。不同类型的单向交通,都有各自明显的优点以及明确的实施条件,在运用中应该紧密结合城市交通的实际状况加以合理选择。

实行单向交通并不是没有条件的,而是对城市的道路网络有明确的要求:路网应有足够的密度,平行方向道路的间距不宜超过 500m,并且道路的起点、终点大体相同,道路条件大致相当。在城市中心区,路网密度大且均匀的方格状道路系统中,最适合实行单向交通。

(3)变向交通

变向交通是指在不同的时间变换某些车道的行车方向或行车种类的交通,也称为"潮汐交通"。变向交通按其作用可以分为两类:方向性变向交通和非方向性变向交通。

方向性变向交通是指在不同的时间内变换某些车道上行车方向的交通。这类变向交通可以使车流量方向分布不均匀的现象得到缓和,从而有效提高道路的利用率。

非方向性变向交通是指在不同的时间内变换某些车道上行车种类的交通。它分为车辆与行人、机动车与非机动车之间相互变换使用的变向车道。这类变向交通对缓和各类型的交通在时间分布上不均匀的矛盾有较好的效果。

(4)公共交通专用道路(车道)

公交车辆载客量大,人均占用道路面积小,可以有效地利用城市道路,因此可以采用公交车辆专用道路(车道)来提高公交车辆的运行效率和服务质量,达到减少城市交通量的目的,使整个城市的交通服务质量得到改善,带来较大的社会经济效益。

在城市道路网中,通常可以选择路段客流量大小、公交车辆的行程速度、公交车流量、道路条件、交通条件等指标作为专用道路(车道)实施的判别依据。

(5)非机动车专用道路

设置非机动车专用道路一方面可以使非机动车交通形成一个独立的子系统,实现机非运行系统的分离,减少不同交通因子之间的相互干扰;另一方面可以充分挖掘小街小巷的非机动车交通潜力,使非机动车流量在路网中均衡分布,以减轻干道上非机动车交通的压力和满足日益增长的非机动车交通发展要求。

根据非机动车交通早高峰流量最大的特点,将非机动车和公交车流量最大的路线、路段开辟成非机动车和公交车专用道线路段,定时将非机动车与公交车辆以及其他车辆分开;对于部分狭窄的街道、胡同,可以开辟为非机动车专用道。

(6)交叉口转向管理

要实行路网交通流的定向控制,实现网络流量的合理分配,道路网络中的关键性交叉口是决定性环节。因此对交叉口的管理和控制是城市交通管理中的一项重要任务。交叉口的管理主要是交叉口转向禁止,包括禁止左转、禁止右转和禁止掉头。

左转车流是产生冲突点最多的车流,对交叉口交通影响最大。左转车辆将引起交叉口通行能力的下降,并增加交叉口的延误和降低安全性。具有下列情况的交叉口宜考虑采取禁止左转措施:交叉口通行能力受到道路几何条件限制而不能设置左转专用车道以及不能设置多相位信号控制的路口;干道与支路相交,支路左转车辆影响干道直行车流的路口;左转流量比例极小,而对向车流中直行流量很大的交叉口。交叉口禁左可以是某个进口禁左,也可以整个路口所有进口全部禁左,要视具体情况而定。

右转车辆一般对交叉口交通运行影响不大,所以很少受到禁止,但是在下列情况下要考虑禁止车辆右转:交叉口穿越道路的行人流量较大;因联动信号系统对交叉口交通控制的需要;道路右转弯半径过小,车速下降过大引起交通阻塞;等等。

在交叉口交通量大,车辆掉头容易引起交通阻塞、影响交通安全的路口都应禁止车辆掉头。

在交叉口实施车辆转向禁止,一般是服从路网流量合理分配的需要,或者是为了减少交叉口的混乱状况和事故发生,当其他限制不能根本改善时才不得不采取的措施。实行交叉口转向禁止将增加部分车辆的出行距离,以及附近交叉口的右转、左转次数,加重邻近交叉口的负荷。因此,必须经过仔细研究、周密分析后再加以确定。

第四节　城市交通安全管理与实施计划编制

一、城市交通安全管理的目的、要求与基本策略

1. 城市交通安全管理的目的与要求

交通安全管理是对交通运行秩序的管理,是一种保障性管理,交通安全管理影响经济发展和社会稳定。通过制定道路交通安全管理规划,科学、系统、全面地掌握道路交通安全状况,把握道路交通安全的内在规律,预测道路交通安全发展趋势;明确道路交通安全管理的发展方向、工作目标和重点;确定在人、车、路、环境和管理等方面应采取的交通安全措施和行动及其实施时序。通过道路交通安全管理规划,加强对道路交通安全的管理力度和综合整治,建立一套与交通安全实际状况和特点相对应的交通安全管理体系。

城市道路交通安全管理规划应以《中华人民共和国道路交通安全法》及其实施条例、《中华人民共和国公路法》、国家标准《道路交通标志和标线》(GB 5768)、行业标准《公路项目安全性评价指南》以及其他相关技术标准、规范和国家、省、市的有关交通安全管理的规定为编制依据。其中,《中华人民共和国道路交通安全法》明确要求"县级以上地方各级人民政府应当适应道路交通发展的需要,依据道路交通安全法律、法规和国家有关政策,制定道路交通安全管理规划,并组织实施"。

城市道路交通安全管理规划在不同的应用场景有不同的内涵,大多数城市交通管理部门组织编制并实施的道路交通安全管理规划,是以保障城市交通畅通与道路交通安全为主的交通管理规划,覆盖了交通需求管理、交通系统管理、交通安全管理的全部内容,实质上就是交通管理规划,本节只介绍道路交通安全部分的管理与规划编制。

2. 城市交通安全管理的基本策略

(1) 以人为本

城市道路交通安全管理规划必须坚持"以人为本"的方针,强调人的生命和健康至关重要,侧重于保护道路上的所有参与者,包括行人、骑行者、驾驶人等。这一策略充分考虑人们的出行需求、交通行为特点和道路环境等因素,从而制定出科学合理的交通管理措施和政策,确保道路交通系统安全、快速、经济、舒适。通过加强公众交通安全意识教育,提高市民的交通安全意识;完善公共交通设施和服务,创建和维护安全的人行道、人行横道和行人通道,以确保行人的安全通行;设立专用非机动车道及其停车设施,鼓励非机动车出行;采取特别措施照顾残疾人、老年人和儿童;确保以各种交通方式出行的居民安全通行,提高交通出行体验。

(2) 系统工程

城市交通安全管理系统工程是指以道路交通运输系统的整个运输活动为对象,将人、车、路、运输基础设施、信息作为一个有机整体,从系统的观点出发,综合运用运输工程、道路工程、交通工程、环境工程等基本理论,为道路交通运输活动提供最优规划和有效调控。系统工程强调综合性、全局性的策略和行动,考虑系统的各个组成部分之间的相互关系和影响,以确保解决问题时实现全部优化。这意味着需要在整个交通系统中综合考虑人、车、路、环境和管理等

多个环节,进行全面的系统分析,以识别交通安全问题的根本原因和潜在风险。

(3)协调统一

要确保城市交通安全管理的基本策略与国民经济和社会发展规划、城市总体规划、综合交通规划、公路网规划以及城市交通管理政策相协调和有机结合。这种协调和结合有助于确保各项规划的目标和措施相互协调、相互支持,避免出现冲突和矛盾。此外,城市交通安全管理需要进行跨部门、跨领域的资源整合和协调,确保资源的优化配置和充分利用。同时,需要加强与社会组织和企业的协作,建立多元化的合作机制,共同推进城市交通安全管理工作。城市交通安全管理还应注重当前和长远的结合,考虑未来城市扩展和交通需求的变化,采取长期的安全规划和措施,以适应城市的可持续发展。

二、城市交通安全管理的主要内容

1. 道路交通安全设施建设计划

为实现道路交通安全管理实施规划目标,需要在道路交通基础设施和交通工程设施方面采取措施,包括道路设施的安全隐患排查与交通安全设施的完善。

道路设施的安全隐患排查是指通过对道路设施进行安全隐患排查,及时发现并排除潜在的安全隐患,包括道路狭窄、路面破损、路灯不亮、交通信号灯故障等问题,并及时进行维护和修缮;进行定期的道路安全评估,识别道路上的潜在危险点和事故多发地点,分析交通事故报告,识别事故的原因和模式,并据此采取措施来减少事故。安全隐患排查需要从确定排查范围、制订排查方案、排查设施缺陷、分析问题原因、制定整改措施、实施整改措施和监督检查整改效果等方面进行综合考虑,确保排查的全面性和有效性,预防和减少交通事故的发生。

交通安全设施的完善包括设置标志标线、隔离栏杆、行人过街安全岛,普及信号灯和信号灯配时优化等。交通安全设施的完善应遵循国家标准和规范,根据实际情况设置和规范化交通标志和标线,考虑道路类型和交通流量,在需要的地方安装隔离栏杆、行人过街安全岛,在交通流量较大的交叉口、行人道路和繁忙的路段安装交通信号灯,定期检查和维护交通安全设施。

2. 车辆管理政策

车辆管理是公安交通管理工作的重要组成部分,也是公安交通管理的基础工作。机动车管理的目的是:确保交通安全,减少交通公害,延长车辆使用寿命,充分发挥运输效能,并根据城市交通需求管理的要求,对各类车辆的总量进行控制。

车辆管理的主要内容有:

(1)对机动车进行分类,核定车辆的载货质量和乘员人数。

(2)对机动车进行安全技术检验。

(3)对机动车进行注册登记,同时核发车辆号牌和行车执照。

(4)对在用机动车辆进行异动登记,包括车辆的过户、转籍、变更等。

(5)办理机动车辆号牌和行车执照的补发及换发的手续。

(6)审批并办理机动车辆停驶、复驶和报废等事宜。

(7)对机动车的生产、改装和保修进行技术监督。

(8)建立并管理机动车技术档案。

为实现道路交通安全管理的规划目标,加强对车辆的管理至关重要,特别是对危化品运输车辆、违章次数多的车辆、套牌车等重点车辆的管理。

对于危化品运输车辆的管理。需要加强对危化品运输车辆从业人员的资质要求和培训，建立健全危化品运输车辆的安全管理机制，包括安全生产责任制、安全检查制度、应急预案等。制定和执行危化品运输的法规和标准，明确危险品的分类、包装和运输要求，确保危化品运输车辆符合相关法规。

对于违章次数多的车辆的管理。建立违章次数多的车辆黑名单，对其采取强制报废、暂停行驶等措施。加强对违章次数多的车辆的监测和监管，安装电子监控系统，以跟踪车辆的行驶和驾驶行为，包括超速、闯红灯、违章停车等，对其进行严格的安全检测和定期维护。加大对违章次数多的车辆的处罚力度，对其采取制裁措施，如罚款、驾照吊销等，严格执法，对恶意违法行为进行重罚。

对于套牌车的管理。使用先进的车辆识别技术，如车牌识别摄像头和智能识别系统，以识别套牌车。加强对车辆注册和车牌管理的执法，确保车辆和车牌信息的准确性和一致性。

3. 道路交通安全宣传教育

据统计，人的因素在道路交通事故成因中占比超过90%。因此，在道路交通安全管理中，对交通参与者的安全宣传教育必不可少。对交通参与者进行交通安全教育是交通安全管理的重要手段之一，主要涉及对机动车驾驶人的安全教育、对非机动车骑行者的安全教育以及对行人的安全教育。

(1) 对机动车驾驶人的安全教育

机动车驾驶人的酒驾醉驾、三超(违法超车、超速、超载)、疲劳驾驶、闯红灯等交通违法行为都有可能会引发严重的交通事故。这些不安全的驾驶行为往往是驾驶人缺乏职业道德修养、法治观念淡薄、违反安全操作规程导致的。所以，机动车驾驶人是道路交通安全宣传教育的主要对象。对机动车驾驶人的安全教育主要包括安全技术知识教育、职业道德教育(网约车、出租车司机)和违法驾驶人的针对性教育。

(2) 对非机动车骑行者的安全教育

我国一直是非机动车大国，从20世纪的自行车大军到21世纪的电动自行车崛起，非机动车与人们的日常出行息息相关。《中华人民共和国道路交通安全法》已明确将电动自行车划分为非机动车，电动自行车与传统自行车共享路权。但由于电动自行车的行驶速度较快，道路交通事故频发。近年来，随着快递、外卖行业的发展，电动自行车的出行量与日俱增，对电动自行车骑行者的安全教育显得尤为重要。对非机动车骑行者的教育，应强调违法骑车的危害，提高其道德和法治观念。

(3) 对行人的安全教育

针对幼儿与小学生，交通安全教育应以互动性强、寓教于乐的形式为主，如通过游戏、动画、绘本、漫画等形式来进行宣传教育，让孩子们在轻松愉快的氛围中学习道路交通安全知识。学校也可以邀请交通警察或道路交通安全专家来进行交通安全讲座，使用易懂的语言和图标。针对中学生的交通法规宣传，从《中华人民共和国道路交通安全法》入手，向学生介绍其主要内容，包括交通信号、行车路线、行车速度、行车安全等方面的规定。针对成年人的行人安全教育，应向成年人传达交通法规和规则，强调遵守规则的重要性和责任，并使其学会如何在道路上保护自己，避免成为交通事故的受害者，同时应强调如何应对交通事故。

4. 道路交通安全管理政策梳理与完善

为实现道路交通安全管理实施规划目标,促进道路交通安全,减少交通事故的发生和伤亡,在政策和执法方面应该采取一系列重要措施。

(1)制定并完善交通安全法律法规

政府部门应该加强对道路交通安全管理法律法规的制定和完善,确保交通法规和规定明确、全面,并具备可执行性;同时加强执法力度,包括定期巡逻、交通检查、速度监控和酒驾检查等,使用现代科技手段,如交通摄像头和自动化执法设备,提高执法效率和公平性。

(2)完善交通设施和交通管理措施

加强对道路交通设施的建设和管理,提高交通设施的安全性和便利性。同时,采取各种措施,如加强交通信号灯的设置和管理,加强对交通违法行为的监管等,提高道路交通管理水平。

(3)推广智能交通系统

加强对智能交通系统的推广和应用,建立全面的交通事故数据和违法行为数据收集系统,通过分析数据,识别事故多发地点和原因,制定有针对性的改进措施。通过各种技术手段提高交通管理的效率和准确性,提高道路交通安全管理的水平。

(4)加强与社会各界的合作

加强与社会各界的合作,建立行业协会、社会组织等交通安全联合执法机制,协调交通安全管理工作,确保政策和执法的一致性和协同性,共同维护道路交通安全。

5. 道路交通安全信息平台建设

建设道路交通安全信息平台是提高交通管理和安全水平的关键举措之一。平台需要包括交通安全信息系统、交通事故黑点与监控、重点车辆信息与监控、交通事故应急预案与快速救援等多个关键组成部分,以有效保证交通安全、预防事故和快速应对紧急情况。

(1)交通安全信息系统

交通安全信息系统是对道路交通安全进行监测、分析和预警的系统。通过对道路交通流量、车速、车辆密度、交通信号灯等数据进行实时监测和分析,及时发现交通拥堵、事故易发路段等,并进行预警和应急处理,提高道路交通的安全性和通行效率。这是整个道路交通安全信息平台的核心部分,用于集成、存储和管理与交通安全相关的各种数据和信息。

(2)交通事故黑点与监控

交通事故黑点与监控是指对交通事故高发路段进行监控和管理的系统。通过安装摄像头等设备,对交通事故高发路段进行实时监控,提前发现和应对可能导致事故的风险因素,及时发现和处理交通事故,并对交通违法行为进行记录和处罚,减少交通事故的发生。

(3)重点车辆信息与监控

重点车辆信息与监控是指对货运车辆、危化品运输车辆、客运车辆等重点车辆进行监控和管理的系统。其通过车载卫星定位系统等技术手段,对重点车辆的行驶路线和行驶速度进行实时监控,及时发现和处理重点车辆违法行为,提高重点车辆的安全性和管理效率。

(4)交通事故应急预案与快速救援

交通事故应急预案与快速救援是指对交通事故进行应急处理和救援的系统。通过建立交通事故应急预案和快速救援机制,及时派遣救援人员和车辆,对交通事故进行处置和救援,减少交通事故导致的人员伤亡和财产损失。

第五节　城市交通管理规划方案评估技术

交通管理方案评价是城市交通管理规划中的重要环节,其主要目的为:
(1)分析交通管理措施如何影响城市交通结构及网络交通流。
(2)预测交通管理措施下的城市交通系统交通流运行指标。
(3)分析交通管理方案是否达到预定的管理目标。

城市交通系统是一个极其复杂的大系统,在该系统中,任何一个交通管理措施的实施或者交通管理措施的改变,都会引起整个交通系统的流量变化,这种变化是无法用经验直观判断的。通过对城市交通管理方案的定量化评价,在交通管理方案实施前就知道了该方案实施后的效果,能避免交通管理的决策失误,对管理方案的最终确定和滚动调整起决定性的作用。

城市交通管理规划方案的评价过程包括:城市交通管理方案的计算机表达、交通管理措施下的交通流重分布模拟、城市交通管理规划方案效果分析。

一、交通管理方案的计算机表达

交通管理方案的计算机表达是将各种交通管理策略、措施以结构化编码的形式表示为计算机能够识别和处理的信息。交通管理措施涵盖节点、路段以及区域交通管理信息,可以反映现有的大部分交通管理措施和策略。构建交通管理信息表,是常见的交通管理方案的计算机表达手段,并可对这些措施产生的交通影响进行定量分析。

1. 节点交通管理信息

交通网络中的节点交通管理信息主要是转向限制。节点交通管理表记录了每个实施节点管理的相关规则信息,见表9-1。

节点交通管理表　　　　　　　表9-1

交通网络中实施节点转向限制的节点数目			2		
实施节点转向限制的节点编号	实施转向限制的规则数	实施转向限制的规则序列	限制转向的规则		
			转向起点编号	转向中间点编号	转向终点编号
9	3	1	8	9	4
9	3	2	8	9	2
9	3	3	2	9	4
1	1	1	2	1	2

其中,第一行为交通网络中实施转向限制的交通节点的数目信息;第二行为各列含义说明;从第三行开始:第一列为节点编号;第二列为该节点实施转向限制的转向个数;第三列为该

节点实施转向限制的规则序列;第四、五、六列分别表示该节点被限制的转向的起点、中间点与终点,形成了一个转向序列。节点交通管理信息表,可以反映节点的禁止左转、禁止右转、禁止直行、禁止掉头等管理信息。表9-1描述的四条转向限制情况如图9-2所示。以第一条转向限制为例,该规则表示在9号交通节点的三个被限制转向中的第一个为"8→9→4",即9号交通节点的左转限制。

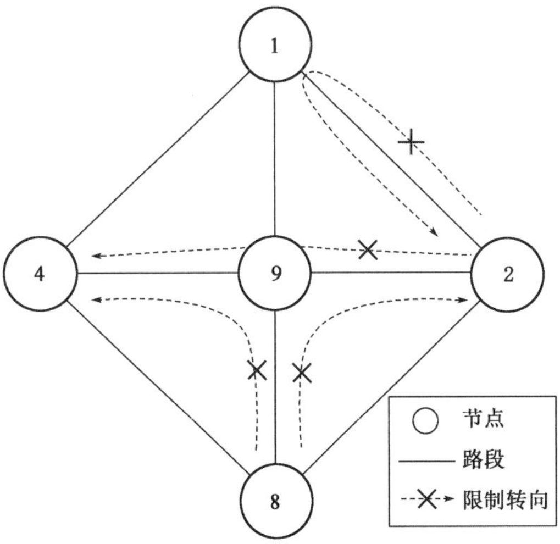

2. 路段交通管理信息

交通网络中的路段交通管理措施主要是车辆禁行、尾号限行、拥堵收费和其他特殊交通管理措施。

图9-2 节点转向限制示意图

(1) 车种禁行交通管理表

车种禁行交通管理表存储了车种禁行交通管理措施下,各个路段对不同类型车辆的禁行情况,见表9-2。

车种禁行交通管理表 表9-2

车种禁行交通管理的数量		2							
车种禁行路段的起点编号	车种禁行路段的终点编号	路段禁止通行信息							
		非机动车	小客车	摩托车	步行	货车	常规公交车	轨道交通	其他方式
8	9	0	1	1	0	0	0	1	1
9	1	0	0	0	0	0	0	1	1

其中,第一、二列为道路网络路段起点、终点编号;第三至十列分别为非机动车、小客车、摩托车、步行、货车、常规公交车、轨道交通、其他方式的路段禁止通行信息。若该路段允许通行某种车辆,则该车种的信息编号为"0",默认条件下的禁止通行的信息编号为"1"。由路段管理设置为禁行的信息编号为"2",由区域管理部门设置为禁行的信息编号为"3"。

(2) 尾号限行交通管理表

尾号限行交通管理表存储尾号限行管理措施下,各个路段对不同类型车辆的尾号限制情况,见表9-3。

尾号限行交通管理表 表9-3

尾号限行路段数量		2		
尾号限行路段的起点编号	尾号限行路段的终点编号	限制的小客车尾号个数	限制的摩托车尾号个数	限制的货车尾号个数
1	4	L1	L1	A1
2	8	L1	L1	A1

其中,第一、二列为道路网络路段起点、终点编号;第三、四、五列为同一时段所限制的小客

车、摩托车、货车的尾号个数。需要注意的是,尾号限行交通管理措施可能是单独某个路段的设置,也可能是沿用区域的限行管理措施。如果尾号限行管理方案仅针对路段,则在其限制的尾号个数之前添加标识符"L";如果尾号限行管理方案隶属于区域交通管理,则在其限制的尾号个数之前添加标识符"A"。

(3) 拥堵收费信息表

拥堵收费信息表存储了各个路段的拥堵收费管理措施费率情况,见表9-4。

拥堵收费信息表　　　　　　　　　　　　　　　表9-4

拥堵收费数量		2	
拥堵收费路段起点编号	拥堵收费路段终点编号	拥堵收费的基本费率（元/次）	区域内居民拥堵收费费率（元/km）
1	4	10	2
2	8	5	5

其中,基本收费费率是按照次来计算,表示路段自身收费的管理信息;区域内居民拥堵收费费率是按照里程计算,表示路段区域收费的管理信息。

(4) 特殊交通管理表

特殊交通管理表存储了路段上特殊交通管理措施信息,包括路段上的公交专用道、路侧停车、绿波交通设置等,见表9-5。

路段交通管理表　　　　　　　　　　　　　　　表9-5

路段交通管理的数量			2	
道路段起点编号	道路段终点编号	公交专用道数目	路侧停车对通行能力的影响	绿波交通设置情况
8	9	1	0	1
9	1	0	1	2

其中,第一、二列为道路网络路段起点、终点编号;第三列为该路段的公交专用道数目;第四列为路侧停车情况对相邻车道通行能力影响程度:0 表示无影响/严格禁止停车,1 表示轻微影响/停车需求少且规范,2 表示中度影响/停车需求较大且规范,3 表示较严重影响/停车需求较大且部分不规范,4 表示严重影响/停车需求大且不规范,5 表示阻塞道路/停车需求大且混乱;第五列为绿波交通设置情况:0 表示无绿波交通,1 表示有公交绿波设置,2 表示有道路交通绿波设置,3 表示既有公交绿波也有道路交通绿波设置。

3. 区域交通管理信息

区域交通管理措施主要是区域车种禁行、区域尾号限行以及区域拥堵收费。区域交通管理信息表结构见表9-6。

区域交通管理表　　　　　　　　　　　　　　　表9-6

区域编号	禁行信息				限行信息			收费费率（元/km）
	非机动车	小客车	摩托车	货车	小客车	摩托车	货车	
8	0	1	1	0	0	0	0	0
9	0	0	0	0	2	2	3	1

其中,第一列为管理区域编号;第二、三、四、五列为区域针对非机动车、小客车、摩托车、货车的车种禁行数目;第六、七、八列为区域针对小客车、摩托车、货车的尾号限行数目;第九列为拥堵收费费率。区域交通管理措施最终作用于路段,因此管理信息最终也会记录在区域内的路段交通管理信息表上,具体可见表 9-2~表 9-4。

二、交通管理措施下的交通流重分布模拟

交通管制措施下的交通流重分布模拟是城市交通管理规划的核心技术。

交通流重分布模拟的关键是网络交通分配。交通分配就是把各种出行方式的空间 OD 矩阵分配到具体的交通网络上,也就是出行者的路径选择模拟过程,即模拟所有出行者在交通管制措施的限制下在网络上的最佳路径选择,交通分配的方法详见第四章。

在交通分配(即出行者的路径选择模拟过程)中,出行者选择出行路径的依据是交通阻抗(即路径通过时间或路径长度)。交通管理措施对出行者选择出行路径的影响是通过交通管理措施对交通阻抗的影响来反映的。道路或交叉口的交通阻抗越大,出行者选择该道路或交叉口通过的可能性就越小,反之亦然。因此对鼓励通行的交通管理措施,应减少交通阻抗。对限制通行的交通管理措施,应增加交通阻抗。对禁止通行的交通管理措施,应设置交通阻抗为无限大,以达到调整网络交通流量的目的。

1. 交通管理措施下的路段交通阻抗

(1)单行线

禁止通行方向,$T = +\infty$;允许通行方向,$T \leqslant T_0$。其中,T 为交通管理措施下的路段交通阻抗,通常为通过时间;T_0 为无交通管理措施的路段交通阻抗。

(2)专用线

禁止通行车辆,$T = +\infty$;允许通行车辆,$T \leqslant T_0$。

2. 交通管理措施下的交叉口交通阻抗

(1)交叉口转向限制

禁止通行方向,$D = +\infty$;允许通行方向,$D \leqslant D_0$。其中,D 为交通管理措施下的交叉口段交通阻抗,通常为交叉口延误时间;D_0 为无交通管理措施的交叉口交通阻抗。

(2)交叉口专用信号

禁止通行车辆,$D = +\infty$;允许通行车辆,$D \leqslant D_0$。

交通管理措施下的交通流重分布模拟须编制软件,借助计算机实现,其过程如图 9-3 所示。

三、城市交通管理规划方案效果分析

对交通管理规划方案实施后全部网络或特定范围内道路路段和交叉口的交通负荷、平均车速、平均延误、网络交通流的均衡性等指标进行定量化评价,分析交通管理方案的实施效果。

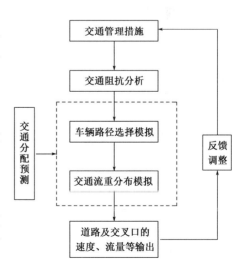

图 9-3 交通管理措施下的交通流重分布模拟过程

交通管理规划方案评价的指标体系取决于规划要解决的目标。"畅通工程"中要求的交通管理规划,是指城市交通系统全面的交通管理规划,应从城市总体来评价管理规划方案的实施效果。评价指标体系应根据公安部、原建设部当年"畅通工程"实施方案中提出的"城市交通管理评价指标体系"来对规划方案进行考核,分析达到规划目标的程度。

对于某些局部交通管理规划方案(某个局部区域、某条道路或某个交叉口的交通改善管理方案),应从两个方面来评价管理方案的效果:一是对城市的总体交通质量改善的评价,如总体交通负荷、平均车速、平均延误、网络交通流的均衡性等几个常用指标;二是重点考虑所研究范围内的交通质量改善。评价指标可根据方案目标而定。

第六节 城市道路交通管理保障体系设计

城市道路交通管理保障体系包括道路交通安全保障体系设计、交通管理队伍建设、交通管理勤务保障、交通管理宣传教育、交通法规建设等内容。交通管理保障体系所规划的内容是城市交通管理中相当重要的方面,是保证交通管理规划思想得以贯彻和保证交通管理规划目标顺利实现的关键。

一、道路交通安全保障体系设计

交通安全保障体系主要是针对交通安全问题的发生、过程、结果进行调查和处理,对交通事故的相关数据进行统计、分析,并对交通安全问题进行预测,提出相应的对策,为城市的发展提供一个安全、通畅、节能、低公害和高效的交通系统。交通安全影响因素很多,通常可以从人、车、路等三方面进行分析。人是交通安全中最重要的因素,是交通安全的核心;道路是交通安全的基础,是驾驶环境的主要组成部分。据统计,有10%左右的交通事故是由于不安全的道路条件或道路环境所造成的,交通安全中涉及的车主要指机动车。

交通安全保障体系涉及交通安全技术行政管理(交通安全管理机制、交通安全政策、交通安全勤务)、交通安全技术(驾驶人员生理和心理、车辆安全技术、交通事故分析与对策等)、道路交通安全设施(道路安全设施、车辆安全设施、交通参与者交通安全设施、交通安全教育、交通救援与救护)等。

编制城市道路交通管理规划时,不可能涵盖道路交通安全保障体系所涉及的全部内容。应当根据公安交通管理的职能、近阶段各城市主要的交通安全问题和安全隐患以及道路交通发展后交通安全的趋势,做好交通事故的预防、处理等方面工作的规划。规划的主要内容包括交通事故的统计分析、交通安全的源头(驾驶人员、车辆)管理、交通事故的快速反应机制建设、交通事故预防机制建设。

二、交通管理队伍建设

交通管理队伍现状分析是队伍建设规划的基础,通过对队伍现状进行分析找出队伍中存在的主要问题和与时代要求不相适应的管理方法,通过队伍建设规划的实施,逐步加以改进和解决,以保障各项交通管理工作的顺利进行。

在进行交通管理队伍建设规划时,应立足本地的实际情况,既要考虑现有队伍的状况,又要结合形势发展的需要和可能性,全面分析队伍的现状,找出队伍建设中的主要问题和制约队伍发展的关键所在,确定人员的学历比例、年龄结构、技术人员职称构成等各项规划指标,制定切实可行的队伍建设规划。各城市的具体情况不尽相同,队伍建设规划的主要内容也可能会千差万别。

三、交通管理勤务保障

建立与城市道路交通管理相适应的交通管理勤务模式,是有效发挥民警管理效能、提高交通管理水平的一个重要保证。交通管理勤务保障要在充分调查论证的基础上,根据本地的交通情况和现有管理模式,围绕交通管理的工作重点,逐步实现动态的、全方位的勤务管理。交通管理勤务保障应以加强道路的管控能力、保证道路交通秩序、实现一警多能、充分调动民警的主动性积极性和务实高效为目标。交通勤务管理保障的主要内容包括勤务人员配置、工作时间安排、管理方式、警用装备和考核制度等方面。

四、交通管理宣传教育

交通管理宣传教育是交通管理的一项根本性、源头性工作,是道路交通管理工作的先导,并且贯穿于整个交通管理工作过程之中。根据国家"畅通工程"专家组的调查,我国交通参与者的现代交通意识不强,交通违章现象很普遍,严重影响了道路交通秩序及交通安全。在制定交通管理规划时应把交通管理宣传教育放在重要的位置。随着交通运输业的发展,人们的出行率逐渐提高,交通管理宣传教育应增加科技含量并向多元化方向发展,使之达到经常性、群众性、艺术性和科学性的要求。

交通管理宣传教育工作应以交通管理部门为主导,以新闻媒体为依托,动员社会各界广泛参与,围绕交通管理中心工作,对交通参与者开展有针对性的交通法治教育和交通安全常识普及教育,使得广大交通参与者的交通遵章意识与交通安全意识有明显提高,为从源头上预防交通事故和开展交通秩序管理奠定基础。

五、交通法规建设

城市道路交通管理是政府行政管理职能的一个重要组成部分,为了适应时代发展的要求,在遵照国家现行法律的前提下,在公安部和各省市自治区所制定的有关交通管理条例和管理规定基础上,交通管理部门应积极根据交通管理和执法的需要,规划报请地方人大和政府出台地方性法规和政策。

在规划交通法规建设时,要把握国家和上级政府的立法动态,要根据工作的需要和形势发展的要求,分清轻重缓急,将那些在交通管理执法过程中急需解决的问题以及影响到城市发展和交通运输业可持续发展的有关政策,提请人大或政府审议。各个城市的交通法规基础相差很大,需求也不尽相同,需要根据具体情况建设。

【复习思考题】

1. 城市交通管理规划的基本内涵是什么?
2. 城市交通需求管理的目的与基本策略有哪些?
3. 城市交通系统管理中的道路交通运行组织管理主要包含哪几个方面?
4. 为什么要进行道路交通安全信息平台建设?

第十章 区域综合交通体系规划

第一节 综合交通体系的构建

长期以来,在我国综合交通体系中,公路、铁路、水路、航空等交通运输方式相对独立发展,缺乏有效协同,综合交通网络布局和结构不够合理,衔接不够顺畅,各方式的互联互通亟待增强。《交通强国建设纲要》提出"构建安全、便捷、高效、绿色、经济的现代化综合交通体系"。区域综合交通体系规划基于区域经济布局、土地开发格局与人口结构分布特征,从发展战略层面统筹协调综合交通方式的设施布局与功能,是构建现代化高质量区域综合交通网、提升综合交通基础设施效能、实现区域综合交通和社会经济高质量发展的重要支撑。

一、综合交通体系要素与构建原则

构建完善的区域综合交通体系需要以铁路运输为骨干,以公路运输为主体,以综合交通枢纽为核心,协同多种交通方式,形成分工协作、有机结合、连接贯通、布局合理的交通运输系统,以实现安全、便捷、高效、绿色、经济的运输服务,满足旅客"门到门"出行和货物"点到点"运输需求。

1. 综合交通体系构成要素

区域综合交通体系通常由以下要素构成。

(1) 交通运输方式

区域综合交通体系是由公路、铁路、水路、航空、管道等交通运输方式组成，不同的交通运输方式及其网络具有不同特点，服务旅客和货物在区域内的不同需求。通过合理选择和组合交通运输方式，可以实现快速、高效的区域运输服务。综合交通运输方式特点见表10-1。

综合交通运输方式特点　　　　　　　　表10-1

交通运输方式	特点
公路运输	规模大、长度长、覆盖广泛、通达性好，是综合交通网络的基础与主体组成部分，是衔接其他各种运输方式和发挥综合交通网络整体效能的主要支撑，主要承载点对点的运输需求
铁路运输	客货运量大、辐射能力强、具有中高速度，是综合交通网络的骨干组成部分，主要承载中远距离运输需求，但铁路路线与站点相对固定，难以满足点到点运输需求
水路运输	依赖水系网络，主要承载大量货物、长距离运输，运输成本相对较低，但运输时效性较差，需要依托港口和水路基础设施，不适用于内陆地区或不通航的地方，无法满足点到点运输需求
航空运输	依托航空枢纽，运输速度快，运输时效性强，主要承载紧急货物或远距离运输，运输成本相对较高，且运载能力有限，需要与其他运输方式组合以满足点到点运输需求
管道运输	主要承载液体和气体物资的运输需求，运输量大、连续、迅速，运输成本较低，占地较少，可实现自动控制

(2) 综合交通枢纽

综合交通枢纽是区域综合交通系统内的关键节点，是各种运输方式高效衔接和一体化组织的主要载体，在提高综合交通运输网络效率、优化运输结构、提升联程联运发展水平、加快交通运输转型发展方面具有重要作用，是区域综合交通体系的核心。综合交通枢纽系统通常分为综合交通枢纽集群、枢纽城市及综合枢纽港站三级。

①综合交通枢纽集群：指依托超大型城市群内高度发达的多模式一体化综合交通网，以国际性综合交通枢纽城市为核心，联动多个不同层级的枢纽城市，形成空间分布相对集中、枢纽功能融合互补、运行组织协同高效的多中心、多层级、网络化的交通枢纽集群，如京津冀、长三角国际性综合交通枢纽集群。

②枢纽城市：包括国际性综合交通枢纽城市和全国性综合交通枢纽城市，前者连接国家综合交通网主骨架，是国际运输通道的核心节点，在国际人员交往、物流中转集散、全球资源配置等服务功能上发挥重要组织支撑作用；后者是国家综合立体交通网的关键节点，主要依托区域经济、文化和政治中心城市，在跨区域人员交流和国家战略物资的中转集散方面发挥重要组织作用。

③综合枢纽港站：是枢纽运输组织功能具体落地的重要设施，包括国际性综合交通枢纽港站和全国性综合交通枢纽港站，前者主要指国际功能突出的国际铁路枢纽和场站、国际枢纽海港、国际航空(货运)枢纽、国际邮政快递处理中心等；后者主要指我国境内大区域间运输组织

中起到重要作用的枢纽港站,如重要的铁路站场、港口、区域航空枢纽机场,以及国家物流枢纽与全国性邮政处理中心。

2. 区域综合交通体系的构建原则

围绕统筹发展核心,充分发挥各交通运输方式比较优势和组合效率,以满足"点到点"运输需求。在综合交通网络层面,重点关注统筹融合。着力推进补短板、重衔接、优网络、提效能,依据各交通运输方式网络特点,统筹发展以铁路网络为骨干,以公路网络为主体,充分发挥水路网络、航空网络等比较优势的综合交通网络,优化网络基础设施布局、结构和功能,更加高效地满足经济社会发展需求。

在综合交通枢纽层面,重点关注一体化。着力推进综合交通枢纽集群、枢纽城市及综合枢纽港站多层级枢纽一体化发展,推进综合交通枢纽集群开放协同,强化综合交通枢纽城市内畅外联,促进综合交通枢纽港站一体化建设。其中,新建综合客运枢纽中的各种运输方式应聚焦集中布局,实现空间共享、立体或同台换乘,打造全天候、一体化换乘环境;既有综合客运枢纽应重点整合交通设施,实现服务功能空间的共享。综合货运枢纽则应关注多式联运换装设施与集疏运体系建设,统筹转运、口岸、保税、邮政快递等功能,提升多式联运效率与物流综合服务水平。

二、区域综合交通体系构建基本流程

区域综合交通体系构建是一个复杂的、系统性的过程,如图 10-1 所示,构建基本流程可以总结为以下几个关键步骤。

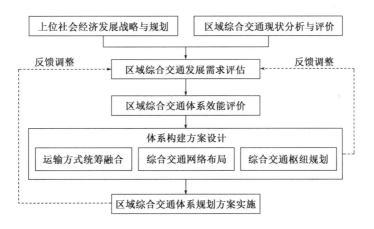

图 10-1 区域综合交通体系构建流程

(1)基于区域经济布局、国土开发保护格局、人口结构分布、消费需求特征、要素供给模式等对区域综合交通现状进行分析和评价。

(2)基于上位发展规划战略,分析区域综合交通发展定位,以及区域社会经济发展对未来综合交通发展的要求。

(3)基于历史数据,考虑区域未来发展定位与趋势,结合人口增长、经济发展等因素,建立合理的交通需求预测模型,预测未来人员流动和货物运输的交通需求。

(4)围绕区域交通运输的综合能力、服务品质、运行效率和整体效益等对当前综合交通体系方案进行评估。

(5)根据当前需求评估与效能评价结果,提出区域综合交通体系构建方案,主要包括公路、铁路、水路、航空、管道等多种交通运输方式融合规划,区域综合交通网络布局规划,区域多层级一体化综合交通枢纽规划。

(6)根据当前综合交通体系构建方案,确定区域综合交通体系实施计划。

区域综合交通体系构建存在不断反馈优化的过程,在完成体系构建方案设计后,需要结合设计方案重新评估区域综合交通需求并再次对体系效能进行优化。由于基础设施的完善会引发交通需求的变化,在体系建设的过程中应当关注交通需求的演变,实时评价体系运行效能,并优化体系构建方案。通过不断滚动优化区域综合交通体系,确保综合交通系统能够适应不断变化的需求和挑战,为区域经济和社会发展提供支撑和保障。

第二节 综合交通网络规划

一、综合交通网络规划基本流程

综合交通网络规划是将各种交通方式的节点和线路按照一定规律在空间上进行分布与组合的过程,通常采用分层次分方式协同的方法进行。在确定关键控制节点及枢纽的基础上,基于区域社会经济发展、土地利用和交通需求等发展趋势,考虑方式间比较优势,确定方式网络布局与对应的设施规模。随着运输网络、区域功能、社会经济、产业体系不断交互影响,综合交通网络的规划布局过程中存在需求变化反馈过程,要通过分析客货运输量、方式和路径选择、分担比率及交通量分布的变化,不断优化网络规划方案,最终实现综合交通网络的科学布局。

1. 综合交通网络规划流程

综合交通网络规划流程通常包含现状分析、发展评估、交通预测、协同布局、网络评价、方案拟定与实施等步骤,具体流程如图10-2所示。

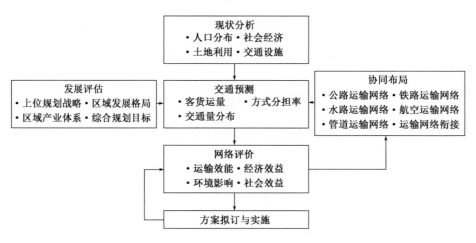

图 10-2 综合交通网络规划流程

(1)现状分析:调查分析规划地区的发展现状,包括人口分布、社会经济、土地利用、交通基础设施等。

(2)发展评估:基于上位规划战略与规划分析区域未来发展格局,结合区域战略定位评估区域社会经济与产业体系预期发展,明确区域综合交通网络规划目标。

(3)交通预测:在现状分析的基础上,结合区域发展定位、人口预期增长等预测该区域未来交通需求,包括运输方式划分、方式流量分布等,为规划方案提供科学依据。

(4)协同布局:在现状分析与需求预测的基础上设计综合交通网规划布局方案,分层次协同布局公路运输、铁路运输、水路运输、航空运输、管道运输网络,同时考虑网络内部枢纽布局规划,优化方式间换乘衔接,提高多方式交通运输网络融合水平。

(5)网络评价:评价当前网络布局方案在交通预测结果下的运输效能、经济效益、环境影响、社会效益等。

(6)方案拟定与实施:制订具体网络布局建设实施计划,对建设任务进行分解和安排,明确责任单位和时间节点。

在综合交通网络规划中,区域发展现状和区域战略规划是综合交通需求预测、网络布局方案的基础。同时,新的综合网络布局方案与实施情况反过来刺激和促进区域社会经济和综合交通需求的发展演化,导致网络供给发生改变。因此,综合交通网络规划是一个不断评估反馈、迭代滚动优化的过程。

2. 综合交通网络规划基本原则

基于规划要求,综合交通网络规划应当遵循以下原则:

(1)适应发展需要:综合交通网络规划应当适应上位发展战略和规划,统筹考虑经济发展现状、人口及自然资源分布、国土开发、对外贸易和国防建设等对交通运输的要求,科学评估预测未来客运量和货运量,并做到适度超前。

(2)强化方式融合:充分考虑各种交通运输方式的技术经济特征及其比较优势,通过合理地配置和利用各种运输设施的空间布局,优化各种运输线路的资源分配,强化多方式网络间的衔接,加强一体化运输设施配置,使得各种运输方式网络协调发展。

(3)集约布局设计:充分考虑规划区域的自然地理条件和资源情况,因地制宜地发展各种交通方式网络,注重节约和集约利用土地,实现"通道集约、线位优化、线路共享、立体发展",构筑环境友好型、发展可持续、功能韧性强且能够适应未来发展结构变化的综合交通运输网络。

二、综合交通网络规划要点

1. 网络供需平衡分析方法

综合交通网络供需平衡分析是指在对现状进行分析的基础上,对综合交通网络的供给与需求进行评估,为综合交通网络规划建设提供依据。综合网络供需平衡分析方法如图10-3所示。

(1)综合交通供给分析

开展综合交通供给性能分析之前,首先需要构建综合交通复杂网络模型,通过将各交通方式的实体物理网络抽象为网络模型中的节点与边,表示包含联通、换乘关系在内的综合交通多层级网络,如图10-4所示。其中,节点是构成综合交通网络的锚固点,是综合交通枢纽、场站等的抽象映射。边连接不同节点,是综合交通网络中路段的抽象表示。根据实际规划需求,综合交通网络模型可适当简化,如主要考虑由公路、铁路、航空网构成的综合交通网络,将城市内综合交通与区域综合交通网络嵌套为一个超级网络等。

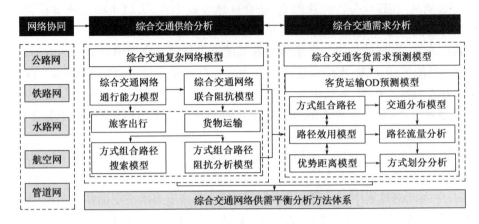

图 10-3 综合交通网络供需平衡分析方法

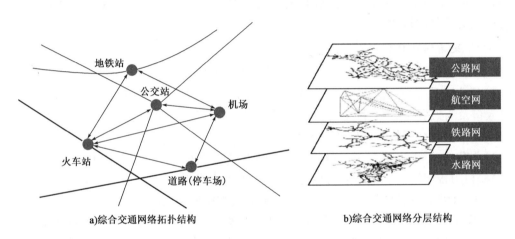

图 10-4 综合交通网络结构示意图

综合交通供给特征主要包括复合网络通行能力、多方式网络综合阻抗等。复合网络通行能力表示网络中的节点、边或网络本身承载交通流的能力,通常以单位时间内能承载的交通量或运输量衡量,根据表示主体不同可分为枢纽节点转换能力、路段通行能力和网络通行能力。节点转换能力受节点换乘换装设施配置约束,与节点类型、节点连接的方式等因素有关,通常以单位时间内转换的客货运量表示。路段通行能力与基础设施等因素有关,也受到方式组织运营模式(如停站时间、到发时间、运行速度、交通管制)的影响,通常以单位时间内路段所能承载的交通流量表示。网络通行能力则从宏观网络层面表示综合交通网络承载交通流的能力,通常考虑网络内 OD 分布、网络拓扑结构特征等多种因素的影响。

多方式网络综合阻抗表示人或货物通过节点或路段的难易程度,是各种交通设施供给和运行阻滞分析的重要参数。狭义的阻抗专指出行时间,广义的阻抗包含出行时间、费用、舒适度等多种要素。根据不同阻抗类型可将网络阻抗分为节点阻抗和路段阻抗。其中,节点阻抗可由旅客(或货物)在综合交通枢纽节点内部换乘(或换装)所消耗的衔接时间(或距离、延误时间等)表示,是影响综合交通运输方式衔接转换的关键因素之一。路段阻抗可由该路段的平均行程时间或距离、费用等要素通过线性、指数等形式组合而形成的路阻函数表示,与路段交通设施、饱和度等相关,是影响交通流在网络上分布的关键因素。

除上述特征外,网络拓扑结构特征也是网络供给特征之一,故需要关注节点、边等网络要素间的拓扑结构关系,主要基于图论理论对网络结构进行分析。

(2)综合交通需求分析

综合交通需求分析是对未来一定时期、区域范围内的客货运量与周转量、客货吞吐量和分交通方式的网络流量等进行评估的过程,是开展综合交通网络规划的基础。随着综合交通网络的发展,旅客出行与货物运输形态由单一方式交通运输向多方式组合交通运输发生转变,综合交通需求的时空分布以更为复杂的链式组合形式实现。

通过构建综合交通复杂网络模型,调整节点、边等网络模型要素的广义费用或阻抗参数,量化各种运输方式的外部性因素,在此基础上,基于多源综合交通数据,考虑旅客出行行为特征与货物运输需求,构建面向综合交通的旅客出行/货物运输效用模型,服务综合交通网络联程出行、多式联运需求分析,为实现客货运组合方式选择与组合路径分析提供支撑。

2. 公路网络规划

(1)公路网络规模

公路网络在不同的发展阶段应有不同的发展规模,这主要与区域经济发展、规划节点分布及交通发展有关。确定公路网络发展规模是进行公路网规划的前提。公路网络发展规模的确定需在分析和预测区域社会经济现状和发展趋势、公路网络历史交通状况以及发展趋势等的基础上,应用数学模型测算能满足未来交通需求和经济发展的公路网规模,主要包括公路网络总里程、密度、网络等级结构等。

(2)公路网络布局

①节点选择与层次划分。公路网络节点的选择是公路网络布局规划的基础性工作和重要内容。在进行节点选择时,一般应根据公路网的特征、地位和发展的战略目标,结合区域社会经济、政治、国防等发展需要,选择合理的路网布局控制点。全国性的干线公路网(如国家高速路网、国道主干线公路网等)一般以城市为节点;省域干线公路网以省内各中心城市(县)为节点;省内的区域性公路网(如市域公路网)以区域内中心城市及各县为节点;局部公路网(如县乡公路网)以中心县及主要乡镇等为节点。

由于不同节点之间的交通强度和功能存在差异,路网布局的形式和要求不同,需对选定节点进行层次划分。根据节点所在位置对应的经济、人口等发展指标,将节点划分为重要节点、较重要节点和一般节点。公路网规划应首先保障重要节点之间的彼此连接,继而考虑较重要节点和一般节点与重要节点的连接以及它们之间的彼此连接。

②布局方法。公路网布局以网络效能等为优化目标,以建设成本、自然资源等为约束条件,结合既有公路网络状况,采用适当的方法或模型选择规划线路,将确定的控制节点连接起来,并确定各线路的走向和技术等级。

公路网络布局方法有基于交通量四阶段预测的布局法、总量控制法等。基于交通量四阶段预测的布局法采用四阶段法预测区域路网交通量,以此作为路网布局设计的依据。首先根据规划目标、现状路网、未来交通分布等,提出初始路网,并采用四阶段交通量预测方法,预测初始路网交通量,然后根据预测结果,分析初始路网主要问题,进一步优化调整初始路网。总量控制法以路网规模总量为约束条件,根据路段重要度求解最优路网。首先,预测规划期路网的合理规模,并根据规划目标、现状路网、路网节点分布建立初始路网。然后,选取经济社会和运输等指标计算节点重要度,通过节点重要度、路段交通量等指标计算路段重要度,根据路网节点层次划分确定公路网层次。最后,以初始路网为基础,以公路网合理规模为约束,按路段重要度不断增加路段,形成符合规划目标的公路路网布局。

(3)公路网络评价

通过一系列准则、指标等量化拟订的公路网络规划方案效益,为方案比选与调整优化提供科学依据。通常可以围绕技术指标、经济指标、环境指标、社会指标对拟订的网络规划方案进行评价。此外,因公路网络规划的主要依据是预测的公路客货运量以及路段交通量,当上述交通需求量发生较大变化时,应再次对公路网络进行评价,并根据评价结果优化调整公路网络规划方案。

3. 铁路网络规划

(1)铁路网络规模

铁路网络规模需要考虑铁路发展实际情况,在预测铁路客货运输需求的基础上,综合多种约束进行测算。目前较为常用的规模测算方法包括连通度法、类比法、运输负荷法、路网密度法等。需要结合区域社会经济发展趋势,综合考虑既有发展情况、政策导向、资金约束和可持续发展等因素,采用加权综合方法得出铁路网络的合理规模。

(2)铁路网络布局

①层次结构。根据铁路的服务范围和功能,铁路网一般可分为干线铁路、城际铁路、市域(郊)铁路、城市轨道交通四类。其中,干线铁路(包括高速铁路和普速铁路)主要服务全国省会、特大城市群,兼顾部分重点城镇出行;城际铁路主要服务城市群内部各城市、重点城镇,兼顾部分外围组团出行;市域(郊)铁路服务中心城区边缘与市域范围各中小城镇(城市副中心或组团)出行,主要在人口密度高、需求集中的超大城市与特大城市布设;城市轨道交通服务都市区内部重点枢纽之间的联系,支撑城市主要客流走廊的运转。

②布局方法。铁路网络布局需综合考虑铁路网络发展现状、区域经济社会和运输需求发展趋势,根据提升线网质量、扩大线网覆盖等目标,考虑网络总规模、土地资源等约束,采用相应理论方法规划线路,逐步成网。

铁路线网布局遵循"点-线-面"的系统性思路,主要采用分层叠图布局法,即依次形成基本骨干和多个单因素概念网,再与既有铁路叠加,分层分类生成铁路网络,实现客运"高速便捷"、货运"通道畅达"、线网"系统协调"的铁路网络格局。建立国家中心城市和省会城市层次内部和层次之间,以及城市节点与重要行政区域、产业基地等之间的通路连接,即可生成铁路的基本骨干网。综合铁路网络则需要进一步考虑大中城市、主要港口、主要边境口岸、主要旅游地、大宗货物集散点等多种类型的节点。将这些节点纳入网络,需要先对不同类型的节点采用单因素分析,再逐个分析每个因素可能产生的交通线的结构和形式,将产生的交通线与已有的基本骨干网连接构成综合铁路网络。

4. 水路网络规划

水路具有进行货物和人员运输的独特优势,其交通网络的设计必须考虑水域自然条件、水文特征以及交通需求等多方面因素。

(1) 水域自然条件

水路网络规划需要充分考虑水域的自然条件。不同河段的地貌、水流速度以及水深等因素对于水运航道的设计都具有重要影响。例如,在陡峭的山区河段,航道应该考虑河流纵向的落差,以避免潜在的堵塞和水位波动。而在平坦的河段,航道的设计则应更注重敏捷性和安全性,以应对可能出现的水患。

(2) 水文特征

水文特征是水路网络规划中需要考虑的重要因素之一。需要通过水文数据分析和模拟研究来预测水位、水流速度以及泥沙含量等,以便在航道设计过程中进行合理的规划。同时,水文特征还会对交通模式和运输工具的选择产生影响。例如,在潮汐影响较大的河流水系中,需要考虑采用可浮起船舶或者可灵活调度的交通工具。

(3) 交通需求

最后,交通需求是水路网络规划的核心要素,主要包括三个方面:航运生成量预测、航道网 OD 分布量预测以及航道网航线配流量预测。①航运生成量预测指预测规划水平年内各航道的预期通过量。需要综合考虑当前各航道的运量、经济发展状况和资源开发程度等因素,以确定规划水平年的航运总量发展趋势。②航道网 OD 分布量预测重点研究各交通小区的交通吸引力,以确定不同交通小区之间的交通流量和流向。③航道网航线配流量预测是指综合考虑航道网的布局和不同航道的等级,将 OD 量合理分配到各条航线上。

5. 航空网络规划

航空网络规划主要采用从宏观到微观或从微观到宏观的规划模式,前者主要从区域航空需求发展速度和规模入手,后者主要从每条航线历史需求中分析航空整体发展趋势。航空网络规划主要包括以下内容。

(1) 航空需求分析

收集整理市场环境数据,包括国家经济发展以及行业相关信息、航空公司经营数据、航班计划相关信息、各机场运营数据等,预测未来航空需求水平。

(2) 通航点和航线连接设计

基于航空网络规划的战略重点,考虑现有机场枢纽地理位置、机场基础设施等,在所有备选机场中选取通航点,明确通航点的类型与对应数量,明确航空网络的覆盖范围,并设计所有通航点之间的航线连接形式。

(3) 航线网络优化

提出规划方案后,还需评估整体航空网络效能,进一步优化航线网络。通常,航空网络效能评估从航空网络收入、利润、效率的角度出发,基于对网络内各条航线的效益与成本的量化分析,迭代优化航空网络结构,提高整体网络效能。

6. 管道网络规划

管道网络规划的一般流程包括需求分析、数据采集、规划设计和系统优化等多个环节。

(1) 需求分析与数据采集

在这一阶段,首要任务是明确运输管道的具体用途和服务范围,如供水、供气、输油等,确定管道网络的布局、容量和服务能力等关键参数。利用测绘技术,如卫星定位和激光雷达扫描,获取城市内、城际间的道路、建筑物等基本信息,为规划提供准确的地理数据。此外,详细的数据采集包括道路的地理位置、高程、宽度,以及建筑物的坐标、高度、体积等信息。

(2) 管网规划设计

将需求分析阶段确定的用途和服务范围与数据采集阶段获取的详细信息进行整合。将城市区域化,分区域进行管网布置,更合理地利用管线资源,降低管道的重复建设率和交叉干扰率。基于测绘数据进行空间分析和决策,选择合适的道路和建筑物,制订科学、合理的管道布局方案。

(3) 管网系统优化

在已规划设计的管道网络的基础上,进行全面评估和优化。利用测绘技术提供的空间数据,对管道网络效能进行定量评估,分析网络的运行效率和可靠性等。综合考虑各方面因素,针对性地进行改进,优化管道网络布局。

7. 综合交通网络协同规划

综合交通网络协同规划通常采用自上而下和自下而上相结合、分层次分方式协同的规划方法。首先,自上而下确定综合交通网络规划目标与功能定位、分析单元,评估宏观综合交通需求;自下而上筛选综合交通网络规划基础控制节点,分析预测节点间综合交通需求,设计分方式网络方案,并综合考虑分方式网络路段交通流强度、重要程度等因素,提出综合交通网络主骨架构想,从而生成包含综合交通主骨架和分方式网络在内的基础综合交通网络方案。而后,再自上而下结合安全性、经济性、通达性、集约水平等指标评估综合交通网络方案,并根据评价结果进一步优化网络方案,使得规划方案达到最优。

(1) 综合交通需求分析

根据综合交通网络规划层次,将城市群、都市圈、中心城市、县级行政区或产业集群等设置为网络规划基本分析单元节点,基于对应节点社会经济等指标确定节点分级,建立综合交通需求预测分析模型,结合各运输方式技术经济比较优势以及方式组合运输特征,分析区域综合交通发展需求。以《国家综合立体交通网规划纲要》为例,结合区域未来发展与空间布局特点,规划单元节点被划分为"极、组群、组团"等层次。其中,"极"是综合交通发生吸引量最为密集的地区,"组群"承接"极"的辐射带动作用,综合交通发生吸引量较为密集,"组团"承接"极"与"组群"的辐射带动作用。

(2) 综合交通网络协同设计

根据不同层级节点及不同层级节点间的综合交通需求,结合各运输方式各自发展需要和功能定位基础,以"宜铁则铁、宜公则公、宜水则水、宜空则空"的原则确定不同层级节点间方式网络发展优先级,围绕服务点到点运输需求统筹各种运输方式网络的规模、结构、功能与布局,重视不同方式线路的线位共享,优化存量资源利用、扩大优质增量供给,以节点间综合交通线路综合效益最大化为导向系统设计综合交通网,最终形成多中心、多层次、网络化的综合交通基础网络。

以《国家综合立体交通网规划纲要》为例,按照"极""组群"和"组团"节点间综合交通的不同联系强度,建立了由"主轴、走廊、通道"组成的综合交通网络主骨架。综合交通网络主骨架是区域交通运输的主动脉,是各种方式资源配置效率最高、运输强度最大的骨干网络。其中的"主轴"主要服务于"极"与"极"间的联系,其承担的交通运输量最大,多方式复合程度最高,构成最为复杂;"走廊"主要服务于"极"对"组群"和"组团"的辐射作用,承担的综合交通运输量较大;"通道"主要服务于主轴与走廊之间的衔接,以及"组群"与"组团"、"组团"与"组团"

间的交通联系,承担交通量相对较少。在设计综合交通网络主骨架方案时,需要以"通道集约、线位优化、线路共享融合"为主要原则,充分发挥主骨架的综合效能。

(3) 规划方案评估与优化

完成综合交通网络规划方案设计后,围绕安全、便捷、集约、高效、绿色、经济目标,从网络技术经济特征、网络运输服务水平的角度对规划方案进行评价。其中网络技术经济特征主要包括运输成本、运输能力、运输能耗、建设投资、资源利用水平等。网络运输服务水平主要包括网络韧性、网络连通度、网络畅通水平、区域经济增长贡献率等。根据综合交通网络规划方案评价结果,从系统的角度统筹调整综合交通网络规划方案以及各方式网络规划方案,不断优化网络规模结构、完善网络功能布局。

为实现综合交通网络规划评价,国外的 PTV VISUM、EMME、TransCAD、Cube 等软件开发了区域综合交通仿真评估功能,我国自主研发的交运之星-TranStar(综合交通版)能提供综合交通规划全过程系统仿真分析,可将软件运行结果提炼和转化为直观的交通系统运行指标。本章第四节将进一步介绍综合交通规划分析平台。

三、综合交通网络规划案例

经长期发展建设,当前我国旅客多层次、多样化、个性化的出行需求和货物小批量、高价值、分散化、快速化的运输需求特征日益明显,交通网络建设面临的资源环境要素供给日趋紧张,这对综合立体交通网络的运输质量与水平提出了更高的要求。为应对上述发展形势给国家综合立体交通网建设带来的巨大挑战,加快建设交通强国,构建现代化高质量综合立体交通网,支撑未来社会经济发展,党中央、国务院印发了《国家综合立体交通网规划纲要》,为我国综合交通网络规划指明了方向。在《国家综合立体交通网规划纲要》的指导下,各地也结合实际需求开展了综合交通网络规划研究。以下以《江苏省综合立体交通网规划纲要》为案例介绍综合交通网络规划实例。

江苏省是我国综合发展水平较高的省份之一,其地区生产总值占国内生产总值的10%以上,经济、科技、文化发展强劲,地区交通往来密切。在旅客出行需求层面,旅客出行量不断增加,铁路、民航、小汽车出行占比持续提升,国际出行需求旺盛,扬子江城市群内部中短途城际出行呈现频次高、类型多等特点,南京、苏锡常、徐州三大都市圈通勤出行及南北跨江出行需求显著增长。在货物运输需求层面,货运量逐年上升,邮快件、集装箱运输量快速增长,国际货运需求旺盛,沿海地区货运需求显著增加。

在此需求背景下,《江苏省综合立体交通网规划纲要》把优化国家综合立体交通布局列为重点任务,结合《国家综合立体交通网规划纲要》完善铁路、公路、水运、民航、邮政快递等基础设施网络,构建以铁路为主干,以公路为基础,水运、民航比较优势充分发挥的国家综合立体交通网等的要求,强化国家综合立体交通网主骨架中"京津冀-长三角主轴、长三角-成渝主轴、大陆桥走廊"在省域内的连通,加密省内运输通道,形成以南京为核心的"七纵六横,一核九向"综合运输通道布局,建立完善畅达全国的综合运输通道。同时,推进"一带一路"交通交会点建设,构建功能完备、立体互联、陆海空统筹的国际运输网络。

《江苏省综合立体交通网规划纲要》指出,预计到2035年,全省综合交通干线网规模约为3.54万km,交通网络结构进一步优化。干线、城市群城际和都市圈市域(郊)铁路约8300km,

在综合交通干线网总长度中占比提升至23.4%。公路网络不断完善,高速公路约7100km,占比约20.1%,普通国省干线公路约16000km,占比约45.2%。水运优势持续发挥,干线航道约4000km,占比提升至11.3%。

围绕构建一体衔接的轨道交通网,建成"轨道上的江苏",打造由高铁、普速铁路、城市群城际和都市圈市域(郊)铁路,以及城市轨道等组成的多层次现代化轨道交通网。到2035年,规划形成"六纵六横"高铁网,总里程约4800km,连接城区人口50万以上城市,实现综合运输通道高铁全覆盖;规划形成总里程约2100km的"三纵三横"普速铁路网;同时规划城市群城际和都市圈市域(郊)铁路约1400km,连接城区人口20万以上城市、80%的5万人口以上城镇,服务构建1小时都市圈通勤;有序推进各城市轨道交通建设。

围绕完善广覆深达的公路交通网,着力优化结构、强化功能、完善布局、提升服务,全面提升公路基础设施网络韧性及覆盖程度。到2035年,规划形成总里程约7100km的"十五射六纵十横多联"高速公路网络布局;规划普通国省干线公路里程约16000km,消除省际、市际跨区域"瓶颈路""断头路";建设14万km农村公路。

围绕优化通江达海的干线航道网,构建以长江干线、京杭运河为主轴,以三级及以上航道为骨干,通江、达海、联网、畅通的千吨级航道网。到2035年,"两纵五横"干线航道里程约4000km。

围绕构筑集约高效的过江通道,完善过江通道布局,缓解过江交通压力,支撑城市群一体化发展,促进宁镇扬、锡常泰、沪苏通紧密融合。促进桥梁(隧道)与长江渡运的协调发展,推动建桥撤渡。到2035年,规划布局44座长江过江通道,已建和在建数量达到36座。

第三节 综合交通枢纽规划

一、综合交通枢纽规划要点

综合交通枢纽是综合交通体系的核心组成部分,是客货流转换中心以及各种运输方式高效衔接和一体化组织的主要载体。综合交通枢纽因功能空间尺度、层级规模类型不同,主要表现为枢纽集群、枢纽城市、枢纽港站三类主体形态(图10-5)。

综合交通枢纽的建设发展重点从单体港站的功能实现逐渐拓展为枢纽城市系统功能、枢纽集群整体效能的提升。科学开展综合交通枢纽规划,对于加快综合交通枢纽体系建设、构建现代综合交通运输体系具有积极意义。为此,《交通强国建设纲要》提出要"构筑多层级、一体化的综合交通枢纽体系",《国家综合立体交通网规划纲要》提出要"建设综合交通枢纽集群、枢纽城市及枢纽港站'三位一体'的国家综合交通枢纽系统"。

1. 综合交通枢纽集群规划要点

近年来,随着我国城镇化进程的不断加快,城市间的联系不断加强,城市群交通网络化发展倾向明显。在这一发展过程中,从系统视角审视城市功能与未来发展,实现城市间的分工协作与优势互补,改善交通与居住生活环境,提升城市群的经济优势及在更大区域内的资源配置能力和综合竞争力,要求必须统筹考虑区域内交通衔接转换系统,即多城市内综合交通枢纽群的统筹规划。

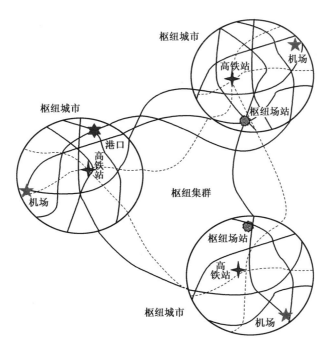

图 10-5 枢纽集群、枢纽城市、枢纽港站关系

综合交通枢纽集群布局主要聚焦全国重点城市群，以国家重大发展战略为导向，以交通运输一体化发展为依托，统筹考虑城市群经济布局、人口分布、国土集聚开发、区域协调发展等因素，根据城市群发育程度的不同，遴选确定不同阶段需重点推进建设的综合交通枢纽集群。一方面，综合交通枢纽集群的布局与发展应与我国经济社会发展战略、新型城镇化发展战略、综合交通运输中长期发展战略布局相适应；另一方面，综合交通枢纽集群应具备一定的发展基础，如高度发达的综合交通网、转换高效的枢纽港站、不同行政区划和运输方式之间的一体化运营机制等。通过综合交通枢纽集群布局和建设，推动区域协同联动，增强高端资源要素聚集功能，提升枢纽集群对内对外辐射能力，支撑国家城市群参与全球竞争和合作。

综合交通枢纽集群规划主要考虑以下两个层面：一是强调集群内枢纽城市功能定位和分工协作，通过合理划分和界定集群内不同城市的服务特征与功能，科学区分不同城市枢纽的服务规模与层级，建立与城市空间和产业体系互为支撑、良性互动的运行机制，强化城市之间的服务合作和资源共享，推动不同功能、不同层级枢纽城市错位发展和业务联动；二是强调集群内枢纽港站的统筹布局和协同服务，根据集群区域内客货换乘需求，统筹规划不同综合交通枢纽港站及单方式运输场站的数量、规模及空间布局，促进区域内港口、机场等大型综合枢纽分工合作，实现综合交通运输资源开放共享。

2. 综合交通枢纽城市规划要点

多层级综合交通枢纽体系的建设一般是以综合交通枢纽城市为核心，着力引领综合交通枢纽功能不断完善，基础设施建设系统推进，城市空间结构不断优化，与相关产业协同融合发展，加快升级转型。因此，国家综合交通枢纽城市在规划布局中要重点体现其功能导向，优先考虑交通区位条件较好且在我国综合交通运输体系中运输组织功能突出的城市。国家综合交通枢纽城市的规划布局按照一定的遴选标准,在量化分析我国各节点城市的交通区位条件、城市承载条件、枢纽功能条件等要素基础上,按照"基准集研判-概念方案-基础方案-布局方案-方案优化"的步骤展开,综合考量确定最终方案。

(1)基准集研判步骤需考虑我国综合交通基础设施线网的存量资源与潜在需求,将我国当前国家铁路网规划、国家公路网规划、全国内河航道与港口布局规划、全国沿海港口布局规划、全国民用运输机场布局规划等国家级交通基础设施线网的中长期规划叠加,识别其中的交通主通道(涵盖两种及以上运输方式并行的线路地带),将衔接两条及以上交通主通道的交会节点城市作为国家综合交通枢纽城市的基准集。

(2)概念方案步骤需分析国防与政治安全、国土开发与城镇化、经济贸易发展与能源利用战略布局等长远性影响因素,选择既符合交通主通道交会条件,又在国家战略范畴内的交集城市,确定为国家综合交通枢纽的概念方案。

(3)基础方案步骤需从提高综合交通运输网络转换效率的角度分析,筛选出在我国综合交通运输网中承担重要客货运输中转、集散作用的节点城市,作为国家综合交通枢纽的基础方案。在具体指标的确定上,参考国际经验,结合我国实际,以节点城市中各种运输方式运输量占同类方式全国总运量的比重来判定节点城市在枢纽辐射、中转与影响力上的相对重要程度。

(4)布局方案步骤需结合国家区域协调发展战略要求,补充纳入国家战略定位突出、综合运输集聚辐射作用较强的区域中心城市,作为培育型国家综合交通枢纽节点城市,从而确定国家综合交通枢纽的规划布局方案。

(5)方案优化步骤需综合考虑节点城市的合理辐射半径与服务范围,城市群一体化、都市圈同城化发展趋势,以及节点城市与综合运输通道的匹配性。对于位于同一城市群且1h陆路交通时间内存在功能互补的枢纽予以功能整合,采用组合方式鼓励共建共治;对于地域相邻、同城化趋势明显且承担不同运输方式的国家级枢纽功能地区,要围绕原有枢纽城市进行功能拓展、协同共建。

3. 综合交通枢纽港站规划要点

多层级综合交通枢纽体系功能实现的基本依托是综合交通枢纽港站。合理的枢纽港站规划布局应服从枢纽集群、枢纽城市的战略规划目标,符合规划区域的总体规划和生产力分布格局,满足社会经济发展所需的运输需求,尤其要考虑公路、水路、铁路、航空等各种运输方式间的衔接要求,保障旅客联程运输、货物多式联运的连续、顺畅、高效,提高综合运输系统的整体效率。

综合交通枢纽港站规划布局一般包括三个阶段:一是根据枢纽城市的性质、功能、规模、形态、交通发展定位及方向,确定规划区中综合交通枢纽港站的主要功能、性质,分析不同交通方式枢纽港站在城市内的系统布局与相互关系,以及各运输方式的功能协同与衔接关系;二是在系统效益最优的前提下,对各类枢纽港站进行总体优化,包括港站的功能、数量、位置、规模,同时对枢纽港站中不同子系统的构成、运营组织管理进行初步规划和功能设计;三是对综合交通枢纽港站基础设施建设的总体方案与实施时序进行规划,保证综合交通枢纽港站建设方案的合理性,同时做到建设进程满足发展需求。

(1)综合交通枢纽港站规划一般流程

综合交通枢纽港站规划是在规划区域现状分析的基础上,根据综合交通运输量的预测结果,确定枢纽港站的最佳选址和功能定位,基于综合交通网络交通分配,分析交通枢纽的转换运输量,明确枢纽空间布局规划和交通组织设计,然后对所形成的方案进行评估和优化,具体流程如图 10-6 所示。

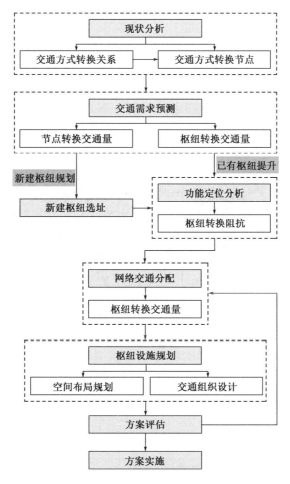

图 10-6 综合交通枢纽港站规划一般流程

①现状分析:调查分析规划区域的发展现状,包括社会经济状况、土地利用情况、交通基础设施等,确定枢纽规划的目标和任务重点,分析区域综合交通网络中的交通方式转换关系与转换节点。

②交通需求预测:基于现状分析的结果,预测综合交通网络中各种交通方式的客运和货运需求,同时估算节点或已有枢纽的综合交通转换运输量,测算枢纽交通设施的需求规模。

③新建枢纽选址:对于新建综合交通枢纽港站,根据综合交通网络中交会的网络节点确定潜在规划枢纽点,基于综合交通网络的交通分配结果,根据节点转换运输量来选择最适合的交通枢纽位置。

④功能定位分析:根据综合交通网络方式转换节点转换运输量,综合考虑枢纽的服务范围和区位特征,明确枢纽的功能定位。

⑤枢纽设施规划:在枢纽功能定位、需求规模等明确的前提下,综合考虑枢纽的服务功能、

建设条件等方面的因素,明确综合枢纽主体设施的空间布局方式,提出枢纽内部不同功能空间的组织方案,完善枢纽外部衔接交通设施的配置方案。

⑥方案评估:评价枢纽方案的经济效益、环境影响、社会效益等,并根据评价效果进行优化与调整。

⑦方案实施:制订具体枢纽建设实施计划,对建设任务进行分解和安排,明确责任单位和时间节点。

与综合交通网络规划流程相似,综合枢纽港站规划也存在反馈优化的过程,即基于枢纽港站规划方案效能评估不断优化综合枢纽港站规划方案,最终实现综合枢纽港站的科学设计(图10-7)。

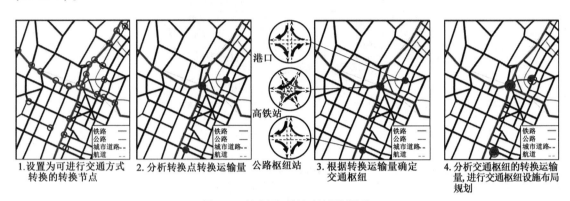

图10-7 新建枢纽港站选址规划图示

(2)新建枢纽港站选址规划方法

综合交通枢纽是实现交通方式转换的网络节点,枢纽的必要性、类型、功能取决于综合交通网络中多种交通方式转换交通量,包括铁路与公路、铁路与水路、公路与水路等的转换交通需求。

具体方法如下:

①将综合交通网络中有两种及以上交通方式交会的网络节点设置为可进行交通方式转换的转换节点(交通枢纽的网络表达)。

②进行综合交通网络交通分配,分析转换节点转换运输量。

③根据转换交通运输量确定是否设置交通枢纽,取消不设置交通枢纽的转换节点的转换功能。

④确定交通枢纽的功能(公铁方式转换高铁站枢纽、水运方式转换枢纽港口、航空方式转换机场枢纽、公路客运站等)及转换交通阻抗。

⑤重新进行综合交通网络交通分配,分析交通枢纽的转换运输量,测算枢纽各交通设施规模。

⑥优化交通枢纽功能及空间布局。

(3)已有枢纽规模优化方法

已有枢纽的规模优化方法通常涉及对现有交通枢纽进行改造,以满足不断变化的需求,提高效率和服务水平。首先,对现有枢纽的设施和运营情况进行全面评估,包括容量、效率、安全性等,识别枢纽现有的问题和瓶颈。其次,根据交通需求的变化趋势和未来发展预测,明确枢纽规模优化的需求,包括乘客和货物运量的变化、新的交通方式引入等。根据需求分析和评估结果,制订枢纽规模优化方案,包括场站完善、接驳设施优化、设备技术更新等。最后,在规划方案实施阶段,建立监测和评估机制,并在必要时进行调整和改进。

《国家综合立体交通网规划纲要》提出,建设面向世界的京津冀、长三角、粤港澳大湾区、成渝地区双城经济圈 4 大国际性综合交通枢纽集群,加快建设 20 个左右国际性综合交通枢纽城市以及 80 个左右全国性综合交通枢纽城市,推进一批国际性枢纽港站、全国性枢纽港站建设。客货运枢纽港站是支撑枢纽集群、枢纽城市发挥枢纽功能的核心设施,是旅客换乘与货物转运的关键载体,在综合交通体系规划中发挥重要作用。以下将分别对综合客运枢纽和综合货运枢纽规划及案例进行介绍。

二、综合客运枢纽规划及案例

1. 综合客运枢纽规划总体要求

综合客运枢纽总体布局规划重点解决综合客运枢纽在一定区域内(如枢纽集群、枢纽城市)的选址问题,同时明确一定区域内枢纽总体数量与规模、交通衔接等问题,应满足以下要求:一是选址符合城市发展方向,与城镇体系形态和城市功能空间结构相协调;二是统筹枢纽机场、铁路客站、客运码头等各类场站,合理确定枢纽港站层次、类型与功能;三是综合考量人口分布、旅游资源禀赋及客运中转需求,合理确定枢纽港站规模;四是具备良好的集疏运条件,与城市道路网、轨道交通网、高速公路等有效衔接;五是有可拓展空间,为后续发展留有余地。

综合客运枢纽单体布局规划重点关注综合客运枢纽内各方式站场及主要功能区的布置、不同方式站场之间换乘需求、功能区布局、交通衔接与组织等问题,应满足以下要求:一是对于新建综合客运枢纽,要强化铁路、水路、航空与公路、城市轨道、城市公共汽电车等功能区的集中布设,按照功能空间共享、设施设备共用和便捷高效换乘的要求,优化流线设计,打造全天候、多场景、一体化换乘环境;二是对于改扩建综合客运枢纽,推动铁路客站、机场、客运码头向换乘更便捷的综合客运枢纽转型,推进既有综合客运枢纽完善换乘接驳设施,优化换乘、候车、售取票、停车等功能空间布局和管理流程,强化旅客直通和中转换乘功能,有效缩短换乘距离;三是缩短换乘量大的两种交通方式之间的换乘距离或换乘时间,鼓励同站换乘、立体换乘。

2. 综合客运枢纽规划案例

兰州中川国际机场综合交通枢纽位于兰州市北部、全国第五个国家级新区兰州新区境内,地处兰州、西宁、银川三个省会城市的地理中心,直接服务范围内覆盖人口 2000 万人。兰州中川国际机场综合交通枢纽定位是集航空、铁路、公路、城市轻轨、城市公交、出租车、社会车辆等多种交通运输方式于一体的航空主导型客运枢纽,设施构成中主要包括兰州中川国际机场、兰州—张掖城际铁路中川机场站,并包括配建的公路客运、城市公交、出租车等交通功能设施、衔接换乘设施、配套公共空间以及相关的商业设施。

兰州中川国际机场综合交通枢纽主要服务功能:一是提供西北地区国际、省际航空旅客运输服务;二是强化公铁航换乘功能,为中川国际机场旅客提供快速集散服务;三是承担兰州-白银地区对外省际、城际中长途旅客运输和区域内中短途旅客公路运输服务;四是为兰州-白银地区对外交通和城市交通客流转换提供优质的服务场所;五是提升兰州全国性综合交通枢纽城市的门户形象,提供高端会展、旅游宣传、文化推广等服务功能。

(1)综合枢纽需求量预测

①对外客运需求总量。对外客运需求预测是确定兰州中川国际机场综合交通枢纽建设规模的重要依据,主要包括客运需求总量预测、客运结构预测及客运方向预测。预测流程如图10-8所示。

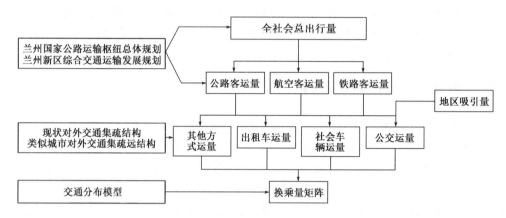

图10-8 兰州中川国际机场客运需求预测流程

②城市交通换乘需求预测。根据中川国际机场综合交通枢纽的地理位置及功能,未来枢纽内公交、出租车、社会车辆、步行等城市交通方式主要承担来自航空、铁路、公路的客流集散功能。参照国内外同类规模体量城市,兰州中川国际机场综合交通枢纽将采取公共交通和个体交通方式均衡发展的模式。

③综合客运枢纽中转换乘需求。除城市对外客运需求和城市交通换乘需求外,兰州中川国际机场综合交通枢纽还承担跨区域出行的客流中转换乘功能,需结合区域综合交通出行需求评估综合客运枢纽中转换乘量。

结合中川国际机场现状换乘客流特点及未来各运输方式客流发展趋势,得到设计年2036年换乘量矩阵,见表10-2。

兰州中川国际机场综合交通枢纽换乘量矩阵　　表10-2

方式	公路	铁路	航空	公交	出租车	社会车辆	其他	合计
公路	1500	4000	7500	2000	1500	1400	100	18000
铁路	4000	2800	7000	3000	1800	1400	0	20000
航空	7500	7000	2000	7000	3300	2700	500	30000
公交	2000	3000	7000	2500	0	0	0	14500
出租车	1500	1800	3300	0	0	0	0	6600
社会车辆	1400	1400	2700	0	0	0	0	5500
其他	100	0	500	0	0	0	0	600
合计	18000	20000	30000	14500	6600	5500	600	95200

(2)空间布局与总平面布置

根据兰州中川国际机场综合交通枢纽换乘量矩阵,各交通方式换乘中航空与铁路、航空与公路/公交、公路与铁路、公路/铁路与公交的换乘量较大,占据相对重要的地位,构成了枢纽内部换乘主体,在后期的平面布置、交通组织和导向系统设置等工作中应给予优先考虑。以"换乘量大的两种交通方式之间换乘距离或换乘时间短"为基本原则,在平面布置、交通组织规划设计时应将航空与铁路、航空与公路/公交、公路与铁路、公路/铁路与公交之间的设施邻近布置。遵循"一体化规划设计,鼓励同站换乘、立体换乘"等原则,以枢纽一体化换乘为目标确定平面布局方案。

①民航机场航站楼布局:依托已建成的中川国际机场2号航站楼空间布局,充分考虑其与城际铁路站及其他交通方式的衔接,考虑对立体空间的综合利用,预留好与其他交通方式站场的通道接口。

②城际铁路站布局:基于兰州—张掖城际铁路的站位设置,结合综合客运枢纽设计出入口,减少换乘步行距离,尽量使乘客不用出站即可实现城际铁路与其他交通方式之间的换乘。

③公路客运站场布局:采用"线路固定、车道边换乘、枢纽外蓄车"的管理模式,不建议建设实体的公路长途客运站,而是将公路客运场站设计为站台流水发车形式,既可以节省枢纽场站空间,又可以与其他交通方式紧密衔接,缩短换乘距离。

④常规公交布局:采用定点、定线、定时的公交快巴模式,尽量利用车道边停靠或港湾式停靠模式组织,即停即走,采取公交快巴上落点与蓄车场分离的布设模式。

⑤出租车布局:应设置出租车下客区和候客区,下客区靠近进站口,候客区靠近出站口。

⑥停车场布局:设置在枢纽换乘功能区背部,一是减少对主要换乘客流的干扰,二是减少社会车辆与公路客运班车、城市公交车、出租车的相互干扰。

根据以上布局原则,中川国际机场综合交通枢纽的平面布局方案如下:保持铁路站房现有设计方案不变,采用一体化布局方法,在航站楼与铁路站房之间,利用地下空间建设一个立体综合换乘中心,并通过地面一层南北两侧人行连廊延伸至铁路站房后侧的立体停车楼,形成一体化的交通枢纽综合体。基于人车分层的总体思路,地下一层作为主要车行空间,地面一层作为主要人行空间,各交通设施在结构上保持相对独立,功能上通过地下空间及地面廊道衔接,航空、铁路客流均可通过设置在交通枢纽综合体内部的综合换乘大厅前往各交通方式功能区,如图10-9所示。

综合换乘中心位于机场2号航站楼和铁路站房之间,即布设在铁路站房东侧、机场2号航站楼西侧,公路长途、城市公交、机场大巴、出租车站台(或上落客区)均设置在枢纽综合体的地下一层,通过楼扶梯与地面一层的综合换乘大厅相连。社会车辆停车场设置在铁路站房后方两侧,并通过商业连廊系统与综合换乘中心相连,构成一体化的枢纽综合体。换乘民航的出租车/机场大巴旅客落客区设置在机场航站楼出发层车道边以及综合换乘中心地下一层车道边,出租车/机场大巴上客区统一布设在综合换乘中心地下一层车道边,便于旅客就近上下车。出租车蓄车场及机场大巴停车场分别布置在航站楼与铁路站房的南侧,如图10-10所示。

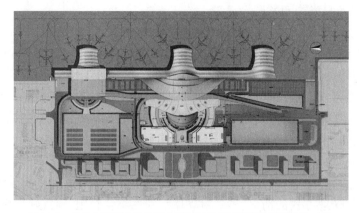

图 10-9 兰州中川国际机场综合交通枢纽总平面布置图(地面一层)

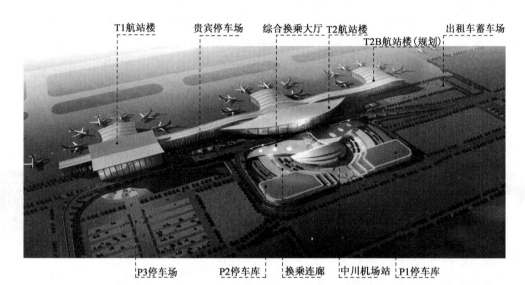

图 10-10 兰州中川国际机场综合交通枢纽总平面功能区布局示意图

换乘中心地面一层为换乘大厅,直接连通 2 号航站楼到达层与铁路站房地面一层(候车大厅),换乘大厅东西跨度约 82m,使得铁路与航空两种运输方式之间的换乘距离在 100m 以内,换乘时间约 5min,全程无缝连接。换乘大厅地下一层为其他交通方式换乘区,包括长途汽车、公交、机场巴士、出租车、社会车辆,旅客可通过 12 组扶梯下至地下一层的 3 个站台,换乘其他交通工具,从航站楼、火车站到地下一层的换乘时间约 5min,如图 10-11 所示。从换乘大厅通过南北两端的商业连廊分别到达 P1、P2 社会停车楼,步行距离约 200m。综合交通枢纽以换乘大厅为核心,无缝衔接了机场、火车站以及乘坐其他公共交通的旅客,全过程方便、舒适、快捷,提升了兰州中川国际机场综合交通枢纽的服务水平。

三、综合货运枢纽规划及案例

1. 综合货运枢纽规划总体要求

综合货运枢纽总体布局规划选址应符合以下要求:一是选址符合区域产业发展布局,靠近产业基地或集聚区;二是统筹枢纽机场、铁路货站、港口码头等各类站场,合理确定枢纽港站层次、类型与功能；三是综合考量区域经济、产业结构以及邮政快递、城乡物流等需要，合理确定枢纽港站规模；四是具有良好的集疏运条件，实现与高速公路、铁路等交通运输方式的有效衔接；五是有可拓展空间，为后续发展留有余地。

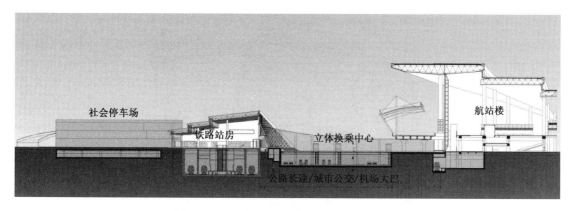

图 10-11　兰州中川国际机场综合交通枢纽剖面图

综合货运枢纽单体布局规划选址应符合以下要求：一是对于新建综合货运枢纽，要强化铁路、公路、水路、航空等交通运输方式的有效衔接，加强方式间转换设施设备配置，提升设施设备现代化水平，优化不同运输方式间货物流转安检流程，推动安检互认，实现货物集中快速转运，打造高效的多式联运作业平台；二是对于改扩建综合货运枢纽，推动港口、机场、铁路货站、公路货运站向具备现代物流功能的综合货运枢纽转变，通过整合物流资源、应用先进技术、拓展服务功能、完善集疏运体系等方式，提升联运转运效率；三是分析各功能区之间的物流关系与非物流关系，紧密程度高的两个功能区应邻近布置。

2. 综合货运枢纽规划案例

西安国际港务区综合货运枢纽位于西安主城区东北部的灞河渭河三角洲，是西安打造国际性综合交通枢纽城市、实施国家综合货运枢纽补链强链工作的核心枢纽，也是西安陆港型国家物流枢纽、中欧班列集结中心、多式联运示范工程等国家级物流枢纽品牌的核心承载区域。枢纽所在的西安国际港务区是陕西省、西安市为打造内陆改革开放新高地而设立的经济先导区，是践行国家"一带一路"倡议、打造丝绸之路经济带新起点、建设对外开放大通道的重要抓手和主要平台，是陕西自贸试验区的核心板块。

西安国际港务区综合货运枢纽以铁路集装箱中心站为核心，配套建设西安国际港站（原西安枢纽北环线新筑站）、中国邮件西安邮件处理中心、西安综合保税区、西安传化丝路公路港、西北智能公路枢纽平台和普洛斯、京东、国美等物流园，以及长安号综合服务平台，具备整车、粮食、肉类等多种货物类型的口岸功能，形成集铁路港、公路港、门户口岸等于一体的综合货运枢纽，并在未来逐步建设成为"一带一路"上最大的内陆型国际中转枢纽港。

根据各功能区联系程度和发展基础，西安国际港务区综合货运枢纽共分为八大功能区，包括铁路枢纽港、公路枢纽港、口岸服务区、综合保税区、产业转移承接区、商贸物流区、邮快件作业区和信息化服务区，如图10-12所示。

图 10-12 西安国际港务区综合货运枢纽功能区布局图

其中铁路枢纽港依托铁路集装箱中心站和新筑一级铁路物流基地布局建设。铁路枢纽港内设货检作业区、集装箱作业区、特货作业区、混装货物作业区、冷链物流区、木材加工贸易区等平台，设置与公铁、铁海联运相关的作业区，如图 10-13 所示。各方资源要素的整合提升了整个枢纽的货物吞吐能力和集疏运功能。目前，铁路枢纽港向西与各方合作开行了中欧班列长安号国际班列，向东组织开行了服务沿海港口及内陆地区的"＋西欧"班列，构筑了内陆地区效率高、成本低、服务优的国际贸易通道。

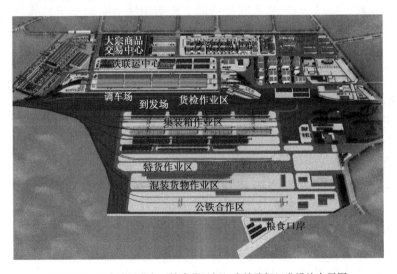

图 10-13 西安国际港务区综合货运枢纽内铁路枢纽港设施布局图

第四节 综合交通规划分析平台

一、综合交通分析平台总体思路

借助综合交通分析信息平台(Transportation Information Modeling, TIM)理念及其技术体系,以"统一的数据、统一的模型、统一的软件、共享的平台"为思路,建设综合交通规划分析平台,推动综合交通网络各运输方式间,以及交通设施网、运输服务网与通信网间的一体化融合,支撑综合交通系统规划应用场景的决策,实现跨区域、跨方式、跨部门的协同(图10-14)。

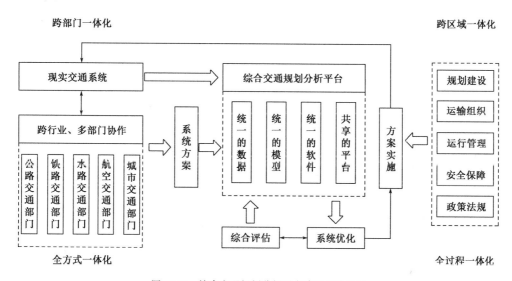

图10-14 综合交通规划分析平台建设思路示意

(1)统一且标准化的数据库是实现综合交通规划分析平台建设及部门协同的基础。通过在综合交通规划数据层面搭建结构统一且覆盖公、铁、水、航及综合交通枢纽的数字化架构,为后续的综合交通规划提供标准化、可计算的输入。

(2)统一且能协同运行的分析模型是综合交通规划分析平台建设的核心。通过整合综合交通领域各方式建模理论及思想,利用TIM集成建立一整套面向综合交通的分析模型体系来描述不同交通因素的相互关系,保证综合交通规划模型分析的统一性。

(3)统一且能够二次开发的规划软件是实现跨部门协同的重点。以综合交通软件功能模块的形式对基础数据和模型算法进行集成整合,便于综合交通规划数据的读取与交互、模型的计算与调用,实现综合交通规划流程的独立模块化运行。

(4)共享且符合实际规划业务需求的平台是综合交通规划应用落地的关键。通过建立可共享的TIM分析平台和集中式的环境,以及用于存储、共享和协同处理数据和分析的工具,实现综合交通规划方案的跨区域、跨部门、全过程一体化协同,进而提高规划和决策的科学性和可持续性。

二、平台功能体系架构

以国家/区域综合交通规划目标为基础,对综合交通网络拓扑、居民出行需求、网络交通流运行等现实综合交通系统要素进行数字化抽象,经由分析模型模拟现实综合交通系统的运行机理与演化规律,从宏观、中观、微观视角出发,分析公、铁、水、航等单方式或多方式综合交通运输网络规划方案,在数字设备中实现对现实综合交通系统规划方案的虚拟化构建、平台化映射与量化分析。

综合交通规划分析平台的功能体系架构如图 10-15 所示,可分为综合交通基础设施数据库、综合交通分析模型库、综合交通系统功能模块库和综合交通规划方案策略库四大部分。综合交通基础设施数据库整合了多源综合交通规划数据,具有数据存储、数据处理、数据容灾等基本功能,可为综合交通规划分析提供基础数据支撑。综合交通分析模型库科学整合各类综合交通模型,可实现对综合交通规划方案的精准量化分析。综合交通系统功能模块库是对综合交通分析模型的功能集成与软件实现,提供了综合交通规划的一体化集成分析服务。综合交通规划方案策略库是平台功能框架的应用,可为综合交通系统高质量发展提供标准化的规划方案模板与流程设计。

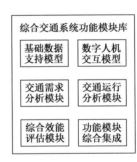

图 10-15 综合交通规划分析平台功能体系架构示意

(1)综合交通基础设施数据库。综合交通规划分析平台基础设施数据库的时空覆盖范围一般应当与综合交通规划方案保持一致,根据数据类型可以将基础设施数据库分为经济社会发展基础数据库、综合交通网络基础数据库、重要路段交通运输量数据库三大部分,如图 10-16 所示。

图 10-16 综合交通基础设施数据库设计示意

(2)综合交通分析模型库。综合交通规划平台的交通分析模型库主要针对综合或单一交通方式,构建综合交通网络拓扑模型库、综合交通需求分析模型库、综合交通运行分析模型库、综合交通效能评估模型库等几类模型库。上述模型多源于道路/公路交通方式,需要特别考虑综合交通各方式特征,融合物理/计算网络一体化构建、全方式阻抗一体化分析、客货运量一体化计算等新技术进行综合交通化的拓展与修正。

(3) 综合交通系统功能模块库。综合交通系统功能模块库需要具备强大的数据处理、综合交通规划分析能力,能够满足交通强国背景下综合交通系统规划建设、运行管理、安全保障、政策制定等分析需求。根据功能的不同,可以将综合交通规划分析平台系统功能模块库分为基础数据支持模块、数字化人机交互模块、交通需求分析模块、交通运行分析模块、综合效能评估模块以及结果展示模块六大模块。

(4) 综合交通规划方案策略库。综合交通规划方案策略库需要契合我国特色的综合交通规划应用场景,明确不同场景对综合交通规划方案生成、方案分析、方案评价等的模型、算法及功能需求,通过对各模块间的逻辑关系及数据传输时序的梳理,实现基于综合交通规划业务场景与需求的综合交通规划方案策略快速生成。借助综合交通规划方案策略库,可以按照不同的规划需求,由系统自动选择平台的分析流程,实现面向综合交通规划业务的"一键式"流程设计。

【复习思考题】

1. 列举影响综合交通网络布局的因素,并阐述其对综合交通网络规划的影响。
2. 结合各种运输方式的特征,分析如何科学确定区域内各运输方式网络规模与布局。
3. 综合交通枢纽有哪几种主要形态?比较不同综合交通枢纽形态在空间尺度、承载功能方面的差异,分析如何构筑多层级、一体化的综合交通枢纽体系。
4. 简要分析综合交通规划分析平台如何支撑跨区域、跨方式、跨部门的综合交通系统规划。

第十一章
交通规划的综合评价方法

第一节 评价在交通规划中的地位与作用

评价是指依据明确的目标确定系统的属性,并把这种属性转化为主观价值,同时通过评价指标来反映事物价值的过程。交通系统是一个综合、复杂、开放、动态的大系统,如何评价该系统的运行状况、存在问题及可能发挥的潜力?如何评价交通规划方案对未来交通需求发展的适应性?如何反馈和检验规划的实施效果?这些都是进行交通规划所必须解决的问题。这些问题的解答要求有一套科学的评价指标体系和评价方法。

现代规划思想正朝着决策化过程迈进,这意味着规划将是一个科学的、民主的、动态的集体思维过程,价值体系和评价分析是贯穿于整个规划决策过程的关键内容。

在规划之前,评价的作用是进行现状分析,研究存在的问题及其成因;在规划设计过程中,评价可以作为设计者的辅助工具,引导他们制订出较优的方案;在方案实施以后,借助评价分析可以明晰方案实施的效果,并对实施状况进行监测反馈。随着我国城市逐步进入"存量发展"阶段,城市综合交通规划越来越需要实现由"蓝图式"规划向"过程式"规划的转变,而规划实施评估是编制"过程式"规划的重要程序环节。通过开展规划实施评估工作,建立规划"编制-实施-评估-调整"的滚动实施机制,使规划能够不断适应城市快速变化及结构性变化的发展要求。交通规划实施评估应立足于宏观发展层面,通过定量与定性相结合的方法,重点针对城市综合交通的发展目标、策略、政策及重大规划项目,从城市的空间布局与交通系统协调、城市综合交通体系协调、交通设施投资与建设、交通系统运行与管理等方面,对实施进度、实施效果和外部效益进行评估。

评价不等于决策,而是辅助决策的一个必备的手段。评价为决策过程的各种参与者,如规划师、领导者阶层以及公众进行决策提供现实依据和度量准绳。为了帮助决策,评价工作应阐明所用的假设和前提,规定评价分析的范围和可信性。交通规划是一项综合性、社会性很强的工作,尤其需要注意这一点。科学的评价分析不仅依靠科学的评价方法和指标,更需要可信的数据资料,在明确了评价指标体系和评价方法以后,数据资料的收集工作应与之相适应。

总结评价在交通规划过程中的作用或目的,主要包括以下三个方面:

(1) 评价是确定每一个备选方案价值并进行优劣排序的过程。其中要解决两个关键问题:一是如何衡量方案的价值;二是正确估计实施方案的费用、效益来源及时机选择。

(2) 评价可为决策者提供政策建议的影响、权衡轻重和不确定性的主要方面等信息。不仅要明确影响的程度,而且要指出每一备选方案影响的团体、阶层或社区,包括积极的影响和消极的影响。

(3) 评价还为规划人员提供了对交通系统进一步研究改进的机会。评价不仅是规划人员与决策人员联系的桥梁,也将交通规划中的每一步研究工作联系在一起。

第二节　综合评价工作流程

交通系统属于多层次、多因素、多目标的复杂系统,对于这样一个复杂系统,仅考虑某一两个方面或靠人为分析是不够的,也是不合适的,应该运用科学的方法,从技术、经济、社会多方面综合考虑该系统及其与周围环境的相互作用,从而对交通规划的备选方案进行全面系统的定性和定量分析,以度量不同方案的相对价值,为交通规划方案的选择提供科学的判别依据。

所谓综合评价就是在各部分、各阶段、各层次子系统评价的基础上,谋求规划系统整体功能的"最优"调节,同时,在系统整体优化过程中,不断向决策者提供各种关联信息。

综合评价是一项十分复杂且细致的工作,其工作流程如图 11-1 所示。

一、明确评价前提

首先,须明确评价立场,即明确评价主体是系统使用者,还是系统经营与管理者,抑或是二者兼而有之或其他受影响者,这对于评价目标的确定、评价指标的选择都有直接的影响。交通规划是为政府决策部门制定政策服务的,因此,评价必须是以人民生活水平的提高、社会经济的发展、环境质量的改善以及资源的高效利用为根本出发点。

其次,要明确评价的范围和时期,即评价对象涉及哪些地区和部门、评价处于规划研究的哪个时期。例如,公路网规划从区域范围上讲有国道网规划、省道网规划、地区(市)级公路网规划、县乡公路网规划等,涉及的部门有交通、经济、统计、计划、土地管理、生态环境等。城市交通规划涉及面更广,更为复杂,如城建、交通、交警、环保、园林、文物、市场、绿化等部门。这些必须在评价前确定下来,以便尽可能组织各方参与评价工作。至于评价的时期,一般分为初期评价、中期评价、终期评价和跟踪评价四个阶段,不同时期的评价目的和评价要求各不相同,其评价方法也不完全一样,一般是以定性分析为主,然后过渡到定量分析。

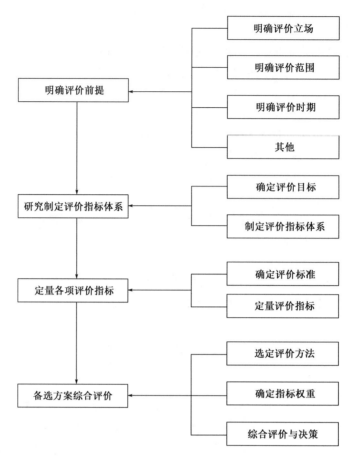

图 11-1 综合评价工作流程图

二、研制评价指标体系

综合评价指标体系通常具有多层次结构。首先要确定评价目标,这是评价的依据。综合评价从广义上说是对人类实践活动进行选择和优化的过程,它研究人们的实践活动与其宗旨和目标的接近程度及其所需付出代价的大小,进而指导人们优化、优选合适的行为决策。目标也是分层次的,可分为总目标和具体目标。交通规划方案的综合评价总目标应是整体评价备选方案并选择最佳方案,具体目标要根据方案的性质、范围、类型、条件等确定。目标结构确定之后,就要建立评价指标体系。评价指标和标准可以说是目标的具体化,应根据具体目标设立相应的评价指标。

建立合理的科学的评价指标体系是评价分析研究的主要任务之一,应遵循以下基本原则:

(1)科学性原则。确立的评价指标必须科学地、合理地、客观地反映城市与区域交通系统的技术性能、经济效益和社会环境影响。

(2)可比性原则。评价不是监测。监测只需对某一个体进行客观的描述,不涉及价值体系;而评价必须以价值为依据来考察不同个体之间、个体与标准之间的相对优劣,因此,必须是在平等的、可比的价值体系下才能进行,否则就无法判断不同交通规划方案的相对优劣。同时,可比性必然要求可测性,没有可测性的指标是难以比较的,故评价指标要尽量建立在定量分析的基础之上。

(3)可行性原则。评价指标必须定义确切,意义明确,并且力求简明实用。

(4)综合性原则。交通规划评价指标体系应全面地、客观地、综合地反映交通系统(方案)的性能和效果。

三、定量各项评价指标

要定量各项评价指标,必须首先确定相应的量化标准。每项评价指标都应有详细的评价标准,对于可用货币、时间、材料等衡量的指标,可进行定量的分析评价,对社会、自然环境等的影响评价,有些方面则只能先做定性分析,然后确定量化方法。对每项评价指标,均须规定计算方法,并对评价标准作恰当的说明。评价标准确定后,就可依据该标准对评价指标进行划分。在确定评价指标的量值时,可采用直接定量、模糊定量或等级定量等方法,视具体指标的特点分别加以应用。

四、备选方案综合评价

首先,必须确定综合评价方法,即根据各指标间的相互关系及其对总目标的贡献确定各项指标的合并计算方法。下层指标值复合成上层指标值需借助一定的合并规则,常用的有加法规则、乘法规则、指数运算规则、取大规则、取小规则、代换规则、定量规则等,各种规则还可和"权"配合使用。另外,也可以以上述规则为基础进行某种组合和修正,选取合并规则时应考虑到指标的含义和相应的合并目的。

然后,根据各指标的重要性确定合并计算中相应的权重系数值,常用的方法有层次分析法、熵法等。

最后,按选定的合并方法计算上层指标的值。若评价指标体系有多个层次,则逐层向上计算,直至得到第一层指标的值,并据此排出各备选方案的优劣顺序,进行分析和决策。

第三节 交通规划评价目标体系与评价指标

一、交通规划评价目标体系

交通运输业是联系生产、分配、交换和消费的纽带,是国民经济的基础产业和先导产业。为了使交通系统的发展适应城乡经济发展和人民生活需要,同时符合科学发展观的要求,实现安全高效、资源节约、环境友好的交通发展目标,所制订的交通规划方案应具有如下特点:

(1)充分性。交通规划方案必须在适当的原则下能为规划地域范围和规划年限内的客货运输需求提供充分的设施和服务,满足人和物的输送的高效性、安全性和可靠性的要求。

(2)与总体规划的一致性。交通规划要与区域和城市发展的总体规划相适应、相协调。通过交通规划方案的实施可以保证区域和城市总体规划所确定的社会经济发展、土地利用开发、文化遗产保护等方面的目标能顺利实现。

(3)与环境的一致性。交通规划方案必须与环境发展的目标相一致。

(4)可接受性。规划方案必须能够为大多数人、政治团体、利益集团及其他可能反对方案实施的人所接受。

(5)财政可行性。规划方案的投资必须在国家、地区或城市财力所允许的限度之内。

根据上述要求,对一个交通规划方案的评价必须全面、客观、公正,不仅要对规划方案本身的技术经济性能和社会环境影响进行评价,而且要对规划方案产生的过程进行评价。总体上说,交通规划的评价目标体系包括3个方面的内容。

(1)整体合理性。指规划目标是否明确合理、规划机构和组织计划是否匹配、规划范围和规划年限是否恰当、规划过程是否完整连续。

(2)协调性。指交通规划与区域或城市的土地利用规划、城市总体规划相协调,近期规划与远期规划、专项交通规划与综合交通规划相协调。

(3)实施效果。交通规划的实施效果如何,既要在方案实施之前充分估计,即事前考察;又要在方案实施之后进行检验反馈,即事后考察。考察的内容通常包括交通规划方案实施后的服务效果、安全效果、经济效益、社会效益、环境效益等。

城市交通规划评价总目标与具体目标可参考表11-1。

城市交通规划评价总目标与具体目标 表 11-1

总目标	子目标
支持和促进经济与社会发展	(1)满足客货运输能力需求; (2)满足客货运输效率要求; (3)满足客货运输成本要求; (4)满足客货运输安全要求
支持和引导城市化与城市现代化发展	(1)选择适宜的交通发展模式; (2)满足总体交通可达性要求; (3)提供及时可靠的交通供应; (4)提供满意的交通服务水平
保障和提高市民生活质量	(1)满足市民出行机动性要求; (2)满足市民出行可达性要求; (3)满足市民出行安全性要求; (4)满足市民出行舒适性要求
支持城市和谐与可持续发展	(1)保障交通服务公平性; (2)保护城市特色和文化遗产; (3)节约城市资源和能源; (4)保护城市居住和生态环境

二、交通规划总体评价指标体系

城市交通规划包括道路交通规划、公共交通规划、交通管理规划等专题或专项规划,规划方案涉及交通设施建设、交通运行管理、公共交通发展、交通政策制定等内容,特别是在编制城市总体交通规划时,规划方案往往覆盖上述多个方面。对规划方案实施后的整体效果,需要从城市居民出行效率、道路网络运行效率、公共交通运行效率、环境影响与能源消耗、城市交通经济效率等方面进行评价。城市交通规划综合评价指标体系如图11-2所示。

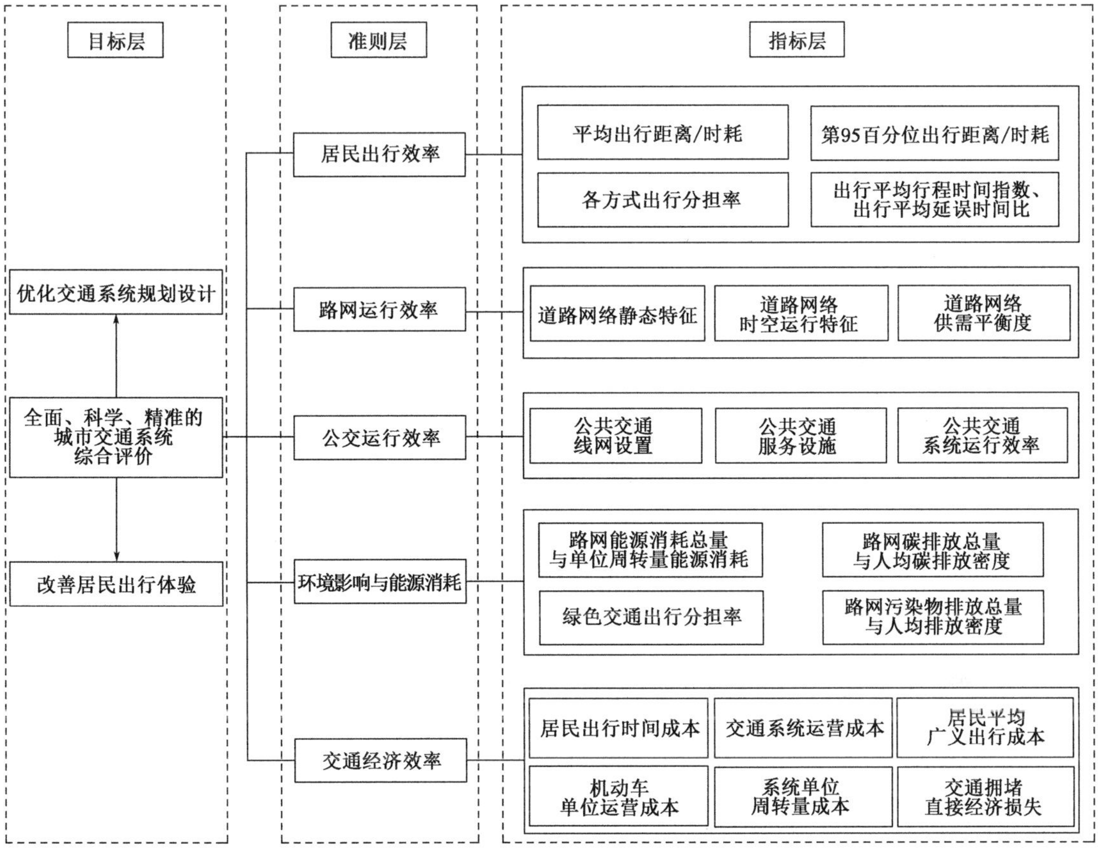

图 11-2 城市交通规划综合评价指标体系

1. 城市居民出行效率评价

城市居民出行效率评价是依托城市中居民多方式出行数据,通过构建出行效率分析模型,分析居民出行时空特征、出行时耗、方式分布特征,从出行距离与时耗、出行延误、交通方式结构等角度剖析城市交通出行特征演变规律,对居民出行效率进行评价。居民出行效率准则主要反映在城市交通系统中居民个人出行的效率情况,对改善城市居民出行效率与体验具有重要意义,是城市交通规划总体评价的出发点及落脚点之一。

①各方式出行分担率:指目标交通方式出行量占城市总出行量的比例,包括小汽车、公交车、轨道交通、出租车、自行车及步行等多种交通方式的出行分担率,能够有效反映各种出行方式的竞争关系。

②平均出行距离:反映居民出行的平均距离,分为分方式平均出行距离和全方式平均出行距离。全方式平均出行距离为各种出行方式出行距离按各方式客运周转量的平均值,是体现居民出行效率的重要指标。

③第95百分位出行距离:在分析范围内的所有出行者中,有95%的出行距离数据在此距离之下,则该距离称为第95百分位出行距离。考虑到少量存在的长距离出行会对整体平均出行距离造成偏离影响,采用第95百分位出行距离数据计算出行距离能够极大地减小偶然性极

值的影响,从而更好地反映交通系统中出行距离的分布情况。

④平均出行时耗:指城市交通系统中居民完成一次出行所消耗时间的平均值,分为分方式平均出行时耗和全方式平均出行时耗。出行时耗是出行者的最直观感受,在一定程度上反映了城市居民出行各方式的服务水平。

⑤第95百分位出行时耗:与第95百分位出行距离指标相类似,指在分析范围内的所有出行者中,有95%的出行时耗数据在此时耗之下,则该时耗称为第95百分位出行时耗。

⑥出行平均行程时间指数:指居民目标时段实际出行时耗与畅通时段期望出行时耗的比值,分为分方式出行平均行程时间指数及全方式出行平均行程时间指数。该指标能够体现居民实际出行时间与期望出行时间的差异,能够有效反映交通系统的拥堵程度。

⑦出行平均延误时间比:指目标时段出行延误时耗与畅通时段期望出行时耗的比值,包括分方式出行平均延误时间比及全方式出行平均延误时间比。分方式出行延误时间比反映特定交通方式出行延误情况。该指标能够体现实际出行延误时间占比,数值越大表示交通运行状况越拥堵。

2. 道路网络运行效率评价

道路网络运行效率评价以城市路网基础信息和交通运行数据为基础,对道路网络的静态特征、时空运行特性和网络供需平衡特征进行分析。针对道路网络路段和交叉口的特性选取合适的评价指标,对路网整体或局部区域运行的效率进行评价。规划师从交通规划供需平衡理论、道路网络局部微观畅通度等方面入手,通过分析路网运行效率影响因素、交通需求和出行者路径选择行为,对道路网络运行效率进行逐层评价,有力支撑城市交通系统规划的优化设计,为提升交通系统整体运行效率奠定基础。

(1)道路网络静态特征指标

①道路网络各等级道路总里程:道路总里程是反映道路建设发展规模的重要指标,包括快速路、主干路、次干路和支路等主要城市道路的总里程。各类等级道路占比即各类道路里程与道路网络总里程的比例,是衡量社会经济发展水平的重要指标。

②道路网络密度:分为人均道路网络密度和区域道路网络密度。人均道路网络密度是指研究区域内道路网络总里程与区域总常住人口的比值,反映城市人均交通资源的占有率;区域道路网络密度是指研究区域内道路网络总里程与区域总面积的比值,反映道路里程与用地面积之间的发展关系,体现城市道路网络建设与发展的水平。

③道路网络级配比例:指不同等级城市道路的里程长度之比,通常包含快速路、主干路、次干路和支路四类城市道路的类型。该指标可以反映城市道路规划结构的合理性水平和道路网络的功能发挥程度。

④道路网络连通度:指城市道路网络路段和交叉口连接与通达程度的特征指标。城市道路网连通度与城市规模和形态密切相关,能够有效反映道路网的连通性,是检验道路网结构合理性的重要指标。

⑤道路网络交叉口渠化率:指研究区域内合理渠化的交叉路口数与应当渠化的交叉路口数之比。交叉口渠化可规范车辆行驶、减少车流冲突,最大限度地提升道路资源的利用率,该指标能够反映交叉路口资源的合理利用程度。

(2)道路网络时空运行特征指标

①道路网络平均行程车速:指城市交通道路网络所有路段的平均行程车速,通过计算每条

路段长度与路段流量之积的和,除以每条路段上所有车辆的平均行程时间与下游交叉口进口道平均延误时间之和的流量加权平均而得,是反映道路网络整体通畅水平的重要指标。

②道路网络机动车OD出行总量:指城市交通系统在高峰时段内通过机动车运送旅客或货物的总数量。道路网络机动车OD出行总量能够反映城市人口数量、人均出行次数或地区工农业生产发展水平、结构特征等,是道路网络运行的基本指标。

③道路网络机动车运输周转量:指城市交通系统在高峰时期内通过机动车运输旅客或货物的总周转量,包括快速路、主干路、次干路和支路等各类城市道路的运输周转量,能够综合反映城市交通网络的运输总量和平均运距,是交通运输业评价客货运输能力的重要指标。

④道路网络路段及交叉口机动车流量:指城市道路网络中各路段和交叉口的各个方向实际承担的机动车交通量,反映各级道路网络的运输需求,是道路实际通行能力的测算指标,也是道路分级的重要参考依据,更是开展城市交通规划研究的重要基础数据。

⑤道路网络交叉口延误时间:指城市道路网络交叉口中机动车受到道路环境、交通管理与控制及其他车辆干扰等因素的影响,不能以期望的速度运行而产生的时间损失,是交通流运行效率的重要指标。

⑥道路网络交叉口排队长度:指城市道路网络交叉口中机动车受到道路环境、交通管理与控制及其他车辆干扰等因素的影响,因延误造成交叉口排队的总长度。通常以第95位百分位的排队长度为主要的评估指标。

(3)道路网络供需平衡度指标

①道路网络路段及交叉口平均饱和度:路段平均饱和度是指城市路网中各路段饱和度(流量与通行能力之比)的加权平均值,以各路段的路段长度为权重取值,反映路段交通运行与承载能力的匹配状况;交叉口平均饱和度为路网中所有交叉口饱和度的算术平均值,反映城市交通系统中交叉口的整体运行饱和情况。

②道路网络路段及交叉口服务水平:参考《道路通行能力手册》(HCM),道路网络路段及交叉口服务水平能够定性地反映道路交通网络负荷情况。以路段及交叉口饱和度为基准,可将路段和交叉口服务水平分为A至F六级,综合反映道路网络路段和交叉口的服务质量和运行效率。

③道路网络路段及交叉口拥堵率:道路网络路段拥堵率是道路网络中快速路及主次干道上服务水平为E、F级的路段里程数占总里程数的比例。道路网络交叉口拥堵率为道路网络中主次干道上服务水平为E、F级的交叉口数量占比,能够反映道路网络整体拥堵程度和运行效率。

④道路网络路段及交叉口负荷均衡度:道路网络路段及交叉口负荷均衡度是基于路网中各路段和交叉口的饱和度数据来计算其标准差,用以反映城市道路网络中路段和交叉口交通负荷的均衡程度。

3. 公共交通运行效率评价

公交系统运行效率评价基于城市公交网络和公交系统运行数据,综合考虑技术性能、经济效益、优先发展度、公交服务质量与水平等因素,需要考虑城市交通规划方案下公交系统服务质量、服务效率影响要素等问题,包括构建涵盖公共交通线网设置、公共交通服务设施公共交通系统运行效率的多层次、多角度城市公共交通系统评价体系,动静结合地对公共交通系统供给及运营进行科学评价,推进公共交通的规划发展,加快构建以公共交通为导向的城市交通系统。

(1) 公共交通线网设置指标

①公共交通线网运营里程:指城市公共交通系统中常规公交、快速公交和轨道交通等多类公交线路运营的总里程,是衡量城市公交系统规划与建设规模的重要指标。

②公共交通线网运营区域密度:指城市公共交通系统中公共交通线网运营总里程与其服务的中心城区面积的比值,能够反映公交线路在城区的主要覆盖程度。

③地面公交线网设置比率:指地面公交(包括常规公交、快速公交,不包括轨道交通)线网总长度占城市道路总长度的比例,是衡量公共交通发展、城市交通结构合理性的重要指标。

④地面公交复线系数:指地面公交线网运营总里程与地面公交纯线网总里程(设有地面公交道路的总里程)的比值,可以反映城市公交系统的分布均匀性。

⑤地面公交线路非直线系数:指各条地面公交实际运营线路里程与公交起终点连接直线长度的比值。地面公交线路平均非直线系数是城市各条地面公交线路非直线系数的算术平均值,是衡量城市公共交通覆盖程度与便捷性的重要指标。

(2) 公共交通服务设施指标

①公共交通站点300m/500m覆盖率:指公共交通站点300m/500m半径覆盖面积占中心城区总面积的比率,表示公共交通站点在城市公共交通系统的覆盖程度,是衡量公交站点密集程度与公共交通服务水平的重要指标。

②地面公交港湾式站台设置率:指地面公交系统中设置公交港湾式停靠站的站点个数占停靠站点总数的比率,表示港湾式停车站在城市公共交通系统的覆盖程度,能够有效地衡量城市公共交通站点服务水平和服务质量。

③地面公交专用道设置比率:指公交专用车道的道路长度占地面公交纯线网总里程的比率,表示公交专用道在城市公共交通系统的覆盖程度,是评估城市公交系统服务水平的重要指标。

④公共交通平均站间距:指城市公共交通系统中各相邻公交站点之间距离的平均值,能够表示公共交通站点分布和公共交通运输特征。

⑤公共交通平均发车频率:分为公共交通全日平均发车频率和公共交通高峰小时平均发车频率。公共交通全日平均发车频率指各条线路全日各小时发车数的平均值,公共交通高峰小时平均发车频率指各条线路高峰小时发车数的平均值。发车频率直接决定了乘客的候车时间,但发车频率过高也会导致公交系统资源浪费和企业运营成本增加。公共交通平均发车频率能够有效衡量城市公共交通系统的服务能力。

(3) 公共交通系统运行效率指标

①公共交通分担率:指城市居民的公共交通(包括常规公交和轨道交通)出行量在各方式总出行量中的比率,是衡量城市公共交通系统发展以及交通结构合理程度的重要指标。该指标也可称为全方式出行公交分担率,与之相对的另外一个指标为机动化出行公交分担率,即城市中公交出行量其占机动化出行量的比率。

②公共交通客运量:分为公共交通线路客运量与公共交通系统客运量。公共交通线路客运量指单位时间内所统计的某条公交线路各站点上客量总和。公共交通系统客运量指单位时间内所有公交线路的累计客流量,表示城市公共交通系统的整体客运规模。

③公共交通客运周转量:分为公共交通线路客运周转量与公共交通系统客运周转量。公

共交通线路客运周转量指单位时间内各条公交线路客流量与运输距离之和。公共交通系统客运量指单位时间内所有公交线路的客运周转量之和,表示城市公共交通系统的整体客运规模。

④公共交通运能饱和度:分为公共交通线路运能饱和度与公共交通系统运能饱和度。公共交通线路运能饱和度指各条公交线路最大断面乘客数占公交车辆最大额定载客量的比率。公共交通系统运能饱和度是城市所有公共交通线路运能饱和度的算术平均值,是评估城市公共交通系统的运能服务水平与服务质量的重要指标。

⑤公共交通系统换乘系数:指公共交通系统客运总量与所有站点的累计换乘量之和与公共交通系统客运总量的比值,能够反映城市公共交通系统的服务便捷性与整体服务水平。

⑥公共交通系统平均运送速度:指城市公共交通系统中所有运营车辆的平均行程车速,通过用公交运行线路网长度除以运行时间(包括路段行驶时间、交叉口延误及站点停靠时间)计算得到,是反映城市公共交通系统整体运行效率的关键指标。

4. 环境影响与能源消耗评价

环境影响与能源消耗评价以城市道路网络交通运行数据为基础,如路段与交叉口的交通流量、行驶速度以及排队延误等,通过考虑不同车型机动车在不同工况下的能源消耗及各种污染物和碳排放因子,计算获得城市交通系统能源消耗、污染物排放与碳排放情况,结合资源供给及环境容量限制条件,量化评价城市交通系统在环境与能源方面的表现,以科学支撑城市交通结构规划与设计方案的优化决策。

环境影响与能源消耗评价指标如下:

(1)道路网络交通污染物排放量。指通过分析及计算得到的机动车在道路网络不同部分运行的不同工况条件下所产生的五种主要污染物的排放量,包括一氧化碳(CO)、碳氢化合物(HC)、氮氧化物(NO_x)、可吸入颗粒物(PM_{10}与$PM_{2.5}$)五类污染物。道路网络交通污染物排放总量是以上五种道路网络交通污染物排放量的总和。

(2)道路网络人均交通污染物排放密度。由于不同城市交通系统的供需量级存在显著差异,仅通过污染物排放总量不能客观合理地评价城市交通系统的污染程度。该指标通过道路网络污染物排放量除以总出行人次得到,能够有效反映城市交通系统在客观交通需求条件下的人均出行污染物排放情况。

(3)道路网络交通碳排放量。指通过分析及计算得到的机动车在道路网络不同运输阶段所产生的二氧化碳(CO_2)的排放量,是表示城市交通系统环境性能与绿色低碳的关键指标。

(4)道路网络人均交通碳排放密度。为了更客观合理地评价城市交通碳排放程度,用道路网络交通碳排放量除以总出行人次计算得到该指标,其能反映城市交通系统的人均交通碳排放情况。

(5)绿色交通出行分担率:指城市居民的绿色交通(包括步行、自行车和公共交通等人均碳排放低、环保的出行方式)出行量在各方式总出行量中的比例,是衡量城市绿色交通发展以及交通结构合理程度的重要指标。

(6)道路网络能源消耗总量:计算目标时段内道路网络所有机动车在路段及交叉口行驶过程中消耗的燃油总量,可以反映城市交通系统的总体能源消耗情况。根据机动车在匀速、急速、加速及减速行驶等不同运行状态下的燃油消耗情况,可分析获得全道路网络能源消耗总量。

(7) 单位周转量能源消耗:分为单位客运周转量能源消耗和单位货运周转量能源消耗,分别通过路网燃油消耗总量与路网客运总量、货运总量之比表示,这一指标有效剔除了客运总量与货运总量对能耗的影响,可有效反映城市交通系统的能源利用效率。

5. 城市交通经济效率评价

城市交通经济效率评价是基于居民出行时间与延误、社会经济、能源价格与污染治理成本等数据,采用一定的估价方法,将交通拥堵与事故、空气污染以及设施建设过程换算成经济成本。城市交通经济效率主要反映城市交通系统运行过程中经济效益的成本情况,评价内容主要包含居民出行成本、交通系统运营成本、拥堵经济损失等。将城市交通系统运行的社会成本与出行者的私人成本货币化,有助于交通规划决策者从市场化角度考虑城市交通运行成本,从而构建更为高效的交通系统。

城市交通经济效率评价指标包括:

①城市交通系统居民出行时间成本:该指标为居民平均时间价值与平均出行时耗的乘积。居民平均时间价值可以根据城市社会经济情况,如国内生产总值等指标分析获得,能够反映城市居民各方式出行的时间成本特性。

②城市交通系统机动车运营成本:指机动车单位时间内在交通网络中所需支付的费用以及运营、油耗等相应产生的费用。通常小汽车运营成本主要包括燃油成本、维修保养成本及轮胎磨损成本;公交系统运营成本主要包括人工成本、业务成本(燃料、维修、安检)及折旧费用。

③城市交通系统机动车单位运营成本:考虑到不同城市的机动车保有量存在差异,可采用该指标来反映城市交通系统运营的经济成本情况。该指标为交通系统运营总成本除以当量小汽车出行量,能够有效地反映机动车运输单位生产技术水平。

④城市交通系统居民平均广义出行成本:在城市交通系统中居民出行的平均花费,为全交通网络总成本除以总出行量,是出行方案决策行为研究的基础及出行意愿的决策依据,通常需要结合城市出行的快捷性、经济性、可靠性及舒适性进行综合评估。

⑤城市交通系统单位周转量成本:考虑到不同城市的客流量存在差异,该指标可用居民出行时间总成本与交通系统运营成本之和除以城市交通系统总周转量计算得到。

⑥城市交通系统拥堵直接经济损失:结合城市交通系统居民出行时间成本计算结果,用高峰小时全网时间成本减去自由流全网时间成本计算得到拥堵直接经济损失,理论上包含时间成本、能耗成本、事故成本、损耗成本、货运成本和疲劳成本等。

三、城市交通系统发展专项评价指标简介

城市交通规划系统评价以优化宏观系统规划设计、改善居民出行效率体验为总体目标,在遵循系统性、科学性、可比性、适用性以及综合性原则的基础上,筛选形成系列评价指标,构建全面、科学、准确的综合评价体系。此外,以上评价指标和体系能够为我国城市健康体检、道路畅通工程和公交都市建设计划等城市交通系统发展专项提供评价参照。

1. 城市健康体检与评价

随着我国城市快速发展,城市建设的重点已经转入对存量的提质增效阶段。为帮助城市评估治理成效,及时找出城市发展中的弱项与短板,深圳市在2011年率先提出"城市健康体检"的概念思路与框架,强调推进城市健康有序高质量发展,建立常态化的城市体检评估机

制。围绕我国城市绿色低碳的发展路径,将城市宜居、绿色、韧性、智慧和人文作为发展目标。我国住房和城乡建设部提出2021年城市体检指标体系,服务于交通运输部、文化和旅游部、科学技术部、生态环境部、自然资源部和住房城乡建设等多个相关部门。目前,"城市健康体检"评价指标已在我国59个作为体检样本城市的大中城市进行推广,远期能够实现全国600多个中小城市的试点与应用。

城市健康体检指标体系从生态宜居、健康舒适、安全韧性、交通便捷、风貌特色、整洁有序、多元包容和创新活力八个发展目标展开,共涵盖65项评价指标,针对存在的"城市病"提出"诊疗"方案,对容易产生的"城市病"提出预防措施,为政府科学决策提供政策建议。其中,围绕"交通便捷"专项发展目标,与城市交通系统发展和交通规划方案综合评价紧密相关的指标共有8项,各项指标介绍如下:

①人口密度超过1.5万人/km²的城市建设用地规模:指市内人口密度超过1.5万人/km²的地段面积占城市总面积比例,该指标可以反映城市的人口规模和集聚程度,以及土地规划和开发的合理性。

②专用自行车道密度:指城市内具有物理隔离的专用自行车道长度之和与城市总面积的比例,能够有效反映城市自行车专用道的覆盖程度,以及城市非机动车道路网络服务水平与质量。

③城市街道车辆停放有序性:指城市内车辆停放有序的城市街道数量,占城市所有主干道、次干道、支路总数量的比值,该指标能够反映城市停车的秩序,也能够对城市交通潜在的安全隐患进行有效评估。

④城市常住人口平均单程通勤时间:指城市内所有常住人口单程通勤所花费的平均时间,反映城市土地规划布局和城市交通系统网络规划的合理程度。

⑤轨道站点周边覆盖通勤比例:指城市所有轨道站点800m范围覆盖的轨道交通通勤量,占城市总通勤量的百分比,能够反映城市轨道系统规划布局的合理性与便捷性。

此外,"道路网络高峰小时平均机动车速度""城市道路网络密度"和"绿色交通出行分担率"3项指标已分别在"道路网络运行评价"和"环境影响与能源消耗评价"中详细介绍,在此不再赘述。

2. 城市交通畅通工程与评价

"全国城市交通畅通工程"是我国第一个多部委联动的城市交通科技工程,由公安部、原建设部联合发起,国务院批准,2000年启动实施。2017年在"全国城市交通畅通工程"基础上,公安部、中央文明办、住房和城乡建设部、交通运输部联合实施"城市道路交通文明畅通提升行动计划"。"全国城市交通畅通工程"的实施目标是提高城市交通系统的规划、建设与管理水平,避免小汽车大量进入家庭对城市交通系统造成的巨大冲击。

面向畅通工程实施目标,畅通工程评价指标体系主要从道路交通基础设施建设、道路交通运行效率、公共交通发展、交通管理科技水平和交通文明素质五个维度提出了30项评价指标,适用于我国各类规模的省会城市、地级市与县级市。其中,城市交通系统发展和交通规划方案综合评价重点围绕道路交通基础设施建设、道路交通运行效率和公共交通发展三个维度,共提出相关指标12项,各项指标介绍如下:

①人均道路面积密度:指城市单位区域面积范围内综合交通网络的道路面积(道路指有铺装的宽度3.5m以上的路,不包括人行道)与城市常住人口的比值,能够反映城市人均交通

资源的占有率和道路网络的建设水平。

②城市主干道高峰时段平均车速:指城市所有主干道高峰时段的平均行程车速,通过计算每条路段长度与路段流量之积的和,除以所有路段上所有车辆的平均行程时间与下游交叉口进口道平均延误时间之和的流量加权平均得到,有效地反映道路网络整体通畅水平。

③城市主干道平均行程延误:指车辆在行驶中,由于受到驾驶人无法控制的或意外的其他车辆的干扰或交通控制设施等的阻碍所损失的时间,为主次干道行车延误与行驶里程的比值,是城市道路交通流运行效率的重要指标。

④万人地面公共交通车辆保有量:指某一个城市内每一万人平均所拥有的公交车数量,其中一辆标准车按80客位计,能够体现城市公交系统的服务水平。

此外,道路交通基础设施建设、道路交通运行效率维度中的"区域道路网络密度""道路网络级配比例""道路网络交叉口渠化率"和"道路网络交叉口拥堵率"4项指标已在"道路网络运行评价"中详细介绍;公共交通发展维度中的"公共交通站点300m覆盖率""全方式出行公交分担率""公共交通线网运营区域密度"和"地面公交专用道设置比率"4项指标已在"公共交通运行评价"中详细介绍,在此不再赘述。

3. 公交都市建设计划与评价

随着我国近年来机动化出行比例快速上升,城市中心区交通拥堵日益严重,环境污染与能源消耗压力加剧,交通运输部在2012年正式启动国家"公交都市"的创建工作,深入贯彻落实公共交通优先发展战略,对城市交通需求进行调控和引导。为面向城市交通规划与公交运营等多个部门,交通运输部于2022年印发公交都市建设示范工程管理办法,可针对我国常住人口50万以上城市展开公交都市系统评价,目前已有上海、南京等33个城市通过"公交都市"建设评价,被命名为我国公交都市建设示范城市。

公交都市建设计划评价体系从公交体系规划、公交基础服务设施、公交服务水平与换乘效率、公交线网优化、公交绿色低碳、公交智能化水平、公交安全管理和公交政策保障等角度提出了33项评价指标,以推进公交优先发展的战略贯彻与实施。其中,与城市公共交通系统发展和公共交通规划紧密相关的可计算指标共有11项,包含"公共交通基础设施治理专项评价"中的"公共交通站点300m覆盖率""地面公交线网设置比率""公共交通线网运营区域密度""地面公交港湾式站台设置率""地面公交线路非直线系数"和"地面公交专用道设置比率"6项指标,"公共交通客运服务质量专项评价"中的"全方式出行公交分担率""机动化出行公交分担率""公共交通系统平均运营车速""公共交通系统平均运能饱和度"和"万人地面公共交通车辆保有量"5项指标。以上11项指标均已在"公共交通运行评价"和"道路交通畅通工程与评价"中详细介绍,在此不再赘述。

第四节 交通规划方案的综合评价方法

现阶段所用的综合评价方法很多,这里简要介绍三种典型方法。

1. 层次分析法

交通规划方案的综合评价,其最终目的是最佳方案的整体评价和选择,实质上也是交通规划方案的决策问题,为此可采用决策技术中的有关方法,如层次分析法来解决这一问题。按照系统分析的原理,方案的决策大体可以分为三个步骤,即确定目标、拟定方案和选择最佳方案。层次分析法适用于多因素、多层次(子系统)、多方案的系统综合评价和决策,尤其是对于兼有定性因素和定量因素的系统问题,能较简便地进行综合评价和最佳方案决策。该方法的特点在于首先将整个系统划分为目标、准则和方案三个层次,然后对方案进行相互比较,运用判断矩阵作相对评价,最终进行综合评价,从而排出各方案的优劣次序。

运用层次分析法进行综合评价可以分为五个步骤:

步骤1:明确目标。对于交通规划方案进行综合评价,最终目标是选择最佳方案,为此需从技术性能、经济效益和社会环境影响三个层面对各因素(单项指标)进行定性和定量的分析,并对各因素在总系统中的作用大小和影响程度作出相对判断。

步骤2:建立层次结构。根据已了解的和对单项指标的分析,将各因素按性质分类并建立层次。例如,对于道路网规划而言,至少可以划分为目标层(A)、准则层(C)和方案层(P)。

步骤3:建立判断矩阵。利用判断矩阵,逐层逐项对各元素进行两两比较,按评分方法比较它们的优劣。设最下层(方案层)有 $P_1,P_2,\cdots,P_n$ 个方案,分别以中间层(准则层)$C_1, C_2,\cdots,C_m$ 个准则为依据,对各方案进行评分,排列优劣。判断矩阵为:

$$\boldsymbol{B} = \begin{bmatrix} b_{11} & \cdots & b_{1n} \\ \vdots & \vdots & \vdots \\ b_{n1} & \cdots & b_{nn} \end{bmatrix} \tag{11-1}$$

对于单一准则来说,两个方案进行比较,可以分出优劣。其中系数 b_{ij} 的取值如下:当 P_i 与 P_j 优劣相等时,则 $b_{ij}=1$;当 P_i 稍优于 P_j 时,则 $b_{ij}=3$;当 P_i 优于 P_j 时,则 $b_{ij}=5$;当 P_i 很优于 P_j 时,则 $b_{ij}=7$;当 P_i 远远优于 P_j 时,则 $b_{ij}=9$。

同理,当 P_i 劣于 P_j 时,则 b_{ij} 可相应取上述系数的倒数(在此取奇数,只是为了评分,相对比较优劣,因此,改为取偶数2、4、6、8、10也可以)。

对于判断矩阵各元素来说,显然有:

$$b_{ii} = 1 \tag{11-2}$$

$$b_{ij} = \frac{1}{b_{ji}} \quad (i=1,2\cdots,n;j=1,2,\cdots,n) \tag{11-3}$$

因此,n 阶判断矩阵原有 n^2 个元素,但实际上只要知道 $\frac{n(n-1)}{2}$ 个元素即可。b_{ij} 值是根据资料与条件,由专家与分析人员共同研究选定的。对于采用单一准则进行两方案的比较而言,一般不难给出评分标准。

步骤4:进行层次单排序。上述判断矩阵只是针对上一层而言,经两两比较的评分数据,按需要将本层的所有元素以上一层为依据排出优劣顺序,进行此步骤常用的方法之一是正规化求和法,即先对判断矩阵求和,将矩阵的每一行加起来,即 $\sum b_{1j}=V_1,\sum b_{2j}=V_2,\cdots,\sum b_{ij}=V_n$。矩阵每一行之和 $\sum V_i$,其大小表明各方案的优劣程度。为了便于比较,再进行正规化,即每行之和 V_i,分别除以各行总和 $\sum V_i$,$W_i=V_i/\sum V_i$,因此正规化过的向量之和 $\sum W_i=W_1+\cdots+W_n=1$,所以用其表示各相应方案的优劣程度更为合适。

步骤5:进行层次总排序。以准则层为依据,经正规化求和,排列出不同准则的各方案的优劣程度。在此前提下按同样方法,最后作目标判断(综合评价)。

上述层次分析法，在两两比较评分中，离不开人的经验判断，具有较大的随机性，但由于概念简明、使用方便，有一定实用性。

【例 11-1】 某规划区拟有甲、乙、丙三个路网规划方案，经单项指标的评价，现以投资额、适应性、服务面、运输效益为准则，运用层次分析法，进行综合评价和决策。

【解】 ①明确目标，建立层次。由题意建立如图 11-3 所示的层次结构，目标是择优选定方案。

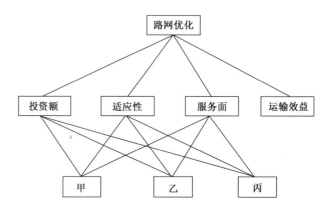

图 11-3 路网规划层次结构示意图

②准则层判断。根据已知的四种准则，分别对三个方案进行相对比较评分。每一准则分优、中、劣三个档次，中档取 1.0，根据单项结果给分，评分结果见表 11-2。

优劣评分表   表 11-2

方案准则	甲	乙	丙
投资额	最小 1.5	最多 0.5	居中 1.0
适应性	居中 1.0	最好 1.4	最差 0.8
服务面	最差 0.6	适中 1.0	最优 1.5
运输效益	居中 1.0	较差 0.8	较好 1.4

对四项准则分别建立判断矩阵，进行两两比较，并进行正规化求和，全部结果见表 11-3。

准则层判断表   表 11-3

准则	判断矩阵				求和 V	正规化 W
	方案	甲	乙	丙		
投资额	甲	1.0	1.5/0.5	1.5	5.500	0.500
	乙	0.5/1.5	1.0	0.5	1.833	0.1667
	丙	1/1.5	1/0.5	1.0	3.667	0.3333
	Σ	2.000	6.000	3.000	11.000	1.000
适应性	甲	1.0	1/1.4	1/0.8	2.964	0.3125
	乙	1.4	1.0	1.4/0.8	4.150	0.4375
	丙	0.8	0.8/1.4	1.0	2.371	0.2500
	Σ	3.200	2.285	4.000	9.485	1.000

续上表

准则	判断矩阵				求和 V	正规化 W
	方案	甲	乙	丙		
服务面	甲	1.0	0.6	0.6/1.5	2.000	0.1936
	乙	1/0.6	1.0	1/1.5	3.333	0.3226
	丙	1.5/0.6	1.5	1.0	5.000	0.4848
	Σ	5.167	3.100	2.066	10.333	1.0000
运输效益	甲	1.0	1/0.8	1/1.4	2.964	0.3125
	乙	0.8	1.0	0.8/1.4	3.371	0.2500
	丙	1.4	1.4/0.8	1.0	4.150	0.4375
	Σ	3.200	4.000	2.285	9.485	1.0000

注：矩阵均取甲为1.0，两两比较按评分折算乙和丙。

③目标层判断。首先对四项准则建立判断矩阵，按其重要程度排列顺序。本例结合具体条件假定：运输效益重要，给 1 分；投资额次重要，给 1/3 分；服务面为一般，给 1/5 分；适应性列为次要，给 1/7 分。据此列出目标矩阵（表 11-4），并求和得 V_i，正规化得 W_i。

目标层判断表 表 11-4

准则	运输效益	投资额	服务面	适应性	求和 V	正规化 W
运输效益	1	3	5	7	16.000	0.5966
投资额	1/3	1	5/3	7/3	5.333	0.1989
服务面	1/5	3/5	1	7/5	3.200	0.1193
适应性	1/7	3/7	5/7	1	2.286	0.0852
Σ					26.819	1.000

④优劣顺序总排序。经上自下而上逐层两两比较判断，分别得到正规化求和结果（W_i 和 W_0）（可列表计算各个方案对所有准则的评分结果），取逐层正规化求和值之乘积，即 $W_i \cdot W_0$ 值，据此排列各个方案的综合优劣顺序。本例计算结果见表 11-5。从计算过程可知，尽管丙方案并非所有单项指标均为最佳，其综合指标却为优；乙方案虽然适应性最好且服务面适中，但由于投资额最多、效益较差，故被列为三个方案中的最差方案。

综合评价优劣表 表 11-5

方案	$\Sigma(W_i \cdot W_0)$	优劣顺序
甲	0.3363	2
乙	0.2582	3
丙	0.4063	1

2. 主成分分析法

因子分析法是多元统计分析的一个重要分支。主成分分析法是因子分析法的一种，其主要思想是将多个指标通过数学转换变为少数相互独立的指标。它与逐步回归法不同，是将原有系统（方案）中彼此相关的诸多因素，转化成彼此无关的较少因素，各单项指标仅能从一个侧面表明系统（方案）的性能，但也含有一定的因素信息，需要将其提取出来变成综合评价指标信息。这样,我们就可以利用少数指标来判别样本之间的差异。

设有 m 个定量评价指标 $x_1, x_2, \cdots, x_m$,且有 n 个路网系统(方案),即评价指标为 $x_{ij}(i=1,2,\cdots,n;j=1,2,\cdots,m)$,则运用主成分分析法进行综合评价的基本步骤如下。

步骤1:计算各项评价指标的样本平均值,即:

$$\overline{X}_{ij} = \frac{1}{n}\sum_{i=1}^{n} X_{ij} \tag{11-4}$$

步骤2:计算各项评价指标的样本均方差,即:

$$S_j = \sqrt{\frac{\sum_{i=1}^{n}(X_{ij}-\overline{X}_{ij})^2}{n}} \tag{11-5}$$

步骤3:将各项指标标准化:

$$Z_{ij} = \frac{X_{ij}-\overline{X}_{ij}}{S_j} \tag{11-6}$$

式中:Z_{ij}——第 i 个路网系统(方案)的第 j 个评价指标的标准化值。

指标标准化后,可以排除由于定量指标量纲的不同所产生的问题以及因各数据的数值大小悬殊对计算精度造成的影响。

步骤4:计算 m 个指标之间的相关矩阵 $\boldsymbol{H} = [h_{ij}]$:

$$h_{ij} = \sum_{i=1}^{n} Z_{ik} \cdot Z_{kj} \tag{11-7}$$

步骤5:求 $\boldsymbol{H}$ 的最大特征值和对应的特征向量 $a_{p1}, a_{p2}, \cdots, a_{pm}$。

步骤6:计算综合评价指标 $V = \sum_{j=1}^{m} a_{pj} \cdot x_j$。

步骤7:排序并输出结果,结束。

3. 模糊综合评判法

模糊综合评判法又称FUZZY综合评判,其特点在于考虑了客观事物内部关系的错综复杂性和价值系统的模糊性。其中关键在于以下两步:确定单因素评价矩阵 $\boldsymbol{R}$ 和计算模糊评判子集 $\boldsymbol{B} = \boldsymbol{A} \cdot \boldsymbol{R}$。模糊综合评判法对于隶属函数和价值权数,通常是通过主观经验方法(如特尔斐调查等)来确定,存在两个问题:①测试样本的选取很重要,专家一定要对评价对象本身各种特性十分了解,否则得出的评价矩阵就没有权威性,做好此项工作难度较大;②采用这种方法要进行大量的调查工作,所耗费的费用和时间是巨大的,有时由于条件限制而无法进行。鉴于这个缺点,可利用评价对象的样本数据来确定隶属函数,使得综合评价结果更接近客观实际,这就是FUZZY自评判模型的由来。

(1)FUZZY自评判模型

①隶属函数的确定。

FUZZY自评判的基本模型与FUZZY综合评判相同,其中计算 $\boldsymbol{B}$ 的问题在于等式右边的算子 $\boldsymbol{A} \cdot \boldsymbol{R}$,它与常规的矩阵运算有所不同,关于FUZZY算子的计算模型,比较实用可靠的有三种(表11-6)。

算子计算模型　　　　　　　　　　　　　　表11-6

算子	MODEL-FE1	MODEL-FE2	MODEL-FE3
$\vee^*$	$a \vee b = \max(a,b)$	$a \oplus b = \min(a+b,1)$	$a \oplus b = \min(a+b,1)$
$\wedge^*$	$a \wedge b = \min(a,b)$	$a \wedge b = \min(a,b)$	$a \cdot b = a \times b$

注：表中 $\vee^*$ 和 $\wedge^*$ 表示广义加法和广义乘法运算，表示 $\vee$ 和 $\wedge$ 取大和取小运算。

单因素矩阵又称隶属度矩阵。所谓隶属度，是指某一指标属于某一评价等级的程度。由于不少单项指标已具有统计资料，可以用来进行相对比较，据此确定所需的隶属函数。

设有 p 个方案 $(i=1,2,\cdots,p)$，m 个指标 $(j=1,2,\cdots,m)$，对于 p 个方案所测得的 m 个指标的原始数据为：

$$\begin{bmatrix} X_{11} & \cdots & X_{mm} \\ \cdots & \cdots & \cdots \\ X_{p1} & \cdots & X_{pm} \end{bmatrix} \tag{11-8}$$

令：

$$X'_{ij} = \frac{X_{ij} - X_{j\min}}{X_{j\max} - X_{j\min}} \tag{11-9}$$

其中，$X_{j\max}$ 和 $X_{j\min}$ 表示 p 个方案中，第 j 个指标实测数据的最大和最小值，即：

$$\begin{cases} X_{j\max} = \max(X_{ij},\cdots,X_{pj}) \\ X_{j\min} = \min(X_{ij},\cdots,X_{pj}) \end{cases} \tag{11-10}$$

经过上述处理所得的数据，需满足 $0 \leq X'_{ij} \leq 1$，且不改变原始数据的差异性。经标准化处理后，可以根据 X'_{ij} 的大小，用第 i 个方案中的第 j 个指标，确定第 i 个方案在总的 p 个方案中的优劣排序。

如果对于每个指标 j，确定 n 个评判优劣等级，$I = 1,2,\cdots,n$，如很差、较差、一般、较好、很好等。相应地，经标准化处理后的数据所在的区间 $[0,1]$ 也分成几个等份，如 $[0,0.2]$、$[0.2,0.4]$、$[0.4,0.6]$、$[0.6,0.8]$、$[0.8,1.0]$。

在划分后的子区间上，隶属函数可定义如下，$i=1,\cdots,P;j=1,\cdots,m;I=1,\cdots,n$：

$r_{j1}=1, r_{j2}=\cdots=r_{j5}=0$，对 $X'_{ij} \in [0,0.2]$；

$r_{j1}=\dfrac{0.4-X'_{ij}}{0.2}, r_{j2}=1-r_{j1}, r_{j3}=\cdots=r_{j5}=0$，对 $X'_{ij} \in [0,0.4]$；

$r_{j1}=r_{j4}=r_{j5}=0, r_{j2}=\dfrac{0.6-X'_{ij}}{0.2}, r_{j3}=1-r_{j2}$，对 $X'_{ij} \in [0.4,0.6]$；

$r_{j1}=r_{j2}=r_{j5}=0, r_{j3}=\dfrac{0.8-X'_{ij}}{0.2}, r_{j4}=1-r_{j3}$，对 $X'_{ij} \in [0.6,0.8]$；

$r_{j1}=r_{j2}=r_{j3}=0, r_{j4}=\dfrac{1.0-X'_{ij}}{0.2}, r_{j5}=1-r_{j4}$，对 $X'_{ij} \in [0.8,1.0]$；

约束条件为：$0 \leq r_{jl} \leq 1, \sum_{I=1}^{n} r_{jl}=1$。

以上述函数形式表示的隶属度所确定的 FUZZY 综合评判模型称为 FUZZY 自评判模型。

②FUZZY 自评判模型的特点。本模型不需要通过特尔斐等客观调查方法来确定隶属关系矩阵，减少了人的主观因素的影响，提高了评价工作的效率，增加了评价的可信度，而且所用

的隶属函数是线性的。

(2)模糊多层次综合评判法

前面所述的 FUZZY 自评判法是将反映系统规划水平的各指标放在同一层面上考虑的,但当对系统(方案)性能作综合评判时,要考虑不同方面、不同层次的许多指标,这是一个典型的多层次综合评价问题。另一方面,诸指标虽然可以采用一定的定量方法来测定,然而这些指标评价标准(或价值体系、评价尺度)都难以确切给出,至少不能唯一给出,因此,又是一个较典型的模糊系统。

FUZZY 自评判法是一种单一层次的评价方法。在复杂系统中,由于考虑的因素较多,又存在一定的层次性,若仍采用单层次评判模型会遇到两个问题:一是因素较多,权重难以合理分配;二是权向量的每一分量得到的权重较小,会出现"泯没"单因素评判矩阵的情况。为此,可采用分层逐级评判的方法进行评价,即采用模糊多层次综合评判法。

设因子集 $U = \{u_1, u_2, \cdots, u_n\}$,评语集 $V = \{v_1, v_2, \cdots, v_m\}$(一般 m 取 5),先根据因子集中因子间的关系将 U 分为 P 份,设为 $U_i(i=1,2,\cdots,P)$,且:

$$\sum_{i=1}^{P} U_i = U \tag{11-11}$$

对每个 $U_i(i=1,2,\cdots,P)$ 按单层次综合评判方法作综合评判,得:

$$\underset{\sim}{B_i} = \underset{\sim}{A_i} \cdot \underset{\sim}{R_i} \quad (i=1,2,\cdots,P) \tag{11-12}$$

式中: $\underset{\sim}{A_i}$ —— U_i 上的权向量;

$\underset{\sim}{R_i}$ —— 对 U_i 的单因素评判隶属度矩阵。

将 P 个方面的单层次评判结果 $\underset{\sim}{B_i}$ 综合起来,得:

$$\underset{\sim}{B_i} = \begin{pmatrix} \underset{\sim}{B_1} \\ \vdots \\ \underset{\sim}{B_P} \end{pmatrix} \tag{11-13}$$

并设 $U_1, \cdots, U_P$ 的权重分配为 $\underset{\sim}{A_i} = (a_1, \cdots, a_p)$,则得到关于 U 的综合评判结果为 $\underset{\sim}{B} = \underset{\sim}{A} \cdot \underset{\sim}{R}$

上述模糊综合评判方法称为二层次模糊综合评判法,如果有必要,可以按类似的原理做三层、四层等多层次模糊综合评判。

通过对前面介绍的三种综合评价方法的分析研究,现归纳其各自的优缺点,见表 11-7。

三种评价方法优缺点和适用性一览表 表 11-7

评价方法	优缺点	适用性
层次分析法	概念简明,对于兼有定性和定量因素的系统问题能较简明地进行综合评价和最佳方案决策;未完全摆脱人的主观意愿	适用于多因素、多层次、多方案的系统综合评价和决策
主成分分析法	方法简单实用,化繁为简;定性指标定量化较困难	适用于各单项指标均为定量指标或定量化方便的规划方案评价
模糊综合评判法	考虑到了客观事物内部关系的复杂性和价值系统的模糊性;利用评价对象的样本数据来确定隶属函数,使评价结果更接近客观实际且提高了效率	适用于统计资料较全、定性指标较多的单层次、多方案综合评价

【复习思考题】

1. 简述评价在交通规划中的地位和作用。
2. 简述交通规划综合评价工作流程。
3. 结合我国新时期社会经济发展趋势,分析交通规划评价目标体系的适应性。
4. 简述交通规划评价指标体系构建的基本原则。
5. 某路网规划确定了三个方案,经专家评估,各规划方案评价比较矩阵,见表11-8,并以4项指标为依据得三个方案的价值系数,见表11-9。试评价比较三个方案的综合优劣。

规划方案评价比较矩阵　　　　　　　　　　　　　表11-8

D	D_1	D_2	D_3	D_4
D_1	1	3	3	5
D_2	1/3	1	1	2
D_3	1/3	1	1	2
D_4	1/5	1/2	1/2	1

规划方案的价值系数　　　　　　　　　　　　　表11-9

方案	指标			
	D_1	D_2	D_3	D_4
一	0.5	0.4	0.2	0.3
二	0.3	0.3	0.4	0.2
三	0.2	0.3	0.4	0.5

第十二章
交通规划分析软件

第一节 交通规划软件与 TranStar

交通系统是复杂大系统,其主体往往是数百万出行者利用上百万交通工具,在有数万个节点的交通网络上的出行过程,涉及人、车、路、环境的相互作用关系。交通规划过程中需要基于定量化的交通需求分析来设计科学的交通规划方案,并分析方案实施对交通系统的影响与实施效果。编制交通规划必须依托于强大的交通分析软件工具。

国际上已有不少交通规划分析软件,长期以来,我国在进行交通规划与管理时,一直采用国外软件,但随着我国交通体系的快速发展,我国的交通问题越来越复杂,涉及的因素远比国外多,国外的交通规划软件在国内越来越不适用,主要存在两大问题:一是国外软件在中国"水土不服",不能满足对具有中国特色的交通系统进行规划建设、运行管理、环境保护、安全保障、政策制定等业务方案的精准化交通分析;二是存在技术风险,如美国从 2018 年起,已经把交通仿真与软件技术列入针对中国的限制出口清单,我国必须有自己的交通分析软件。

东南大学王炜教授团队汇集 30 多年来在交通工程领域的研究成果,组织开发了我国第一款完全自主的交通规划平台软件"交运之星-TranStar"。软件功能涵盖城市交通领域(城市土地开发、交通设施建设、交通运行管控、公共交通运营、交通政策制定等业务)及区域交通领域(公路网、铁路网、航空运输、水路运输、管道运输等业务)的交通规划方案设计与交通分析功能,目前已在国内广泛应用,本章重点介绍 TranStar 交通分析软件。

一、国外常用交通规划软件简介

国外的交通分析软件很多,以前在我国采用较多的国外交通分析软件有 TransCAD、EMME、Cube 和 VISUM 等。

1. TransCAD

TransCAD 是美国 Caliper 公司开发的专门用于交通需求分析的 GIS-T 软件,有专为交通应用而设计的分析、制图、寻址和数据可视化工具。

TransCAD 具有多种功能:

(1)可以用于各种类型交通数据的管理和分析。

(2)可以用于数字地图及地理信息数据库管理。

(3)可以分析复杂交通系统。

(4)可以用于运筹学和数据统计模型建模。

TransCAD 既具有一般 GIS 的功能,又能够为交通问题提供空间决策支持,是建立交通信息和决策支持系统的理想工具。

2. EMME

EMME 最初是由加拿大 Montreal 大学的交通研究中心开发,后被 INRO 咨询公司继承,并成为该公司的支柱产品之一。该软件为用户提供了一套内容丰富、可进行多种选择的需求分析及网络分析与评价模型。

EMME 具有多种功能:

(1)数据库建立与城市信息系统功能。

(2)对多种交通方式统一分析。

(3)方便的数据处理功能。

(4)需求分析模型。

(5)网络交通分配与公共交通分配功能。

(6)函数与表达式功能。

该软件在数据输入输出功能、数据的检验与结果对比功能、网络模型计算功能、注释与说明功能以及宏功能等方面具有较大优势。

3. Cube

Cube 是由美国 Citilabs 公司和英国 MVA 交通咨询公司联合开发的交通规划软件包。

Cube 具有多种功能:

(1)提供一套交通规划和模拟软件。

(2)Cube 与 GIS 紧密结合。

(3)具有开放式的结构。

(4)可用于新一代 activity-based 或 tourbased 规划模型。

(5)适用于大规模的城市交通规划。

(6)内部采用优化的运算结构和高精度的数据存储方式。

Cube 的核心是与微软视窗相似的界面 Cube Base。Cube Base 的主要优点是它能与当今最流行的地理信息系统软件 ArcGIS 直接衔接。

4. VISUM

德国 PTV 公司的产品,宏观层面的软件为 VISUM,适用于交通规划,微观层面的软件为 VISSIM,适用于运行仿真。

VISUM 具有多种功能:
(1)建立个人交通和公共交通网络结构的详细模型。
(2)建立包括多种公共交通模式的网络。
(3)多模式交通分配。
(4)存储分配过程的所有路径流量。
(5)进行交通环境影响分析。
(6)提供公共交通优化算法模块。
(7)评价公交运营的统计数据。

VISUM 允许用户直接将实时数据结合到规划过程中。

二、我国自主开发的交通规划分析软件:交运之星-TranStar

"交运之星-TranStar"(Transportation Network System's Traffic Analysis Software)是我国第一款具有完全自主知识产权的交通规划平台软件,软件最初版本可追溯到东南大学王炜教授于 20 世纪 90 年代开发的 STATRAM、STATRAM GRAPHICS 软件。早期的 TranStar 分为四个版本:城市交通版、公共交通版、交通管理版以及公路交通版。经过 30 多年的发展(图 12-1),王炜教授创新团队联合南京全司达交通科技有限公司对早期的"交运之星-TranStar"进行了全方位的功能升级,逐步形成了服务于城市交通的交运之星-TranStar(城市交通版)和服务于区域交通的交运之星-TranStar(综合交通版)两个版本。

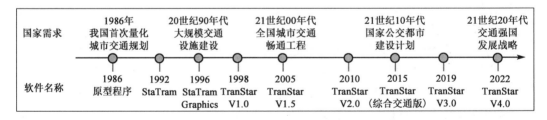

图 12-1 "交运之星-TranStar"研发历程

交运之星-TranStar 的研发过程,一直以满足国家重大需求为导向,吸纳东南大学交通规划与管理国家重点学科的研究成果,并为该学科的科学研究与人才培养提供软件平台支撑,以交运之星-TranStar 为支撑的研究成果分别在 2002 年、2003 年、2007 年、2012 年、2018 年五次获国家科技进步二等奖。

1. 交运之星-TranStar(城市交通版)

交运之星-TranStar(城市交通版)合并了原交运之星-TranStar 城市交通版、公共交通版、交通管理版三个版本的基本功能,可为各类城市的土地利用开发、交通系统规划、交通工程设计、公共交通发展、交通管理控制、交通政策制定等方案提供详细的交通仿真、系统分析与综合评价,并为交通系统的能源消耗与环境影响提供定量化评估。

2. 交运之星-TranStar(综合交通版)

交运之星-TranStar(综合交通版)根据国家综合交通运输的发展要求,在交运之星-TranStar公路交通版基本功能(公路网络系统规划、公路工程项目可行性研究、公路工程项目后评估、公路网络交通管理等领域的交通系统分析)的基础上,增加了铁路交通网络、水运交通网络、航空交通网络、管道交通网络、综合交通枢纽的交通系统分析功能,并实现了综合立体交通网络的一体化融合交通分析与评价功能。

2012年,东南大学牵头成立现代城市交通技术协同创新中心,协同创新中心由东南大学、北京航空航天大学、浙江大学、清华大学、同济大学等10所大学及交通运输部、住房和城乡建设部、公安部的五个研究院(研究中心)、8个交通领域有影响的创新公司所组成,王炜教授任中心主任。协同创新中心把交运之星-TranStar作为中心的主导研发产品,王炜教授创新团队在南京全司达交通科技有限公司等协同中心核心成员单位的协作下,充分吸收产、学、研三方优势,在TranStar V2.0的基础上孵化形成了TranStar城市交通版V4.0及TranStar综合交通版V1.0。本章重点介绍交运之星-TranStar城市交通版V4.0,以下将统一简称为TranStar,不再特别说明。

TranStar软件是一款集城市开发分析、交通规划分析、交通管控分析、交通政策分析、公共交通分析等功能于一体的城市综合交通规划集成分析与仿真平台软件。本软件可以提供面向不同业务的城市综合交通集成仿真流程,并可实现"一键式"仿真,是进行交通运输网络系统规划、建设及管理的必备软件。本软件以Microsoft Visual C++为基础开发语言,以Microsoft Visual Studio 2013为开发环境,在Windows操作系统下使用的交通分析与仿真系统,经测试,该软件具有很好的兼容性。

三、TranStar功能设计与界面设置

TranStar软件具有TransCAD、Cube、EMME、VISUM等国外比较成熟的交通分析仿真软件的全部核心功能,并增加了我国特有的交通管理规划、交通政策制定等业务功能。TranStar业务功能涵盖城市土地利用、交通政策制定、交通设施建设、交通管理控制等多个领域,可以为交通部门、交管部门、发改部门、规划部门等提供基础数据快速获取技术、决策方案快速生成技术、交通分析系统集成技术、实施效果虚拟仿真技术等定量化、数字化、可视化的决策支持。

1. TranStar交通业务分析功能

不同于其他交通仿真分析软件,本软件以交通方案的决策支持业务为轴,面向交通、交管、发改、规划等部门,对仿真流程进行梳理,并对功能模块进行集成化处理,形成了以交通业务仿真评价与方案优化为导向的整体架构。根据城市的不同业务需求,形成了面向城市规划与土地利用开发、城市交通基础设施规划建设、城市公交系统规划与管理、城市交通系统管理与控制以及城市交通系统政策制定等五大业务功能,具体如下。

(1)面向城市规划与土地利用开发业务功能

针对规划、发改等部门的业务需求,可提供城市形态与区域扩展调整、城市人口总量与分布调整、城市土地利用性质与开发强度调整、大型公共设施建设的交通影响评估等具体业务的快速仿真分析与决策。

(2) 面向城市交通基础设施规划建设业务功能

针对交通、规划等部门的业务需求,可提供城市各类交通网络规划、城市重要交通设施(环线、通道、桥梁等)新建或改建的交通影响分析、重点交通设施建设的工程可行性研究等具体业务的快速仿真分析与决策。

(3) 面向城市公交系统规划与管理业务功能

针对公共交通部门的业务需求,可提供城市地面公交网络/轨道交通网络规划、城市轨道交通线路客流预测、城市轨道交通线路的工程可行性研究、城市轨道交通运行组织与管理等具体业务的快速仿真分析与决策。

(4) 面向城市交通系统管理与控制业务功能

针对交管部门的业务需求,可提供城市道路交通管理规划、城市单向交通网络组织、城市公交专用道网络组织、城市交通网络局部微循环组织、城市道路路边停车组织等具体业务的快速仿真分析与决策。

(5) 面向城市交通系统政策制定业务功能

针对交管、政府等部门的业务需求,可提供城市道路拥堵收费方案、城市公共交通票价调整、城市车辆购买政策调整、城市道路差异化停车收费方案、城市交通结构优化方案设计等具体业务的快速仿真分析与决策。

2. TranStar 交通分析核心模块

TranStar 软件集成了方案组织、图形编辑、方案分析、公交分析等 8 大模块,涵盖 40 多种功能,满足 110 种操作与分析需求,覆盖交通仿真分析的全部功能,具体体现在城市规划、交通规划、交通建设、交通管理、交通政策制定等多个方面。

(1) 基础数据库构建

包括:静态数据库导入、动态数据库导入、Shp 文件导入、路网 OSM 快速构建、小区与人口自动划分、人工构建数据库等。

(2) 交通方案设计

包括:城市规划与土地利用开发、城市交通基础设施规划建设、城市公交系统规划与管理、城市交通系统管理与控制、城市交通系统政策制定等业务的方案设计。

(3) 交通需求分析

包括:交通阻抗分析、交通生成分析、交通分布分析、优势出行距离分析、交通方式分析、OD 矩阵分析、交通需求一体化分析以及基于活动与出行链的交通需求分析等。

(4) 交通运行分析

包括:慢行交通运行分析、机动车交通运行分析、网络运能分析、网络运行特征分析等。

(5) 公共交通分析

包括:服务于城市客运走廊规划的公交愿望客流分析、服务于公交网络规划的公交网络客流分析、服务于公交线路设计与运营管理的公交线路客流分析等。

(6) 交通系统评估

包括:交通规划方案的居民出行效率评价、道路网络运行效率评价、公共交通系统评价、环境与能耗评价、城市经济性能评价等,以及城市交通专项评价(如城市体检、公交都市计划、畅通工程等专项的交通指标分析)。

(7)分析结果展示

包括:非常详细的图形、研究报告、数据表格等展示功能。

3.软件操作流程

TranStar软件采用"一键式"流程设计,充分考虑了交通规划在实际应用中可能面临的各类情景,为用户定制了交通规划、城市开发、交通管控、交通政策以及公共交通等五类预案模板,不仅适合交通领域专业人员使用,对非交通工程专业人员也同样友好。

第二节 TranStar基础数据库构建与方案设计

一、基础数据库与大数据应用

TranStar基础数据库包括五个方面:道路网络结构基础数据库、公共交通网络基础数据库、交通管理信息基础数据库、交通需求分析基础数据库、道路流量信息数据库。道路网络结构基础数据库、公共交通网络基础数据库是运行TranStar的必备数据库,采用固定的格式与文件名(用户不可自定义),其他基础数据库内的数据文件用户可自定义文件名。为提升TranStar基础数据库的构建效率,软件还具备已有数据库导入、基于OSM(OpenStreetMap)的道路网络数据库构建、小区数据库和人口自动划分等数据库快速构建技术。

1.交通数据库结构设计

TranStar基础数据库共包含以下两类交通信息数据:一是空间数据,主要利用坐标和相对位置等信息描述交通网络结构和地理空间布局,基于GIS技术实现对数据点、弧段的位置与结构信息的存储;二是属性数据,主要为交通决策制定和交通微观设计提供描述经济和交通基本信息的数据,包括道路网络结构基础数据、交通管理信息基础数据、公共交通网络基础数据、交通需求分析基础数据(图12-2)。

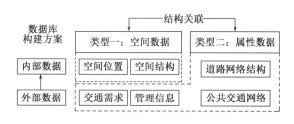

图12-2 TranStar基础数据库结构

道路网络结构基础数据库存储与道路网络结构相关的数据,包括交通网络节点坐标、交通网络节点类型、交通区与节点对应关系、交通网络邻接关系、交通网络要素设计信息、交通网络要素参数修正信息等。道路网络结构基础数据库以交通网络节点坐标为关键点,构建其与空间数据间的基本关联关系,之后其他的数据则以交通网络节点为基础构建与存储。

公共交通网络基础数据库在底层道路网络的基础上,存储常规公交、快速公交、轨道交通等公交系统数据,包括公交系统基础设施信息、公交系统线路布局及走向信息、公交系统运营管理及票价信息等。类似于道路网络结构基础数据库,公共交通网络基础数据库以公交网络站点信息中的坐标构建其与空间数据的基本关联关系,之后进一步借助公交站点来构建其他的公交相关数据。

交通管理信息基础数据库存储了交通系统的管理策略,包括节点、路段、区域的交通管理信息表,以及路段、区域的交通拥堵收费信息。交通管理信息主要存储交通管理所影响的点、线、面范围,以及具体影响交通系统运行的关键指标(通行费用、通行阻抗)。在没有实施交通管理的情况下,交通管理信息基础数据库可以为空。

交通需求分析基础数据库存储了与交通出行需求相关的数据,包括交通小区人口信息、出行目的结构信息、居民职业结构信息、小区土地利用信息、小区区位权重信息、交通生成信息、OD矩阵等。一般而言,交通需求数据为进行交通仿真分析的重要数据,将直接影响后续分析的结果,尤其是其中的交通生成信息、OD矩阵等数据。因此对交通需求信息基础数据库的构建,需要考虑不同数据源及分析方法对需求结果多样性的影响,存储时采取一定措施进行区别化处理。

2. 交通数据库文件

(1)道路交通网络结构基础数据库

道路交通网络结构基础数据库涵盖与网络节点、网络路段和交通区相关的多个数据文件。包含五个必备核心文件:

①道路交通网络邻接目录表(CONN.txt)。
②道路交通网络节点坐标信息表(COOR.txt)。
③交通区与网络节点对照表(CHNN.txt)。
④道路交通网络节点类型表(CONT.txt)。
⑤道路交通网络几何要素表(GEOM.txt)。

其中,道路交通网络邻接目录表存储了交通网络节点间拓扑关系信息,包括交通网络中道路节点的个数,以及每个节点所对应连接的其他节点情况。道路交通网络节点坐标信息表存储交通网络节点的坐标信息。交通区与网络节点对照表存储交通区作用点的信息,包括交通区的数量,以及每个交通区所对应的作用点的编号。道路交通网络节点类型表存储交通网络节点的类型信息。道路交通网络几何要素表存储交通网络路段的几何要素信息,包括起终点节点编号、路段长度、车道数、车道宽度、路段名称等信息。

(2)公共交通网络基础数据库

公共交通网络基础数据库包含多模式公交线路及公交站点的基本属性信息,支撑建立层次化的公交网络拓扑结构。公共交通网络基础数据库的构建,需要在道路网络节点和路段等要素的基础上,构建公交系统站点与公交线路间的空间衔接映射关系,即公共交通信息数据库的建立,需要以道路网络结构数据库为基础。核心必备文件如下:

①公共交通线路走向信息表(BusNodeBRT.txt、BusNodeBus.txt、BusNodeTrain.txt、BusNodeWaterway.txt)。
②多模式公交网络站点信息表(BusStationProperty.txt)。
③公共交通线路站点信息表(BusStationBRT.txt、BusStationBus.txt、BusStationTrain.txt、BusStationWaterway.txt)。
④公共交通线路配车信息表(BusVehBRT.txt、BusVehBus.txt、BusVehTrain.txt、BusVehWaterway.txt)。

⑤公共交通线路票价信息表(BusFeeBRT. txt、BusFeeBus. txt、BusFeeTrain. txt、BusFeeWaterway. txt)。

(3)交通管理信息基础数据库

交通管理信息基础数据库涵盖节点、路段以及区域交通管理信息表,可以反映现有的大部分交通管理措施和策略,包括五个主要数据文件:

①节点交通管理表(ManageN. txt)。
②路段交通管理表(ManageL. txt)。
③车种禁行交通管理表(ManageR1. txt)。
④尾号限行交通管理表(ManageR2. txt)。
⑤拥堵收费信息表(ManageC. txt)。

(4)交通需求信息基础数据库

交通需求信息基础数据库是进行城市交通需求分析的基础,主要涉及城市人口、用地等信息,以及交通需求分析的中间过程数据和最终结果。其中,与小区人口、用地、货运量相关的数据文件为该数据库的核心基础数据。交通需求信息基础数据库包括交通小区常住人口信息表(TripPopulation. txt)、居民出行目的结构信息表(TripPuse. txt)、居民职业结构信息表(TripJob. txt)、交通小区流动人口信息表(TripPopulaFloat. txt)、交通小区土地利用信息表(Landuse. txt)、土地类型利用强度信息表(LanduseStrength. txt)、交通小区区位权重信息表(LandZoneWeight. txt)、用地货运量信息表(LanduseCommercial. txt、LanduseIndustrial. txt、LanduseLogistics. txt、LanduseResidential. txt、LanduseTraffic. txt)等主要数据文件。

3. 基于大数据的交通基础数据库获取技术

TranStar 作为一款具有实际应用价值的交通规划分析软件,提供基础数据库的人工构建功能,同时,为了高效实现交通规划分析功能,软件还预设了基于大数据的数据库快速构建技术。例如,依托 OSM(OpenStreetMap)开源地图数据,TranStar 软件可下载城市交通地图,并将其解析为交通网络结构数据,从而快速构建城市交通网络数据库。如果用户已有 TranStar 基础数据库,可以直接通过 TranStar 软件内置的"已有数据库导入"功能,导入已有的数据库文件。同时,TranStar 软件还支持 Visum、TransCAD、EMME2、Cube 以及其他交通软件数据库的导入,与常用国际交通规划分析软件高效兼容。

(1)基于 OSM 的道路网络数据库构建

在"新建基础数据库"节点中,选择"OSM 路网构建"子节点,跳转至"OpenStreetMap 解析"工具页面,解析软件可解析 OpenStreetMap 地图数据,并且能够基于行政区划边界构建 TranStar 路网,如图 12-3 所示。

在下载 OSM 地图数据后,需要将 OSM 地图解析成 TranStar 软件可以读取的路网基础数据库文件。TranStar 软件提供三种解析方式,分别为矩形区域的网络解析(默认)、基于行政名称和 OSM_ID 的网络解析、多边形区域解析。需要注意,待解析的文件必须为 osm 格式。

由于 OpenStreetMap 解析出的地图只包含路网的几何信息,地图中本身不包含公交、区域管理以及交通小区等的相关信息,而 TranStar 进行系统分析时,需要更全面的文件。该解析结果的数据库文件夹中将会生成一系列公交、区域管理以及交通小区等的相关文件,并被赋默认值。如有需要,用户可以在"图形编辑"系统中进行添加操作以加入这些信息。

图 12-3　OpenStreetMap 解析平台(左)与解析后的可计算交通网络(右)

(2)已有数据库导入

如用户已有 TranStar 基础数据库,或者需对单项数据文件进行导入,可以直接通过 TranStar 软件内置的"基础数据库导入"节点下的"已有数据库导入"/"单项数据库导入"子节点(功能),导入已有的数据库文件。同时,TranStar 软件支持 Visum、TransCAD、EMME2、Cube 以及其他交通软件数据库的导入。用户可以在"基础数据库导入"节点中,选择"其他软件数据库导入",实现其他交通软件数据库文件的导入。除了以上几种基础数据库导入方式,TranStar 软件还支持 CAD 数据导入。用户可以在"基础数据库导入"节点中,选择"CAD 数据导入"来实现 CAD 数据文件的导入。

二、图形编辑系统与交通方案设计

1. 图形编辑系统

通过点击菜单栏"方案"→"方案设计"按钮,进入 TranStar 图形编辑系统页面。如图 12-4 所示,图形编辑系统主要由三部分组成:图层管理窗口、图形显示窗口和快速查看窗口。

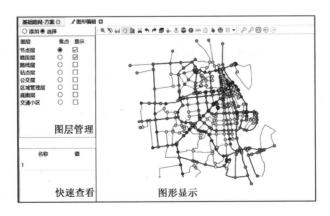

图 12-4　图形编辑系统界面

图层管理窗口:控制当前图形的交互模式为"添加"或"选择";切换焦点层;控制图层是否显示。

图形显示窗口:显示图形;执行选择、缩放、拖动等基本操作;主要处理与图元的交互。

快速查看窗口:显示所选图元基本信息。

(1) 节点层与节点编辑

节点层则是所有节点组成的集合。通过节点层,TranStar 图形编辑系统可以实现节点的新建、删除与修改。值得注意的是,在编辑图层时,需要将该图层切换为焦点图层。在实现"新增"功能时,需将交互模式切换为"添加"模式,否则应将交互模式切换为"选择"模式。

(2) 路段层与路线层

路段是现实交通系统道路的计算机抽象表达,它是实现绝大部分交通仿真功能的载体。路段层是所有路段的集合,路线层则是具有相似属性的一类路段的特殊集合。通过路段层与路线层,TranStar 图形编辑系统可以实现路段的新建、删除与修改。

新建道路时,从某个节点双击开始,依次单击,在另一个节点双击结束,即可弹出"新建路段"对话框,可以设置道路类型、机动车道宽度、机动车道数、非机动车道宽度、道路名称等;还可以设置创建"对向路段"。考虑到交通网络路段的完整性与唯一性,新建路段不允许起点和终点相同。

进行方案设计时,常常需要新建大量相同等级的路段,新建这些路段需要重复执行新建路段操作。因此,TranStar 提出了路线的概念,表示连续的具有相同分类等级、相似道路属性的路段集合,对应于实际交通系统的城市快速干道、高速公路等长距离交通服务设施。新建路线时,在图形显示窗口,双击新建路线起点,接着连续点击创建节点,最后双击产生路线终点。节点建立完成后,路线将会自动在节点之间依次连通。最终对节点、路线的属性进行设置,即可完成路线的新建。

(3) 公交站点层

站点层用于表示多模式公交站点,包括普通公交车站、快速公交站、地铁站和水运航线站。通过站点层,TranStar 为用户提供了站点的新增、删除、修改等功能。

(4) 公交线路层

公交线路层是多模式公共交通线路的集合,能够实现与城市公共交通技术相关的方案设计。通过公交线路层,TranStar 图形编辑系统可以实现公交线路的新建、删除、修改、延长与缩短功能。

在求解公交线路的详细设计与运营组织时,TranStar 采用超级网络进行客流分布分析。针对大城市大规模、多模式公交网络,TranStar 将"公交线路网"与"局部超级网络"组合,实现精准且高效的公交局部超级网络构建模型。图形编辑系统中,也相应配置了局部超级网络构建的交互设计。

(5) 区域管理层

区域管理层是交通管理措施制定区域的集合,以实现城市交通管理控制方案与交通政策法规指定的方案设计。在区域管理层,可以设置车辆禁行、尾号限行、拥堵收费、区域内居民费率等管控措施。

(6) 底图层

底图层是图形编辑系统的一类特殊图层,其自身并不属于城市交通系统,是 TranStar 为实现路网参考等功能而提出的。通过底图层,能够实现图片的插入、删除、纠偏等功能,为用户规划路网提供参考。

(7)交通小区层

交通小区是针对城市道路网络交通流在时间和空间分布上的不均匀和不匹配性,为提高系统效能和可靠性及满足系统开发的需要而提出的。在 TranStar 中,交通小区层是交通小区的计算机抽象表达集合,专门处理与交通小区相关的人机交互与方案设计。通过交通小区图层,TranStar 图形编辑系统可以实现交通小区的新建、删除与修改,以及合并与拆分交通小区功能。

除此之外,TranStar 图形编辑系统还提供了许多其他实用工具,以提升进行路网规划设计时的用户体验与工作效率,如坐标转换、截图、查询、测量等功能。

2. 交通方案设计

交通方案设计是在 TranStar 基础数据库建立的基础上,通过图形编辑系统,完成小区土地开发调整、交通设施建设、公共交通技术、交通管理控制、交通政策法规制定等方案的设计和输入。TranStar 通过选择新建方案,对"交通方案设计"功能模块进行系统配置。配置完成后根据需求选择"小区土地开发调整""交通设施建设方案""公共交通技术方案""交通管理控制方案""交通政策法规制定"等五大功能模块,查看方案设计流程,或者进入图形编辑界面,如图 12-5 所示。

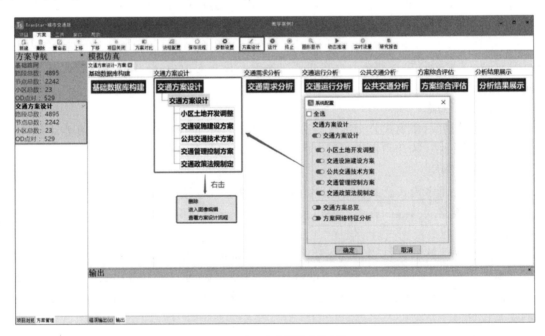

图 12-5　交通方案设计系统配置

(1)城市土地开发方案设计

城市土地开发方案设计主要针对各交通小区实现不同的土地利用开发方案,包括城市形态与区域扩展调整、城市人口总量与分布调整、城市土地利用性质与开发强度调整等。用户只需与交通小区层交互,利用交通小区具有相似的基础建设及交通特征的特性,通过调整小区的属性特征,完成小区分布及形状调整、小区人口数调整、土地利用性质对应面积调整等,即可实现多层次的土地利用开发方案设计。

(2)交通设施建设方案设计

交通设施建设方案设计主要通过节点层和路段层实现不同的基础设施建设方案,包括新建交通基础设施、改扩建交通基础设施等。用户需要与节点层、路段层进行交互。用户通过新增/删除路段,可以快速实现建造与封闭某条道路或桥梁的方案设计;通过设置路段车道数、宽度等属性值,可以快速实现改扩建某条道路或桥梁的方案设计;通过改变公交专用道、路侧停车设置,可以快速实现不同服务水平下的道路方案设计;通过调整节点的类型及信号配时等属性,可以快速实现城市交叉口改建方案设计。

(3)公交建设运行方案设计

公交建设运行方案设计主要通过站点层和公交层,实现不同的公交建设运行方案,包括公交线路布设、公交线路属性变化等。用户需要与站点层、公交层进行交互,通过新增/修改/删除站点与公交线路,进行基于站点层面的公共交通路线布设设计,完成城市公交网络规划的策略设计;通过修改特定线路的发车间隔、票价、配车数等信息,进行特定公交线路建设的仿真设计,完成城市公交线路的工程可行性研究;通过新增公共站点换乘步行连接线,可以实现公共交通网络与基础交通网络的有机融合,完成公交系统的运行组织与管理的策略设计。

(4)交通管理控制方案设计

交通管理控制方案设计主要通过路段层、公交层和区域管理层,实现对指定位置实施各类交通管理控制方案,包括设置道路管控措施、区域管控措施等。用户通过图形编辑界面进行交互,通过设置路段的机动车禁行限行,实现交通组织优化管理的策略设计;通过设置路段的路侧停车属性,实现城市道路路边停车组织的策略设计;通过设置公交专用道、非机动车专用道和人行道,实现特殊车道管理,完成城市交通网络局部微循环组织的策略设计;通过设置控制公交运行运营参数与公交专用道,实现公交优先通行策略。

(5)交通政策制定方案设计

交通政策制定方案设计主要通过设置交通政策,实现不同的交通政策方案,包括城市道路拥堵收费方案、城市公共交通票价调整方案、城市道路差异化停车收费方案、城市交通结构优化方案等。用户通过图形编辑界面进行交互,通过设置拥堵收费策略,实现经济杠杆政策对城市交通系统的仿真分析;通过调整公交票价、车种出行成本等,可以实现私家车限购、公交优先发展、新能源汽车优惠等政策的场景设计;通过设置区域管控策略,可以完成交通出行者在多种约束条件下的交通运行状态分析,实现城市交通结构优化的方案设计。

第三节 TranStar(城市交通版)分析模块

一、交通需求分析

交通需求分析工作是通过历史经验、客观资料(数据)和逻辑判断(模型),研究并发现交通系统发展规律及其未来变化趋向的过程。对交通需求的合理分析与有效把握是对交通系统发展规律的预见,是在现有条件下对交通需求发展的有效引导和控制。对于城市交通系统而言,交通需求分析是十分重要与关键的,其结果准确与否对城市交通系统的发展有显著影响。

TranStar 通过多年的开发,具有强大的交通需求分析与预测功能。软件以城市交通特性分析和交通供需问题解决为导向,面向城市交通需求总量分析、分布分析与方式选择分析,通过"源与流""供与需"间辩证关系的统一,将需求分析的内容融为一体。软件重点突出城市交通出行特性与交通系统方案间的协调,涵盖对步行、自行车、私人小汽车、公交(含常规公交、轨道)等交通出行方式(交通子系统)的诠释,可以实现交通区发生吸引量预测、居民出行交通分布预测、居民出行交通方式预测,以及特殊情况下的 OD 矩阵合并拆分的运算,如图 12-6 所示。

1. 交通生成分析

交通生成分析是城市交通需求预测的第一阶段,是进行交通需求分析与预测工作的基础,交通生成分析结果的精确与否将直接影响交通需求分析的结果。交通生成分析的任务是确定对象地区交通需求总量,即生成交通量。进而在此量的约束下,分析各个交通小区的发生吸引量。发生吸引量预测根据对象不同,可以细分为以下几种:常住人口出行发生吸引量分析、流动人口出行发生吸引量分析、货运交通发生吸引量分析。

(1)常住人口出行发生吸引量分析

常住人口所产生的交通量是城市交通量中最重要的部分。

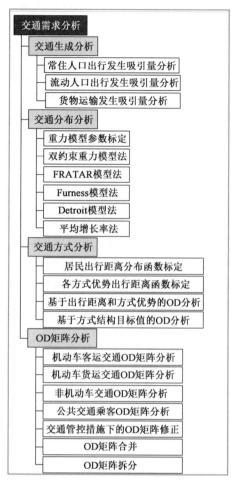

图 12-6　TranStar 交通需求分析模块配置

常住人口出行发生吸引量分析包括 4 个部分:基于小区人口分析、基于出行目的分析、基于土地利用分析和基于职业结构分析。最终的常住人口发生吸引量是由这 4 种分析结果的综合加权得到。

①常住人口发生吸引量——基于小区人口分析。

TranStar 采用原单位法,根据交通小区常住人口信息与常住人口日均总出行次数信息进行预测,在此基础上对发生吸引量进行平衡,最后分配到各交通小区中。

②常住人口发生吸引量——基于出行目的分析。

TranStar 采用原单位法,根据交通小区常住人口信息、出行目的结构信息与常住人口日均总出行次数信息进行预测,在此基础上对发生吸引量进行平衡,最后分配到各交通小区中。

③常住人口发生吸引量——基于土地利用分析。

TranStar 根据交通小区各类用地面积和权重,按照一定规则将出行总量分配至各交通小区,在此基础上对发生吸引量进行平衡,最后分配到各交通小区中。

④常住人口发生吸引量——基于职业结构分析。

TranStar 采用原单位法,根据交通小区常住人口信息与常住人口职业结构信息进行预测,在此基础上对发生吸引量进行平衡,最后分配到各交通小区中。

⑤常住人口发生吸引量——预测结果综合加权。

本部分考虑以上四类影响因素,分别进行常住人口出行发生吸引量的预测,再根据不同影响因素的权重(数据不足时,也可只考虑具有完整数据的几类)对发生吸引量进行加权平均与平衡,最后分配到各交通小区中。

(2)流动人口出行发生吸引量分析

流动人口所产生的交通量同样是城市交通量中重要的组成部分,是对基于常住人口的分析结果的补充。流动人口出行发生吸引量分析同样基于原单位法,利用流动人口出行次数与交通小区流动人口数量对流动人口的出行发生吸引量进行分析。

(3)货物运输发生吸引量分析

货物运输发生吸引量分析通过以下3个步骤完成:

①假定货运发生量(吸引量)与用地面积和实际货运发生率(吸引率)之间有如下关系:货运量={用地面积,实际货运发生率(吸引率)}。

②推导货运发生吸引量与用地面积的非线性关系,利用历史面积与货运量数据对公式进行标定,可得到参数的具体数值。

③根据规划年各类型用地的面积,可对各交通小区货运发生吸引量进行预测。

2. 交通分布分析

在城市交通需求预测中,对于不同交通方式的出行量均需要进行交通分布预测。对于不同交通方式的出行量,在进行交通分布预测时,所采用的交通分布方法是一致的,均是通过估计交通生成总量随出行距离、出行时间等阻抗相关信息的变化特征,分析需求的分布情况,但分布模型所依据的交通阻抗及模型参数是完全不一样的。TranStar主要讨论双约束重力模型和平均增长模型程序模块。

双约束重力模型交通分布预测分两步:①运行"重力模型参数标定"程序,得到相应输出文件,完成双约束重力模型参数标定。②运行"双约束重力模型法"程序,得到相应输出文件,完成双约束重力模型分布预测。

平均增长模型可以在系统中集成运行,也可以单独运行。完成平均增长模型交通分布预测运行特征参数确认后,点击"交通需求分析"节点中"交通分布分析"子节点的对应模块,TranStar将运行程序,并得到相应输出文件,完成平均增长模型分布预测。

3. 交通方式分析

不同的交通方式有其特定的优势出行距离,居民出行方式选择一般符合优势出行距离的规律。此外,城市规模、交通方式类型、公交覆盖率、私家车拥有率等因素也会对出行方式的选择产生一定的影响。

(1)居民出行距离分布函数标定

居民出行距离函数标定主要通过以下3个步骤完成:

①当使用出行距离文件进行标定时,基于统计学原理,需要输入出行距离并按照升序排列。设定一定的距离划分档位(案例中使用500m为划分档位),并对该档位内的出行次数和频率进行统计。

②当使用居民出行OD矩阵进行标定时,需要读取出行OD矩阵及小区间最短路矩阵。设定一定的距离划分档位(案例中使用500m为划分档位),将最短路数据划入合适的档位,将

该小区间 OD 量叠加即可得到出行次数及频率。

③采用最小二乘法的固定形式对统计结果进行拟合。

(2)各方式优势出行距离函数标定

TranStar 首先构建每种交通方式的用户出行费用消耗模型,从用户的角度考虑选择一种交通方式需要的费用,并用人均单位出行时间价值将出行时间成本归一化。此外,在计算交通方式的出行消耗时,还需要用出行者的车辆拥有率、公交覆盖率等对出行消耗模型进行修正,修正系数由调查得到。然后,构造各交通方式的效用函数与出行消耗函数,考虑出行者体力的限制,对各出行方式的效用函数进行修正,体现出行者体力对出行的影响。最后,计算各交通方式在同一距离下的概率密度函数,并采用最小二乘法的固定形式对统计结果进行拟合。

(3)基于出行距离和方式优势的 OD 分析

根据得到的各交通方式优势出行距离拟合函数,结合考虑城市差异出行方式修正参数,能够得到反映城市实际情况的各交通方式分担率。

(4)基于方式结构目标值的 OD 分析

城市目标分担率是在城市规划时设定的,力求城市在发展中逐渐达到的一种目标值。根据城市规模、交通方式类型、公交覆盖率等信息得到的基于出行优势距离的方式划分结果,与目标分担率仍存在一定的差距。因此需要基于目标分担率反推各交通方式的 OD 矩阵。TranStar 在已有模型参数的基础上,依据目标分担率,采取有向搜索算法,设定搜索步长及精度,每次搜索后生成目标 OD 矩阵和各交通方式分担率,并判断此时的分担率与目标分担率的误差是否满足设定精度,若不满足则继续下一步搜索;否则,停止搜索并输出目标 OD 矩阵。

4. OD 矩阵分析

不同交通方式对应的区域出行 OD 分配不同,除了客、货流量对最终不同的交通方式 OD 分配结果有决定性的影响之外,时段系数、标准车当量数、载客人数、载货吨数等也会对 OD 分配结果产生影响。本节介绍 TranStar 中各方式、各交通需求分析背景下的 OD 矩阵分析程序模块。

(1)机动车客运交通 OD 矩阵分析

TranStar 基于原单位法,利用地面公交车客流量 OD、非公交客车客流量 OD、出租车客流量 OD 以及摩托车客流量 OD 数据,结合时段系数、载客人数以及 PCU 系数对地面公交 OD、非公交车 OD、出租车 OD 以及摩托车 OD 数据进行预测分析。

(2)机动车货运交通 OD 矩阵分析

TranStar 基于原单位法,利用大中货车货流量 OD、小型货车货流量 OD,结合时段系数、载货吨数以及 PCU 系数对大中货车 OD、小型货车 OD 进行预测分析。

(3)非机动车交通 OD 矩阵分析

TranStar 基于原单位法,利用步行分布流量 OD、自行车分布流量 OD,结合时段系数对步行 OD、自行车 OD 进行预测分析。

(4)公共交通乘客 OD 矩阵分析

TranStar 基于原单位法,利用地面公交分布流量 OD、轨道交通分布流量 OD,结合时段系数对地面公交 OD、轨道交通 OD 以及公共交通乘客 OD 进行预测分析。

(5) 交通管控措施下的 OD 矩阵修正

OD 矩阵是进行交通规划和管理的基础性数据，它直接反映了交通网络中车流在空间上的分布状况。城市中的交通管理措施，如车种禁行、尾号限行以及拥堵收费等，会使各车种 OD 矩阵发生变化。TranStar 可实现禁行、限号、拥堵收费三种城市交通管控措施对 OD 矩阵的影响修正。程序的具体执行顺序为：先禁行管理，再拥堵收费管理，最后限号管理。

二、交通运行分析

作为 TranStar 的核心模块，城市交通系统交通运行分析依据交通网络基础信息分析和交通需求分析等模块的分析结果，开展特定应用场景和多种交通方式的交通阻抗分析及交通分配流程，通过网络交通流分配结果对道路网络运行特征进行指标分析与运行状态评估，为城市交通系统的规划建设、管理控制与政策制定的方案评估与决策支持提供直观的量化指标，如图 12-7 所示。

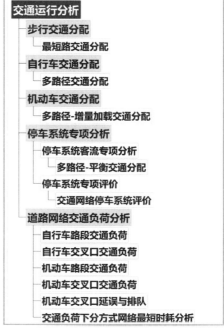

图 12-7　TranStar 交通运行分析模块配置

服务于城市交通系统交通运行分析的基础数据文件包括交通网络基础数据文件、交通管理基础数据文件以及交通需求基础数据文件。TranStar 在执行交通运行分析模块时，首先需要通过内置模块"交通网络基础信息分析"程序、"交通管理基础信息分析"程序对这些基础数据文件进行整合、处理，生成交通运行分析各模块所需的基础数据信息文件。

1. 交通阻抗分析

TranStar 采用的交通阻抗分析模型与相关参数是内置模块，在交通运行模块执行过程中被反复调用。

交通阻抗分析模块的主要功能如下。

(1) 道路路段通行能力分析

根据路段基本通行能力、车道宽度系数、车道数修正系数等相关因素计算出路段机动车通行能力。

(2) 道路交叉口通行能力分析

根据交叉口各进口设计通行能力得出交叉口设计通行能力。

(3) 交通管理对路段通行能力的影响修正

在原先的路段机动车通行能力的基础上，考虑交通管理措施，如公交专用道设置、路侧停车情况、路段"绿波"交通设置等，对路段机动车通行能力进行修正，得出经交通管理措施影响修正的路段机动车通行能力，包括非公交车通行能力和公交车通行能力。

(4) 交通管理对交叉口通行能力的影响修正

在原先的交叉口机动车通行能力的基础上，考虑交通管理措施，如节点转向限制、路段"绿波"交通设置等，对交叉口机动车通行能力进行修正，得出经交通管理措施影响修正的交叉口机动车通行能力。

(5) 道路路段行驶速度与行驶时间分析

路段平均运行车速预测需建立道路交通阻抗函数。TranStar 采用了美国联邦公路局提出的 BPR 路阻函数。道路设计车速(km/h)在软件中已根据道路等级及类型设定,用户可通过参数设置页面修改。对于路程行程时间的计算,需考虑道路网络中的路段是否存在公交专用道。若考虑公交专用道,则依照独立路权分别计算公交车车辆与非公交车车辆的道路路段时间阻抗。

(6) 交通管理对路段行驶时间的影响修正

由于在进行路段通行能力计算时,已考虑交通管理措施产生的影响,此处主要配合多线程分配对路段行驶时间进行修正,得出用于分配各 OD 矩阵所使用的考虑交通管理措施的路段行驶时间。

(7) 交通拥堵收费对交通阻抗的影响修正

在道路路段行驶速度与行驶时间分析基础上,考虑交通拥堵收费政策的交通阻抗,对机动车路段行驶时间进行修正,得出考虑交通拥堵收费政策的广义路段行驶时间增量。

2. 道路交通网络分配

TranStar 交通运行分析的关键技术是城市交通网络交通分配技术。城市交通网络交通分配是通过模拟出行者对出行路径的选择行为,把各出行方式的出行需求通过分方式 OD 矩阵分配到具体的交通网络上,以获得交通网络中相关路段与交叉口的交通量,作为交通网络规划与管理方案设计和评价的依据。交通分配方法族谱体系及各类交通分配方法的一体化组合流程设计具体见第四章。

TranStar 在交通运行分析模块中,对步行、自行车、机动车在道路网络上的运行(含停车)均提供了最短路交通分配、多路径交通分配、平衡交通分配等六种交通分配模型,如图 12-8 所示。步行、自行车、机动车等交通分配功能的软件实现具体见表 12-1。

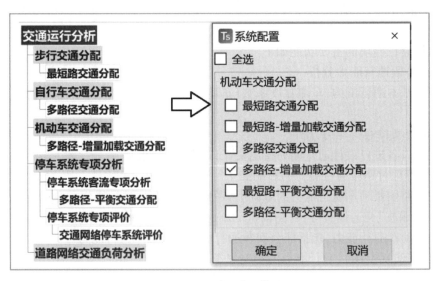

图 12-8　TranStar 交通分配模型配置

TranStar 道路交通网络分配功能 表 12-1

分配模式	实现功能
步行交通分配	(1)道路路段步行速度、路段步行时间预测； (2)不同分配方法下道路路段步行交通量预测
自行车交通分配	(1)自行车道路段通行能力分析； (2)自行车道交叉口通行能力分析； (3)自行车道路车速、行程时间预测； (4)根据路段自行车交通量修正路段机动车通行能力
机动车交通分配	(1)路段和交叉口通行能力分析，车速、行程时间预测； (2)公交车分配网络选择

3.道路网络交通负荷分析

在"道路网络交通负荷分析"模块，TranStar 软件提供"自行车路段交通负荷分析""自行车交叉口交通负荷分析""机动车路段交通负荷分析""机动车交叉口交通负荷分析""道路网络交叉口延误与排队分析"和"交通负荷下分方式网络最短时耗分析"六项功能，见表 12-2，通过系统配置勾选即可加载相应分析功能。

TranStar 道路网络交通负荷分析功能 表 12-2

分析内容	实现功能
自行车路段交通负荷分析	根据道路交通网络基础信息模块产生的路网相关信息以及交通分配的结果计算出各路段自行车交通负荷(即路段交通量与通行能力之比)
自行车交叉口交通负荷分析	根据道路交通网络基础信息模块产生的路网相关信息以及交通分配的结果计算出各交叉口自行车交通负荷(即交叉口交通量与通行能力之比)
机动车路段交通负荷分析	根据道路交通网络基础信息模块产生的路网相关信息以及交通分配的结果计算出各路段机动车交通负荷(即路段交通量与通行能力之比)
机动车交叉口交通负荷分析	根据道路交通网络基础信息模块产生的路网相关信息以及交通分配的结果计算出各交叉口机动车交通负荷(即交叉口交通量与通行能力之比)
道路网络交叉口延误与排队分析	(1)信号控制交叉口：采用 HCM2010 推荐的信号交叉口延误计算方法； (2)无控制交叉口：采用车队分析法计算延误； (3)主路优先交叉口：采用 HCM2010 推荐的主路优先交叉口延误算法； (4)环形交叉口：采用 HCM2010 推荐的环形交叉口延误计算方法； (5)立体交叉口：在实际延误与排队计算时，对交叉口不同上下匝道口的分流点、合流点分别按主路优先交叉口进行处理
交通负荷下分方式网络最短时耗分析	根据道路交通网络基础信息模块产生的路网相关信息以及交通分配的结果计算出分方式网络最短时耗

三、公共交通分析

城市公共交通是城市交通系统的重要组成部分，城市公交网络包括由地铁/轻轨、有轨电车、BRT、快速公交、常规公交、水路客运线等多模式公交线路组成的交通网络及其配套设施。

优先发展城市公共交通,不仅可以缓解城市交通拥堵问题,而且能极大改善城市人居环境,促进城市可持续发展。对公共交通系统进行全面且细致的分析,是科学规划和优化建设结构合理、高效快捷的公共交通系统的前提,是评价和优化公交运营结构的基础,也是提高公交运营质量、支持政府决策的依据。

TranStar从三个层面为城市多模式公共交通系统的规划建设与运行管理提供客流分析与运行仿真的技术支撑:①公共交通愿望客流分析。根据城市综合交通网络结构和系统运行状态分析公交乘客出行的期望路径与愿望客流分布,为城市公交通道布局、公交网络布局提供决策支持。②公共交通网络客流分析。根据具体的公交线路走向分析客流在公交网络中的分布情况,获取公交系统关键指标,为城市公交线网的规划、评估和改进提供基础数据。③公共交通线路客流分析。通过超级网络分析公交线路各断面及站点的客流信息,为精细化的公交线路设计和运营策略制定提供依据。本软件"公共交通分析"模块主体内容如图12-9所示。

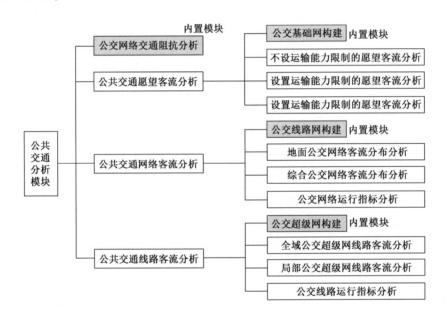

图12-9 TranStar公共交通分析模块的主体内容

1. 公交网络交通阻抗分析

TranStar采用的公交网络交通阻抗分析模型与相关参数是内置模块,在公交网络客流分析等模块的执行过程中被反复调用。

对于可通行公交线路的路段,公交运行阻抗应综合考虑规划时段道路网络特征、交通运行状态和城市管控措施的影响。例如,路段公交运行阻抗应考虑规划时段道路基本特征及交通量的分布;对于社会车辆与公交车辆混行的路段,其阻抗计算应考虑社会车辆与公交车辆之间的相互影响;对于设置公交专用道的路段,其公交出行阻抗应小于机动车混行阻抗。

公共交通客流分配根据依托网络、分配结果与应用场景的不同可以分为愿望客流交通分配、网络客流交通分配和线路客流交通分配三类,见表12-3。

三种公共交通网络交通分配方法总结　　　　表12-3

分类	愿望客流交通分配	网络客流交通分配	线路客流交通分配
依托网络	城市道路交通网络	城市道路与公交网络	城市公共交通网络
分配结果	道路网络上的公交客流愿望分布	布设公交线路的道路网络公交客流分布	公共交通站点客流与公交线路断面客流
应用场景	公交走廊布局规划、地铁线路布局规划等	公共交通网络规划、公共交通线路优化	公交线路和站点规划、设计公交线路车辆排班

愿望客流交通分配是将公交客流 OD 矩阵在城市道路基础网络上进行分配,进而分析整个城市道路基础网络的公交客流愿望走向。在阻抗计算过程中,将无条件开展公交服务的路段类型(如高速公路、步行道等)阻抗设为无穷大,其余路段根据公交客流最大承载量按照 BPR 函数进行阻抗计算,进行无运输能力限制条件下的城市道路网络公交愿望客流分布分析。

网络客流交通分配是通过将公交客流 OD 矩阵在布设有公交线路的道路网络上进行分配,实现对整个公共交通网络客流分布情况的分析。在阻抗计算过程中,将没有布设公交线路的路段的阻抗值设为无穷大,其余路段根据道路上布设的公交线路多少及公交线路类型(包括轨道交通线路)确定实际运输能力,再按照 BPR 函数进行阻抗计算,进行线网规划条件下的公交网络客流分布分析。

线路客流交通分配能够分析获取公交线路的断面和站点客流量。与网络客流交通分配仅考虑线路出行阻抗不同,线路客流交通分配需要考虑出行与换乘的综合阻抗。交通分配是在公共交通超级网络上进行的,通过将公交客流 OD 分配至具有公交线路与站点设置的公交网络(超级网络)上,进行线路与站点设置条件下的公共交通站点与线路横断面的客流分布分析。

2. 公交基础网——愿望客流分析

假设城市综合交通网络中有条件通行公交车辆的路段均存在公交服务,各交通小区之间的出行者均能按其期望路径完成出行,则各小区的出行需求在网络中的分布被称为愿望客流分布。

愿望客流不是实际客流,但它能反映乘客出行路径选择的意愿,是城市公交通道布局、轨道交通线路布局的重要参考。TranStar 通过构建公交基础网进行城市公交系统的愿望客流分析。

(1)公交基础网

公交网络总体布局规划中通常认为城市快速路、主干路可设置快速公交线路;城市次干路、支路、城郊公路可设置普通公交线路;轨道交通途经路段多为全封闭专用路段(如地铁、轻轨),或拥有绝对路权的半封闭专用路段(如有轨电车、BRT),并通过步行连接线与其他等级道路连接;有时还需要考虑跨江跨河的水路客运线。我们把能够通行地面公交的道路、轨道交通线路及其步行连接线等所形成的交通网络称为"公交基础网"。在公交基础网中,各路段设计行程速度和设计运输能力均按照相应地面公交线路和轨道交通线路的等级及车辆配置情况进行设置。公交基础网由 TranStar 内置模块自动构建。

（2）公交愿望客流分布分析

公交愿望客流分布分析是根据各路段阻抗将公交出行 OD 矩阵分配到公交基础网的相应路段上。本模块服务于城市公交走廊(轨道交通线路、快速公交线路)的布局规划。为了分析公交客流的主流向，通过公交阻抗分析的相应处理，使公交愿望客流分布在主要道路上，以便确定城市公交走廊，为轨道交通线路、快速公交线路布局提供依据。

TranStar 根据不同公交网络总体布局规划目的和前期设置条件，提供了三种公交愿望客流分布分析方法：不设公交运输能力限制、设置公交运输能力限制和考虑轨道交通线路的公交愿望客流分布分析。在"公共交通分析"模块系统配置勾选即可加载相应分析功能，同时需要勾选相应的交通分配方法。公交愿望客流交通分配模型配置如图 12-10 所示。

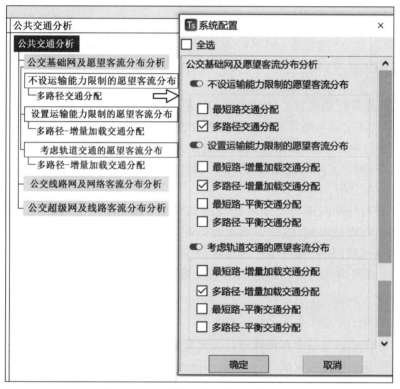

图 12-10　公交愿望客流交通分配模型配置

①不设运输能力限制的公交愿望客流分布分析。由于不设运输能力限制，相当于客流分布分析过程中无须考虑拥挤效应，因此只需采用单次交通分配方法，即最短路分配和多路径分配，分配过程中依次将 OD 对的公交客流量全部加载到最短路径或多路径中有效路径的各个路段上，并累加同一路段上的公交客流，直至所有 OD 对完成客流分配，得到不设运输能力限制的公交愿望客流分布结果。本模块执行过程中会调用内置的"公交阻抗分析程序"完成不设运输能力限制愿望客流路段出行时间分析。有时候为了显示公交主流向，可以在公交基础网中关闭支路或部分次干道(设交通阻抗为无限大)，使公交主流向更加集中，服务于客运走廊分析。

②设置运输能力限制的公交愿望客流分布分析。实际的公交基础网中，每个路段都有公交通行能力约束，当客流量很大时，通行时耗会增加，需要考虑由于客流量增加导致的拥挤效

应,因此适合采用增量加载、网络均衡等多次交通分配方法。该客流分布可作为城市地面公交网络布局规划的依据。根据各路段公交运行阻抗及运输能力,通过增量加载交通分配的 OD 拆分或者平衡交通分配的不断迭代,实现路段阻抗与分配流量的更新,最终得到设置运输能力限制的公交愿望客流分布结果。本模块执行过程中会调用内置的"公交阻抗分析程序"完成设置运输能力限制愿望客流路段出行时间分析。

③考虑轨道交通线路的公交愿望客流分布分析。对于设有轨道交通线路的公交基础网,公交愿望客流分布应考虑多模式公交网络间的平衡,适合采用平衡交通分配方法,该客流分布可作为城市综合公交网络布局规划的依据。平衡交通分配算法综合考虑地面公交和轨道交通的运行阻抗,在每次迭代中将 OD 矩阵一次性加载至最短路径或多路径的有效路径的各个路段上,之后更新路段阻抗,搜索达到均衡状态的最速下降方向和最优步长,并根据步长更新路段流量直至算法收敛,得到考虑轨道交通线路的公交愿望客流分布结果。本模块执行过程中会调用公交阻抗分析程序完成考虑轨道交通愿望客流的路段出行时间预测。

3. 公交线路网——网络客流分析

公交网络客流分析面向城市公交网络布局规划,目的是在给定具体线路走向的公交网络中,获取客流的分布情况、出行成本及公交系统运营关键指标,以便对公交规划方案进行定量化评估。在城市级公交网络规划初期阶段,规划者更注重公交线路走向及网络整体布局的合理性。因此,TranStar 提供一种简便的客流分布及公交系统关键指标分析技术,该技术可以在不考虑具体站点位置及站点客流信息的情况下,衡量公交线网空间结构与公交出行需求分布的契合程度,并对系统的性能进行定量化评估。

(1) 公交线路网

公交线路网是综合交通网的子网络,包括地面公交线网和轨道交通线网。其中,地面公交线网由存在公交服务的道路路段构成,轨道交通网络独立于城市道路,通过步行连接线与城市道路相连。

公交线路网的路段包含以下信息:①路段的起终点;②途经该路段的公交线路(地面公交线路或轨道交通线路);③各线路的运营频率;④路段公交出行阻抗。对于地面公交网络,路段起终点为城市道路交叉口,并认为乘客可通过交叉口进入或离开公交线路网。路段运输能力为途经该路段的公交线路运能之和,线路运能为公交车辆额定载客量与运营频率的乘积;对于轨道交通网络,路段起终点为轨道交通站点,路段运输能力为所包含轨道线路的运能之和。公交线路网由 TranStar 内置模块自动构建。

(2) 公交线路网客流分布分析技术

公交线路网客流分配技术根据各路段的公交出行阻抗和运输能力将各 OD 点对之间的公交出行需求分配至公交线路网。服务于城市公交网络规划的公交线路网客流分析技术具有如下特点:

①能够反映客流在公交线路网中的分布情况,存在共线时,不细分每条公交线路上的乘客量。

②路段阻抗基于车辆行程时间,但不考虑乘客等车时间和同站换乘对路径选择的影响。

③能够反映乘客异站换乘的行程距离,但不考虑乘客的等车时间和换乘次数。

公交线路网客流分配技术的计算复杂度和数据要求不高,在城市公交系统规划阶段具有很高的实用性,可以在具体公交线路站点位置及运营信息暂不明确的情况下,根据公交线路网的结构快速获得客流分布结果,并对公交系统的整体性能进行评估,为公交主管部门和公交企业的方案制订提供理论依据与改进方向。

除此之外,TranStar 可根据线路走向分析公交线路网的协调性和分布均衡性,并提供衡量公交线网水平的关键指标,主要包括非直线系数、线路重复率、复线系数及线网密度等。

TranStar 根据不同分析过程中所考虑的公交线网范围,提供了两种公交网络客流分布分析方法:地面公共交通客流分布分析和综合公共交通客流分布分析。交通分配方法通过方案配置选定,执行过程中会调用公交阻抗分析程序完成路段出行时间预测,进而完成网络客流交通分配,如图 12-11 所示。

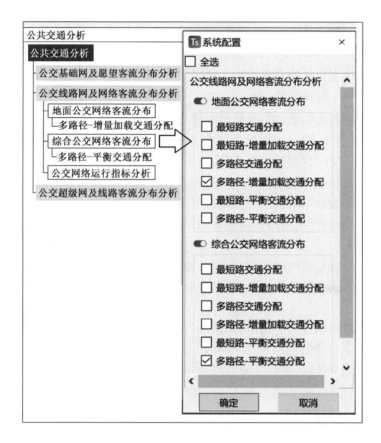

图 12-11 公交网络客流分布分析配置

4. 公交超级网——线路客流分析

与面向规划的公交线路网客流分析不同,面向公交线路精细化设计与运营组织的客流分布分析需要将公交线路网转换成超级网络,通过虚拟节点和虚拟弧段描述乘客在等车、换乘、车内行程时间、票价等出行成本影响下的路径选择行为,获取地面公交或轨道交通线路各断面与站点的客流信息,以便对公交线路的运营效果进行评估和优化。

(1)公交超级网的构建

超级网络(SuperNetwork)是一种超于现存网络的虚拟网络,具有多层、多级、多属性、流量多维性等特征,能够很好地反映各子网络之间的相互作用关系和影响机理。城市公交超级网络是一个由多层子网络集成的网络模型,通过添加虚拟节点和虚拟路段来体现不同公交模式子网络间的换乘关系。其中,常规公交和快速公交子网络依托于城市道路网络,轨道交通子网络独立于道路网络但通过轨道交通站点和步行连接线与道路网络相连。因此,可基于图论建模思想构建不同公交方式子网络,并以换乘站点为连接,建立各子网络以及城市道路网络之间的相互联系,从而形成涵盖所有公交方式和各层级网络、相互嵌套关联的多模式公交超级网络模型。TranStar 采用王炜团队提出的公交超级网络构建方法。公交超级网由 TranStar 内置模块自动构建。

(2) 基于公交线路网的局部超级网构建

城市公交线路客流(包括线路断面客流与站点上下客流)主要服务于公交线路的详细设计与运营组织,通常需基于公交超级网络进行分析。对于公交线网规模较小的中小城市,可将整个公交线路网转化为超级网络进行客流分布分析。但大城市的公交线网通常是大规模、多模式的网络,将整个城市的公交线网转化为超级网络会产生大量的虚拟节点和虚拟弧段,严重影响计算效率。对服务于大城市公交线路设计与运营组织的线路客流分析,一方面,我们需要了解所研究线路在整个城市公交网络中的关联影响,另一方面,我们只关注所研究线路的详细客流信息(断面和站点客流),并不关注其他线路,不希望计算工作量太大。因此可通过"公交线路网"与"局部超级网络"的组合达到这两方面的目的。

在"公交线路网"上,将所研究线路及与此线路存在换乘关系的其他线路所组成的局部网络转换为局部超级网络,并详细分析线路的断面和站点客流信息。与所研究线路相对应的局部网络包括:所研究线路的所有站点与断面、与所研究线路存在共线的其他线路共线部分的站点与断面、其他线路上能与所研究线路进行换乘的站点(非共线但邻近,在可接受换乘距离内)。局部网络内各公交线路站点、断面以及用虚拟节点、虚拟弧段表示的客流换乘关系,形成了局部超级网络。其他公交线路可通过"公交线路网"分析客流的分布情况,只考虑其走向及途经的交叉口,不考虑具体站点,并假设乘客可以通过交叉口进行换乘。转换成超级网络的线路,其站点可通过相应虚拟弧段与公交线路网中的节点相连,从而形成完整的网络结构。基于"公交线路网"的"局部超级网络"构建方法能够避免过多的虚拟节点和虚拟弧段,在准确分析所研究线路断面及站点客流信息的情况下大幅度提高计算效率。例如,南京市整个城市道路网络节点有 1.2 万个左右,"公交线路网"节点有 1.1 万个左右,公交超级网络节点有 24 万个左右,一条公交线路的"局部超级网络"+"公交线路网"总节点数不到 1.2 万个。由于公交网络交通分配的计算工作量大约为节点数的 2.5 次方,对于一条公交线路的详细客流分析,采用"局部超级网络"比采用"全城超级网络"计算效率提高上千倍。公交局部超级网络也由 TranStar 内置模块自动构建。

(3) 公交超级网络客流分布分析技术

不管是采用全城公交超级网络还是局部公交超级网络进行公交线路客流分析,其基本流程都是通过对公交网络的交通阻抗分析,进行公交网络公交客流交通分配来获得网络中每一条(基于全城公交超级网)或某一条(基于局部公交超级网)公交线路的详细客流信息(线路断面客流、站点上下客流等)。服务于公交超级网络客流分布分析的交通分配技术与构建线路网络客流交通分配的技术是相同的。

四、交通系统综合评价

交通系统综合评价的主要功能是对形成的规划方案进行定量评价,为交通决策者与交通工程师提供系统权威的评价体系与决策支持,可以应用于现状综合交通网络的评价、不同规划或管理方案的筛选、城市交通节能减排及经济效益分析等多个方面。

交通系统综合评价部分共分为5个功能子模块:①居民出行效率评价;②道路交通系统评价;③公共交通系统评价;④环境与能耗评价;⑤城市经济性能评价。TranStar 使用者可以选择运行单个模块并查看相应评价结果,或直接生成完整的综合评价报告。

五、分析结果展示

TranStar 软件能满足用户对交通业务的不同表达需求,多角度传达和展示交通系统运行特征与仿真分析结果,主要的展示方式包括:可视化的图形展示、结构化的研究报告、数字化的数据表格。其中,图形展示主要呈现可与交通网络空间相关联的仿真分析图像结果,研究报告用于结构化展示交通系统的整体性集计分析统计数据,数据表格则用于各类结果数据的直接呈现。

1. 图形展示

图形展示功能可将仿真分析数据转化成空间图像显示,便于用户清晰直接地看到软件分析结果。借助 TranStar 软件的图形展示功能,可以实现图形查看、方案比较、图形配置、自动播放、多窗口查看等具体操作。

(1) 图形查看

用户可以通过直接点击方案标签中的"图形显示"按钮进入图形展示界面。此外,通过右键点击"分析结果展示"模块的"图形展示"子节点,单击"展示图形",也可以打开图形展示界面。TranStar 提供了 10 类近 100 种交通信息展示图形,图 12-12 展示了部分 TranStar 交通分析结果图。

(2) 方案比较

为了方便用户进行不同方案之间的对比,获取方案间在交通流量、速度、饱和度等指标上的数值差异/结果改善情况,软件提供了不同方案的比较功能。用户可在软件主界面点击"参数设置"按钮,在弹出的窗口中选择"方案设置",并在"方案比较"框中选择需要对比的方案。对比的展示形式包括图形比较、报告比较。设置完成后,点击图形展示界面中的"方案比较分析"图层,即可查看两个方案的比较分析图像。

(3) 图形配置

图形配置功能是对图形查看功能的样式进行设计、设置,用户可以通过对图形颜色、线宽、符号等的修改来改变图形查看时的显示样式。点击图形分析菜单栏下方的"图形配置"按钮,可打开图形配置窗口,进行图形样式配置。图形配置功能包括三个部分:基本信息、该选中界面的图层、可见性。其中,基本信息标签页可以对图形标题、文字样式、图例等进行调整;图层设计标签页可以对不同流量数据所代表的颜色进行更改,以便于清晰展示图像;可见性设计页可以通过设置分别显示不同图元。

(4) 自动播放

自动播放功能可用于对交通仿真分析结果的动态展示。用户可点击图形分析系统菜单栏上方的"自动播放"按钮对所有图层进行循环播放。

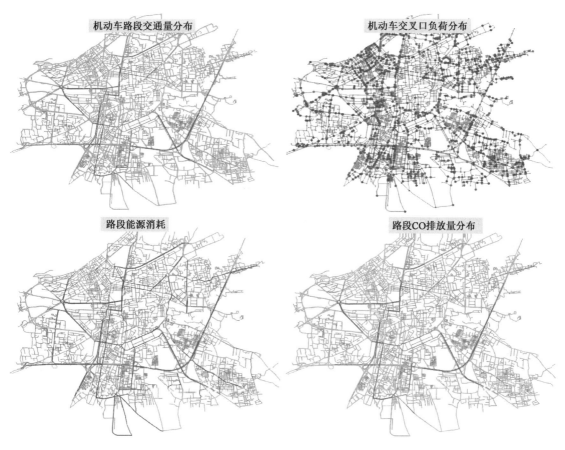

图 12-12 TranStar 交通分析部分结果展示图

（5）多窗口查看

软件支持多窗口的独立显示与查看。

2. 研究报告

研究报告功能可将交通网络数据整理成结构化的报告形式展示或导出，具体包含交通系统整体功能评估及交通运行指标统计汇总结果两个模块。用户可通过点击方案工具栏内"研究报告"按钮打开报告，或者右键点击"分析结果展示"模块的"研究报告"子节点，点击"展示报告"进入研究报告界面。

（1）交通系统整体功能评估

本模块整体评估交通网络运行状况，由城市综合交通系统整体功能评估报告和城市交通网络交通信息汇总表组成。

①城市综合交通系统整体功能评估报告。该报告包含城市综合交通网络基础信息和城市交通系统运行效率评价结果。城市综合交通网络基础信息对交通网络中各部分组成情况和道路设计参数进行分析；城市交通系统运行效率评价对交通系统整体的运输效率、运营状况、能源消耗等方面进行分析评估。

②城市交通网络交通信息汇总表。该汇总表展示城市交通网络分析中所需要的基本信息，包含道路网络基础信息、机动车交通信息以及非机动车交通信息。

(2)交通运行指标统计汇总

本模块统计汇总道路路段和节点的基本属性及交通能力的指标数据,形成道路路段交通信息表和道路节点交通信息表。道路路段交通信息表详细记录路段交通信息,包括路段起终点编号、长度等道路基础信息和道路运行状况等交通信息。道路节点交通信息表详细记录交叉口基本交通信息,包括交叉口类型、编号、服务水平以及交叉口的运行状况。

3. 数据表格

数据表格功能可将交通系统的仿真分析数据通过数据表格形式展示或导出,包括节点交通特征、路段交通特征以及其他类型的数据。用户可通过右键点击"分析结果展示"模块的"数据表格"子节点,点击"展示数据"进入数据表格界面。

(1)节点交通特征数据表格

节点交通特征数据表格主要包括交叉口流量流向表和交叉口信息表。交叉口流量流向表展示交叉口流量信息。交叉口信息表展示交叉口通行能力、交通量、交通负荷、平均延误、各类大气污染物排放量以及交叉口能耗等信息。

(2)路段交通特征数据表格

路段信息表展示每个路段的基础信息和主要交通运行信息,包括路段等级、长度、车辆及行人的通行能力、不同车辆的交通量及通行时间、通行速度等。

(3)其他类型的数据表格

其他类型的数据表格主要包括小汽车 OD 矩阵以及交通管理修正后的小汽车 OD 矩阵。

六、面向业务的一键式流程设计

交通仿真分析工作涉及数据多、模型繁复、环节复杂,且涉及规划、设计、管理等不同部门的需求,导致交通仿真分析软件使用起来较为复杂,通常需要专业人员根据具体的问题开展相关工作。针对这一问题,TranStar 软件提供了"一键式交通仿真流程设计技术",能够根据用户的分析需求快速形成集成化的分析方案,通过一键式的仿真分析,快速输出结果,无须用户全面把握分析过程涉及的交通场景、分析模型和软件运行状况。

根据城市开发、交通规划、交通管控、公交规划和交通政策制定等交通日常仿真分析业务的需求,TranStar 软件预设了五类交通仿真的一键式流程设计模板,分别为:①面向城市规划与土地利用开发业务功能的流程设计;②面向城市交通基础设施规划建设业务功能的流程设计;③面向城市公交系统规划与管理业务功能的流程设计;④面向城市交通系统管理与控制业务功能的流程设计;⑤面向城市交通系统政策制定业务功能的流程设计。其中,空方案是事先没有配置任何流程节点的空白方案。用户可以在新建项目方案配置时,根据分析的需要选择对应的方案类型,如图 12-13 所示。

除"空方案"外,TranStar 软件对上述方案类型预设的一键流程设计模板,均包含了基础数据库构建、交通方案设计、交通需求分析、交通运行分析等功能模块,软件会根据不同的仿真分析业务,在预设的模板中配置好对应的方案组织形式、模型算法、评价体系及展示内容,以降低用户进行交通仿真的上手难度;用户还可以在已配置好的一键式流程设计

图 12-13 项目方案配置

模板的基础上,根据自身需求对一键式流程设计模板进行再组合配置,修改模型参数,形成个性化的方案流程设计模板,如图 12-14 所示。

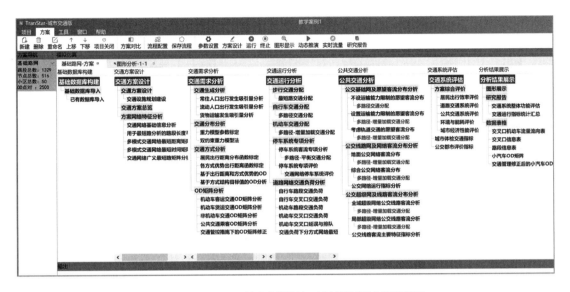

图 12-14　TranStar 一键式流程设计(交通网络规划)配置界面

第四节　TranStar(综合交通版)简介

由于体制机制方面的原因,长期以来,我国综合交通体系条块分割,区域交通中公路交通、铁路交通、水运交通、航空运输、管道运输条块分割,城市交通中规划、建设、管理各自为政,城市交通与区域交通完全脱离,造成了综合交通体系的运输效率低、运输成本高、服务水平差、系统韧性弱、环境污染大等问题。为了解决这些问题,国家提出了"交通强国"发展战略。《交通强国建设纲要》明确提出了综合交通体系"最优化布局、一体化融合、高质量发展"的目标,而实现这一目标,需要综合交通体系交通规划与仿真软件的全方位支撑,TranStar(综合交通版)是在"交通强国"背景下,以 TranStar(公路交通版)为基础发展而来的。

一、TranStar(综合交通版)系统框架

"交运之星-TranStar"包含城市交通版与综合交通版两个版本,TranStar(综合交通版)与 TranStar(城市交通版)同根同源,它们共享基础数据库、分析模型库以及图形分析模块,但交通分析主体功能不同,TranStar(城市交通版)的交通分析功能面向城市交通应用场景,TranStar(综合交通版)的交通分析功能面向区域交通应用场景,如图 12-15 所示。

二、TranStar(综合交通版)基本功能

TranStar(综合交通版)服务于《交通强国建设纲要》提出的综合交通体系"最优化布局、一体化融合"目标,为综合交通体系的"高质量发展"提供交通分析支持。

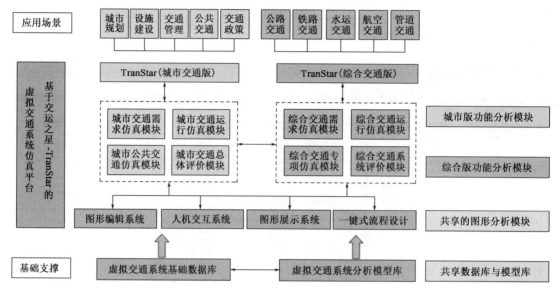

图 12-15 "交运之星-TranStar"系统框架

TranStar(综合交通版)有两大基本功能:综合交通体系的一体化融合分析、综合交通体系的最优化布局规划。

1. 综合交通体系的一体化融合分析

TranStar(综合交通版)通过引入综合交通枢纽,实现公路网、铁路网、水运网、航空网、管道网、城市交通网的一体化融合。

综合交通网络的一体化融合,即"多网合一",通过综合交通枢纽来实现。TranStar(综合交通版)提出了"多网合一"多模式交通网络拓扑结构模型(图12-16),并通过构建交通枢纽的计算节点与虚拟弧段,实现区域综合交通网络和城市多模式交通网络由实体物理网向数字虚拟网的无损映射转换。

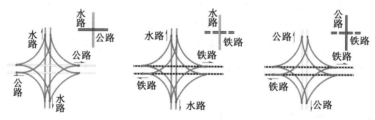

a) 枢纽两种运输方式转换表达方法

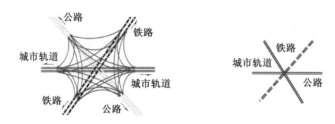

b) 枢纽三种运输方式转换表达方法

图 12-16 "多网合一"多模式交通网络拓扑结构

2. 综合交通体系的最优化布局规划

基于综合交通网络"多网合一"网络拓扑结构模型，我们可以进行综合交通网络的全局优化及全局优化下各方式交通网络的局部优化分析。

（1）综合交通网络的全局优化分析

TranStar（综合交通版）基于综合交通网络"多网合一"网络结构，可以进行综合立体交通网络（公路、铁路、水运、航空、管道、城市交通等）的全局最优化布局分析，支撑综合立体交通网络规划方案的设计与综合评估。

（2）各方式交通网络的局部优化分析

尽管《交通强国建设纲要》提出了综合交通体系"最优化布局、一体化融合、高质量发展"的目标，但我国各运输方式条块分割、各自为政的管理体制在短时间难以改变，针对这一现状，TranStar（综合交通版）提供了在全局优化背景下的各运输方式交通网络局部优化分析功能，以满足交通运输各行业的规划建设与运营管理业务需求。包括：

①公路运输部门：公路网络基础设施规划建设、高速公路新建或调整、公路客货运运输结构调整、区域高速网络一体化规划和汽车客运总站建设中城市空间、土地开发分析。

②铁路运输部门：铁路网络基础设施规划建设、火车站/高铁站等新建或改扩建、铁路交通运输客货量预测、交通影响分析、铁路网络通达系数、平均运距、运输量分担率等评估。

③水路运输部门：水运网络基础设施规划建设、港口、码头建设或改扩建、水运航道改造及船闸建设、吞吐量预测、水运运输量分担率、周转量分担率、平均运距等分析。

④航空运输部门：航空网络基础设施规划建设、机场新建及选址、航线数量设置及航站楼的衔接换乘设计、航空需求量预测及客货需求分布与转移、交通场站整体运行状态评估。

⑤综合运输部门："公转铁、公转水"运输结构调整政策、综合交通枢纽建设、网络结构衔接效率、运输量分担率评估、综合交通对能源消耗、环境污染、经济发展的影响评价。

三、TranStar（综合交通版）核心模块

TranStar（综合交通版）与 TranStar（城市交通版）共享基础数据库、分析模型库以及图形分析模块。针对综合交通体系"最优化布局、一体化融合、高质量发展"的要求，TranStar（综合交通版）提供交通网络特征分析、综合交通需求分析、综合交通运行分析、应用场景专题分析、综合交通方案评估五大分析模块，如图 12-17 所示。

（1）交通网络特征分析

综合立体交通网络的"多网合一"网络构建方法，以及在综合立体交通网络"多网合一"下的公路网、铁路网、水运网、航空网、管道网表达方法；综合立体交通网络的运能分析及各运输方式网络的运能分析；综合交通网络的交通状况分析及各运输方式网络的交通状况分析。

（2）综合交通需求分析

综合交通体系的客运交通需求分析与货运交通需求分析；综合交通一体化融合背景下的各运输方式客货运交通需求分析（可避免传统独立进行的各运输方式客货运交通需求分析总和远远大于综合交通运输总量这种不合理现象）。

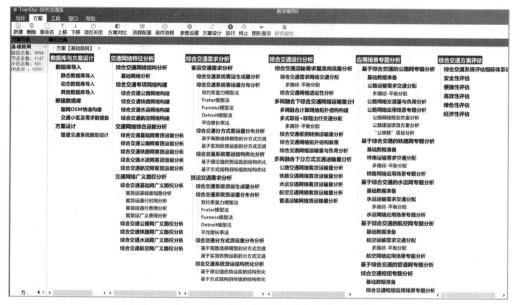

图 12-17 TranStar(综合交通版)方案分析与核心模块界面

(3)综合交通运行分析

综合立体交通网络愿望运输量空间走廊分析(不考虑交通枢纽转换交通阻抗,服务于交通运输通道规划)、综合交通网络运输量空间分布分析与交通运输量特征分析(考虑交通枢纽转换交通阻抗,服务于综合交通网络规划)、多网融合背景下各交通运输方式运输量分析。

(4)应用场景专题分析

针对我国各运输方式条块分割、各自为政的管理体制短时间难以改变这一现状,TranStar(综合交通版)提供了在综合交通体系多网融合背景下,对公路网、铁路网、水运网、航空网、管道网及综合交通枢纽进行专题交通分析的模块,支撑综合交通领域相关行业部门开展专题交通规划、管理与运行维护的业务需求。

(5)综合交通方案评估

根据"交通强国"建设要求,从"安全、便捷、高效、绿色、经济"五个维度,提供了交通系统韧性、基础设施质量、交通网密度、交通网通达程度、全国 123 交通圈覆盖率、交通网运行畅通水平、交通方式结构合理配置水平、综合交通枢纽换乘效率、污染物及碳排放、环境协调发展水平、交通网资源利用水平、交通支出可承受能力、交通对经济增长贡献等 20 多个评价指标及计算模型。

本章重点介绍了我国第一款完全自主研发的交通规划分析软件 TranStar 及其主要功能,包括 TranStar 的数据库构建、交通方案设计、图形编辑系统以及一键式流程设计的基本操作。利用 TranStar 软件能够进行交通需求分析、道路交通网络交通运行分析、公交客流分析、单模块/多模块规划方案综合评价。通过 TranStar 的数据分析与图形展示功能进行综合方案设计并对各模块分析结论作出合理解释。

TranStar 是一款交通分析大型平台软件,需要实际操作才能全面掌握、深刻理解其基本功能、分析技巧。为了便于读者实际操作 TranStar,我们在"东南大学江苏省城市智能交通重点实验室"网站(https://tc.seu.edu.cn/transtar/main.htm)上发布了 TranStar 城市交通版、综合交通版的试用版(软件下载链接:https://pan.seu.edu.cn:443/link/216E2D08F0ABB23441C7E17ACA5EF075),供读者免费使用。

参考文献

[1] 王炜,徐吉谦,杨涛,等.城市交通规划理论及其应用[M].南京:东南大学出版社,1998.

[2] 中国法制出版社.中华人民共和国城乡规划法[M].北京:中国法制出版社,1998.

[3] 中华人民共和国自然资源部.市级国土空间总体规划编制指南(征求意见稿)[EB/OL].(2020-08-20)[2024-03-20].https://gi.mnr.gov.cn/202008/t20200820_2543762.html.

[4] 中共中央,国务院.关于建立国土空间规划体系并监督实施的若干意见[EB/OL].(2019-05-23)[2024-03-20].https://www.gov.cn/zhengce/2019-05/23/content_5394187.htm.

[5] 中华人民共和国道路交通安全法[M].北京:中国法制出版社,2023.

[6] 中共中央,国务院.交通强国建设纲要[M].北京:人民出版社,2019.

[7] 中共中央,国务院.国家综合立体交通网规划纲要[A/OL].(2021-02-24)[2024-03-20].https://www.gov.cn/zhengce/2021-02/24/content_5588654.htm.

[8] 王炜教授创新团队.《绍兴市综合交通网络规划》研究报告[R].1996.

[9] 王炜教授创新团队.《山东省30年公路网规划》(1990—2020年)研究报告[R].1994.

[10] 王炜教授创新团队.《苏州市综合城市交通规划》研究报告[R].2001.

[11] 王炜,华雪东,赵德.城市虚拟交通系统——基础理论,关键技术与案例分析[M].北京:科学出版社,2022.

[12] 王炜,赵德,华雪东,等.城市虚拟交通系统与交通发展决策支持模式研究[J].中国工程科学,2021,23(3):163-172.

[13] 王炜,薛美根,王媛,等.交通规划与管理决策支持系统的研发应用[J].城市交通,2020,18(1):102-113.

[14] 龙宁,李建忠,何峻岭,等.关于城市交通规划编制体系的思考[J].城市交通,2007,5(2):35-41.

[15] 王建军,程小云.现代交通调查与分析技术[M].北京:人民交通出版社股份有限公司,2022.

[16] 沈嫱.基于滴滴数据的网约车群体出行特征分析研究[D].石家庄:石家庄铁道大学,2023.

[17] 杨滨毓.基于多源数据的交通小区划分方法研究[D].哈尔滨:哈尔滨工业大学,2020.

[18] 闫新宇.基于多源数据的城市功能区识别与医疗设施布局优化——以兰州市主城区为例[D].兰州:兰州财经大学,2023.

[19] 于燕.基于多源数据的郑州市职住关系及影响因素研究[D].郑州:河南大学,2022.

[20] 邵春福.交通规划原理[M].北京:中国铁道出版社,2004.

[21] 刘丽华,王炜,华雪东,等.城市交通需求预测理论与模型研究综述[J].科学技术与工程,2021,21(30):12804-12813.

[22] 范琪,王炜,华雪东,等.基于广义出行费用的城市综合交通方式优势出行距离研究[J].交通运输系统工程与信息,2018,18(4):25-31.

[23] 隽志才,李志瑶,宗芳.基于活动链的出行需求预测方法综述[J].公路交通科技,2005(6):108-113.

[24] BHAT C R, KOPPELMAN F S. Activity-based modeling of travel demand[M]. RANDOLP H W H. Handbook of transportation science. New York: Springer, 2003: 35-61.

[25] MCNALLY M G. The four step model[M]. HENSHER D A, BUTTON K J. Handbook of transport modelling. Oxford: Elsevier, 2008: 35-52.

[26] MCNALLY M G. The activity-based approach[M]. HENSHER D A, BUTTON K J. Handbook of transport modelling. Oxford: Elsevier, 2008: 53-70.

[27] 中华人民共和国住房和城乡建设部.城市综合交通体系规划标准:GB/T 51328—2018[S].北京:中国建筑工业出版社,2019.

[28] 孔令斌,戴彦欣,陈小鸿,等.城市综合交通体系规划标准 GB/T 51328—2018 实施指南[M].北京:中国建筑工业出版社,2020.

[29] 陆锡明.亚洲城市交通模式[M].上海:同济大学出版社,2009.

[30] 江苏省住房和城乡建设厅.江苏省城市综合交通规划导则(修订版)[M].南京:江苏人民出版社,2011.

[31] 徐吉谦,陈学武.交通工程总论[M].5版.北京:人民交通出版社股份有限公司,2020.

[32] 中华人民共和国住房和城乡建设部.城市道路交叉口规划规范:GB 50647—2011[S].北京:中国计划出版社,2011.

[33] 中华人民共和国住房和城乡建设部.城市道路工程设计规范(2016年版):CJJ 37—2012[S].北京:中国建筑工业出版社,2016.

[34] 中华人民共和国住房和城乡建设部. 城市道路工程技术规范:GB 51286—2018[S]. 北京:中国建筑工业出版社,2018.

[35] 中华人民共和国住房和城乡建设部. 城市用地分类与规划建设用地标准:GB 50137—2011[S]. 北京:中国建筑工业出版社,2011.

[36] U. S. Department of Transportation. Highway functional classification concepts, criteria and procedures[R]. 2013.

[37] 中华人民共和国交通运输部. 交通运输专项规划环境影响评价技术规范 第1部分:公路网规划:JT/T 1146.1—2017[S]. 北京:人民交通出版社股份有限公司,2017.

[38] 中华人民共和国交通运输部. 公路建设项目环境影响评价规范:JTG B03—2006[S]. 北京:人民交通出版社,2006.

[39] 中华人民共和国住房和城乡建设部. 城市道路公共交通站、场、厂工程设计规范:CJJ/T 15—2011[S]. 北京:中国建筑工业出版社,2012.

[40] 中华人民共和国建设部. 城市公共交通工程术语标准:CJJ/T 119—2008[S]. 北京:中国建筑工业出版社,2008.

[41] 中华人民共和国交通运输部. 城市公共交通规划编制技术导则:JT/T 1486—2023[S]. 北京:人民交通出版社股份有限公司,2023.

[42] 江苏省住房和城乡建设厅,江苏省交通运输厅. 江苏省城市公共交通规划导则[M]. 南京:江苏人民出版社,2013.

[43] 张奎福,兰荣主. 城市公共交通优先文集[M]. 北京:兵器工业出版社,1997.

[44] 王炜,杨新苗,陈学武,等. 城市公共交通系统规划方法与管理技术[M]. 北京:科学出版社,2002.

[45] 陆化普,朱军,王建伟. 城市轨道交通规划的研究与实践[M]. 北京:中国水利水电出版社,2001.

[46] 毛保华,姜帆,刘迁,等. 城市轨道交通[M]. 北京:科学出版社,2001.

[47] 瑟夫罗. 公交都市[M]. 宇恒可持续研究中心,译. 北京:中国建筑工业出版社,2007.

[48] TRB. Transit Capacity and Quality of Service Manual[M]. 滕靖,杨晓光,译. 北京:人民交通出版社股份有限公司,2019.

[49] 维奇克. 城市公共交通运营、规划与经济[M]. 宋瑞,何世伟,译. 北京:中国铁道出版社,2012.

[50] 赛德尔. 公共交通规划与运营理论、建模及应用[M]. 关伟,译. 北京:清华大学出版社,2010.

[51] 汪光焘,陈小鸿. 中国城市公共交通优先发展战略:内涵、目标与路径[M]. 北京:科学出版社,2015.

[52] 陈学武,程龙. 城市公共交通规划与运营管理[M]. 北京:人民交通出版社股份有限公司,2021.

[53] 郑州市交通运输局,郑州市交通规划勘察设计研究院,中国城市规划设计研究院. 郑州市"十四五"都市区公共交通一体化专项规划[R]. 2022.

[54] 中华人民共和国住房和城乡建设部. 城市停车规划规范:GB/T 51149—2016[S]. 北京:

中国建筑工业出版社,2016.

[55] 中华人民共和国住房和城乡建设部.城市停车设施规划导则[R/OL].(2015-09-01)[2024-03-20].https://www.gov.cn/xinwen/site1/20150906/51741441540215113.pdf.

[56] 中国建筑学会标准.T/ASC 17—2021 电动汽车充换电设施系统设计标准[M].北京:中国建筑工业出版社,2021.

[57] 李柄华.电动汽车充电设施工程设计与安装手册[M].北京:机械工业出版社,2021.

[58] 北京市市场监督管理局.停车场(库)运营服务规范:DB11/T 596—2021[S].2021.

[59] 上海市交通委员会,上海市发展和改革委员会,上海市道路运输管理局,等.上海市公共停车场(库)充电设施建设管理办法[A/OL].(2023-02-01)[2024-03-20].https://www.shanghai.gov.cn/gwk/search/content/352f94bfa17e47aa9b17da38e1458261.

[60] 北京市质量技术监督局,北京市规划和国土资源管理委员会.电动汽车充电基础设施规划设计标准:DB11/T 1455—2017[S].2017.

[61] 哈尔滨市住房和城乡建设局,哈尔滨市市场监督管理局.民用电动汽车充电基础设施技术规程:DB2301/T 126—2023[S].2023.

[62] 广东省住房和城乡建设厅.电动汽车充电基础设施建设技术规程:DBJ/T 15-150—2018[S].2018.

[63] 国家市场监督管理总局,国家标准化管理委员会.道路交通标志和标线 第2部分:道路交通标志:GB 5768.2—2022[S].北京:中国标准出版社,2022.

[64] 深圳市丁旺科技有限公司.展商风采|深圳充电桩展CPTE[EB/OL].(2021-10-12)[2024-03-20].http://cp.szevexpo.com/zhanhuixinwen/r-459.html.

[65] 南方PLUS.湛江出台电动汽车充电设施建设管理指引[EB/OL].(2023-01-03)[2024-03-20].https://view.inews.qq.com/wxn/20230103A06DE600?refer=wx_hot&web_channel=detail&originPath=q.

[66] 立氪新能源.公共充电桩,建好更要管理好[EB/OL].(2023-03-22)[2024-03-20].https://zhuanlan.zhihu.com/p/615993263?utm_id=0.

[67] 中和碳研究院."光储充一体化"引领新发展!破解新能源充电难题[EB/OL].(2023-05-30)[2024-03-20].https://baijiahao.baidu.com/s?id=1766756023538677012&wfr=spider&for=pc.

[68] 南方都市报.实现"充电自由"!合作区首批会跑的充电桩今日正式"上岗[EB/OL].(2023-08-14)[2024-03-20].https://new.qq.com/rain/a/20230814A08FVZ00.

[69] 杨绍功.无线充电:行车充电两不误,未来续航不焦虑[EB/OL].(2023-08-25)[2024-03-20].http://www.jjckb.cn/2023/08/25/c_1310738324.htm.

[70] 张泉,黄富民,曹国华,等.城市停车设施规划[M].北京:中国建筑工业出版社,2009.

[71] 中华人民共和国住房和城乡建设部.车库建筑设计规范:JGJ 100—2015[S].北京:中国建筑工业出版社,2015.

[72] 国务院."十四五"现代综合交通运输体系发展规划[A/OL].(2022-06-04)[2024-01-02].http://www.mofcom.gov.cn/article/ghjh/202209/20220903349735.shtml.

[73] 《国家综合立体交通网规划纲要学习读本》编写组.国家综合立体交通网规划纲要学习读本[M].北京:人民交通出版社股份有限公司,2021.

[74] 《综合交通运输学》编写组.综合交通运输学[M].北京:人民交通出版社股份有限公司,2022.

[75] 黄民.铁路网规划理论与实践[M].北京:中国铁道出版社,2021.

[76] 汪瑜,贺镜帆,王雪.民航运输航线网络规划[M].成都:西南交通大学出版社,2020.

[77] 李小鹏.以交通运输高质量发展支撑中国式现代化[N].中国交通报,2023-10-08(001).

[78] 陈璟,孙鹏,李可,等.综合运输通道理论探索与规划方法创新[J].交通运输研究,2023,9(3):39-47.

[79] 刘占山,杜利楠,史书铨.关于我国综合交通运输理论框架体系的思考[J].交通运输研究,2023,9(3):16-22.

[80] 刘振国,田春林,王敏,等.现代综合交通运输理论体系构建与发展方向[J].交通运输研究,2023,9(3):23-29.

[81] 王炜,华雪东,郑永涛.综合交通系统"多网合一"交通分析模型与算法[J].交通运输工程学报,2021,21(2):159-172.

[82] 王炜,赵德,华雪东,等.综合交通体系高质量发展对策与TIM技术体系[J].现代交通与冶金材料,2022(3):2-9+26.

[83] YANG M,WANG W,CHEN X W,et al. Structural equation model to analyze socio demographics,activity participation,and trip chaining between household heads:survey of Shangyu,China[J]. Transportation Research Record,2010,2157:38-45.

[84] 米勒.城市交通规划——有关决策的方法[M].曹锡隽,译.北京:中国建筑工业出版社,1990.

[85] 王炜,陈学武,陆建.城市交通系统可持续发展理论体系研究[M].北京:科学出版社,2004.

[86] 王炜,陈峻,过秀成,等.交通工程学[M].3版.南京:东南大学出版社,2019.

[87] 裴玉龙,等.公路网规划[M].2版.北京:人民交通出版社,2011.

[88] 中国公路学会《交通工程手册》编委会.交通工程手册[M].北京:人民交通出版社,1998.